丛书编写委员会

主　　任　张金清

编　　委（按姓名笔画排序）

　　　　　李心丹　杨　青　杨玉成

　　　　　周光友　刘红忠　束金龙

　　　　　沈红波　刘莉亚　陈学彬

　　　　　张宗新

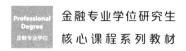
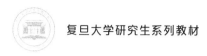

金融专业学位研究生核心课程系列教材

复旦大学研究生系列教材

上海市金融专业学位研究生教育指导委员会推荐教材

CARBON FINANCE
THEORY AND PRACTICE

碳金融理论与实务

黄 明 主编　　王宇露 副主编

复旦大學出版社

内容提要

本书在内容安排上主要分为四个模块：

一是碳金融理论与概述模块。主要阐述碳金融的起源、发展，碳金融概念与功能，碳金融的理论基础等。二是碳金融产品模块。主要阐述碳信贷、碳基金、碳指数、碳期货、碳期权等金融产品的开发，碳金融产品定价方法与技术，碳金融产品的交易规则等内容。三是碳金融市场模块。主要阐述碳金融市场体系，全球碳金融衍生品市场的现状，碳金融市场运行及其监管，碳金融市场投资的风险等内容。四是碳金融的最新实践模块。主要阐述气候投融资、央行碳减排支持工具等碳金融最新实践发展，介绍各地碳金融试点情况，总结经验与教训。

本书适合金融专业本科生、研究生，以及对碳金融相关领域感兴趣的读者阅读。

总　序

　　强大的金融人才队伍,是金融强国必须具备的五大关键核心金融要素之一,也是实现2023年10月中央金融工作会议首次提出的"金融强国"建设目标的基础性保证,更是中国高校必须承担和完成的历史使命。自2010年教育部批准设立金融专业硕士学位(以下简称"金融专硕")以来,全国金融专业学位研究生教育指导委员会、上海市金融专业学位研究生教育指导委员会以及各高校金融专硕教学团队一直积极探索金融专硕教学与人才培养模式,将扎根本土金融、强调案例教学作为金融专硕人才培养的目标与教学导向,取得了许多重要进展。但是,近年来在金融专硕的教学实践和人才培养过程中,在教材体系建设、教学内容设计、教学方法选用、学位论文审核等一些关键环节,仍存在着偏重学术、理论与实务关系难以把握、实务与实践不足等诸多问题,从而导致金融专硕人才培养的实际效果与"金专四技能"目标(即具备卓越金融实践问题解决能力、金融案例分析能力、金融交易策略构建能力、金融创新产品方案设计能力)存在着相当的差距。尤其是近年来,在大数据技术、AI与数字技术全面赋能金融业的新形势下,如何立足于本土现实去构建中国金融自主知识体系,培养符合时代需要、引领思想潮流的金融高素质人才是当前金融专硕教学面临的严峻挑战。

　　复旦大学经济学院的金融专业教学团队一直注重金融专硕人才教学改革与创新实践、金融专硕案例教学和案例型教材建设。自2017年开始,复旦大学金融专硕教学团队陆续出版了12本核心教材和4本案例集,对金融专硕案例型教学进行了积极的创新和改革,围绕教材、教学内容、教学方法和学位论文四个维度逐步形成了较为成熟的金融专硕"四维"培养模式,并取得了一些重要的教改成果:张金清教授主持的教改项目"基于案例型教材的金融专硕"四维"培养模式的创新与探索"获得上海市优秀教学成果一等奖(2022),教改项目"案例型金融专硕教材的创新与探索"获得复旦大学研究生教学成果特等奖(2021)。

在金融强国建设的新时代目标下,为了持续培养兼具国际视野、专业基础和实务应对能力的金融人才,复旦大学经济学院在"经管类专业学位研究生核心课程系列教材"(2016—2019)建设的基础上,针对金融科技、量化投资、大数据金融、绿色金融等领域的新进展、新形态和新趋势,计划在2024—2026年推出"金融专业学位研究生核心课程系列教材",包括:《金融风险管理实务》《投资学》《金融理论与政策》《公司金融》《财务报表分析与估值》《金融科技》《数字金融》《量化投资》《金融衍生工具》《碳金融理论与实务》《固定收益证券的技术分析》《金融市场与机构》《证券投资分析》等。张金清教授担任本系列教材编委会主任,负责教材的总体筹划、设计与组织出版工作。

本系列教材得以顺利出版,要感谢复旦大学陈学彬教授、南京大学李心丹教授、上海市学位办原主任束金龙教授、上海财经大学刘莉亚教授、复旦大学出版社徐惠平副总编辑对本系列教材提出的宝贵意见和建议。2024年4月,由上海市金融专业学位研究生教育指导委员会、复旦大学经济学院、复旦大学出版社联合举办"金融教材建设与金融强国"专题研讨会,以上海市金融专业学位研究生教育指导委员会委员为主形成的专家组,强调了金融强国背景下金融专硕案例教材建设的必要性,特别对本系列教材建设进行了高度评价,并提供了建设性指导意见。上海市学位办、复旦大学研究生院、复旦大学经济学院、复旦大学出版社等部门都对此套教材的出版给予了大力支持和帮助。此外,本系列教材还获得了2022年度复旦大学研究生院研究生教材专项资助支持,以及2023年度上海市研究生教育改革项目"'三位一体'金融专硕人才培养模式探索与创新实践"的项目支持。在此,教材编委会向上述专家和单位,以及其他关心、支持、帮助本系列教材出版的老师和单位表示最衷心的感谢!

最后,敬请读者和同人不吝指正,共同推进金融专硕案例型教材的建设和金融专硕人才的培养!

金融专业学位研究生核心课程系列教材编委会
2024年7月

前　言

随着《联合国气候变化框架公约》和《京都议定书》的签署与生效，国际减排的制度框架正式形成，温室气体排放权成为一种具有商品价值且可以进行交易的稀缺性资源，顺应低碳经济发展路线产生了碳金融（carbon finance）市场。目前全球范围内已形成多种不同类型、不同功能的碳金融市场，成为各类市场主体进行碳金融产品交易的重要平台。

应对气候变化，实现碳中和需要庞大的资金投入。仅就中国而言，研究机构估算最低需要约140万亿元人民币的投资，多者估算需要百万亿元人民币。因此，这些资金如何筹集、如何有效利用及规避风险，是金融界面临的重大挑战。本书第一篇"碳金融理论篇"将从碳金融的起源与发展、碳金融的概念、碳金融的运行机理出发概述碳金融，并介绍碳金融相关理论基础。

从国际经验来看，碳交易体系与碳金融体系是同时构建的，且呈现现货与期货市场同步发展的态势。全球碳市场中，碳期货是全球碳交易的主要品种。碳交易场所主要集中于英国伦敦的洲际交易所（ICE）和德国莱比锡的欧洲能源交易所（EEX），主要交易产品为欧洲、美国等地区碳配额的期货和期权合约（包括以欧洲碳配额、美国东北部协议碳配额、美国加州碳配额以及以核证减排量为标的的年度与季度期货合约和期权合约等）。以欧盟碳交易市场为例，2023年欧盟碳期货与期权合约年度交易总量达到近百亿吨，其中碳配额期货（EUA futures）年成交量为75.15亿吨，日均交易量达到0.29亿吨，而碳配额现货年成交量仅为0.24亿吨。同时，交易所场内也交易各市场间利用价差套利的价差互换工具（如碳配额和减排量的互换）和价差期权（碳配额和减排量的价差）。欧洲市场上，大型能源公司和金融机构将碳期货合约作为资产组合的重要部分，通过不断交易实现套期保值和套利。相关利益机构为减少温室气体排放也进行了大量的投融资活动,例如,商业银行为碳减排活动积极开发的绿色信贷、CDM 项目抵押贷款、企业技术改造贷款等金融产品,政府组织或其他机构设立的碳基金项目等,大量的碳金融活动与碳金融交易方式被开发。

场外市场上针对碳市场各种需求的定制产品也非常丰富。金融机构开发各类远期交付协议,帮助参与方锁定远期价格;在减排项目开发过程中,金融机构将未来碳减排量收入作为抵押进行贷款或资产证券化,同时为降低减排项目的交付风险,提供履约担保或者保证保险等。投资银行和商业银行发行了与减排量挂钩的碳债券。另外,由政府或金融机构发起的碳基金积极投资于碳减排项目或是二级市场交易。本书的第二篇"碳金融产品篇"以我国碳金融产品分类开篇,梳理碳交易与碳衍生品的诞生,在此基础上介绍转型金融产品、气候金融产品与碳普惠金融的发展与实践经验。

碳现货交易市场是碳金融市场的基础,碳金融市场则是衡量一国碳市场发达程度的重要指标。全球实践经验表明,碳金融发展初期一般为现货交易,如英国碳市场;而 2005 年启动的欧盟碳排放交易体系(European Union Emission Trading System,EU ETS)则同时推出了碳现货交易与期货、期权等碳衍生品交易,后者的交易规模增长迅速,并且很快发展为碳市场的主导力量。欧盟较为活跃的碳金融衍生品市场曾在碳价低迷时向投资者传递了远期价格信号,推动了碳现货市场的平稳运行,带动欧盟碳排放交易体系成为全球最大的碳市场。可见,金融化交易工具尤其是碳期货的引入,对于一国碳市场的发展至关重要。本书的第三篇"碳金融市场篇"从碳金融市场主体、构成、运行规则等方面介绍了碳金融市场概况,并基于资产定价方式对碳金融资产进行定价或估值,进而分析碳金融风险及其对应的风险管理与应对方式。最后本书梳理了典型碳金融市场的发展历程与现状,并结合我国新兴碳金融创新实践,对碳金融的未来发展进行展望。

目 录

前言 ·· 1

第一篇 碳金融理论篇

第一章 碳金融概述 ··· 3
学习要求 ·· 3
本章导读 ·· 3
第一节 碳金融的起源与发展 ··· 3
第二节 碳金融的概念 ·· 11
第三节 碳金融的运行机理 ·· 15
思考与练习题 ·· 19
推荐阅读 ·· 19
参考文献 ·· 20

第二章 碳金融理论 ··· 21
学习要求 ·· 21
本章导读 ·· 21
第一节 碳金融理论基础 ··· 21
第二节 碳交易理论 ··· 27
第三节 环境金融到碳金融的演进 ······································· 33
第四节 金融创新理论 ·· 36
思考与练习题 ·· 39
推荐阅读 ·· 39
参考文献 ·· 40

第二篇　碳金融产品篇

第三章　碳金融产品 ············ 43
- 学习要求 ············ 43
- 本章导读 ············ 43
- 第一节　碳市场的金融化 ············ 43
- 第二节　碳市场融资工具 ············ 45
- 第三节　碳市场交易工具 ············ 54
- 第四节　碳市场支持工具 ············ 62
- 思考与练习题 ············ 67
- 推荐阅读 ············ 68
- 参考文献 ············ 68

第四章　碳交易及其衍生品 ············ 69
- 学习要求 ············ 69
- 本章导读 ············ 69
- 第一节　碳资产及其交易体系 ············ 69
- 第二节　典型碳衍生品的运作机制 ············ 84
- 第三节　特殊的碳衍生品——碳资产证券化产品 ············ 92
- 思考与练习题 ············ 95
- 推荐阅读 ············ 96
- 参考文献 ············ 96

第五章　转型金融 ············ 97
- 学习要求 ············ 97
- 本章导读 ············ 97
- 第一节　转型金融概述 ············ 97
- 第二节　转型金融分析框架 ············ 102
- 第三节　典型转型金融产品 ············ 107
- 第四节　我国转型金融的发展 ············ 114
- 思考与练习题 ············ 122
- 推荐阅读 ············ 122

参考文献 ………………………………………………………………………… 122

第六章　气候金融 ………………………………………………………… 124

学习要求 ………………………………………………………………………… 124
本章导读 ………………………………………………………………………… 124
第一节　气候金融概述 ………………………………………………………… 124
第二节　气候金融体系 ………………………………………………………… 127
第三节　气候金融产品 ………………………………………………………… 133
第四节　气候金融的地方试点 ………………………………………………… 147
思考与练习题 …………………………………………………………………… 148
推荐阅读 ………………………………………………………………………… 148
参考文献 ………………………………………………………………………… 148

第七章　碳普惠金融 ……………………………………………………… 150

学习要求 ………………………………………………………………………… 150
本章导读 ………………………………………………………………………… 150
第一节　碳普惠金融概述 ……………………………………………………… 150
第二节　碳普惠金融的运行机制 ……………………………………………… 153
第三节　碳普惠金融的发展 …………………………………………………… 156
第四节　个人碳账户及其发展 ………………………………………………… 165
第五节　碳普惠金融发展建议 ………………………………………………… 171
思考与练习题 …………………………………………………………………… 173
推荐阅读 ………………………………………………………………………… 174
参考文献 ………………………………………………………………………… 174

第三篇　碳金融市场篇

第八章　碳金融市场 ……………………………………………………… 177

学习要求 ………………………………………………………………………… 177
本章导读 ………………………………………………………………………… 177
第一节　碳金融市场概述 ……………………………………………………… 177
第二节　碳金融市场的层次结构 ……………………………………………… 179
第三节　我国碳金融市场的发展 ……………………………………………… 187

第四节 我国碳金融市场发展展望	196
思考与练习题	200
推荐阅读	200
参考文献	201

第九章 碳金融资产定价与估值 · 202

学习要求	202
本章导读	202
第一节 碳金融资产定价	202
第二节 基于市场法的碳金融资产定价	206
第三节 基于收益法的碳金融资产定价	221
第四节 基于无套利定价的碳金融资产定价	230
思考与练习题	249
推荐阅读	250
参考文献	250

第十章 碳金融风险及其管理 · 251

学习要求	251
本章导读	251
第一节 碳金融风险概述	251
第二节 典型碳金融业务风险分析	259
第三节 碳金融风险管理	261
第四节 碳保险	269
思考与练习题	275
推荐阅读	275
参考文献	275

第十一章 典型碳金融市场发展 · 277

学习要求	277
本章导读	277
第一节 典型碳金融市场概述	277
第二节 国际典型碳金融市场	281
第三节 典型碳金融产品市场	293

第四节 国际典型碳金融市场发展启示 ………………………………………… 300
思考与练习题 ……………………………………………………………………… 304
推荐阅读 …………………………………………………………………………… 304
参考文献 …………………………………………………………………………… 304

第四篇 创 新 篇

第十二章 碳金融创新与发展展望 ………………………………………… 309
学习要求 …………………………………………………………………………… 309
本章导读 …………………………………………………………………………… 309
第一节 碳金融创新 ……………………………………………………………… 309
第二节 新兴碳金融技术创新 …………………………………………………… 313
第三节 碳金融发展展望 ………………………………………………………… 322
思考与练习题 ……………………………………………………………………… 328
推荐阅读 …………………………………………………………………………… 328
参考文献 …………………………………………………………………………… 329

第一篇
碳金融理论篇

第一章

碳金融概述

学习要求

了解碳金融的起源，熟悉《联合国气候变化框架公约》和《京都议定书》对碳金融起源的重要作用；了解碳金融的发展现状，理解碳市场金融化发展的必要性；掌握碳金融广义与狭义的概念；熟悉碳金融活动的主体，掌握碳金融运行机理及其功能。

本章导读

中国作为世界上最大的发展中国家，同时也是能源消耗大国和温室气体排放大国，面临的减排压力和减排潜力巨大。随着全球气候危机的加剧与气候保护意识的加强，中国作为负责任的大国提出了"力争2030前实现碳达峰，2060年实现碳中和"的目标（"双碳"目标）。"双碳"目标下，绿色低碳发展的必要性和紧迫性进一步增强，其对涉及碳排放的社会经济主体做出约束的同时，也对引导资源配置和低碳化发展的金融活动和制度安排提出了要求。

2021年7月，全国碳排放权交易市场正式启动，标志着全球覆盖规模最大的碳现货市场建成。2024年1月22日，我国国家核证自愿减排（CCER）市场正式重启，为中国碳金融市场的发展提供了重要推力。随着中国碳金融体系的进一步发展和规范，涵盖碳排放权定价、交易、风险管理以及涉碳项目投融资等相关资源配置的碳金融市场将面临巨大的蓝海，在实现"碳达峰、碳中和"目标过程中发挥至关重要的支持作用。本章将阐述碳金融的起源与发展，并对碳金融的相关概念与运行机制进行介绍。

第一节 碳金融的起源与发展

金融是商品货币关系发展的必然产物，是伴随着商品货币关系的发展而发展的。但金融活动的起源远在货币产生之前，最早应当追溯到第一批城市的兴起。美索不达米亚文明诞生的第一批城市、第一种书面语言、第一部法律、第一份合同和最早的高等数学就蕴含了金融的雏形。古代西亚文明中的经济需要生产基本的粮食产品并分配给当地集中的城市人口,同时也需要从远处获得商品。跨地区与跨期的生产与分配需求便催生了金融的基本元素——计数、会计和契约工具。从国内来看,最早的信用出现在西周以前的农贷政策中(叶世昌和潘连贵,2000)。由此可见,金融源于经济价值跨期配置的需求(威廉·N.戈兹曼和张亚光,2017)。从金融演进的历史来看,金融发端于现实的经济活动,萌芽于城市文明的兴起,在社会经济的发展与演化中不断更替,从货币的产生到银行的出现,从财政的建立到企业的诞生,金融的形式不断丰富并渗透至各个部门。在该意义上,金融必须服务于其产生的基础即实体经济。另外,金融危机史也表明金融本身是中性的,但是脱离实体经济发展的金融必将自我颠覆。金融只有在为实体经济服务的过程中,围绕着实体经济来运转,才能成为现代经济的核心。金融最重要的功能应是通过跨时期的经济价值配置来助推实体经济的发展(黄明,2021)。

一、碳金融的起源

碳金融的起源和发展与人类通过市场化机制解决二氧化碳排放过多导致的气候变化问题息息相关。气候是构成地球环境系统的重要因素,良好稳定的气候是人类在地球环境中生存发展的必要条件。近200年来,全球气候在人类活动的影响下,发生了一些非自然的不正常的变化,这些变化统称为气候变化。《联合国气候变化框架公约》(United Nations Framework Convention on Climate Change,UNFCCC)第一条对气候变化给出了明确的定义:"气候变化"是指除在类似时期内所观测的气候的自然变异之外,由于直接或间接的人类活动改变了地球大气的组成而造成的气候变化。联合国政府间气候变化专门委员会(IPCC)第六次评估报告综合报告《气候变化2023》(AR6)警告道,气候系统整体所发生的变化是几千年来甚至几十万年来前所未有的;气候变化已经在陆地、淡水、沿海和远洋海洋生态系统中造成了巨大的破坏和越来越不可逆转的损失;全球减缓气候变化和适应的行动刻不容缓,任何延迟都将关上机会之窗,让人们的未来变得不再宜居,不再具有可持续性。

气候危机带来了多方面的影响。据估计,2022年全球平均温度比1850年至1900年工业化前平均温度高出约1.15摄氏度。极端高温事件频发的2022年可能仅是第五或第六最暖年份,全球变暖仍在继续。此外,海平面持续上升,全球粮食减产,人类健康受到威胁……气候变化下的复合风险和极端事件呈现日益加剧和频繁的趋势,对自然和人类社会造成的危害愈发显著。《气候变化2023》提出,目前不同地区和部门的关键风险已多达127种,并且随着气候变暖以及生态社会脆弱性的加剧,未来将对人类和生态系统造成更加普遍和不可逆的影响。

1995年,《联合国气候变化框架公约》第一次缔约方大会(The First Conference of the Parties,COP1)在德国柏林举行,决定开始谈判发达国家量化的温室气体减排义务,并指出不得为发展中国家新增任何义务。之后缔约方每年都召开会议。

1997年12月,第三次缔约方会议(COP3)在日本京都举行,149个国家代表经过多次激烈谈判最终通过了设定强制性减排目标的第一份国际协议即《京都议定书》,这是人类历史上首次以法规的形式限制温室气体排放。

《京都议定书》及2018年的多哈修正案共同规定了2008—2020年各国家的义务,要求主要发达国家的温室气体排放量在1990年基础上(如表1.1所示)平均减少5.2%。总量控制目标的确定对建立碳排放权交易市场至关重要,有限的总量决定了包括二氧化碳在内的温室气体排放权成为一种稀缺资源,从而具备商品的属性。

表1.1 第一个承诺期发达国家的排放量要求

经济体	基于1990年的排放目标(%)	经济体	基于1990年的排放目标(%)
澳大利亚	108	爱沙尼亚	92
奥地利	92	欧盟	92
比利时	92	芬兰	92
保加利亚	92	法国	92
加拿大	94	德国	92
克罗地亚	95	希腊	92
捷克共和国	95	匈牙利	94
丹麦	92	冰岛	110
爱尔兰	92	日本	94
意大利	92	拉脱维亚	92
列支敦士登	92	立陶宛	92
卢森堡	92	摩洛哥	92
荷兰	92	新西兰	100
挪威	101	波兰	94
葡萄牙	92	罗马尼亚	92
俄罗斯联邦	100	斯洛伐克	92
斯洛文尼亚	92	西班牙	92
瑞典	92	瑞士	92
乌克兰	100	英国	92
美国	93		

《京都议定书》提出了旨在减排温室气体的三种灵活履约机制。

一是国际排放交易机制(international emission trading,IET)。国际排放交易机制

是指一个发达国家将其超额完成的减排义务的指标,以贸易的方式转让给另一个未能完成减排义务的发达国家,并同时从允许排放限额①(assigned amount unit,AAU)上扣减相应的转让额度。

二是联合履行机制(joint implementation,JI)。联合履行机制是指发达国家之间通过项目级的合作,其所实现的减排单位(emission reduction unit,ERU)可以转让给另一发达国家缔约方,同时在转让方AAU上扣减相应的额度。联合履行机制适用于已有上限的发达国家。

三是清洁发展机制(clean development mechanism,CDM)。清洁发展机制是指发达国家通过提供资金和技术,与发展中国家开展项目级合作。发展中国家能够通过低碳排放甚至无碳排放实现可持续发展;项目所实现的核证减排量(certified emission reduction,CER),用于发达国家缔约方完成在议定书下的减排承诺。清洁发展机制为发展中国家的碳交易市场形成奠定了基础,这些项目创造了发达国家可以购买和利用的信用额度,用来履行其减排义务,实现了由基金机制向交易机制、由罚款机制向价格机制、由司法制度向市场机制的转变。京都机制下的三个灵活履约机制和各国的减排体系构成了全球气候治理体系的主要支柱。

《京都议定书》通过后,于1998年3月16日至1999年3月15日间开放签字,共有84国签署,其中,2001年小布什政府宣布美国放弃实施《京都议定书》。2005年2月16日,《京都议定书》开始生效。在此之前国际社会经过艰苦谈判,又通过了四个重要文件:《布宜诺斯艾利斯行动计划》《波恩政治协议》《马拉喀什协定》和《德里宣言》。《京都议定书》通过多边谈判对全球温室气体环境容量资源进行分配,是国际环境管理的一种制度创新。

《京都议定书》确立后,原有的南北两大阵营大体分化成三大博弈集团。其中,减排主张最为激进的是欧盟、小岛国联盟和最不发达国家组成的第一集团,主张"自上而下"实行高标准的温控目标和减排力度。第二个集团,是除欧盟以外的其他发达国家(加拿大、俄罗斯、日本、澳大利亚等),因其在地图上的分布形状而得名"伞形集团"。"伞形集团"对待气候变化的态度不如欧盟集团主动,但又要保持气候治理话语权,主张以发展中大国的量化减排为前提。"中国+77国集团"形成了第三个集团,强调公平,主张在坚持"共同但有区别"的原则基础上,基于各国自身的发展阶段和条件进行减排。此时,三大集团博弈的焦点集中在,发达国家施行高标准量化减排,是否要以发展中大国的量化减排为前提。

2008—2012年为《京都议定书》的第一个承诺期。自2008年开始,每个有减排承诺的国家,根据在基准年的排放量和各自的减排目标,会被分配对应的AAU数量(第一个5年承诺期内允许排放的二氧化碳吨数),并在2012年末,每个国家都必须交出足够的AAU以支付其5年的排放量。《京都议定书》允许缔约方交易AAU,排放量高于规定目标的国家可以从有盈余的国家购买AAU,以便按时履行减排义务。

AAU的第一笔交易发生在2008年。截至2012年9月,总共发生了56笔公开交易,签订了3.14亿单位的AAU交易合约。所有市场上公开的AAU交易都是在绿色投资计划(Green Investment Scheme,GIS)的框架下进行的,即卖方政府同意将销售收入用于投

---

① AAU是《京都议定书》中的附件一国家根据其减排承诺,可以得到的碳排放配额,每个分配数量单位等于1吨二氧化碳当量。

资环境保护项目。

联合履行机制和清洁发展机制属于项目合作机制。通过项目合作机制，发达国家或其他国内企业以投资方的身份，在其他国家投资具有减排效用的项目。项目东道国将项目产生的温室气体减排量出售给投资方以获得技术支持或者额外的收入，项目投资方则用得到的减排量抵消其超出《京都议定书》减排的部分。如果东道国是《京都议定书》中的附件一国家，则属于联合履行机制；如果是发展中国家，则属于清洁发展机制（如图1.1所示）。

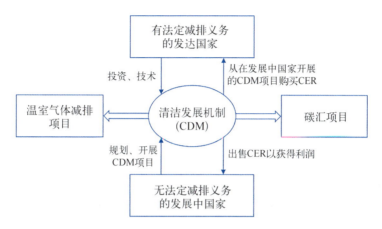

图1.1 《京都议定书》中清洁发展机制示意图

由于《京都议定书》为工业化发达国家和经济转型国家设定了具有法律约束力的温室气体减排和限排目标，国际排放交易下的允许排放限额、联合履约机制下的ERU、清洁发展机制下的核证减排量成为稀缺资源，因此就有了碳信用。

按照国际惯例，排放到大气中的每当量二氧化碳为一个碳信用。以上三种都属于碳信用的范畴。通过这三种灵活机制，碳信用成为一种有价值的商品，可以在金融市场上进行交易。这种交易不仅为减排项目提供了资金支持，而且为金融机构和投资者提供了新的投资机会，还促进了碳定价机制的发展。通过市场供求关系，碳信用的价格得以形成，这为碳排放的社会成本提供了量化的指标。这种定价机制有助于内部化环境成本，从而激励企业和个人采取更环保的行为。此外，碳信用的诞生为金融市场中真正出现可交易的金融衍生品创造了基础条件。金融机构和投资者可以购买与碳信用相关的衍生金融产品，对环境友好项目进行投资，或者将其作为风险管理工具，对冲碳排放成本的波动风险。

综上所述，《京都议定书》下的三种灵活履约机制不仅推动了全球温室气体减排的努力，而且为碳金融市场的诞生与发展奠定了基础。通过碳信用的交易，实现了环境治理与金融市场的结合，促进了可持续发展和环境保护的全球合作。

总之，深入分析全球碳金融的产生与演化历史，不难发现，在应对气候变化的大背景下，能源开发利用过程中产生的环境问题日益受到社会关注。为了解决能源开发利用引致的环境问题，产生了碳排放权交易。叠加区块链、互联网+等新技术，碳金融的创新也呈现更加多样化的态势，出现了碳资产的证券化、各种碳数字货币等。

案例 1-1

中国的清洁发展机制与国家核证自愿减排的发展

清洁发展机制提出后受到了发展中国家的普遍欢迎,项目数量和预计碳减排额度在短期内大幅上升。1998年,中国加入了《京都议定书》的缔约国行列。2002年,中国首个CDM项目诞生,荷兰政府与中国签订了内蒙古自治区辉腾锡勒风电场项目,自此中国CDM市场正式拉开序幕。

我国政府于2004年和2005年先后发布了《清洁发展机制项目运行管理暂行办法》和《清洁发展机制项目运行管理办法》,以促进CDM项目活动的有效开展,维护中国权益。同时,各地陆续设立了CDM服务中心,官方还发布了电网基准线排放因子以帮助降低CDM项目的开发难度。此外,基于国家从CDM项目产生的CER交易收入中应得的部分,中国政府还专门建立了清洁发展机制基金,用于支持国内应对气候变化相关行业和产业,促进经济社会可持续发展。

此后,一直到2012年,我国获欧盟批准的CDM项目总数超过3 000个,总数居全球首位。但就在2013年,由于CER的最大需求方即欧盟规定从当年起只购买最不发达国家(LDC)的CER,从而导致我国CDM项目的签发数量大幅减少,中国的CDM一级市场(与原始减排主体间交易的市场)受限,CDM项目受阻。

自2013年起,区域性试点的CCER交易逐渐取代了已经开始全面受限的CDM,在北京、天津、上海、广东、深圳、湖北、重庆等多地试点市场均可进行CCER交易。但与配额交易不同的是,CCER的交易不再局限于参与当地碳市场的企业之间,而是能够在全国范围内不同试点场所之间流通。2017年,由于市场交易量小、部分项目不够规范等因素,国家发改委暂停了对CCER项目的审批备案。历经6年的沉积,2023年10月19日,生态环境部印发了《温室气体自愿减排交易管理办法(试行)》,标志着新CCER项目体系正式启动,自愿碳减排市场成为推动实现中国"双碳"目标、推进全球气候治理的重要组成部分。2023年10月24日,生态环境部印发了首批4个项目方法学,包括造林碳汇、并网光热发电、并网海上风力发电、红树林营造,明确了首批新CCER体系支持的项目领域。2023年10月25日,生态环境部印发了《关于全国温室气体自愿减排交易市场有关工作事项安排的通告》,对原CCER体系下已经签发的减排量做出了制度性安排。2024年1月22日,全国温室气体自愿减排交易市场正式启动。

案例思考题:
1. 清洁发展机制是在哪一份国际协议中被提出的?其具体含义是什么?
2. 为何自2013年起,我国CDM项目签发数量大幅减少?
3. CDM项目全面受限后,我国采取了什么措施来破局?

二、碳金融的发展现状

(一)碳金融发展与碳市场的相关性

碳金融本质是利用金融工具解决碳排放的负外部性,使减排成本最低的交易机制,其理论渊源可追溯到古典经济学、新制度经济学及科斯定理。蒙哥马利(Montgomery,1972)认为,碳排放权能像股票和债券一样,在公开市场上进行交易。因此,碳排放权交易市场(简称碳市场),本身作为一种类似于金融工具交易的市场,理论层面上天然具备金融特性。

在实践层面,碳金融功能的发展与碳市场的不断完善息息相关。碳金融基本的功能包括价格发现、投融资安排、分散风险、降低交易成本等;而碳市场按其交易主体和产品的不同可以划分为一级市场、二级市场、融资服务市场和支持服务市场。伴随着碳市场金融化程度的不断提高,交易品类由单纯的现货向包含现货、期货和多样化的碳金融产品投资组合转变,碳金融的功能也在碳市场上得到越来越充分的体现,具体表现如下。

碳排放权作为一种权利,与有价证券相似,都是在一级市场上形成的。有价证券通过首次公开募股(IPO)在初级市场上确立资产定价,而碳市场除了免费分配的情况外,则通过配额拍卖的方式实现对碳排放配额的初始定价。随着碳市场的不断发展,配额拍卖对碳价发现的有效性将不断增加,碳金融的价格发现功能也得以彰显。

一级市场上形成的碳排放权与有价证券的初始发行后一样,会进入二级市场进行交易。二级市场是碳现货及碳交易工具的流转市场,在整个碳金融市场中占有重要地位。现货交易是二级市场最基本的交易形式,体现了碳金融价格发现的功能。而随着碳市场的不断发展,碳期权、碳期货等碳交易工具的引入,二级市场更多体现出提供流动性与分散风险的功能。

与之类似,为了促进一级、二级市场的交易效率,成熟的碳市场在借鉴了传统金融产品的设计模式的基础上还推出了碳保险、碳基金等碳金融产品,发展出相应的融资服务市场和支持服务市场。在这些市场上,碳金融减少市场摩擦、获取投融资、提升流动性和资产定价效率的功能得到进一步体现。

碳市场与金融市场的相关性如图1.2所示。

图1.2 碳市场与金融市场的相关性

(二) 碳金融市场发展

目前,全球已形成近30个成规模的碳金融市场,覆盖全球近20%的温室气体排放。其中,欧盟、美国碳金融市场起步早、规模大、机制完善,在国际碳金融市场处于领先地位;韩国、印度、中国等碳金融市场处于发展初期,发展潜力较大。

1. 欧盟碳金融市场

欧盟为碳金融市场建设的先驱,其市场(EU ETS)发展最为成熟。一是国际化程度高,欧盟碳金融市场目前在欧洲30个国家运行,覆盖的温室气体排放量占欧盟总排放量的40%。二是二级市场流动性强。欧盟碳排放配额(EUA)现货及衍生品在欧洲能源交易所(EEX)与洲际交易所(ICE)上市交易,EUA期货和期权交易量大、活跃度高。三是参与主体种类丰富。

在欧盟碳排放交易体系的运行过程中,企业作为交易者主要参与配额分配(配额拍卖形成的一级市场)和配额交易(EUA、CER及相关金融衍生品形成的二级市场)两个环节,欧盟委员会对不同环节参与者的要求有所区别。对于一级市场,参与者有控排企业、经授权的投资公司与信贷机构、成员国内控制控排企业的公共机构或国有企业;对于二级市场,欧盟委员会规定有两者可以参与交易,一为欧盟内人员,二为符合规定的其他国家人员——这意味着欧盟碳交易体系的二级市场允许控排企业、金融机构、非控排企业以及个人参加碳排放交易。欧盟相对宽松的市场参与条件极大地丰富了市场交易主体,使碳排放交易的活跃程度不断提高。在EUA及其金融衍生品表现出金融属性的背景下,成熟金融机构的参与使EUA及其金融衍生品的定价更加合理,碳交易市场的有效性得到提升。

2. 美国碳金融市场

与欧盟类似,美国得益于较为发达的金融市场,在碳市场设立之初就开始发展碳金融产品,在碳现货交易基础上,发展碳期货、碳期权等衍生品,市场参与主体广泛。部分地区由于制度安排与规避价格风险需要,期货甚至早于现货出现,对缓解碳市场成立之初的冲击、盘活市场交易、优化资源配置起着重要作用。但在活跃的碳市场面前,衍生品所带来的"次级碳风险"不容忽视,这需要完善的金融监管机制予以防范,美国将其气候变化与金融相连接的问题纳入金融稳定框架,与欧洲市场不同,其在特殊的政治制度影响下,并没有设立统一性的监管主体,但建立了区域性碳金融市场的立法协调机制,赋予各州更多的自主权,明晰了职权划分,其中区域性温室气体倡议(RGGI)和加州总量控制与交易计划(CCTP)影响力最大。

3. 韩国碳金融市场

韩国碳金融市场初现雏形,稳步发展。一是市场规模逐步建立,韩国碳金融市场(K-ETS)于2015年启动,已覆盖了韩国超70%的碳排放量。二是二级市场产品单一,主要为碳排放配额(KAU)现货交易,期货、期权等产品仍待开发。三是市场准入门槛逐步放宽,自2019年起部分金融机构获准进入二级市场,到2025年获准金融机构范围将进一步扩大。

4. 印度碳金融市场

亚洲较为有代表性的碳市场和碳金融发展的国家还有印度。印度的能源结构与中国类似,煤炭在一次能源中占比超过50%(中国为70%),因此其首要任务即转变能源结构,开发新能源,在减排目标基础上实现能源独立。在碳金融实践中,印度主要探索碳期货和碳融资,其大宗商品交易所(MCX)和国家商品和衍生品交易所(NCDEX)先后推出碳排放权期货和核证减排量期货,并在二级市场上广泛地与欧盟各国合作,从而获得更多资金用于本国的新能源技术研发。

5. 中国碳金融市场

中国碳金融市场发展速度较快,但目前市场化、金融化程度存在较大提升空间:一是金融属性低。内地碳金融市场初期定位为服务于碳减排的从属性市场工具,金融属性不够突出。二是二级市场以碳排放权现货交易为主。地区性试点市场的碳金融衍生品种类丰富,但停留在零星试点阶段,现货交易仍占主体。三是市场参与主体结构单一。全国碳金融市场交易主要在减排履约实体之间进行,机构与个人投资者的市场准入资质要求尚不明确。四是二级市场流动性有待提升。交易集中发生在碳排放配额发放后和上缴前,其余时间交投相对清淡。

第二节 碳金融的概念

何谓"金融"?人们对"金融"一词的认识经历了一个由简单到复杂的发展过程。在不同历史时期,"金融"一词有着不同的内涵(丁浩,2009)。从字面来看,金融就是"资金融通"[①]。在"辞源"中的释义是:今谓金钱之融通状态曰金融。世界银行较为系统地阐述了金融的概念,从一般层面看,金融主要涉及商品、服务贸易向未来收益的资金转移;从更高层面上,金融的职能主要包括动员储蓄、配置资本、监督经理人员和转移风险等,且其内涵日益丰富。现代金融的典型特征更是涵盖了风险规避、经济调节、信息传递、公司治理、引导消费、区域协调和财富再分配等内容(丁浩,2009)。

在学术界,学者们也对"金融"一词给出了界定。黄达(2001)则从"金融"词源的角度探讨了金融的含义,宽口径的金融包括一切与货币有关的活动;中口径的金融指货币流通、信用供给、投资决策及金融机构;窄口径的金融则指金融市场的运行机制及资本资产的价格确定。戈兹曼(2010)从时间维度出发,认为金融本质上是价值在时间上的转移。提供贷款,在未来拿回本金和利息,其实就是一个时间维度上的价值交换。从学科的角度,博迪和莫顿(2000)提出,金融学是研究人们在不确定的环境中如何进行资源的时间配置的学科。综合学术界对金融的界定,可以发现,价值往前或往后进行时间的转移就形成了今天的金融。金融能在时间上重新配置经济价值,重新配置风险、资本并且扩展了资源重新配置的渠道和复杂程度。虽然金融的形式在不断发生变化,但其本质思想在于跨时空地配置经济价值。在货币产生以前,这种经济价值的配置往往以实物形式存在,在货币产生以后,经济价值的配置就主要体现为资金的融通(黄明,2021)。

一、碳金融的内涵

基于碳市场金融化的必然趋势,"碳金融"的概念逐步引起关注。自欧洲气候交易所(ECX)2005年陆续推出碳排放权的期货、期权后,碳排放权便具有了金融产品的属性。但是,目前国际上对于碳金融尚无统一的定义。

根据世界银行的定义,碳金融是指服务于旨在减少温室气体排放的各种金融制度安排和金融交易活动,主要包括碳排放权及其衍生品的交易和投资、低碳项目开发的投融资以及其他相关的金融活动,最终目标是实现低碳发展、绿色发展、可持续发展。碳金融的

---

① 融通即融合通达。融会通达而了无滞碍,就是融合畅通、融合通达的意思。

兴起源于国际气候政策的变化以及两个具有重大意义的国际公约——《联合国气候变化框架公约》和《京都议定书》。

国内对于碳金融概念的表述较为一致,大部分研究者赞同碳金融有广义和狭义之分。刘琢玮和王曙光(2023)参照中国证券监督管理委员会的《碳金融产品》这一行业标准,将狭义的碳金融定义为建立在碳排放权交易的基础上,服务于减少温室气体排放或者增加碳汇能力的商业活动,以碳配额和碳信用等碳排放权益为媒介或标的的资金融通活动;广义的碳金融定义为为减碳控排行为提供融资和支持服务、促进实体经济进行绿色低碳转型的各项金融服务。翁智雄等(2015)总结提出,碳金融是为减缓气候变化而开展的投融资活动,具体包括碳排放权及其衍生品交易、产生碳排放权的温室气体减排或碳汇项目的投融资以及其他相关金融服务活动。

本书认为狭义的碳金融是指市场层面的碳金融,即以碳排放配额或项目减排量等为标的的现货、期货、期权交易等金融活动;广义的碳金融泛指所有服务于减少温室气体排放的各种金融制度安排和金融交易活动,包括碳排放配额或项目减排量的现货与衍生品交易,低碳项目开发的投融资以及其他相关的金融中介活动(如图1.3所示)。综合来看,无论是狭义还是广义的碳金融,其本质都在于利用金融的机制和工具,促进经济价值在时间上的重新配置,同时实现风险、资本的重新分配和温室气体排放的减少。碳金融不仅支持了环境的可持续性,而且为金融市场带来了新的增长点和投资机会。

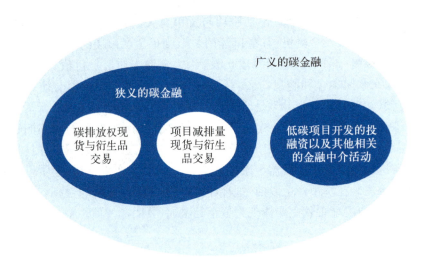

图1.3 广义与狭义的碳金融

二、碳市场金融化的基础

碳市场金融化是碳市场发展的必然趋势,这首先是由碳排放配额的属性决定的。从碳配额自身的特征看,发展碳金融衍生品具有良好的先天条件:一是碳配额是高度标准化、同质的。碳配额交易以每吨二氧化碳当量价格计价,在不同地区、不同行业的计量标准是相同的,有利于开发碳期货等标准化的碳金融衍生品。二是碳配额是电子化的,无储存成本。与农产品等大宗商品相比,碳配额是以电子形式记录的、政策创造出来的资产,储存、运输成本近乎为零,不存在农产品保质期、品质要求等问题,在政策允许的条件下可以跨期存储或预支,在发展碳期货等金融衍生品方面具有先天优势。三是碳价波动为发展基于套期保值、投资需求的碳金融衍生品提供了土壤。市场最大的不确定性就是碳价波动。从碳配额发放到履约存在时间差,碳价在这段时间内存在波动的风险,因此企业天然存在针对碳价的套期保值、风险对冲等金融需求。

其次,各国碳市场的制度和产品创新也为碳市场金融化打下了坚实的基础。例如,自2013年起,我国开始实施区域性的碳市场试点项目,为全国碳市场的发展提供了宝贵的经验和参考,尤其是在金融属性方面。其中,广东省的碳市场实施配额拍卖,为全国范围内的拍卖分配机制奠定了坚实的基础。同时,这些试点项目在碳排放的核算、核查和履约等关键制度方面也展现了各自的创新。此外,这些区域碳市场还对碳远期合约、碳排放权质押贷款等碳金融产品进行了有效的探索和尝试。虽然在此之前,绿色金融市场已经具备一定的发展基础,但绿色金融的范畴较为广泛,涵盖了节能环保等多个方面,并不专门聚焦于减排领域。

最后,行业低碳转型亟须资金支持、金融机构参与碳市场建设的意愿较高为碳市场金融化创造了有利的内部条件。以我国为例,在"双碳"目标下,钢铁等高碳排放行业迫切需要碳金融给予资金支持,为其低碳转型提供助力。目前碳金融市场还处于前期试点阶段,虽然生态环境部牵头制定的《气候投融资试点工作方案》鼓励金融机构开展碳金融服务,但基于风险控制等考虑,生态环境部暂未放开金融机构进入碳市场的限制。现阶段金融机构在碳市场中更多的是发挥中介作用,为控排企业提供账户开立、资金账户管理、根据客户需要提供结构性融资工具等服务。在企业对碳资产管理需求提升的背景下,金融机构参与碳市场具有巨大的潜力,碳交易有望成为金融机构新的业务增长点。银行、证券公司等金融机构参与碳市场的热情较高,对将它们纳入碳市场的市场呼声也较高。只有金融机构获批参与碳市场交易,才能真正激发其发展碳金融的积极性。

三、碳金融功能

碳金融市场体系涵盖了碳资产交易、定价、风险管理等市场微观层面,金融体系的信贷、保险、资本市场资源配置等中观层面,以及财政政策、货币政策、产业政策等宏观政策层面。碳金融对资源配置效率的提高效应在宏观层面上体现为低碳经济的发展和金融体系的完善,在中观和微观层面则主要体现在金融机构的业务拓展和碳金融相关企业的投融资优化等方面。具体来看,碳金融的功能主要体现在以下方面。

(一)价格发现和决策支持功能

与传统金融体系相似,碳金融的基本功能是价格发现。碳金融提供碳产品定价机制,具有价格发现和价格示范作用,这种价格发现能够及时、准确和全面地反映所有关于碳排放权交易的信息,如碳排放权的稀缺程度、供求双方的交易意愿、交易风险和治理污染成本等,使得资金在价格信号的引导下迅速、合理地流动,优化资源配置。市场约束下得到的均衡价格就会使投资者在碳市场制定更加有效的交易策略与风险管理决策。碳期货等套期保值产品,有利于形成均衡的碳市场价格,并反馈到能源市场和贸易市场,对于减排企业的生产成本和相关的投资决策都有重要意义。

碳中和所需的长期投资及价格形成也都需要金融市场的定价能力。实体经济中的大宗商品价格形成，其实早已是靠金融市场及其规律进行定价的。不是说因为碳市场具有金融属性，所以才需要金融业的参与，而是碳市场本身需要运用从金融业发展起来的定价功能。

（二）为减排降碳提供融资的功能

融资是金融的根本属性，也是碳金融当前最重要的一种功能。碳配额是一种资产，金融机构能够基于碳配额、核证自愿减排量开发碳资产抵质押融资、碳资产回购等多元化的金融产品，从而满足控排企业的融资需求。

如碳指数、碳基金等碳金融工具，可以通过提供专门的资金支持降低项目的交易成本，缩短项目谈判周期，帮助填补控排企业的资金缺口，加速项目交易的完成。此外，碳金融的融资功能还将鼓励金融机构和企业更多地参与碳金融衍生品市场交易，进而提高碳市场流动性，最终增强碳价发现能力。

（三）技术转移与多元化投资功能

从国际层面来看，清洁发展机制和联合履约机制作为国际合作框架下的重要工具，使得发达国家能够通过购买或投资发展中国家相应的减排项目，换取配额抵扣，间接将其碳减排技术和资金转移到发展中国家。这不仅帮助后者实现减排目标，而且促进了全球碳减排成本效益的最大化。

从国内层面来看，碳金融发展出项目投资、风险投资和基金等多元化投资模式，不仅增加了投资渠道，而且优化了资金配置。通过碳金融的投资功能，可以引导投资者将资金投向绿色低碳产业，减少对化石燃料的依赖。通过投资于可再生能源、能效提升、清洁技术等领域，可以促进产业结构的优化和经济的可持续发展，推动经济增长方式从高碳向低碳转型。

（四）风险转移和分散功能

碳价格的波动性非常显著，不仅与能源市场高度相关，而且政治事件和极端气候也会增加其不确定性。不同国家、不同产业受到的影响和自身的适应能力也有所不同，大部分要通过金融的手段来转移和分散碳价格波动风险。碳期货、碳期权等套期保值工具，可以将风险在不同交易者间转移和分散，从而有效规避风险；碳保险和碳指数等则可以对碳排放权交易过程中可能发生的价格波动、信用危机和交易危机进行担保和风险规避，从而平滑碳市场的价格波动。

（五）推动减排成本内部化和最小化功能

碳排放是一个典型的外部性问题。碳排放权交易发挥了市场机制应对气候变化的基础作用，使碳排放成本转化为内部生产成本，从无人承担或外部社会承担转为由排放企业承担。由于各企业的碳减排成本存在较大差异，因此企业根据自身减排成本和碳价格的波动，进行碳排放权交易或减排投资。碳金融提供了企业跨国、跨行业和跨期交易的场所，企业通过购买碳金融产品，将碳减排成本转移至减排效率高的企业，或通过项目转移至发展中国家，使得微观企业和发达国家总体的减排成本实现最小化。

（六）降低交易成本以促成交易的功能

碳金融作为中介，为供需双方构建交易的桥梁，有效促进碳交易的达成；尤其是在清洁发展机制下的跨国碳减排项目呈现专业技术性强、供需双方分散和资本额度小的特点，碳基金促进了项目市场的启动和发展，解决了交易双方信息不对称问题，降低了信息搜集成本。碳排放权的期货和期权等高流动性的金融衍生品也促使碳交易更加标准化、透明化，加快了碳市场发展的速度。碳金融发挥强大的中介能力和信息优势，推动了全球碳交易市场的价值链分工，有效地降低了交易成本，带动相关企业、金融机构和中介组织进入市场，推动了碳市场的容量扩大，使市场流动性增强，进而使碳市场的整体规模快速增长。

总之，碳金融是碳交易体系应对气候变化，通过市场机制的方式降低碳排放、优化能源结构，促进低碳发展最有效的方式。碳金融对促进全球碳市场的发展具有极其重要的意义。

第三节 碳金融的运行机理

一、碳金融活动的主体

碳金融市场的参与主体包括交易双方、第三方中介、第四方平台和监管部门等。根据绿色金融专业委员会碳金融工作组《中国碳金融市场研究》，具体参与主体、功能与参与动机如表 1.2 所示。

表 1.2 碳金融市场的参与主体、功能与参与动机

参与主体分类	具体分类	功　能	参 与 动 机
交易双方	控排企业	市场交易； 提高能效、降低能耗，通过实体经济中的个体带动全社会完成减排目标； 通过主体间的交易实现最低成本的减排	完成减排目标（履约）； 低买高卖，实现利润
	减排项目业主	提供符合要求的减排量，降低履约成本，促进未纳入交易体系的主体以及其他行业的减排工作	出售减排项目所产生的减排量以获得经济效益、社会效益
	碳资产管理公司	提供咨询服务； 投资碳金融产品，增强市场流动性	低买高卖，实现利润
	碳基金、投资银行等金融机构	丰富交易产品； 吸引资金入场； 增强市场流动性	拓展业务并从中获利
	个人投资者	参与交易获利的新平台； 提供市场活跃的催化剂	参与市场交易并盈利

续 表

参与主体分类	具体分类	功 能	参 与 动 机
第三方中介	监测与核证机构	保证碳信用额的"三可"原则(可测量、可报告、可核实); 维护市场交易的有效性	拓展业务
	其他(如咨询公司、评估公司、会计师事务所及律师事务所)	提供咨询服务; 碳资产评估; 碳交易相关审计	拓展业务
第四方平台	登记注册机构	对碳配额及其他规定允许的碳信用指标进行登记注册; 规范市场交易活动以便监管	保障市场交易的规范与安全
	交易平台	汇集发布交易信息; 降低交易风险、降低交易成本; 实现价格发现功能; 增强市场流动性	吸引买卖双方进场交易,增强市场流动性并从中获益
监管部门	碳交易监管部门	制定有关碳排放权交易市场的监管条例,并依法依规行使监管权力; 对上市的交易品种进行监管,监督交易制度、交易规则的具体实施; 对市场的交易活动进行监督; 监督检查市场交易的信息公开情况; 与相关部门相互配合对违法违规行为进行查处,维护市场健康稳定	通过市场监管规范市场运行; 通过市场机制运作促进节能减排

其中,碳排放权交易的需求者包括需要实现碳减排的发达国家、企业,也包括将碳排放权作为投资需求的碳基金、投资银行等金融机构。金融机构在碳金融体系中扮演着重要角色。

随着碳市场的越发成熟,越来越多的金融机构涉足碳金融领域,充当着中介和参与者的角色,包括商业银行、投资银行、保险机构、风险投资、政府主导的碳基金、私募股权投资基金等。国际性的组织如世界银行以及国际金融公司,也为此做出了很多努力,发起设立了许多促进低碳经济和碳金融发展的基金,包括伞形碳基金、生物碳基金、原型碳基金、社区开发基金等。

私人设立的碳基金对碳排放权的开发交易、采购以及经济业务非常熟悉,在市场上和政府碳基金一样活跃;商业银行主要是为各个企业提供基于碳排放权的金融产品服务如碳排放权质押融资,并以此提升自己的服务和竞争能力。

在碳交易的二级交易市场中,商业银行、保险公司、私募基金等金融机构在市场中发挥了重要作用,它们从最初提供中介平台和咨询服务平台,慢慢变成交易参与方,包括提供融资或者直接参与碳排放权的交易,开发创新性的碳金融产品以及其衍生品和结构性的理财产品。

商业银行的业务范围渗透到整个市场的各个交易环节,成为越来越重要的参与者,具体体现在:(1)在初始碳排放权的生产阶段,向项目开发企业提供融资服务或者为原始碳排放权的开发提供融资担保;(2)在项目开发阶段,提供碳交易账户管理和项目咨询服务;(3)在二级市场上,商业银行还可以充当做市商,通过买卖报价的适当差额来补偿所提供服务的成本费用,并实现一定的利润,为碳交易提供必要的流动性;(4)开发各种创新性碳金融衍生品,为投资者提供新的金融投资工具,或为碳排放权的最终使用者提供风险管理工具。

除了商业银行以外,为碳排放权交易提供中介服务的还有其他金融机构:(1)保险公司开发与碳排放权相关的保险产品,提供碳排放权风险管理服务以及投资各类碳金融产品等;(2)证券公司开发设计碳排放权证券化产品,充当碳投融资财务顾问以及进行碳证券资产管理等;(3)信托公司开发设计碳信托理财产品,充当碳投融资财务顾问以及从事碳投资基金业务等;(4)基金公司设立碳投资基金,充当碳投融资财务顾问以及进行碳基金资产管理等;(5)期货公司开发设计碳期货产品,进行碳期货资产管理以及开展碳期货经纪业务等。

在我国,一级市场的碳交易还未形成有效的竞价机制和服务体系,金融中介机构的参与将促进碳金融的发展,市场会越来越规范和透明,流动性也会大大提高,进而刺激碳交易市场规模的扩大。而碳交易市场规模的扩大又会吸引更多的金融机构和企业参与碳金融领域,并提供更多的碳金融工具和产品以及咨询中介服务等,两者相互促进、共同发展。

二、碳金融的关键要素

金融市场的构成要素一般包括四类市场主体:(1)市场主体,指交易参与双方;(2)市场客体,指交易标的及交易产品;(3)市场价格,指在供求关系支配下由交易双方商定的成交价;(4)市场媒介,指双方凭以完成交易的工具和中介,往往包括第三方中介机构及作为第四方的交易场所。市场主体和市场媒介,共同构成了市场上的各类主要利益相关方。市场客体则可以分为基础资产和金融产品两部分。在碳市场上,碳交易的基础资产主要包括两类:一是ETS体系下的碳排放权配额,比如EU ETS下的欧盟碳排放配额(EUA)和欧盟航空碳排放配额(EUAA)、我国的全国碳排放配额(CEA)和8个地方试点碳排放配额等;二是根据相应方法学开发的减排项目减排量,比如联合国清洁发展机制下的核证减排量、中国国家发改委认可的核证自愿减排量等。在分析碳金融市场构成时,我们将主要聚焦于三大关键要素:利益相关方、碳金融产品及碳金融的基本运行逻辑。

(一)利益相关方

正如表1.2所列示,利益相关方主要包含以下四类。

1. 交易双方

交易双方指直接参与碳金融市场交易活动的买卖双方,主要包括控排企业、减排项目业主、碳资产管理公司、碳基金及金融投资机构等市场主体。在现货交易阶段,市场主体往往以控排企业为主,碳资产管理公司和金融投资机构为辅;在衍生品交易阶段,金融投资机构尤其是做市商和经纪商将成为市场流动性的主要提供方。

2. 第三方中介

第三方中介指为市场主体提供各类辅助服务的专业机构,包括监测与核查核证机构、金融机构(银行、券商、基金、信托、保险等)、咨询公司、评估公司、会计师及律师事务所等。

3. 第四方平台

第四方平台指为市场各方开展交易相关活动提供公共基础设施的服务机构,主要包括注册登记簿和交易所。其中,交易所除了提供交易场所、交易规则、交易系统、交易撮合、清算交付和信息服务等功能外,还承担着部分市场一线交易活动的日常监管职能。

4. 监管部门

监管部门指对碳金融市场的合规稳定运行进行管理和监督的各类主管部门,主要包括行业主管部门、金融监管部门及财税部门。

(二) 碳金融产品

碳金融产品是依托碳配额及项目减排量两种基础碳资产开发出来的各类金融工具,从功能角度主要包括交易工具、融资工具和支持工具三类。

1. 交易工具

除了碳配额及项目减排量等碳资产现货外,主要包括碳远期、碳期货、碳掉期、碳期权,以及碳资产证券化和指数化的碳交易产品等。交易工具可以帮助市场参与者更有效地管理碳资产,为其提供多样化的交易方式、提高市场流动性、对冲未来价格波动风险、实现套期保值。

2. 融资工具/服务

融资工具/服务主要包括碳债券、碳资产质押、碳资产回购、碳资产租赁、碳资产托管等。融资工具可以为碳资产创造估值和变现的途径,帮助企业拓宽融资渠道。

3. 支持工具

支持工具主要包括碳指数和碳保险等。支持工具及相关服务可以为各方了解市场趋势提供风向标,同时为管理碳资产提供风险管理工具和市场增信手段。

(三) 碳金融的基本运行逻辑

基于前文对碳金融内涵、要素构成、功能等基本问题的分析,我们可以对碳金融的基本运行逻辑进行刻画。

在碳金融市场,控排企业、自愿减排项目业主、非履约性主体、碳资产管理公司等产业与投资端主体,作为碳金融市场的底层资产供给方与购买方,在碳金融市场提供或购买各种底层碳资产及其金融衍生品;与此同时,这些主体也是碳金融市场服务需求的发起方,它们产生了基于碳资产的融资、价格发现、风险规避等各种碳金融服务需求。服务机构端的各种金融中介机构以及碳金融赋能机构在获取需求方的碳金融服务需求以及底层碳资产持有方的相关信息后,开发满足相应需求的碳金融工具,为产业端和投资端提供各种碳金融产品服务。各种开发的碳金融产品,在场内或场外交易平台开展交易。碳交易平台通过建立交易平台、制定交易规则、完善交易机制等方式降低交易成本,增信交易基础。

监管机构则对碳金融的体系构建、适当性主体资格、金融交易合规、市场运行稳定等方面进行监督管理。整个碳金融市场的运行逻辑参见图1.4。

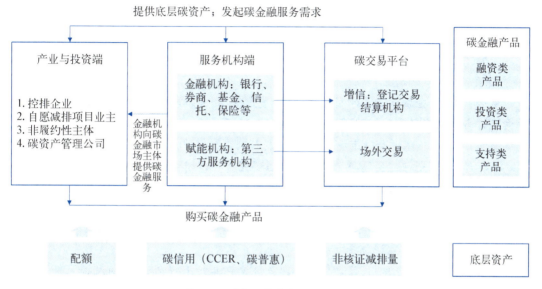

图1.4　碳金融的基本运行逻辑图

思考与练习题

一、《京都议定书》提出了哪三个旨在减排温室气体的灵活履约机制？

二、减排博弈分为哪三大集团，其关注的焦点分别是什么？

三、本书中关于碳金融的广义定义与狭义定义分别是什么？世界银行对碳金融的定义是广义的还是狭义的？

四、碳金融的参与主体有哪些？其中商业银行可以在哪些方面参与碳金融？

五、碳金融的功能主要体现在哪六个方面？

推荐阅读

联合国政府间气候变化专门委员会（IPCC）：第六次评估报告综合报告，《气候变化2023》，2023年。

世界银行：《碳金融十年》，广州东润发环境资源公司译，石油工业出版社，2011年。

世界银行碳金融部门：《碳金融发展年度报告（Carbon Finance for Sustainable Development: 2006 Annual Report）》，2006 年。

中国证券监督管理委员会等：中华人民共和国金融行业标准《碳金融产品》（JR/T 0244—2022），2022 年。

参 考 文 献

丁浩："关于金融本质及其演进和发展的思考"，《经济研究导刊》，2009 年第 3 期，第 69—70 页。

黄达："金融、金融学及其学科建设（金融覆盖范围、金融学科体系设计、金融专业办学方向）"，《当代经济科学》，2001 年第 4 期，第 1—11 页。

黄明：《能源与环境金融市场：历史、机制与制度》，复旦大学出版社，2021 年。

刘琢玮、王曙光："碳金融与企业低碳转型研究——以中国钢铁行业为例"，《工业技术经济》，2023 年第 9 期，第 55—64 页。

威廉·N. 戈兹曼，张亚光、熊金武译：《千年金融史》，中信出版社，2017 年。

威廉·N. 戈兹曼："金融学的起源——东西方金融创新的早期历史"，《中国市场》，2010 年第 33 期，第 41—43 页。

翁智雄、葛察忠、段显明，等："国内外绿色金融产品对比研究"，《中国人口·资源与环境》，2015 年第 6 期，第 17—22 页。

叶世昌、潘连贵：《中国古代金融史》，复旦大学出版社，2000 年。

张叶东："'双碳'目标背景下碳金融制度建设：现状、问题与建议"，《南方金融》，2021 年第 11 期，第 65—74 页。

兹维·博迪、罗伯特·C. 莫顿，伊志宏译：《金融学》，中国人民大学出版社，2000 年。

Liu L, Chen C, Zhao Y, et al. China's Carbon-emissions Trading: Overview, Challenges and Future. *Renewable and Sustainable Energy Reviews*, 2015, 49(Sep): 254-266.

Zhou K, Li Y. Carbon Finance and Carbon Market in China: Progress and Challenges. *Journal of Cleaner Production*, 2019(214): 536-549.

第二章

碳金融理论

学习要求

熟悉并掌握外部性、囚徒困境、庇古税、科斯定理等碳金融的经济学理论基础;掌握碳交易相关理论及其发展演变过程,了解从环境金融到碳金融发展的理论演变;学习与碳交易市场有关的金融理论,并思考其与碳交易市场、碳金融市场之间的联系,初步具备搭建碳金融理论分析框架的能力。

本章导读

外部性、囚徒困境等作为传统经济学中的经典理论,也是我们理解和分析碳金融的基础性理论。自20世纪50年代后期以来,经济学家们和政策制定者们就环境治理问题展开了一系列的探索和实践,从最初的两派争论不休到科斯的思想启蒙,再到后来戴尔斯和克罗克提出排污权交易理论,以及后来鲍默尔和奥茨等人提出"标准与定价"的次优解并详细证明方案的可行性,学者和政策制定者们都为环境治理的高效实现贡献了自己的力量。

20世纪70年代开始出现关于环境和经济发展关系的研究;1998年环境金融的概念诞生后,碳金融研究逐渐兴起。从实践来看,碳排放市场不仅是一个商品市场,更是一个具有金融属性的市场,并且已经衍生出了规模巨大的碳金融市场。因此对相关理论的学习可以为我们提供分析碳金融市场的思考框架,并有助于在现有碳金融市场的基础上进一步推陈出新,为全球的环境保护事业提供更专业、细致的金融服务。

第一节 碳金融理论基础

一、外部性、公共物品与公地悲剧

(一) 外部性

外部性(externality)在经济学中的又称为溢出效应、外部影响或外差效应,通常指一个人或一群人的行动和决策使另一个人或另一群人受损或受益的情况。

经济外部性是外部性在经济活动中的一种表现,具体指经济主体(包括厂商或个人)的经济活动对他人和社会造成的非市场化的影响,分为正外部性(positive externality)和负外部性(negative externality)。正外部性是某个经济主体的活动使他人或社会受益,而受益者无须花费代价;负外部性是某个经济主体的活动使他人或社会受损,而造成外部不经济的人却没有为此承担成本。任何一种经济活动都会对外部产生影响。外部性扭曲了市场主体成本与收益的关系,会导致市场无效率甚至失灵。如果不对负外部性加以控制,经济发展环境将持续恶化,最终可能削弱乃至剥夺经济持续发展的内在动力。

庇古的《福利经济学》在马歇尔的基础上,对外部性问题的论述做了进一步的深化和完善。他指出,当私人成本(私人边际净生产)和社会成本(社会边际净生产)达到一致时,资源将实现最优配置;但反之当两者出现偏差,且私人成本低于社会成本时,便产生了"负的外部性"。为了直观理解这一现象,我们可以举一个简单的实例:即"外部不经济"(或负外部性)导致的"道路拥挤"。假设存在两条道路,其中质量较好的一条面临过度使用的问题,其拥挤的根源就在于"外部不经济"。由于使用优质道路带来的个人边际净生产与社会边际净生产之差显著高于使用较差道路,而司机们却不用考虑道路成本,从而导致优质道路承载了远超其设计容量的交通流量,引发"道路拥挤"的负面后果。

(二) 公地悲剧

公地悲剧体现了公共资源管理中的困境,通常指由于公共物品的产权不明而导致资源被过度使用和破坏的情况。例如,由于缺乏明确的产权归属,每个人都有无偿消费大气资源的权利,并且在追求个人利益最大化的过程中导致资源滥用和毁灭性开发,最终造成"公地悲剧"。

1968年,英国学者加勒特·哈丁首先提出"公地悲剧"理论模型,该理论通过一个开放牧场的案例进行阐述。在该牧场中,每个牧羊人的利益与其放牧的牲畜数量直接相关。由于缺乏有效的管理机制,当牧场出现过度放牧的情况时,每个牧羊人虽然意识到这会导致公共草场的退化,但为了个人利益最大化,他们仍然会选择增加自己的牲畜数量。长此以往,牧场可能彻底退化或废弃,这种现象即为"公地悲剧"。哈丁认为这是每个人为追求个人利益最大化而给他人带来的灾难。这种情况最容易出现在公共物品上。公共物品是指可供社会成员共同使用的产品。纯公共物品具有非排他性和非竞争性。非排他性是指无法排除他人从该公共物品中获益;非竞争性是指个体对公共物品的使用并不会减少其他个体的使用机会。

(三) 碳排放与外部性

碳排放是明显的公共物品。首先,碳排放作为环境资源的一部分,具有占据空间的无限性、状态的连续性等特点,因此它没有产权特征。其次,碳排放的消费和私人物品不同,其消费是非排他性的,A消费碳排放的同时无法排斥B的消费。最后,碳排放是非竞争性的,A进行碳排放时不会减弱或提高B进行碳排放的成本。

人们对碳排放无节制的消费已经造成了明显的外部性。根据IPCC第六次评估报告,2011—2020年全球表面温度已经比工业革命前升高了1.09摄氏度,气候在变暖,冰川在融化,并且随着IPCC研究的逐渐深入,人类活动与这一环境变化之间的因果关系已经越来显著,IPCC在报告中指出"可以明确的是,人类的影响已经使大气层、海洋和陆地变暖"。

过度碳排放所引起的外部性与一般的环境问题不同,其影响是深远而系统性的:它是一场全球性、长期性的负外部性。现在留存在大气中的二氧化碳是长生命周期二氧化碳气体,其平均寿命可达几百年,其中一部分甚至会存在超过千年。按照现有的排放速度来看,到2065年海平面将平均上升24~30厘米,到2100年则平均上升40~63厘米。全球变暖对于气候系统的影响在未来几百年到几千年的时间跨度上是不可逆的。

二、博弈论与囚徒困境

(一) 博弈论与囚徒困境

博弈论(game theory)又称对策论或者游戏论,是研究在策略性环境中如何进行策略性决策和采取策略性行动的科学,也是运筹学的一个重要学科。博弈是一种互动的决策,每一个行为主体的利益不仅取决于该行为主体自己的行动选择,而且会受其他行为主体行动选择的影响,因此,行为主体在进行行动选择时会考虑其他利益相关者对自己的行动可能产生的反应和行动,进而选择对自己最有利的行动。博弈论被广泛应用于政治、军事、外交和经济等领域,已经成为经济学的标准分析工具之一。

经过博弈,相关经济主体在假定所有其他主体所选策略既定的情况下选择对自己最优的策略状态,这便是纳什均衡状态。在达到此状态时,任何一个个体单独改变策略都不会变得更好。

囚徒困境是博弈论中的一个经典例子,说明在某些情况下,纳什均衡可能不是最优解,无法达到整体福利最大化。具体而言,囚徒困境是两个被捕的囚徒之间的一种特殊的博弈。假设A与B两个人被指控为同一个犯罪案件的罪犯,警察将两人抓捕后分别关在了两个无法互通信息的牢房,并分别进行审问,要求其坦白罪行。如果A与B都坦白,则两人都将被判入狱10年;如果A坦白而B隐瞒,则A将被判入狱2年,而B将被判入狱20年;如果B坦白而A隐瞒,则B将被判入狱2年,而A将被判入狱20年;如果A与B都选择隐瞒,则两人都将被判入狱4年。那么A与B将如何选择呢?表2.1为此次博弈的支付矩阵。

表 2.1 囚徒困境支付矩阵

A	B	
	坦 白	隐 瞒
坦 白	−10, −10	−2, −20
隐 瞒	−20, −2	−4, −4

两个囚徒都面临两种选择,坦白或者隐瞒。对A来说,如果B选择坦白,那么他选择坦白是最有利的;如果B选择隐瞒,那么他选择坦白依然是最有利的。因此,不管B选择什么,坦白对A来说都是最优的选择。同样,对B来说,不管A选择什么,坦白都是最优

选择。因此,A 与 B 最终都会选择坦白,并双双被判入狱 10 年。但根据该博弈的支付矩阵,如果从两人的支付总和来看,两人均选择隐瞒的结果是最优的,两人均只被判入狱 4 年。但两人均坦白是该博弈的纳什均衡状态,与两人合作选择隐瞒的最优结果存在冲突,这也是个体理性与集体理性的矛盾。

(二) 囚徒困境与全球减排

囚徒困境说明即使合作对双方都有利,保持合作也是困难的。而在当前人类过度排放温室气体、全球环境问题不断涌现的背景下,选择减少温室气体排放还是选择不减少温室气体排放的国家政策博弈也是囚徒困境在现实中的一个案例。

假设 A 国和 B 国都面临两种选择——减排与不减排,在决策之前,两国都无法确认对方是否会减排,两国此次博弈的支付矩阵如表 2.2 所示。

表 2.2　减排博弈支付矩阵

A	B	
	减 排	不减排
减 排	10,10	−10,20
不减排	20,−10	−4,−4

对 A 国来说,不管 B 国是否减排,自己选择不减排都是最有利的,因此,不减排对 A 国来说是最优决策,反过来看,对 B 国来说也是这样。最终,双方都会选择不减排。但从两国的支付总和来看,双方都减排才是最优决策,两国都能从中获利。即使合作对两国来说都是有利的,合作也难以维持。这就是碳减排国际合作中的囚徒困境:在没有额外的沟通协商或其他机制的情况下,每个个体都会选择不减排,最终结果是全球碳排放过高导致气候变暖,引发全球性的危机,即个体的理性决策造成了集体的非理性决策。

在现实世界中,各国在气候问题上的态度也经历了类似的过程。各国为了应对气候变化的威胁在 1997 年 12 月共同签署了《京都议定书》,然而美国签字后却于 2001 年宣布退出,加拿大也在 2011 年宣布退出。尔后经过各国的不懈努力,尤其是中美在气候问题上达成共识后,各国于 2015 年在巴黎签署了《巴黎协定》,协议中各国达成了诸多共识,包括但不限于各国的减排目标(国家自主贡献 NDC),共同把全球平均气温较工业化前上升幅度控制在 2 摄氏度以内、并努力控制在 1.5 摄氏度以内等。《巴黎协定》是继《联合国气候变化框架公约》《京都议定书》之后,全球在应对气候变化方面的第三部有法律效应的文件。

从博弈论的角度,《巴黎协定》为系统中的各个参与方提供了一个连接与协商机制,解决了各国各自为政、陷入整体非最优解的情况,使整体福利达到了最大化。

三、庇古税与碳税

英国经济学家庇古首先从福利经济学的角度研究了外部性问题。他提出,当生产者的边际私人净收益与社会边际收益一致,且产品价格等同于边际成本时,资源配置便实现了最优化,社会福利也相应达到最高。然而,如果生产者在获得个人边际净收益的过程中,导致其他社会成员的福利受损(可能涉及经济损失、健康问题或生活品质下降等),那么这种行为便会对社会造成负面影响。庇古将这种现象定义为"边际社会成本"。

庇古建议采取税收的方法应对外部性问题。他主张根据"污染者付费"的原则,对造成污染的主体征收税费,从而将污染成本纳入生产成本中,这种税收策略被称为"庇古税"。庇古税的核心思想是依据污染的严重程度向污染者征税,以减少其边际私人生产成本与边际社会成本之间的差异。通过这种方式,可以使边际社会成本与边际私人生产成本相等,进而解决外部性问题,实现资源配置的最优状态。简而言之,政府通过适当的税收政策,调整私人成本与社会成本达到一致,便能有效地解决外部性问题,促进资源的有效分配。

碳税是庇古税在温室气体排放问题上的应用与发展。这种税收的主要目标是减少温室气体排放,尤其是二氧化碳。通过对二氧化碳排放量征税,增加企业的排放成本,激励企业在追求利润最大化的过程中减少排放。作为与碳排放权交易相对的制度安排,碳税有着价格明确稳定、实施成本小、操作简便等优势,同时也存在总减排量不确定、资源配置效率低、减排激励性弱等缺点。

各国实施的碳税政策主要分为两种类型。第一类是在全国范围内实施碳税,主要集中在欧洲发达国家,并且可以进一步细分为独立碳税和类碳税。独立碳税是指作为一个单独税种存在的碳税,芬兰、瑞典、挪威、丹麦和荷兰是最早实施这种税收的国家;而类碳税则是通过将碳排放量纳入现有的税收体系中,间接提高税率,从而形成一种隐性的碳税,这种方式在意大利、德国和英国等国家较为常见。另一类碳税仅在国内部分地区推行,比如加拿大魁北克省和不列颠哥伦比亚省、美国加州等地区。

欧洲是碳减排的"急先锋",其碳税实施经验为全球各国提供了宝贵的参考。欧洲碳税政策主要包括以下基本特征:第一,这些政策主要是在已有的环境税基础上实现的,也即按照能源消费和碳排放量提高之前的环境税;第二,碳税收入的主要用途为降低劳动要素成本,例如降低个人所得税和社会保障税;第三,碳税政策针对不同群体(如居民与厂商),并在不同产业间采取了差异化、非对称的对待策略。

四、科斯与产权理论

著名诺贝尔经济学奖得主罗纳德·科斯(Ronald Coase)是现代产权理论的奠基者和主要代表,被西方经济学家认为是产权理论的创始人。科斯产权理论的核心是:制度安排是一切经济活动的前提条件,不同的制度实质上是对人们能否行使什么权利的安排。因此经济分析的首要任务是先界定产权,明确人们可以做什么(也就是权利),然后通过对权利的交易实现社会总产出的最大化。

现代西方产权理论的思考和研究主要沿着下面的思路展开:指出资本市场机制并非如标准福利经济学和传统微观经济学描述的那样完美,而是存在这样或那样的缺陷,外部性就是缺陷之一。外部性的根源在于企业产权的模糊界定导致交易的摩擦和障碍,而摩擦和障碍又会进一步影响企业行为,导致资源配置的非最优化。因此在考察市场参与者的利润最大化问题时,应该将产权作为一个因素考虑进去,而不是将现有的产权安排作为一种既定的绝对前提排除在分析视野之外。

科斯于1937年发表了《企业的性质》(The Nature of the Firm)一文,从探讨企业交易费用的角度提出了"交易费用"的概念,为建立交易费用经济学奠定了基础,并指出了市场存在摩擦,而克服这种摩擦的关键在于制度创新。1960年,他发表了著名的《社会成本问题》(The Problem of Social Cost),论述了产权的经济作用,指出了产权的经济功能在于克服外部性,降低社会成本,从而优化资源的配置效率。

有学者将科斯的核心思想概括为四点:(1)提出零交易成本的局限性;(2)研究存在交易成本的社会;(3)由于经济组织的理论假设与现实无关,并且所有可行的组织形式都是有缺陷的,因此他主张通过比较制度来分析考察可行组织形式之间的相互替代;(4)通过对契约、契约过程和组织详细的微观分析研究来决定前述行为。

科斯定理由乔治·史蒂格勒(George Stigler)根据科斯在《社会成本问题》中提出的思想概括而成,是由三个定理组成的一个定理组。

(1) 科斯第一定理。如果市场的交易费用为零,则不管初始权利如何安排,当事人之间的谈判协商都会使得资源得到最优配置,即市场机制会驱使人们进行谈判,从而达到资源配置的帕累托最优。科斯第一定理的两个重要前提假设是:第一,交易成本为零,即人与人之间建立交易关系、讨价还价、订立契约、监督执行不消耗任何资源,从而没有交易费用;第二,产权初始界定明确,也就是公共物品和私人物品的权属是清晰的,不会产生外部性。

(2) 科斯第二定理(又称科斯第一定理的反定理)。在交易费用不为零的情况下,不同的产权界定会产生不同的资源配置效率。也就是说,由于存在交易费用,不同的产权界定就会产生不同的交易费用,最终会导致不同的资源配置结果和效率,因此为了优化资源配置效率,初始产权制度的设计或选择是非常重要的,而不同产权制度下的交易成本就是衡量不同产权制度优劣的标准。

(3) 科斯第三定理。制度本身的制定也是有代价的,因此,制定什么制度以及如何制定制度也会导致不同的经济效率,并且通过政府来较为准确地界定初始权利,将优于私人之间通过交易来纠正权利的初始配置。

案例 2-1

科斯定理与牛吃麦的故事

科斯定理比较出名的一个案例就是其在《社会成本问题》中描述的牛吃麦的故事:有两块相连的土地,但是两块土地的主人不同,一块用作养牛,另一块用作种麦。此时出现了一个外部性,牛群会跑到麦地吃麦,导致麦地主遭受损失,但牛群的行为可由栏杆约束。

此时有两种选择,第一种选择是假设养牛的人对麦的损害要负责,须以市价赔偿麦地主的损失。牛吃麦造成损害,但牛肉的产量会增加。如果肉的升值高于麦的损失,则牛主乐意赔偿,而麦地主也可以增加收入,两者皆大欢喜。而最终栏杆的建造位置,会落在牛多吃麦的边际收益等于麦的边际损害的位置。肉与麦都有市场价格作为参考,也就是只要在边际上肉的升值高于麦的损害,麦主会愿意多种麦给牛吃,并且两个人的收入都可以增加,直至达到均衡位置,此时资源达到帕累托配置,实现了最大产出。

而另一个选择是假设牛群有吃麦的权利,不需要赔偿,但最终栏杆的位置依然是完全不变的。牛主有权让牛吃麦,如果在边际上麦的损害高于肉的升值,则麦地主会付牛主钱,让牛少吃一些麦,并通过栏杆约束牛群吃麦行为,因此最终栏杆建造之处,依然是肉的边际升值等于麦的边际损害的位置。

由此我们可以看出,当产权界定清晰并且没有交易费用时,不管初始权利如何安排,最终都会达到同样的结果,而且是一个资源产出效率最大化的帕累托配置,社会总产出是不变的,这就是科斯第一定理在生活中的一个事例。但值得注意的是:第一,科斯第一定理关注的是效率问题,而不关注公平问题,即其主要分析社会总产出是否达到最大化,但不太关心最终的产出由谁占有,而在现实世界中公平和效率是政策制定者需要同时考虑的一对目标,而且时常两者存在冲突;第二,科斯第一定理需要同时满足两个条件,即产权能够清晰界定并且没有交易费用,这在现实世界中往往是无法同时达到的,因此科斯第一定理往往是我们用来理解世界的参照系,并且理解科斯第一定理不成立的情况可能更为重要。

案例思考题:
1. 为什么两种初始安排下的产权界定截然不同,但是最后栏杆的位置却相同?
2. 政策制定者在制定一项政策时,除了要考虑社会总福利最大化,还需要考虑什么其他因素?

第二节 碳交易理论

一、早期背景:学者与政府的各执一词和科斯的启蒙

在20世纪50年代后期,西方的经济学家和政策制定者在制定污染控制政策的问题上都已经形成了相当系统且根深蒂固的看法,但遗憾的是两派的看法截然相反,并且都认为自己的观点是合理的。

一方面,经济学家们使用庇古教授的方法来观察世界。根据庇古教授的看法,在面对诸如环境污染的外部性时,适当的方案是对污染活动征收基于单位排放的税收,并且税率应该设置为最后一单位污染有效率配置时的边际外部社会损害。在这种税收制度下,企业会将外部性问题内部化,并且在此税率下,企业可以在最小化自身成本的同时实现社会成本的最小化,资源配置达到最优。按照这类观点,合理的污染控制政策应该是针对污染征税,也就是由政府对污染进行定价。

另一方面,政策制定者们也有着同样坚实的观点,只是和经济学家们截然相反。政策制定者们的主要观点是,合理的污染控制政策应该是制定一系列法律法规并使生产者服从,其中包括对污染地点、污染物排放量等因素的规定。按照这种思想,公共部门应该做的是:(1)计算出每个排放者允许的排放量;(2)监测排放者的排放量,用来知晓其是否

遵守规定;(3)使用处罚或罚款等手段使不遵守规则的排放者遵守规定。

虽然两派进行过沟通,但大部分沟通是批评性的,并且被批评者并不认为对方的批评很有帮助或有建设性。例如经济学家批评政策制定者的命令与控制方案缺乏效率,无法实现资源产出的最大化,如果政策制定者转向庇古税,则可以在相同成本下控制更多的污染,或能以更低的成本控制同样的污染。

而政策制定者则回应称,庇古税要求太多微观市场主体的信息,信息搜集成本太高,无法实际操作。并且他们认为,如果政府部门有足够的信息,则他们可以用这些信息来制定有效率的法律制度,因此命令与规制的法律制度安排依然是合理的。

双方各说各话,结果自然是陷入僵局:政策制定者专注于数量政策(规定排放量),而经济学家们依然提倡价格政策(庇古税)。在双方僵持之时,数量政策,也就是政策制定者在实际操作中大行其道,而经济学家们的提议则鲜有进展。

然而就在双方僵持态势持续之时,科斯于1960年发表了一篇出色的文章《社会成本问题》,为一种截然不同的思维范式播下了种子。科斯认为庇古的关注点过于狭窄:"我认为,经济学家未能就如何处理有害影响得出正确的结论,不能简单地归咎于分析中的一些失误。它根源于当前福利经济学分析方法的基本缺陷。我们需要的是思维范式的改变。"

而科斯提出的思维范式的改变就涉及对产权的关注:"如果将生产要素视为权利,那么就更容易理解,做具有负面影响的事情(例如产生烟雾、噪声、气味等)的权利也是生产要素……行使一项权利(使用某种生产要素)的成本始终是在其他地方因行使该权利而遭受的损失——无法穿越土地、无法停车、无法建造房屋、无法欣赏风景、无法拥有和平与安静或呼吸清洁的空气。"科斯认为,通过使这些产权明确且可转让,市场不仅可以在评估这些权利方面发挥重要作用,而且可以提供一种确保这些权利得到最有效利用的手段。科斯向他的经济学家同行指出,产权方法允许市场对产权进行评估(与庇古方法中的政府评估或搜集信息截然相反)。科斯向政策制定者指出,法律制度没有为权利流动提供任何手段,权利无法流向其能产生最高价值的用途。

至此,科斯完成了一项横空出世的思想启蒙,即污染是一种权利,而且市场主体可以评估这些权利并使其流向效率最高的用途,而不是非要由政府做这件事情。科斯的产权理论为后续的排放权交易理论和实践播下了重要的种子,而后人也将在科斯的启蒙之下进行理论和实践的进一步探究。

二、克洛克和戴尔斯:将科斯思想进一步拓展为排放权交易理论

将科斯的产权理论进一步实际应用到污染控制的是另外两位先驱学者:托马斯·克罗克(Thomas Crocker)和约翰·戴尔斯(John Dales)。克罗克在1966年发表的论文中指出了它对于空气污染治理的适用性,而戴尔斯在1968年发表的论文和专著中则将此思想应用于水污染治理中,并且他们的研究和设计后来终于开创了一系列现实应用。

戴尔斯在研究中指出,政府部门为治理污染而颁布的法律制度实际上已经把排放权变成了一种产权,只是与科斯理论中的可转让产权不同,这种产权是不可转让的、无法流通的,因此效率不高:"现代政府的'监管'部门创造了各种各样的有价值的产权,这些产权是不完全可转让的(imperfectly transferable),而且通常以其创造者意想不到的方式资本

化和货币化。"戴尔斯的意思也就是,政府当前的做法虽然缺乏效率,但也不是一文不值,恰恰相反,政府当前制度安排下的一些基础工作恰恰是更好方案(排放权交易制度)的前提条件,政府当前的工作为排放权市场的建立铺好了道路,新的方案实际上已经呼之欲出了。

戴尔斯在研究中提出了若干建议,而其中的一部分建议日后的确变成了现实,其中一条建议就是关于如何使现有产权制度(也就是上文提到政府在现有法律制度下"无心插柳"促成的排放权产权制度)可转让:"政府可以这样来安排,在接下来的 5 年内,要求排污企业每年向 A 地区水域排放的污染物不得超过 x 吨某化合物当量,并向它颁发 x 单位可转让的污染物排放权。同时政府颁布一项法律,规定 1 年内向自然水系统排放 1 吨某化合物当量污染物的人必须全年拥有 1 单位排污权。由于 x 小于目前排放的某化合物当量吨数,因此这些权利将拥有正的价值,且这个权利市场是连续的(continuous)。发现自身实际排污量可能低于最初预估值的公司将出售其排放权,而情况相反的公司将作为买家进入市场。任何人都应该能够购买权利;净水团体可以购买权利但不使用。基于此,可能会产生一个有关排放权的远期市场……市场机制的优点在于,无须任何人或机构来设定价格,它是由权利买家和卖家之间的竞争决定的。"

克罗克则指出,这种方法从根本上改变了对政府机构的信息要求:"尽管大气污染控制机构的职责将仍会比提供产权法律和保有权确定性(tenure certainty)(即政府部门现有的命令与规制方案)的基本政府职能广泛得多,但其必要的工作将不包括试图估算排放者和受影响者偏好函数所涉及的猜测工作(即上文中政府部门指责经济学家们的不现实之处)。"

也就是说,虽然政府部门必须制定排放量,但它不必去测算损害或成本函数,在庇古税中本来应该由政府确定的微观市场主体信息变成了交易主体在市场竞争中自行确定,即将庇古税中政府需要做的巨量工作交给了无数市场交易主体自己来做。

三、鲍莫尔和奥茨:从追求最优解转为追求次优解

克洛克和戴尔斯成功地预测了排放权交易系统的一般性质,而威廉·鲍莫尔(William J. Baumol)和华莱士·奥茨(Wallace E. Oates)则在1971年发表的《使用标准和价格来保护环境》(*The Use of Standards and Prices for Protection of the Environment*)一文中真正用严谨的数学模型阐释了这些问题。特别引人注目的是,他们的论文并不是关于市场化许可系统或排放权交易市场,而是关于设计一个"用于达到预先设定环境目标的收费系统",也就是如何收费才能达到预先设定的环境目标。然而奇妙的是,这两种情况下在数学上竟然完美地等价,所以为一个收费系统推导出的结果就可以立即适用于一个许可证系统(或者说排放权交易市场)。

约翰·佩济(John Pezzey)在 1992 年以一种特别简洁和有用的方式展示了这种对称性。同时他还小心地指出了重要的一点,即理论对称并不一定意味着实践中的对称。虽然政治可接受性与分配问题有所不同,但它们确实很重要。理论对称性的优点在于,它为政策制定者提供了更多的自由度而无须牺牲成本/效益。

按照庇古传统的经济学家认为,控制外部性问题应该对其采取税收(或补贴),并且征

税的数额应该等于这项污染活动的边际社会损害。然而遗憾的是这项建议在现实中很难开展,因为政府部门无法在实际操作中计算出具体的边际社会损害。而鲍莫尔和奥茨则提供了一种新思考范式:首先建立一套环境标准(即上文中提到的环境目标,虽然无可避免地会带有主观性,例如,一条水道中含氧量至少在99%的时间里高于$x\%$等),继而对污染物排放制定一套收费体系来达到这个标准。这样一来,虽然同样无法达到帕累托有效的资源配置状态,但是这个机制能也有一些优点(如成本最低等)和实操的可行性。具体而言,对于任何事先设定的环境目标,他们证明了这个机制都能以整个社会最低的成本达到在现有污染水平上的一个特定减少量,并且当一些公司的目标不是简单的利润最大化时,此结论也成立。

(一) 环境标准与定价

鲍莫尔和奥茨的主要结论是,统一收费(或者说单位税)将能经济高效地实现预先设定的环境标准。

传统庇古税的优点是能达到帕累托有效的资源利用效率,缺点是需要搜集大量信息(如社会边际损失、偏好函数等)来确定税率,因此可行性较低;而政府的直接管制机制的优点是简单易行,但缺点是缺乏效率。而鲍莫尔和奥茨指出存在一条相当明显的道路,既不用走缺乏效率的直接规制老路,又能使用价格机制来实现资源配置的最大化,那就是他们的标准与定价(standards and prices)方案:事先设定环境目标和污染的初始单位税,而后根据初始单位税所产生的减排效果(高于目标还是低于目标)来调整单位税的税率,经过不断的迭代和调整单位税率,可以找到一个最终减排效果与预设减排目标相同的税率,并且这一制度安排是成本最小的。

具体而言,由于所有排放者都将使自身的边际控排成本等同于这种统一费用(单位税),因此所有边际控排成本必然在排放者之间均衡。均衡边际成本正是实现资源高效配置的条件。并且特别值得注意的是,这一结果还意味着这些许可证交易(排放权市场制度)中产生的统一价格也将导致资源的高效配置,因为在许可证交易制度下,排放者面临的边际控排成本也是一样的,只不过这个边际控排成本是由市场交易决定的,而不是政府部门迭代渐进决定的税率。

换句话说,税收和许可证交易市场之间最大的实际差异在于如何确定"正确"的价格。在税收和标准系统中,这个价格将被迭代地找到。政府起先征收初始税,如果由此产生的减排量超过实现目标所需的量,控制机构就会知道税收太高。如果减税力度不够,那么税率就太低了。每轮之后,控制机构都会有足够的信息来确定必要的变革方向。而且还有一个停止规则,一旦实现了确切的预期减少,相关的税率就被证明是正确的。而在可销售许可证制度中,价格将通过市场上许可证供求的相互作用来确定。政府的控制机构不仅在价格设定中不起任何作用,而且价格的确定是迅速的,而不是遵循漫长的迭代程序。

需要特别说明的是,鲍莫尔和奥茨的结论实际上仅适用于特殊情况,即所有排放者的所有排放都必须对环境目标产生相同的影响(Tietenberg, 1973)。当预设环境目标涉及满足环境浓度标准时(例如,目标是二氧化碳浓度保持在$x\%$以下),这种情况被称为均匀混合情况。一个突出的例子就是当环境目标涉及气候变化中的气体时,因为无论排放的地点如何,所有排放对环境目标都有相同的影响。同时,当环境目标是根据总排放量来定义时,鲍莫尔-奥茨定理也有效。而当这个前提条件不满足时,即排放者位于不同排放位置对环境目标的影响不同时,大卫·蒙哥马利(David Montgomery)在1972年发表的文章中解决了这个更复杂情况下证明不同成本的许可市场均衡存在的问题。一般来说,那些处于对环境目标边际影响较高位置的主体将为单位排放量支付较高的价格,而这可以通过为每个排放位置提供单独的许可证来实现(Tietenberg,1974)。

总结来说,鲍莫尔和奥茨标准与定价方案的几个要点是:

(1)思路与庇古税不同。庇古税的逻辑是通过将税率定在最后一单位污染所引发的边际外部社会损害水平上,从而达到资源的最优配置;而鲍莫尔和奥茨并非试图达到庇古税理论上的最优解,而是改变了思路:给定一套环境保护目标,研究如何收费能够以最低成本达到这一目标。

(2)与庇古税不同,标准与定价方案存在一套清晰的环境目标(尽管目标的设定可能存在主观性),而收费是为了达到这一环境目标而进行的,具有可行性和可操作性;而庇古税是建立在边际社会损害之上的,现实中几乎无法测量,从而无法确定庇古税的税率。

(3)庇古税追求的是帕累托最优,是资源的最优配置,即一种最优解,从而导致了对信息的巨量要求;标准与定价方案追求的是一种次优解,这种次优体现在环境标准的设定存在主观性。

(4)标准与定价方案中的税率是渐进的、迭代确定的,而庇古税中的税率在理论上是一次性确定的,并且庇古税能否通过迭代的方法来向正确的庇古税率收敛是无法确定的。但由于"标准与定价"方案的结论在数学上和排放权交易市场是等价的,因此如果使用排放权交易市场来确定"定价",那么这个价格的确定速度会比政府的迭代更快。

(5)标准与定价方案虽然是不完美的,但是其也有一些优点,例如既定目标下成本最低、不要求企业以利润最大化为前提假设等。

(6)虽然标准与定价方案的出发点是设计一种收费系统(也即税收与补贴),是庇古精神的延续,但是最后在数学上和可转让许可证交易系统(或排放权交易系统)是等价的,从而在某种程度上也成为科斯精神的延续。

(二)标准与定价方案的优点

一般而言,由于标准与定价方案无法达到资源配置的帕累托效率,因此似乎劣于庇古税,但是鲍莫尔和奥茨明确指出,这一方案的重要优点之一是,它是达到制定环境目标的最低成本方案。

举例而言,假设某城区决定要把大气中的二氧化硫含量减少50%,按照命令与规制思想,政府会要求该地区每个排放者同样减少50%的二氧化硫的排放量。然而由于不同排放者的边际减排成本是不同的,因此我们可以知道此方案的减排成本是非常高的。假如工厂甲减少二氧化硫排放的边际成本只是工厂乙的十分之一,那么对于整个经济体而言,让甲比乙承担更多的减排量可以大幅降低社会总成本。但是具体计算甲、乙各自应该承担多少减排量才能达到最低社会成本,对于政府的管制机构的要求极高——要求其掌握诸如污染者的边际成本函数等大量信息。

不过,执法机构并不需要任何复杂的计算就能明白,单位税途径(也就是标准与定价中的定价)能够自动产生减排量下的最小成本。还是继续使用上述例子,假设相关机构对于二氧化硫排放施加一个单位税,并且不断迭代此税的税率,使得税率水平能够最终减少50%的二氧化硫排放。作为对于排放税的回应,一个成本最小化的企业将削减二氧化硫排放直至其进一步减排的边际成本等于该税。更进一步来看,既然在该地区的所有经济机构都面对同样的税,结论便是减排的边际成本在所有活动中都会一样。这就意味着,在既定减排总目标下,不可能通过调整企业之间的减排量差异来减少总减排成本:任何对于此排放格局的调整,都会增加社会总减排成本,换句话说,社会减排成本无法进一步减小,社会总减排成本达到了具有减排目标下的最小化。

并且值得一提的是,这种成本的节省可能体量非常大,根据艾伦·奈斯(Allen V. Kneese)和布莱尔·鲍尔(Blair T. Bower)在1968年的研究,单位税达到预定水平质量目标的成本,大概只有直接控制的一半。

同时鲍莫尔和奥茨进一步指出,这个最小成本定理的有效性并不要求假设这些企业是利润最大化者,例如这些企业可以是追求增长最大化或销售最大化。所需要的假设只是这些企业希望最小化自身成本。

(三) 标准与定价方案的局限性与用途

鲍莫尔和奥茨也提到了这个理论的局限性。这个标准与定价方案最令人困扰之处在于标准的选择,因为这个标准是人为规定的,带有主观性色彩。虽然理论上存在一个最优排放水平,从而会有一个最优减排目标,但是在缺乏污染活动定价机制的情况下,无法确定污染活动造成损害的具体价值,因此无法制定出最优的环境标准,或者说,谁也不知道指定的这个环境目标是不是资源最优配置下的环境目标,而且就算不是,也不知道目前制定的环境目标与最优环境目标相差多少。尽管科斯和一些学者曾经指出,在利益相关方之间的自愿谈判在某些情况下可能确定出一组有效率的排放水平,但是这只限于小范围内,当这个利益相关方的范围扩大到了整个社会,这种自愿谈判就又变得不可行了;并且,这种标准的确定问题,并不是污染治理领域特有的问题,而几乎是所有公共品供给都会涉及的问题。

由于无法通过价格等机制确定一个客观最优环境标准,因此环境标准的确定只能求助于一个政治过程(如群体选择或投票)。从这个角度看,可以把环境标准的确定看成一个群体决策过程。虽然简单多数原则或代议制决策的群体决策过程最多只能提供对最优结果非常粗糙的近似,但这已经是所有可行方案中最好的方法了。此时问题的关键之一就变成了:需要判断市场失灵所导致外部性的危害程度是否已经严重到需要公共干预的程度。我们可以注意到,这种判断是非常依赖人的主观能动性的,甚至可能出现"一千个观众心中有一千个哈姆雷特"的情况,因此鲍莫尔和奥茨特别指出,这样一个迟钝的工具应该被谨慎地使用,因为我们对环境标准的制定是存在某种无知的,进而我们无法确定这样做的后果。换句话说,我们无法通过某种机制来知晓最优排放水平,进而无法制定出最优环境目标,所以只能退而求其次追求次优解,而至于这个次优解中的环境标准或目标,则需要我们通过政治过程共同协商、探讨,但是在协商和探讨以及后续的迭代过程中,要时刻谨记我们的环境目标是主观确定出来的,这个环境目标可能是存在问题的,要抱着一颗敬畏的心去使用这个方案,而不能将这个方案,尤其是方案中的这个标准和目标奉为一种绝对化的正确。这是在最优解无法实现的情况下的次优解,由于现实的需要我们可以姑且使用这个方案,但是一定要记住它是有缺陷的。

鲍默尔和奥茨教授进一步指出了一种判断的原则:只有在满足了"现存状况的社会成本很高"和"这种成本可以通过某种手段显著削减"这两个条件时,才能使用他们所建议的"标准与定价"方案。换言之,如果不考虑具体情况地使用他们所提议的方案,他们对这种方案的结果是没有信心的。

鲍默尔和奥茨教授还认为,其实在现实中可应用的情况并不少。对于条件一,他们举了空气污染的例子,该污染几乎对一定范围内的所有人的生活质量造成影响;对于条件二,他们举了减少废物排放的例子,可以通过废弃物的循环和再利用等手段显著减少废物排放带来的影响。在这些情况下,强制实施"标准与定价"的理由是足够充分的。同时他们认为,如果此时再以可能违反最优性要求来拒绝这个次优解,那就是一种刚愎执拗的完美主义。

第三节 环境金融到碳金融的演进

一、低碳经济研究起源

1972年,美国经济学家德内拉·梅多斯(Donella H. Meadows)等通过福瑞斯特-梅多斯(Forrester-Meadows)模型首次分析影响经济增长速度的主要因素——人口、工业和农业生产、资本投资、资源环境等子系统之间的相互反馈,得出"由于人口过快增长将引起粮食需求的增长,经济高速增长将引起不可再生资源耗竭速度加快,以及环境污染程度的加深,这些皆属于指数增长的范畴,因此社会将来必然会达到危机水平"的结论,认定经济增长与环境问题之间存在此消彼长的矛盾关系。该书对现代高生产、高消费、高排放经济进行了首次反思,其蕴含的增长极限论为后来研究经济增长与环境保护的理论奠定了坚实的基础。

自20世纪70年代起,约瑟夫·斯蒂格利茨(Joseph Stiglitz)(1974)、威廉·鲍莫尔(William Baumol)(1986)等众多学者,在罗伯特·索洛(Robert Solow)的新古典经济增长模型(1957)中,将环境成本纳入经济增长函数中,分析在资源和环境约束下,经济可持续增长的条件。吉恩·格罗斯曼(Gene Grossman)和艾伦·克鲁格(Alan Krueger)(1991)对环境和经济发展之间的关系提出了著名的环境库兹涅茨(EKC)假说,即环境污染与经济发展呈倒"U"形关系(如图2.1所示):环境恶化程度随着经济的增长而加剧,当经济发展到一定程度时,经济增长为环境质量的改善提供条件,因此经济增长与环境污染之间的关系是一个长期规律。从实践上看,世界上大多数发达国家在经济发展的过程中,遵循EKC曲线规律,走的是"先发展,后治理"的道路。政府的环境政策等制度因素在改变EKC曲线的走势和形状上发挥着重要作用。

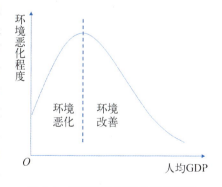

图2.1 环境库兹涅茨曲线示意图

在《联合国气候变化框架公约》《京都议定书》等应对气候变化的国际框架下,2003年2月24日,英国政府发表了《我们能源之未来:创建低碳经济》的能源白皮书,首次提出了低碳经济的概念,并宣布其总体目标是2050年将二氧化碳的排放量在1990年的基础上削减60%,从根本上把英国变成一个低碳经济国家。低碳经济概念的提出也引起了学术界的关注,研究重点在于发展低碳经济的必要性以及经济增长与温室气体排放的关系问题。2006年,世界银行原首席经济学家尼古拉斯·斯特恩(Nicholas Stern)等完成的《斯特恩回顾:气候变化的经济学》(*Stern Review*,也称《斯特恩报告》)发布,该报告采取成本收益分析方法,对全球变暖可能造成的经济影响做出了具有里程碑意义的评估,并呼吁各国应迅速采取切实可行的行动。

在低碳经济概念提出后,起初经济增长与温室气体排放关系的研究主要集中在脱钩理论和实证研究这两方面。在脱钩理论方面,学者利用"脱钩弹性"(decoupling elasticity)的概念,在原有的一级脱钩、二级脱钩和双重脱钩的基础上[①],将脱钩指标细分为连接(coupling)、脱钩和负脱钩(negative-decoupling)三种状态,再依据不同弹性值,进一步细分为扩张连接、衰退连接、弱脱钩、衰退脱钩、强脱钩、弱负脱钩与扩张负脱钩等八大类,使得脱钩理论研究进入新阶段。在实证研究方面,主要是对本国及世界温室气体排放与经济增长的环境库兹涅茨曲线进行实证检验。

理论研究的丰富也将低碳经济实践推向了新的高度,在2007年"巴厘岛路线图"制定之后,为应对短期全球性经济危机以及长期气候危机,低碳经济概念逐渐在全球范围内传播并实践。总的来说,低碳经济是指为了实现经济增长与温室气体排放之间的不断脱钩,在保持经济增长的同时,追求低排放、低能耗、低污染以及经济效益、社会效益和生态效益相统一的经济发展模式。经济增长方式向低碳经济转型,并力求"把大气中温室气体浓度稳定在防止气候系统受到威胁的人为干扰的水平上"。

21世纪初,国内对于低碳经济的研究逐渐兴起,文献主要涉及三个方面:一是介绍发达国家发展低碳经济的经验,二是从完善法律制度、能源消费结构转型、清洁发展机制等角度探讨中国发展低碳经济的途径与前景,三是对中国经济增长与二氧化碳排放脱钩进行实证研究。

二、环境金融理论

20世纪90年代以前,人们认为金融投融资系统只作为外生变量在"生产和消费→自然环境→生产和消费"这一循环过程中间接地影响环境因素。直到后来,才有学者开始提出金融活动与自然环境存在密切联系。金融机构对于信贷投资的决策可能会引导资金流向污染产业,造成间接污染,甚至引发严重的环境污染。反之,环境问题的爆发也可能危及金融机构的运营效益,对其信誉及财务表现产生严重的负面影响。鉴于此,在环保观念的驱动下,金融业与可持续发展的联系日益成为关注焦点。

1998年,何塞·萨拉萨尔(Jose Salazar)最先提出环境金融的概念,并对环境金融的

---

① 一级脱钩指经济增长与资源利用的脱钩,二级脱钩指自然资源与环境污染的脱钩,双重脱钩指同时达到一级脱钩和二级脱钩。

功能进行了研究。他认为金融业和环境产业各自具有自己的体系、语言、方法和对于成功、失败的界定,而环境金融是金融业和环境产业的桥梁,通过分析金融业和环境产业的差异,可以寻求保护环境、保护生物多样性的金融创新。基于此,2000年出版的《美国传统词典》(The American Heritage Dictionary)(第四版)将"绿色金融"定义为"环境金融"(environmental finance)或"可持续融资"(sustainable financing),即致力于从金融角度研究如何通过多样化的金融工具实现环境保护的学科领域。1999年,里克·考恩(Eric Cowan)认为环境金融是环境经济和金融学的交叉学科,并探讨了如何融通发展环境经济所需的资金。

2001年,《金融可持续发展与银行业:金融部门与地球的未来》一书出版,马赛尔·杰肯(Marcel Jeucken)在书中分析了银行业和可持续发展的关系,认为作为经济系统一部分的银行业与环境有互相影响的关系,金融机构尤其是银行越来越多地通过金融激励(financial incentives)等手段鼓励经济主体参与环境保护,在可持续发展中起着十分重要的作用。书中将银行对待可持续发展的态度分为四个阶段:抗拒阶段(defensive),银行对环境问题的关注只能增加成本而没有任何收益,因而采取抗拒态度;规避阶段(preventive),银行环境影响的外部性逐步得以内部化,因而必须关注环境问题带来的负面影响,以降低运营风险,这时候规避环境风险的策略最受欢迎;积极阶段(offensive),银行已经从环境保护的行为中发现商机,因而会采取一些积极的手段开展环境友好的业务;可持续发展阶段(sustainable),银行的一切商业活动都与社会可持续发展相一致,整个经济系统已经发展到一个非常理想的可持续发展阶段。

2002年,索尼亚·拉巴特(Sonia Labatt)和罗德尼·怀特(Rodeny White)在《环境金融》(Environmental Finance)一书中广泛地探讨了气候变化等环境问题给金融机构带来的挑战和机会,并在此基础上指出,环境金融研究的是所有为提高环境质量、转移环境风险而开发的、以市场为基础的金融产品。这样的环境金融产品必须满足两个条件:一是建立在金融市场的合适位置上,二是满足环境风险转移和减少排放物等环境目标。

在此基础上,国内对环境金融也进行了一些研究,相对于国外环境金融的提法,国内学术界习惯用"绿色金融"(也称可持续金融、生态金融)来表示金融业与可持续发展的关系,集中于从绿色金融内涵及必要性、构建绿色金融体系及用绿色金融支持环境保护手段(如绿色信贷)等角度进行探讨。

三、碳金融研究的开端

为了减缓和适应气候变化,实现经济增长方式由高碳经济向低碳经济转型,国际社会创设了许多低碳概念的新技术和新制度,而碳金融则是其中极其重要的一方面,并成为现代金融根据环境金融与绿色金融延伸出来的最新提法与发展方向,也是环境金融在低碳经济领域的应用。碳金融研究在国内外都属于前沿性的研究。国外主要是从环境金融中应对气候变化方面延伸出碳金融概念,并考虑从制度建设与国际贸易融资角度对碳金融进行研究。在环境金融领域建树颇多的学者索尼亚·拉巴特和罗德尼·怀特于2007年在其合著的《碳金融》(Carbon Finance)一书中对碳金融内涵给出了更为广泛的定义,涵盖了解决气候变化的金融方法。基于此,碳金融的定义包括三层含义:一是代表环境金融的一个分支；二是探讨与碳约束社会有关的金融财务风险与机会；三是预期会产生相应的基于市场的工具，用来转移环境风险和完成环境目标。学者们从全球能源链转型的迫切需求出发，揭示了金融市场和金融工具在应对气候变化方面的投融资作用以及环境风险管理作用，并用丰富的案例介绍了碳金融市场的操作机制，把市场力量引进到解决气候问题的方法中。

国内学者对金融支持低碳经济的相关研究主要集中在三个方面：一是思考如何利用金融市场支持节能减排，二是逐步开展碳金融理论及发展策略研究，三是对金融机构（尤其是商业银行）开展碳金融实践的研究。

第四节 金融创新理论

碳排放权能够像股票和债券一样在公开市场上进行交易，因此，碳市场作为一种类似于金融工具交易的市场，具有与金融市场相类似的属性。这种相似性使得碳市场具有了除减排属性以外的另一个重要特征：金融属性。

碳排放权市场提供了两大基本功能：第一，为买卖双方提供交易场所，为碳资产提供流动性；第二，为碳资产定价，实现碳信用的价格发现。这两大基本功能与金融市场的两大功能即价格发现与提供流动性相吻合。因此，碳市场的现货市场本身，可以被视为一种金融市场。这也是碳市场金融属性的主要体现。

另外，为了配合现货市场的交易、减少市场摩擦、提高流动性和资产定价能力，碳市场也已经衍生出了基于碳配额开发的衍生品，如期货、期权等碳金融产品。据统计，欧盟2022年碳金融市场交易金额约7 510亿欧元，其中约90%是期货、期权交易，衍生市场的重要性可见一斑。这些碳金融产品的开发与应用则完全是参考了传统金融产品的设计模式。从实践来看，欧盟的碳配额、碳金融衍生品市场都已经纳入欧盟金融法规的监管范畴。这也是碳市场金融属性的另一方面体现。

从上述的分析不难看出，碳排放权市场在设计之初就带有金融属性，并且在碳排放权交易市场的基础上创新和延伸出了碳衍生品市场、自愿碳市场等金融衍生市场，以及更广义的清洁能源投融资市场、投融资咨询等更广义的碳金融市场，因此传统的金融理论对广义的碳市场即碳金融市场的发展与创新可以起到很大的指导与预示作用，故在此介绍传统金融理论中的金融创新理论，以期对碳金融的发展和创新提供理论分析框架。

当代西方金融创新理论的各种学术流派，在20世纪70年代以前是零散的和不系统的。从理论上明确而系统地探索金融创新的动因，则是70年代以后的事。国外金融创新理论的内容主要集中在探讨金融创新的动因方面。金融创新理论流派繁多，这里仅介绍五种主要理论。

一、技术推进理论

该理论认为，新技术革命的出现，特别是计算机、通信技术的发展及其在金融业的广泛应用为金融创新提供了物质上和技术上的保证。

在金融领域引进和运用新技术进而促进金融创新的例子很多,如自动提款机和终端机极大地便利了顾客,拓展了金融业服务的时间和空间。又如信息处理和通信技术大大加快了资金调拨速度,缩短了金融交易的时间和空间距离,降低了交易成本,促进了全球金融市场一体化的实现,并且使24小时连续性的全球性金融交易成为现实。

从技术创新角度探讨金融创新问题的代表人物主要是韩农(T. H. Hannon)和麦道威(J. M. McDowell),他们通过实证研究发现20世纪70年代美国银行业新技术的采用和扩散,与市场结构的变化密切相关,因而认为,新技术的采用是导致金融创新的主要因素。但他们的研究对象仅限于自动提款机,实际上对计算机、电子通信等方面的技术创新的相关性研究未能取得充分证据。

碳普惠是碳金融的一个重要领域,主要集中于消费端的节能减排,其基本逻辑就是利用移动互联网、大数据、区块链等数字技术,对公众、社区、中小微企业的衣、食、住、用、行、游等在内的各种绿色低碳行为进行量化、记录,再生成个人减排量汇总到碳账本里,并通过减排量交易、政策鼓励、市场化激励,为减排行为赋值。它是数字碳中和的典型应用,也是技术进步所引发的碳金融创新之一。

二、财富增长理论

该理论认为,经济的高速发展所带来的财富的迅速增长是金融创新的主要原因。这是由于财富的增长加大了人们对金融资产和金融交易的需求,促发了金融创新以满足这种日益增长的金融需求。

格林包姆(S. I. Greenbaum)和海沃德(C. F. Haywood)是这种理论的代表人物。他们在研究美国金融业的发展史时发现,科技的进步引起财富的增长,人们要求规避风险的愿望随之增加,进而促使创新不断出现,金融资产日益增加。因而财富的增长是金融创新和金融资产的需求增长的主要动因。目前碳金融市场上的碳基金、碳指数等产品可以看成对此理论的一种印证。

财富增长理论主要从金融需求角度探讨金融创新的成因,因此存在一定的片面性。首先,单纯从金融资产的需求角度来分析金融创新的成因,需要以金融管制的放松为前提条件,否则当金融当局出于稳定的目的,对金融业施加管理,特别是在经济困难时期实施严厉管制时,则会抑制因需求产生的创新动机。其次,对金融创新的成因应该同时考虑需求和供给两方面,仅有需求而缺乏供给的金融创新是难以推广和持久的。最后,该理论强调了财富效应对金融创新的影响,而忽视了替代效应,即高利率和利率变动对金融创新的影响。在总量控制机制下,碳资产长期价值增长是必然趋势。

三、制度改革理论

该理论认为,金融创新是一种与经济制度相互影响、互为因果的制度改革,金融体系的任何因制度改革而引起的变动都可以被视为金融创新。金融创新的成因可能是降低成本以增加收入,也可能是稳定金融体系及防止收入不均的恶化。

制度学派的一些学者如诺斯(D. North)、戴维斯(L. E. Davis)、塞拉(R. Scylla)、韦思特(R. Cwest)等持有这一观点。他们主张从经济发展史的角度来研究金融创新,认为金融创新并不是 20 世纪电子时代的产物,而是与社会制度紧密相关的。该理论认为,全方位的金融创新只能在受管制的市场经济中出现,如在英、美等国的混合经济制度下就可能有必要进行金融创新。当政府的干预和管理阻碍了金融活动时,就会出现各种相应的回避或摆脱管制的金融创新;当这些金融创新对货币当局的货币政策目标构成威胁时,货币当局又会采取新的干预和管制措施即制度创新,于是又引发了新的有针对性的金融创新。这种市场和政府之间的博弈最终形成了"管制→创新→再管制→再创新"的螺旋式发展过程。

从上述制度学派的观点看,政府行为也是金融创新的成因,实际上将金融创新的内涵扩大到包括金融业务创新与制度创新两个方面,相比其他理论探讨的金融创新的范围更广。

自碳交易、碳金融诞生以来,有关的制度与规定就在不断变化和修订,例如中国的国家核证自愿减排(CCER)制度,于 2012 年起步、2017 年左右全面停止,而在 2023 年生态环境部重启了 CCER,取消了之前可再生能源利用、天然气利用、公共交通、建筑、固体废弃物处理、甲烷利用、生物质利用、农业等十几个行业领域的两百多个方法学,只开放了造林、光热、海上风电、红树林四类项目,在此制度改革下所引起的相关碳金融创新值得关注。

四、规避管制理论

该理论认为,金融创新主要是由于金融机构为了获取利润而规避政府的管制所引发的。各种形式的政府管制与控制,性质上等于隐含的税收,阻碍了金融机构从事已有的营利性活动和利用管制以外的获利机会。因此,金融机构会通过创新来规避政府管制。当金融创新可能危及金融稳定和货币政策时,金融当局又会加强管制,新管制又会导致新的创新,两者不断交替,形成一个相互推动的过程。

规避创新理论的主要代表人物是凯恩(E. J. Kane)。凯恩认为:旨在进行金融控制的各种形式的经济立法和规章制度,是保持宏观经济均衡和稳定的基本措施。而经济个体规避这些措施的各种活动实际上反映了代表公众利益的国家和以寻求利益最大化为基本原则的经济个体之间的矛盾关系。经济个体为了追求自身利益的最大化,通过有意识地寻求绕开政府管制的方法来对政府的限制做出反应。凯恩在这一分析的基础上设计了一个制定规章制度的框架。在该框架中,制定经济规章制度的程序和被管制人规避的过程是相互作用的,这种相互作用会逐渐形成比较成熟和实用的规章制度。

在碳中和的整体进程中,逐步收紧发电、煤炭、钢铁、建材等碳密集型行业企业的排放是减少总体碳排放的重要手段之一,在此现实情况下,这些行业的企业受到了政府部门的管制,其获利能力受到影响。虽然这种规制不是针对金融机构的,但是金融机构可以通过为碳密集型企业提供诸如碳排放权交易、碳资产置换、碳资产管理等服务来降低其减排成本,从而缓解碳密集型企业受到的碳管制;与此同时,金融机构自身也可以获得相应的利润,这种业务创新以及相应的金融工具创新可以很好地由规避管制理论解释。

五、货币促成理论

该理论认为,货币方面的因素促成了金融创新的出现。20世纪70年代,汇率、利率以及通货膨胀的反复无常波动,是金融创新的主要成因。例如,可转让支付命令账户(NOW)、外汇期货、外汇期权、浮动利息票据、浮动利息债券、与物价指数挂钩的公债等对汇率、利率和通货膨胀率具有高度敏感性的金融工具的出现,都是为了避免汇率、利率和通胀率等货币因素造成的冲击,使人们在不稳定因素的干扰下获得相对稳定的收益。

货币促成理论的主要代表人物是货币学派的米尔顿·弗里德曼(Milton Friedman),他认为:20世纪60年代美国通货膨胀的加剧,导致了1971年布雷顿森林体系的崩溃,美元与黄金的联系被割裂,世界上所有货币都直接或间接地建立在不兑现纸币的基础上。布雷顿森林体系的解体使政府极有可能实施通货膨胀政策,反过来又加剧了通货膨胀及其在世界范围的传播。通货膨胀和利率的频繁波动引起经济的不稳定,促使金融创新不断出现并形成要求放松金融市场管理的压力。货币促成理论可以解释布雷顿森林体系解体后出现的多种转嫁汇率、利率和通货膨胀风险的创新工具和业务。碳金融领域的碳远期、碳期货、碳期权、碳掉期产品可以看成金融机构为降低货币方面的碳金融风险而进行的金融创新。

思考与练习题

一、结合外部性、囚徒困境的定义,说明为何温室气体排放是一种负外部性以及全球破解气候治理囚徒困境的可行方法。

二、简述科斯定理和庇古税的主要思想并梳理其异同点,同时根据两者思路分别分析应该如何治理温室气体排放这一负外部性。

三、梳理戴尔斯和克罗克、鲍莫尔和奥茨、蒙哥马利对于碳排放权交易理论的贡献,说明鲍莫尔和奥茨的标准与定价方案与庇古税的异同以及两者与碳排放权交易理论的联系。

四、请画出环境库兹涅茨曲线并解释其含义,并简述碳金融研究是如何从环境金融与绿色金融演变而来的。

五、简述金融创新理论的核心思想和要点,并说明该理论与碳交易市场、碳金融市场的联系和参考借鉴意义。

推 荐 阅 读

陈钊、陆铭:《微观经济学(第二版)》,高等教育出版社,2016年。
汤姆·蒂滕伯格:《环境与自然资源经济学》,中国人民大学出版社,2011年。

Coase R. The Nature of the Firm. *Economica*，1937，4(16)：386-405.

Coase R. The Problem of Social Cost. *The Journal of Law and Economics*，1960(3)：1-44.

参 考 文 献

蓝虹：《碳交易市场概论》，中国金融出版社，2022 年。

林永生、王雪磊："碳金融市场：理论基础、国际经验与中国实践"，《河北经贸大学学报》，2012 年第 1 期，第 54—58 页。

刘丽巍、翁清云："低碳经济视角下的碳金融研究评述"，《金融发展研究》，2010 年第 8 期，第 17—21 页。

陆剑清：《行为金融学（第 2 版）》，清华大学出版社，2017 年。

生柳荣：《当代金融创新》，中国发展出版社，1998 年。

唐方方、徐永胜：《碳金融：理论与实践》，武汉大学出版社，2019 年。

张宗新：《投资学（第四版）》，复旦大学出版社，2020 年。

周宏春："碳金融发展的理论框架设计及其应用探究"，《金融理论探索》，2022 年第 1 期，第 10—18 页。

Alfred M. *Principles of Economics*. MacMillan & Co.，1890.

Coase R. The Problem of Social Cost. *The Journal of Law and Economics*，1960(3)：1-44.

杨星等：《碳金融概论》，华南理工大学出版社，2014 年。

英国政府：《我们能源之未来：创建低碳经济》，2003 年。

尼古拉斯·斯特恩：《斯特恩回顾：气候变化的经济学》，2006 年。

索尼亚·拉巴特、罗德尼·R.怀特，孙冬译：《环境金融》，北京大学出版社，2014 年。

索尼亚·拉巴特、罗德尼·R.怀特，王震、王宁译，：《碳金融》，石油工业出版社，2010 年。

Jose S. *Environmental Finance: Linking Two World*. Bratislava, Slovakia, 1998.

Houghton Mifflin Company. *The American Heritage Dictionary*. Houghton Mifflin, 2000.

Marcel J. *Sustainable Finance and Banking—The Financial Sector and the Future of the Planet*. Earthscan, London, 2001.

第二篇
碳金融产品篇

第三章

碳金融产品

学习要求

了解碳市场金融化的作用与意义;熟悉碳金融产品的分类及其参与方;学习并掌握碳市场融资工具、碳市场交易工具、碳市场支持工具的概念,掌握典型碳金融产品及其运行机制、模式;熟悉碳市场融资工具、碳市场交易工具、碳市场支持工具的发展实践,了解其未来发展趋势。

本章导读

碳市场主要指配额与自愿减排量交易的市场,而根据欧盟等发达碳市场的实践经验与我国的初步探索,在碳市场的基础上可以衍生出一个金融化的碳市场,由此衍生出的金融化碳市场有利于深化基础碳市场的价格发现等功能,并且可以进一步划分为一级市场与二级市场、场内市场与场外市场等。通过总结欧美碳市场与我国试点阶段碳市场实践,可以将碳金融市场中的各种碳金融产品划分为三类:第一类是碳市场融资工具,包括碳债券、碳资产抵质押融资、碳资产回购等;第二类是碳市场交易工具,包括碳远期、碳期货、碳期权、碳掉期、碳借贷等,其中碳期货是关键;第三类是碳市场支持工具,主要为碳资产的开发和交易提供量化、风险管理和开发辅助等服务,包括碳指数、碳保险、碳基金等。

第一节 碳市场的金融化

一、碳金融市场

在欧美等发达经济体中,碳金融市场主要指金融化的碳市场,因此在英文语境下很少出现"碳金融"的措辞,而是直接用"碳市场"(carbon market)来统一指代碳交易市场以及由此衍生出来的碳金融市场。而在国内,一般将"碳金融"划分为两个层次,已在第一章第二节中进行了定义。本章所称碳市场主要指广义的碳市场。

二、碳市场金融化的意义

第一,碳市场的金融化有助于进一步深化碳市场的价格发现功能。碳现货交易只能形成当前的价格,而碳远期、碳期货等交易产品可以帮助发现和形成未来的价格,有助于引导市场的预期。

第二,碳市场的金融化可以帮助相关利益方管理风险。碳期货等交易工具可以帮助参与者提前确定未来的碳价,对冲市场波动风险,拥有更多的确定性,从而开展与之相关的生产经营活动。

第三,有助于提高市场流动性。金融化的碳市场可以吸引更多金融机构参与,从而扩大整个市场的规模,提高碳市场的流动性。

第四,引导资源流向。碳价信号通过交易工具、融资工具等金融产品传递给市场后,可以影响资金的流向,引导更多资金流向节能减排和低碳领域。

欧盟碳市场的发展历程表明,碳金融产品尤其是碳期货的推出与否,直接决定着碳金融市场的发展规模,在交易规模方面碳期货是碳现货的数百倍,这种规模放大效应是无与伦比的。此外,各种碳交易工具与碳融资工具的推出,也会直接提升碳金融市场的流动性和风险管理水平,同时提高市场的价格发现能力。

一般而言,碳市场的金融化有两个显性指标:一是规模化交易产品中金融工具的占比,二是参与主体中金融投资机构的占比。这两个指标越高,说明碳市场的金融化程度越高。目前在我国比较严格的金融管制和相对不成熟的市场环境下,碳市场的金融化程度还不高。考虑到我国当前正处于新旧增长动力转换之际,加之面临着远超欧美等发达国家的低碳转型压力,发挥市场在资源配置中的决定性作用就显得异常重要。强调和突出碳市场的金融属性,并在总体安全可控的前提下逐步提高碳市场的金融化程度对我国碳达峰和碳中和目标的实现具有重要战略意义。

三、碳现货与碳金融的关系

碳现货是碳金融的基础。国际市场上最早出现的碳交易都是碳现货交易,例如英国排放交易体系(UK ETS)就是基于现货交易的市场,而2005年启动的欧盟碳市场(EU ETS)则同时推出了碳现货交易与碳期货、碳期权等碳衍生品交易,并且后者的交易规模因增长很快而迅速发展成为碳市场的主导力量。

碳期货是碳金融的关键。根据世界银行统计,2009年欧盟碳市场交易额达1 185亿美元,占全球碳交易市场总额的82%,而期货交易又以73%的市场份额占绝对主导地位。随着市场的不断发展,碳期货交易占主导地位的趋势越来越明显:2014年9月—2015年9月,EU ETS每日成交的碳配额期货与现货交易量之比绝大部分在20~60倍;而以其间一年的总成交量做对比,期货交易量是现货交易量的30倍以上。2023年,全年欧盟碳配额期货交易量达75亿吨,而现货交易量仅为0.24亿吨,前者是后者的300倍以上。根据欧盟经验,尽管碳现货交易是碳市场的基础,但金融化的交易工具,尤其是碳期货产品的引入,对于碳市场的发展壮大至关重要。

四、碳金融产品及其参与方

前文已介绍过,金融市场的构成要素一般包括四类:市场主体;市场客体;市场价格;市场媒介。

根据证监会发布的行业标准《碳金融产品》(JR/T 0244—2022),碳金融产品是建立在碳排放权交易的基础上,服务于减少温室气体排放或者增加碳汇能力的商业活动,以碳配额和碳信用等碳排放权益为媒介或标的的资金融通活动。作为服务于碳资产管理的各种金融产品,碳金融产品主要包括碳市场融资工具、碳市场交易工具和碳市场支持工具。

(一)碳市场融资工具

碳市场融资工具主要涉及碳债券、碳资产抵质押融资、碳资产回购、碳资产托管等业务,也即以碳资产为标的进行各类资金融通的碳金融产品,这类金融产品可以为碳资产提供估值和变现的途径,拓宽了企业的融资渠道。

(二)碳市场交易工具(即碳金融衍生品)

这类产品主要包括碳远期、碳期货、碳期权、碳掉期、碳借贷等,是在碳排放权交易基础上,以碳配额和碳信用为标的的金融合约。交易工具可以帮助市场参与者更有效地管理碳资产,提高多样化的交易方式、提高市场流动性、对冲未来风险、套期保值等。

(三)碳市场支持工具

这类产品主要包括碳指数、碳保险、碳基金等,是为碳资产的开发管理和市场交易等活动提供量化服务、风险管理及产品开发的金融工具。这些支持工具以及相关服务有助于市场参与方了解市场总体走向与趋势,为管理碳资产提供风险管理手段,并且能够吸引更多增量资金进入碳市场。

碳金融产品及相关概念之间的关系如图3.1所示。

第二节 碳市场融资工具

一、碳债券

(一)碳债券的内涵

碳债券是指发行人为筹集低碳项目资金向投资者发行并承诺按时还本付息,同时将低碳项目产生的碳信用收入与债券利率水平挂钩的有价证券。碳债券也可以作为碳资产证券化的一种形式,即以碳配额及减排项目未来收益权等为支持进行的债券型融资,包括碳中和债、气候债券、环境债券、可再生能源债券、CDM机制下债券等。第(二)部分将重点介绍碳中和债的运行机制与模式。

根据iFinD债券数据库,截至2024年2月,市场上共有175个发债主体发行了622只碳债券。从发行场所来看,我国碳债券的发行场所主要为银行间交易市场、上海证券交易所和深圳证券交易所,占比分别为45.98%、44.21%、9.81%,可以看出银行间交易市场和上交所为主要发行场所;债券类型主要为企业资产支持证券、中期票据、资产支持票据

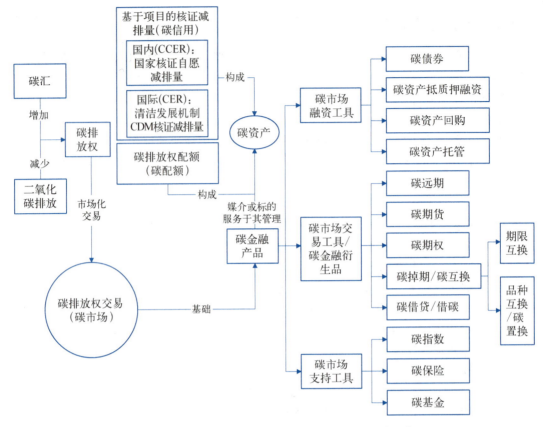

资料来源：惟胜道律师事务所，碳金融产品标准解读(JR/T 0244—2022)，2022年5月。

图 3.1 碳金融产品与相关概念之间的关系

(ABN)、一般公司债、非公开发行公司债券、超短期融资券(SCP)等，占比分别为 35.37%、24.92%、18.01%、14.79%、3.7%、2.41%。

从发行主体来看，碳债券对发行人的资质要求较高，37.71%为央企、30.29%为政府投融资平台、25.14%为一般国企，而私营企业只有 3.43%，并且 60%以上的发行人来自北京、广东、江苏、上海、浙江五个省市。从募资投向看，募集资金全部用于包括绿色建筑以及水电、光伏、风电等清洁能源在内的，能够显著减少碳排放的碳减排类项目。从发债主体行业的分布来看，主要集中在工业、公共事业、金融、房地产、原材料等行业，其占比分别为 31.14%、28.14%、26.35%、5.39%、4.19%。

总体来看，碳债券的发行分布具有很强的市场化特征，其债券类型较为多元，但以资产支持证券、中期票据为主，发行主体主要为一线城市和发达地区的央企国企，为我国"双碳"目标的实现起到了重要的推动作用，但是目前仍然存在发债边界不清晰、欠发达地区发债难、债券市场规模有限等问题。随着我国低碳发展相关政策不断落地，碳债券的发展有望大行其道，成为我国碳市场最重要的融资工具之一。

(二) 碳中和债的运行机制与模式

2021 年 3 月 18 日，中国银行间市场交易商协会发布了《关于明确碳中和债相关机制的通知》,从官方的角度对碳中和债的相关机制做出了解释,并对碳中和债的定义、资金用途、项目遴选、信息披露、存续期等内容进行了明确。

1. 碳中和债的定义

碳中和债是指募集资金专项用于具有碳减排效益的绿色项目的债务融资工具,需满足绿色债券募集资金用途、项目评估与遴选、募集资金管理和存续期信息披露等四大核心要素,属于绿色债务融资工具的子品种。通过专项产品持续引导资金流向绿色低碳循环领域,助力实现碳中和愿景。

2. 碳中和债的募集资金用途

碳中和债募集资金应全部专项用于清洁能源、清洁交通、可持续建筑、工业低碳改造等绿色项目的建设、运营、收购及偿还绿色项目的有息债务,募投项目应符合《绿色债券支持项目目录》或国际绿色产业分类标准,且聚焦于低碳减排领域。碳中和债募投领域包括但不限于:(1)清洁能源类项目,包括光伏、风电及水电等项目;(2)清洁交通类项目,包括城市轨道交通、电气化货运铁路和电动公交车辆替换等项目;(3)可持续建筑类项目,包括绿色建筑、超低能耗建筑及既有建筑节能改造等项目;(4)工业低碳改造类项目,碳捕集利用与封存、工业能效提升及电气化改造等项目;(5)其他具有碳减排效益的项目。

3. 关于项目评估与遴选

发行人应在发行文件中披露碳中和债募投项目具体信息,确保募集资金用于低碳减排领域。如注册环节暂无具体募投项目的,可在注册文件中披露存量绿色资产情况、在建绿色项目情况、拟投绿色项目类型和领域,以及对应项目类型环境效益的测算方法等内容,且承诺在发行文件中披露以下项目信息:(1)定量测算环境效益。建议发行人聘请第三方专业机构出具评估认证报告。按照"可计算、可核查、可检验"的原则,对绿色项目能源节约量(以标准煤计)、碳减排等预期环境效益进行专业定量测算,提升碳中和债的公信度。(2)披露测算方法及效果。发行人应在募集说明书、评估认证报告(如有)中详细披露绿色项目环境效益的测算方法、参考依据以及能源节约量(以标准煤计)、二氧化碳及其他污染物(如有)减排量等相关情况。在募集说明书重要提示和募集资金运用章节显著标识本次募投项目预期达到的碳减排效果。(3)鼓励披露碳减排计划。鼓励发行人在交易商协会认可的网站披露企业整体的碳减排计划、碳中和路线图以及减碳手段和监督机制等内容,扩大碳中和环境效益信息披露的覆盖面。

4. 关于募集资金管理

(1)设立监管账户。应设立资金监管账户,由资金监管机构对募集资金的到账、存储和划付实施管理,并严格按照发行文件中所约定的用途使用,确保募集资金专款专用。资金监管机构应建立资金监管专项工作台账,对募集资金的到账、存储和划付进行记录,并妥善保管资金使用凭证。

(2)做好闲置资金管理。在不影响募集资金使用计划正常进行的情况下,经公司董事会或内设有权机构批准,可将暂时闲置的募集资金进行现金管理,投资于安全性高、流动性好的产品,如国债、政策性银行金融债、地方政府债等。

(3) 定期排查。存续期管理机构应按季度排查募集资金使用情况,关注募集资金使用金额、实际用途,闲置资金管理使用情况等。

5. 关于存续期信息披露

应于每年4月30日前披露上一年度募集资金使用情况、绿色低碳项目进展情况以及募投项目实际或预期产生的碳减排效益等相关内容;于每年8月31日前披露本年度上半年募集资金使用情况、绿色低碳项目进展情况以及募投项目实际或预期产生的碳减排效益等相关内容。

6. 加强存续期管理工作

应严格按照发行文件约定的用途使用募集资金,加强存续期信息披露管理,提高募集资金使用透明度。存续期管理机构应加强对碳中和债发行人的辅导、监测、排查,督导发行人合规履行存续期各项义务。交易商协会将通过现场或非现场检查的方式加强对碳中和债的存续期管理,及时了解绿色项目建设的进展情况,督促发行人、存续期管理机构、资金监管机构等合规使用、管理募集资金,并做好相关信息披露。对于发现的违规行为,交易商协会将及时督导纠正,并采取相应自律管理措施或自律处分。

(三) 碳债券实践

2008年世界银行推出了首只绿色债券,是面向机构投资者的与CER相关联的债券,开启了碳债券的破冰之旅。欧盟大部分已发行的绿色债券或资金具有低碳减排用途或与绿色资产相关联。

2014年5月12日,中广核风电有限公司、中广核财务有限责任公司、上海浦东发展银行、国家开发银行及深圳排放权交易所在深圳共同宣布,中广核风电附加碳收益中期票据(中市协注〔2013〕MTN347号)在银行间市场成功发行,这是我国发布的第一只碳债券。该债券的收益由固定收益和浮动收益两部分构成:固定收益与基准利率挂钩,以风电项目投资收益为保障;浮动收益为碳资产收益,浮动利率区间设定为5个基点到20个基点,与已完成投资的风电项目产生的CCER挂钩。碳资产收益将参照兑付期的市场碳价,且对碳价设定了上下限区间,这部分CCER将优先在深圳碳市场出售。该笔债券为5年期,发行规模10亿元,募集资金将用于投资新建的风电项目,利率5.65%,发行价格比定价中枢下移了46个基点,大大降低了融资成本。

2023年3月17日,全国首单绿色碳排放权资产担保债务融资工具(吉林电力股份有限公司2023年度第一期碳排放权资产担保债务融资工具)成功落地。注册额度10亿元,首单发行6 200万元,票面利率2.6%,期限180天,对盘活碳排放权资产、服务绿色发展、助力乡村振兴的影响深远。该笔业务模式如图3.2所示。

二、碳资产抵质押融资

(一) 碳资产抵质押融资的内涵

质押(factoring)是指债务人或第三人将其动产或权利作为担保移交债权人占有,当债务人不履行债务时,债权人有权依法通过处置担保物优先受偿的合约安排,具体可分为动产质押和权利质押两种。抵押和质押主要区别在于碳资产的占有和处分权利是否转移(表现为是否过户),若转移则为质押,而未转移则为抵押。

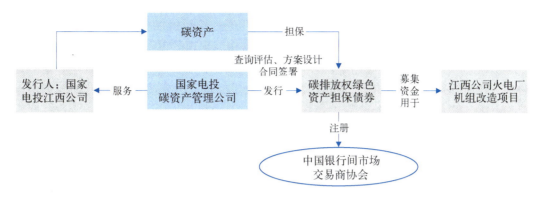

图 3.2　绿色碳排放权资产担保债务融资工具业务模式示意图

碳资产抵质押融资则是指碳资产的持有者（借方）将其拥有的碳资产作为抵押/质押物，向资金提供方（贷方）进行抵质押以获得贷款，到期再通过还本付息解押的融资合约（如图 3.3 所示）。一般而言，碳资产质押融资单纯以碳排放权配额或其他类型碳资产作为质押担保，无须其他抵押担保条件，有效打通了碳排放配额质押的各个环节和流程，盘活了企业的碳排放配额资产，是碳金融支持"双碳"目标的有益探索和创新实践。

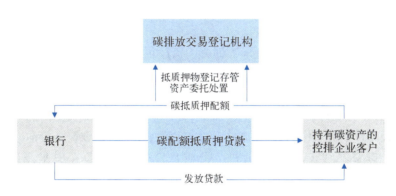

图 3.3　碳资产抵质押融资示意图

央行 2021 年 10 月底的数据显示，随着国家碳排放交易市场的启动，天津、江苏、江西、山东、浙江等 22 个省市的金融机构开展了碳配额抵质押贷款，发生登记 166 笔，贷款总金额累计 22 亿元，贷款额度集中于 500 万至 1 亿元区间。

碳排放权质押贷款是指控排企业将碳排放权作为质押物从银行等金融机构获取资金，其审核、操作流程相对简单，风险较低。目前碳排放权质押贷款已逐渐成为碳市场最常用的金融产品之一。另外，对于银行而言，碳资产是一种创新的非传统抵质押物，因此给银行在产品设计、风险控制等方面带来了挑战。在此类产品的开发过程中，金融机构遇到了诸多难点，例如，碳配额的法律权属不明确、各地方的产品标准与产品流程未统一、户均授信规模较低等，仍然需要各金融机构通过创新来探索碳资产抵质押融资的新模式。

(二) 碳资产抵质押融资实践

我国国内首单碳排放权质押贷款于 2014 年由兴业银行武汉分行向湖北宜化集团有限责任公司发放。同年,广州碳排放权交易所报告中就出现了 10 笔相关的融资业务。

2014 年 12 月,上海宝碳新能源环保科技公司与上海银行签署了总金额达 500 万元的 CCER 质押贷款。CCER 质押可以帮助项目业主或碳资产公司获得短期融资,但由于受政策影响很大,加上 8 个试点碳市场抵销机制不同导致 CCER 价格参差不齐,同时 CCER 项目开发及签发过程存在很多不确定性,因此金融机构对 CCER 进行风险定价难度很高。而该笔交易意味着 CCER 开始被金融机构认可。

截至 2021 年年末,人民银行上海分行、上海银保监局、上海市生态环境局为厘清碳排放权质押的各环节和流程,联合印发了《上海市碳排放权质押贷款操作指引》(上海银发〔2021〕249 号),指导推动上海银行、中国银行上海市分行、兴业银行上海分行等加强与上海环交所合作,与上海市纳管企业和机构投资者共完成 16 笔碳排放权质押业务,质押量超过 130 万吨,融资金额超过 4 100 万元,缓解了企业短期融资问题;并且推动了太平洋产险与上海环交所、申能碳科技、交通银行达成"碳配额+质押+保险"合作,于 2021 年 11 月初落地全国首笔碳排放额质押贷款保证保险,有效提高了碳配额质押效力,盘活了碳资产流动效率。

三、碳资产回购

(一) 碳资产回购的内涵

回购是指一方通过回购协议将其所拥有的资产售出,并按照事先约定好的期限和价格购回的融资方式。碳资产回购则是指碳资产的持有者(借方)向资金提供机构(贷方)出售碳资产,并约定在一定期限后按照约定价格购回所售碳资产以获得短期资金融通的合约。一般而言,在协议有效期内,受让方可以自行处置碳配额。碳资产回购业务发挥了碳市场与气候投融资的关联作用,帮助企业盘活了存量碳资产,融取资金投向减排技术改进以进一步实现碳资产结余,助力企业进入降碳良性循环。根据公开披露的信息,截至 2023 年 12 月,累计已完成至少 55 笔碳配额回购融资,涉及碳配额超过 2 400 万吨,金额超过 3.2 亿元。图 3.4 为碳资产回购的原理示意图。

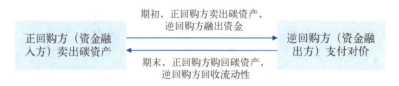

图 3.4　碳回购原理示意图

(二) 碳资产回购实践

对证券公司而言,回购交易是为企业提供资金支持的传统工具。2014 年 12 月 30 日,中信证券股份有限公司与北京华远意通热力科技股份有限公司在北京环境交易所正式签署了国内首笔碳排放配额回购融资协议,融资总规模达 1 330 万元。

2016年,我国完成第一单跨境碳配额回购交易。该交易中,英国石油公司以约定价格购买深圳妈湾电力公司400万吨碳配额,妈湾电力公司将这笔境外资金用于企业的低碳发展。此后,妈湾电力公司再按照约定价格从英国石油公司手中回购400万吨碳配额,从而完成此次跨境碳配额回购交易。在本次碳资产回购融资业务中,妈湾电力公司得以利用英国石油公司提供的资金投入本公司可再生能源的生产,优化发电产业结构,构建自己的低碳能源体系。

四、碳资产托管

(一)碳资产托管的内涵

托管是指接受客户委托,为其受托资产进入国内外各类交易市场开展交易等金融服务,包括账户开立、资金保管、资金清算、会计核算、资产估值及投资监督等。碳资产托管则是指碳资产管理机构(托管人)与碳资产持有主体(委托人)约定相应碳资产委托管理、收益分成等权利和义务的合约,也是我国当前应用较为广泛的一种金融产品。

(二)碳资产托管的运行机制与模式

1. 双方协议托管

控排企业和碳资产管理机构通过签订托管协议建立碳资产托管合作,这种模式下的碳资产划转及托管担保方式灵活多样,完全取决于双方的商业谈判及信用基础,如控排企业可以将拥有的配额交易账户委托给碳资产管理机构全权管理操作,碳资产管理机构支付一定的保证金或开具银行保函承担托管期间的交易风险。双边协议托管模式示意图如图3.5所示。

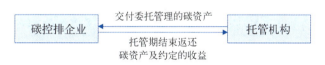

图3.5 双边协议托管模式

2. 交易所监管下的托管

目前,国内试点市场的碳交易所普遍开发了标准化的碳资产托管服务,通过碳交易所全程监管碳资产托管过程,可以减少碳资产托管合作中的信用障碍,同时实现碳资产管理机构的资金高效利用。交易所介入的碳资产托管可以帮助控排企业降低托管风险,同时为碳资产管理公司提供一种具有杠杆作用的碳资产托管模式,从而实现共赢,有助于碳资产托管业务的推广。交易所监管下的托管模式(主推模式)示意图如图3.6所示。

图3.6 交易所监管下的托管模式

具体来看,交易所监管下的托管模式中,控排企业、托管机构、碳排放权交易所三方主体的优势和风险如表 3.1 所示。

表 3.1 三方主体的优势与风险

主 体	优 势	风 险
控排企业	增强业务专注度、提升碳资产管理能力,不仅可以完成履约,而且可以取得额外收益	1. 市场风险:托管机构管理、交易托管配额经验不足所致的操作风险; 2. 信用风险:履约前托管机构能否按照协议承诺按期返还配额; 3. 托管机构变卖托管配额后抽逃资金
托管机构	低成本获得大量配额从而交易获利	1. 对冲风险:期货衍生品交易不发达情形下托管机构缺乏合适的金融工具有效对冲自身的风险; 2. 政策风险:虽全国碳排放权交易市场已建立,但尚未出台统一法规,各试点交易机构推行政策的稳定性有待确定; 3. 市场流动性风险:在碳市场初级阶段,配额市场流动性受限,碳资产管理机构托管的碳配额资产总量应考虑市场流动性规模及自身资金实力
碳排放权交易所	获得碳配额流动性释放带来的佣金	因监管不严导致行政处罚

(三)碳资产托管实践

2014 年 12 月 9 日,全国首单碳资产托管业务在湖北落地。湖北兴发化工集团股份有限公司将其名下的 100 万吨碳配额交由武汉钢实中新碳资源管理有限公司和武汉中新绿碳投资管理有限公司托管。2015 年 1 月 23 日,超越东创碳资产管理(深圳)有限公司与深圳市芭田生态工程股份有限公司也签订了深圳碳市场首单碳资产托管服务协议。此后,碳资产托管业务便在我国逐渐发展起来。

目前我国主要的长期融资工具和短期融资工具总结见表 3.2 和表 3.3。

表 3.2 主要长期融资工具总结

工具名称	特 点	融资规模	融资利率	底层资产	难 点
绿色信贷	支持绿色、低碳、循环经济;由商业银行发放	绿金体系成熟度最高的产品之一,2022 年末全国绿色信贷余额 22.03 万亿元,部分银行的绿色信贷业务户均授信规模在 5 000 万~15 000 万元	具有一定公益性,平均利率在 3.5%~4.5%,低于同类型其他贷款	主要投资于基础设施绿色升级和清洁能源领域	信贷风险高、商业银行环境风险管理水平较低、地方政府利益阻碍

续　表

工具名称	特　点	融资规模	融资利率	底层资产	难　点
绿色债券（不含碳中和债）	支持保护环境和促进净零排放经济的环境和可持续项目融资	根据绿色项目规模而定,单只绿色债券平均发行额在 15 亿元左右	通常比普通债券略低,平均票面利率在 3.9% 左右	有助于实现环境目标的绿色项目,如气候变化减缓与适应、自然资源保护、生物多样性保护,以及污染防治等	非国有经济主体申请发行难、发行前后相关中间费用过高、募集资金使用方向偏离绿色等问题
碳中和债	资金用途聚焦碳中和,信息披露要求更精细,环境效益更量化	2021 年首发,全年发行 2 586.35 亿元,占绿债发行规模 42.3%,单只碳中和债券平均发行额在 10 亿元左右	整体发行成本较低,票面利率主要集中在 3.6% 左右	清洁能源类、清洁交通类、可持续建筑类、工业低碳改造类等具有碳减排效益的项目	发行主体有待扩大
碳基金	投资碳资产的各类资产管理产品	根据基金规模而异,规模在几十亿元到几百亿元左右	股权型融资	碳减排项目、绿色技术、可再生能源等	资金来源单一,碳市场不活跃,配套支持不足
碳资产证券化	新型金融工具,通过直接融资形式打通碳交易与资本市场的通道	根据底层资产而定	整体低于同期市场利率	碳排放权、碳减排项目等碳资产的未来收益权	碳排放权定价体系不完善,作为基础资产风险特征有较大不确定性
碳融资信托	碳信托的一种,以融资为目的进行	根据信托计划而定,2023 年国电投进行一笔 1 000 万元碳配额财产权信托	融资类信托的借款成本与银行贷款的成本相似	抵质押物一般为控排企业的碳配额或 CCER	资产价值度量难、回报率低、份额变更流程复杂

表 3.3　主要短期融资工具总结

工具名称	适用条件	融资规模	融资利率	底层资产	难点/制约因素
绿色信贷（短）	支持绿色、低碳、循环经济,由商业银行发放	绿金体系成熟度最高的产品之一,2022 年末全国绿色信贷余额为 22.03 万亿元,部分银行的绿色信贷业务户均授信规模在 5 000 万~15 000 万元	具有一定公益性,平均利率在 3.5%~4.5%,低于同类型其他贷款	主要投资于基础设施绿色升级和清洁能源领域	信贷风险高、商业银行环境风险管理水平较低、地方政府利益阻碍

续 表

工具名称		适用条件	融资规模	融资利率	底层资产	难点/制约因素
碳质押		碳资产作为质押物,审核及操作流程相对简单、风险相对可控	根据质押物价值而定,贷款额在几百万到几亿元不等	与常规贷款基本持平,部分碳质押利率略低于其他质押品项目利率	CCER、配额、碳普惠	券商、银行、交易所联合,法律属性认定难
碳信贷	碳减排货币支持工具	全国性金融机构为清洁能源、节能环保和碳减排技术三个碳减排重点领域企业提供贷款	截至2023年4月,余额近4 000亿元,支持金融机构发放约6 700亿元碳减排贷款,总体规模较大,明显超过其他阶段性工具,单个项目平均规模在3 000万~1亿元	商业银行发放碳减排贷款后以年利率1.75%向央行申请,碳减排贷款平均利率在3.6%~4.0%,低于全国平均贷款利率	清洁能源类项目为主,占比90%以上	期限过短、利率调节机制缺乏弹性,导致碳减排贷款收益性较差
	商业银行碳信贷	商业银行向低碳企业或低碳项目发放贷款资金	根据项目规模和金融机构政策而定,单个项目平均规模在5 000万元左右	存在一定利率优惠,利率水平在2.5%~4.5%左右,依项目与贷款人资质而异	低碳技术改造、新能源汽车信贷、低碳项目融资	缺乏统一评价标准,赤道原则践行力度不足;产品创新力度不足
碳资产托管*		具有较强理财属性,对托管机构资质要求很高,一般需要申请者有足够资金实力和碳交易丰富经验	依企业拥有的碳资产规模而定,部分业务的碳资产托管额度为百万吨	一般为保本不保收益	一般为碳排放配额	托管机构若不能按照协议约定按时返还配额,会给碳资产持有人带来履约风险
碳排放权资产担保债券		减排改造	根据碳资产数量而定,2022年全国首只"碳排放权绿色资产担保债券"规模为1.3亿元	低于同期限债券	减排改造形成的碳资产	交易成本较高,法律属性认定难

* 碳资产托管(carbon asset trust)是碳资产管理机构(托管人)与碳资产持有主体(委托人)约定相应碳资产委托管理、收益分成等权利和义务的合约。

第三节 碳市场交易工具

我国的碳衍生品创新实践分布在各地方交易所,国内各个地方碳市场分别推出了不同类型的碳市场交易工具,涵盖碳远期、碳期权、碳掉期等衍生品,这些交易工具的创新能够有效发挥碳市场的价格发现作用。截至2023年底,全国碳市场尚未开展碳衍生品交易活动,广州期货交易所则已明确发展全国碳期货交易的定位,但相关服务尚未推出。另外,中国银行间市场交易商协会于2023年12月正式发布了《中国碳衍生产品交易定义文件(2023版)》,供市场参与者在碳衍生产品交易中自主选择使用。

欧洲拥有发达的金融市场,故欧盟碳金融市场在建立之初就直接引入了碳市场交易工具,欧盟碳金融市场各类碳市场交易工具的特征差异如表3.4所示。

表3.4 欧盟碳市场交易工具特征差异

类别	特征
碳远期	CDM项目产生的CER通常采用远期的形式进行交易,双方在CDM项目开发初始签署合同,约定在未来特定时间以特定价格购买特定数量的CER
碳期货	通过购买碳期货合约代替碳现货,可以对未来将要买入或卖出的碳现货产品进行套期保值,规避价格风险
碳期权	碳期权的持有者可以实施或放弃在约定的时间内选择买入或不买入、卖出或不卖出的权利,根据履约方式不同碳期权分为美式期权和欧式期权,ICE采取的是欧式期权,即只有在到期日才能执行该期权
碳互换	为了避免出现目标碳减排信用难以获得的情况推出的碳衍生交易产品,目前欧盟碳市场上有EUA和CER的碳互换工具

一、碳远期

(一)碳远期的内涵

碳远期是指交易双方约定未来某一时刻以确定的价格买入或者卖出相应的以碳配额或碳信用为标的的远期合约,属于非标准化合约。通过远期交易可以实现套期保值,能够帮助碳排放权买卖双方提前确定碳收益或碳成本。碳远期的主要特征有场外交易、非标准化合约、以实物交割、流动性较差、信用风险较高。

由于核证减排量的开发与落地需要一定的时间周期,因此碳远期在国际市场的CER交易中已十分成熟,应用很广泛。CDM项目产生的CER通常采用远期的形式进行交易,双方在CDM项目开发之初始签署合同,约定在未来特定时间以特定价格购买特定数量的CER。目前,中国CCER已经重新启动,预计碳远期将对CCER项目的签订与开发起到一定促进作用。

碳远期合同的主要内容包括交易品种、交易价格、交易数量、交割时间等。欧盟和中国碳配额远期的交易机制示例如表3.5所示。

表 3.5　欧盟与中国碳远期交易机制

区域	交易品种	交 易 机 制
欧盟	EUA 远期	合约条款在交易当天确定,但交割和结算在后续完成,一般是非标准化合约,在场外交易完成
中国	上海碳配额远期	100 吨/手,以 0.01 元/吨为最小价格波幅;可实物交割,也可现金交割;每日结算价格以上海清算所发布的远期价格为准
中国	湖北碳配额远期	100 吨/手,以 0.01 元/吨为最小价格波幅;最低交易保证金比例为 20%;有涨跌幅限制,每日价格最大波动不超过上一交易日结算价的 4%

(二) 碳远期实践

2015 年 8 月 27 日,我国第一笔担保型 CCER 远期合约在北京签署。此次合约的标的项目是山西某新能源项目,预计每年产生减排量 30 万吨,为非标准化合约。而此次担保型 CCER 远期合约买方为中碳能投,该买家此前曾在北京完成第一笔履约 CCER 交易;卖家为山西某新能源公司;此合约中引入了第三方担保方——易碳家,其通过持有的线上碳交易撮合平台整合的千万吨级的碳资源为该合约提供担保,保证该笔 CCER 量能够在履约期前及时签发与交付。此次担保交易为易碳家的创新产品"碳保宝",属于首次应用,该交易通过引入担保方来降低交付环节的不确定性,为交易双方有效降低了风险。

2016 年 4 月,湖北碳排放权交易中心推出了现货远期产品(产品简称 HBEA1705),并将其作为在市场中有效流通并能够在当年度履约的碳排放权。湖北碳排放权交易中心同时发布了《碳排放权现货远期交易规则》《碳排放权现货远期交易风险控制管理办法》《碳排放权现货远期交易履约细则》和《碳排放权现货远期交易结算细则》等交易规则。HBEA1705 的挂盘基准价为 21.56 元/吨,依据产品公告日前 20 个交易日的碳现货收盘价按成交量加权平均后确定。参与 HBEA1705 交易,最低保证金为订单价值的 20%,履约前一月为 25%,履约月为 30%;涨跌幅度为上一交易日结算价的 4%,上市首日的涨跌幅度为挂盘基准价的 4%。HBEA1705 推出后,成交量曾一度暴涨。

目前,我国上海、广东、湖北试点碳市场都进行了碳远期交易的尝试,其中广州碳排放权交易所提供了定制化程度高、要素设计相对自由、合约不可转让的远期交易,湖北、上海碳市场则提供了具有合约标准化、可转让特点的碳远期交易产品。然而,国内的碳远期交易仍待完善,由于成交量低、价格波动等因素,广东、湖北均已暂停相关业务。

二、碳期货

(一) 碳期货的内涵

碳期货期货交易场所统一制定的、规定在将来某一特定的时间和地点交割一定数量的碳配额或碳信用的标准化合约。基本要素包括交易平台、合约规模、保证金制度、报价单位、最小交易规模、最小/最大波幅、合约到期日、结算方式、清算方式等。

碳期货与碳远期类似,都是约定在将来某个时点交割碳单位的金融合约,碳期货与碳远期最大的区别就是标准化与否。碳期货合约是由交易所统一制定的，而非碳远期那样由交易双方一对一进行协商；也正得益于碳期货的标准化特性，碳期货的交易和结算也是统一和标准的，这使得碳期货的交易者无须面临其交易对手信用违约的风险。

在期货交易中，期货结算机构的角色是中央对手方，是所有买方的卖方和所有卖方的买方；每一碳期货参与者参与的交易，都由期货结算机构进行净额结算，并提供集中履约保障。

在欧盟碳市场中，碳期货是流动性最强、市场份额最大的交易产品，已经与碳现货共同成为市场参与者进行套期保值、建立投资组合的关键金融工具。在碳金融市场上，碳期货能够解决市场信息的不对称问题，引导碳现货价格，有效规避交易风险。

(二) 碳期货实践

2005年欧盟碳交易市场开启，这意味着欧洲碳现货开始出现。欧洲碳市场主要有两大品种——碳排放配额和核证减排量，分别简称EUA和CER。与此同时，与EUA和CER相挂钩的EUA期货和CER期货也被开发出来，并进入市场供投资者选择。欧洲气候交易所就是其中的代表之一。

以欧盟碳市场(EU ETS)的EUA期货为例，自2005年4月推出以来，EUA碳期货交易量和交易额始终保持快速增长势头，已成为欧盟碳市场上的主流交易产品。截至EU ETS第二阶段，在全部EUA的交易中，碳期货交易量占比超85%，而场内交易中其交易量更是达到总交易量的91.2%，2015年EU ETS期货交易量达到现货的30倍以上。2018年EUA期货成交量达到77.6亿吨，成交额从2017年同期的约50亿美元大幅跃升至2018年一季度的约250亿美元，市场前景广阔。2023年EUA期货成交量达到现货成交量的300倍以上。

不仅如此，碳期货曾在EU ETS历史上发挥过重要作用。2007年，欧盟碳市场供过于求，导致现货价格锐减，交易量也发生了萎缩，但是碳期货始终保持稳定状态，并带动现货价格逐渐趋稳，在一定程度上支撑了EU ETS市场渡过难关。目前碳期货已成为欧盟碳市场的主流交易产品。我国地方试点碳交易市场的业务范围暂未包括期货的交易，但是碳远期交易早已在这几家碳排放权交易所上线，为碳期货提前探路。

2016年4月27日，在"绿色发展与全国碳市场建设"会议上，"湖北碳排放现货远期交易"产品上线交易，为全国首个碳排放权现货远期交易产品。同年，上海、广州也陆续上线了碳配额远期交易，其中，上海环境能源交易所推出的碳配额远期产品为标准化协议，采取线上交易，并且采用了由上海清算所进行中央对手清算的方式，其形式和功能已经十分接近期货，能够有效地帮助市场参与者规避风险，也能在一定程度上反应碳价格信号。

2021年4月份，中国证监会主席易会满为广州期货交易所揭牌，这也预示着中国第五家期货交易所正式成立。作为一家创新型期货交易所，结合我国在碳排放权市场化以及碳期货市场建设的探索，广州期货交易所首个交易品种或许就是碳期货。证监会在例行发布会上表示，积极指导广州期货交易所贯彻落实粤港澳大湾区发展战略规划，加快推进碳期货市场建设。根据广州期货交易所介绍，广州期货交易所计划研发16个品种，涉及4大板块：第一类是服务绿色发展相关品种，如碳排放权期货、电力期货、工业硅等；

第二类是大宗商品指数类,如商品综合指数期货;第三类是国际市场互挂类,通过实现与境外交易所的产品互挂,推动资本市场更高水平的对外开放;第四类是具有粤港澳大湾区、"一带一路"沿线国家特色的大宗商品板块,如咖啡期货。其中,碳排放权期货等绿色发展类产品是核心战略板块。

三、碳期权

(一) 碳期权的内涵

碳期权是期货交易场所统一制定的、规定买方有权在将来某一时间以特定价格买入或者卖出碳配额或碳信用(包括碳期货合约)的标准化合约。碳期权合约的标的物既可以是某种商品,也可以是金融工具,包括碳排放权现货或期货;根据交易场所期权,还可分为场内期权和场外期权。期权的作用与远期类似,如果企业有配额缺口,则可以提前买入看涨期权以锁定成本;如果企业有配额富余,则可以提前买入看跌期权以锁定收益。期权的基本要素如表3.6所示。

表3.6 期权的基本要素

基本要素	概念和内容
标的资产	期权买方行权从卖方手中买入或者卖出的标的物
有效期/到期日	有效期指持有期权合约至期权到期日的期限,到期日是买方可行权的最后期限
执行价格	行权价格或者履约价格(场内标准化合约,场外交易双方自行协商)
期权费	期权买方未行使期权而支付给卖方的费用
行权方向	买入或卖出看涨期权,买入或卖出看跌期权
保证金	向结算机构支付的履约保证金(卖方要交保证金,买方仅交行权费)

(二) 碳期权的运行机制与模式

在碳期权交易中,交易双方以碳排放权配额为标的物,通过签署书面合同进行期权交易,在合同中一般需要对交易的平台、交易日、权利金、标的资产、执行价格、结算方式、费用、违约责任等作出规定。

国际主要碳市场中的碳期权与碳期货交易已相对成熟,而我国当前碳期权均为场外期权,并委托交易所监管权利金与合约执行。图3.7为某笔碳期权交易的运行机制与模式。

(三) 碳期权实践

2016年6月16日,深圳招银国金投资有限公司、北京京能源创碳资产管理有限公司、北京绿色交易所(时北京环境交易所)正式签署了国内首笔碳配额场外期权合约,交易量为2万吨。2016年7月11日,北京绿色交易所发布了《碳排放场外期权交易合同(参考模板)》,场外碳期权成为北京碳市场的重要碳金融衍生工具。

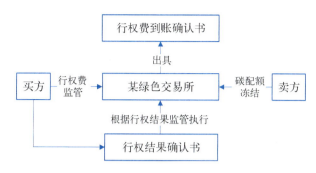

图 3.7　碳期权交易的运行机制与模式

四、碳掉期

(一) 碳掉期的内涵

掉期又称互换,是指交易双方约定在未来某一时期相互交换某种资产的交易形式,最常见的是货币掉期和利率掉期,互换的理论基础主要是大卫·李嘉图(David Ricardo)的比较优势理论。碳掉期是指交易双方以碳资产为标的,在未来的一定时期内交换现金流或现金流与碳资产的合约,包括期限互换和品种互换。

期限互换是交易双方以碳资产为标的,通过固定价格确定交易,并约定未来某个时间以当时的市场价格完成与固定价格交易对应的反向交易,最终对两次交易的差价进行结算的交易合约。品种互换又称碳置换,是指交易双方约定在未来确定的期限内,相互交换定量碳配额和碳信用及其差价的交易合约。

(二) 碳掉期的运行机制与模式

一般的掉期以场外交易为主,碳掉期也不例外,实践中,碳配额场外掉期通常有两种形式:(1)以现金结算标的物即期与远期差价,碳市场交易场所主要负责保证金监管、交易鉴证及交易清算和结算;(2)不同标的资产间的互换交易,如试点碳市场中常见的配额——CCER互换交易。后者主要有两种模式:一是由控排企业在当期卖出碳配额,换取远期交付的等量CCER和现金;二是由项目业主在当期出售CCER,换取远期交付的不等量碳配额。相比碳远期产品,碳掉期在我国的业务实践较少,且没有相关业务规则,目前仍为个别交易的状态。

(三) 碳掉期实践

2015年6月9日,壳牌能源(中国)有限公司与华能国际电力股份有限公司广东分公司开展全国首单碳掉期(互换)交易,交易中华能国际出让一部分配额给壳牌,交换对方的核证减排量等碳资产。

2015年6月15日,中信证券股份有限公司、北京京能源创碳资产管理有限公司、北京绿色交易所在"第六届地坛论坛"正式签署了国内首笔碳配额场外掉期合约,交易量为1万吨。掉期合约交易双方以非标准化书面合同形式开展掉期交易,并委托北京绿色交易所负责保证金监管与交易清算工作。2016年,北京碳市场发布场外碳掉期合约参考模板,场外碳掉期成为北京碳市场的重要碳金融创新工具之一。

碳掉期/互换案例示意图见图3.8。

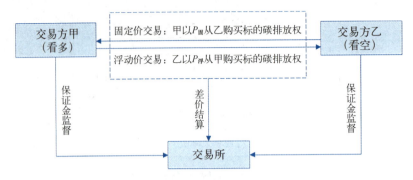

资料来源:平安证券研究所。

图 3.8 碳掉期/互换案例示意图

五、碳借贷

(一)碳借贷的内涵

碳借贷是指交易双方达成一致协议,其中一方(贷方)同意向另一方(借方)借出碳资产,借方可以担保品附加借贷费作为交换,其中碳资产的所有权不发生转移。目前常见的有碳配额借贷,也称借碳。

碳借贷在交易形式上由碳回购及逆回购衍生而来,不同的是碳回购被证监会分类为碳市场融资工具,而将碳借贷划分为碳市场交易工具的一种,两者的区别在于,碳回购的主要目的为融资,而碳借贷的目的在于将碳资产本身作为交易标的。

(二)碳借贷实践

目前碳借贷业务主要在上海环境能源交易所开展。借碳交易及卖出回购是上海环境能源交易所独有的创新型碳金融工具,借碳交易指碳排放配额的借入方在交易场所指定账户中存入一定比例的初始保证金,向符合条件的碳排放配额借出方借入一定数量的碳排放配额并在交易所进行交易,待借碳期限届满后,由借入方向借出方返还碳排放配额并支付事先约定的收益。卖出回购指控排企业根据合同约定向碳资产管理公司卖出一定数量的碳配额,在获得相应配额转让资金后将资金委托金融机构进行财富管理,约定期限结束后再回购同样数量的碳配额。与普通的逆回购不同的是,卖出回购通常将资金委托其他金融机构进行管理。2016 年 3 月 14 日,在交易所的协助下春秋航空股份有限公司、上海置信碳资产管理公司、兴业银行上海分行共同完成首单碳配额卖出回购业务。

我国碳市场纳入的碳金融产品情况如表 3.7 所示。

表 3.7 中国碳市场纳入碳金融产品情况

	碳质押	碳置换	碳托管*	碳租赁	碳远期	碳掉期	碳期货	碳期权
全国				暂未推出碳金融产品				
北京	√					√		√

续　表

	碳质押	碳置换	碳托管*	碳租赁	碳远期	碳掉期	碳期货	碳期权
深圳	√		√					√
上海	√	√	√		标准化（可转让）			
天津	√							
广东	√	√	√		非标准化（不可转让）			√
重庆	√							
湖北	√		√		标准化（可转让）			

*此处的碳资产托管为狭义的碳资产托管，指双方签订碳配额/CCER托管协议，约定接受托管的碳资产标的、数量和托管期限，可能获取的资产托管收益的分配原则，损失共担比例以及约定交易目标无法兑现时的补偿方式等内容。广义的碳资产托管指控排企业将与碳资产相关的工作交给托管机构托管，包括配额、CCER开发、碳资产账户管理、碳交易委托与执行、低碳项目投融资、相关碳金融咨询服务等。

碳市场交易工具总结如表3.8所示。

表3.8　碳市场交易工具总结

交易工具	特点/适用条件	交易场所	功　　能	难点/制约因素
碳远期	帮助碳排放权买卖双方提前锁定碳收益或碳成本	场外或场内	保值、规避风险	流动性差、信用风险高
碳期货	由交易所制定的标准化合约，功能和碳远期类似	场内	套期保值、规避风险	目前国内尚未开展此项业务
碳期权	买方有权在某一时间买入或卖出相关碳资产，标准化合约	场内	与期货类似，可以提前锁定成本或收益	
碳置换	以碳资产为标的，在未来的一定时期内交换现金流或现金流与碳资产	场内或场外	风险对冲	大多为非标准化，较多存在一定风险
碳借贷	一方向另一方借出碳资产，但碳资产的所有权不发生转移	场内	借出方能够盘活存量碳资产，获取稳定收益，借入方能够通过管理借入的碳资产进一步挖掘其价值	期限、费用等尚未形成标准化格式，因此存在一定交易难度

第四节 碳市场支持工具

一、碳指数

（一）碳指数的内涵

指数是由交易所等机构根据统计学方法编制的，能反映市场总体走向或某类特定产品价格变动情况的指标。碳指数则是为反映整体碳市场或某类碳资产的价格变动及走势而编制的统计数据。

碳指数既是碳市场重要的观察指标，也是开发指数型碳排放权产品的基础，因此基于碳指数开发的碳基金产品属于碳指数范畴，这些产品往往是一些被动型和趋势性的投资工具。

（二）碳指数实践

1. 欧盟碳市场的碳指数

欧盟碳市场相关的碳指数包括巴克莱资本全球碳指数（BCGCI）、瑞银温室气体指数（UBS GHI）、道琼斯-芝加哥气候交易所-CER/欧洲碳指数（DJ-CCX-CER/EC-I）和美林全球二氧化碳排放指数（MLCX Global CO2 Emission Index）、EEX 现货市场的 ECarbix 碳指数等。

其中，巴克莱资本全球碳指数（BCGCI）由巴克莱银行旗下的投资银行巴克莱资本于 2007 年发布，是世界碳市场上首支综合基准指数，引领世界碳交易指数的发展（如图 3.9 所示）。该指数涵盖了碳交易市场中各交易机制下流动性最高的投资工具，能够为资产管理公司、私人银行和机构投资者对快速增长的碳交易市场提供一套全面的基准比较体系。

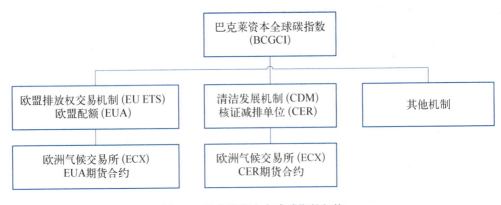

图 3.9 巴克莱资本全球碳指数架构

该指数由巴克莱资本环境市场指数委员会（BCEMIC）管理，该委员会对指数规则、构成和方法学进行监管和对指数质量实施监控。每年度指数发起人都会根据市场最新动态，对指数覆盖的交易机制、权重分配及碳投资工具组合进行调整，并经由 BCEMIC 的严格审批以确保其科学性与合理性。此外，BCGCI 遵循国际标准结算价格，并采纳最贴近国际投资者需求的市场日历，实现每日精准计算，为市场参与者提供即时、准确的数据支持。巴克莱资本还通过其气候指数互联网站及包括彭博在内的多家知名电子商务平台，为BCGCI提供全方位的信息发布、技术支持与深度分析服务，助力全球投资者更好地把握碳交易市场的脉搏。

同时，巴克莱指数会在每一个机制中选择一个碳投资工具，例如在EU ETS下选择EUA的期货合约，在CDM机制下选择CER的期货合约等，如图所示。从指数发起人的角度来说，被选择的工具应该最适于反映成交量情况并能提供精确的每日定价。当该工具可同时在远期和期货市场交易时，若其展现出良好的流动性、定价精确且稳定，则期货合约将作为首选；而在多个交易所并存时，成交量更大的合约将具有更高的优先级，而机制权重的设计反映的是碳排放额度交易的金融价值。权重值将考虑过去几年的场内外交易量以及期望期货交易量。

碳指数作为碳市场动态的晴雨表，能够直观展现碳市场的供需格局、及时洞察市场价格变动，为投资者提供宝贵的投资指引。以EEX在2012年11月推出的ECarbix二氧化碳指数为例，该指数依据一级与二级现货市场的加权交易量比例，每日及每月末分别发布交易量数据与交易价格，进一步丰富了碳市场信息的透明度与可用性。

2. 中碳指数

2014年6月，北京绿色金融协会正式发布中国碳交易指数（中碳指数）。中碳指数选取北京、天津、上海、广东、湖北和深圳共6个已开市交易的试点碳市场的碳配额线上成交数据，样本地区根据配额规模设置权重，基期为2014年度第一个交易日（2014年1月2日），包括中碳市值指数和中碳流动性指数。中碳市值指数以成交均价为主要参数，衡量样本地区在一定期间内整体市值的涨跌变化情况；中碳流动性指数以成交量为主要参数并考虑各地区权重等因素，观察样本地区一定期间内整体流动性的强弱变化情况。中碳指数由北京绿色金融协会和中国环境交易机构合作联盟联合于每周一发布，节假日顺延至第一个交易日。中碳指数的推出，能够为碳市场投资者、政策制定者和研究机构了解中国碳市场的运行情况提供参照。

3. 复旦碳价指数（CPIF）

2021年11月7日，复旦大学经济学院推出复旦碳价指数（Carbon Price Index of Fudan，CPIF），复旦碳价指数是针对各类碳交易产品的系列价格指数，致力于反映碳市场各交易品特定时期价格水平的变化方向、趋势和程度。该指数的研发参考了国际通用定价模型，充分考虑中国碳市场特征，形成了相应方法论，并结合调查获得的基于碳市场参与主体真实交易意愿的价格信息，形成各类碳价格指数。

目前的复旦碳价指数产品主要有三类：(1) 全国碳排放配额（CEA）价格指数，包括次月月末CEA价格指数和12月末CEA价格指数两种指数产品；(2) 核证自愿减排量（CCER）价格指数，包括全国碳市场CCER价格指数、北京和上海履约使用CCER价格指数、广州履约使用CCER价格指数、其他地方试点履约使用CCER价格指数；(3) 国际绿证（I-REC）价格指数，主要包括水电I-REC价格指数、小水电I-REC价格指数、风/光I-REC价格指数。

复旦碳价指数的创新之处在于对未来1个月的碳价进行预测，可以作为碳资管的重要依据，同时复旦碳价指数的种类处于动态调整中，未来将逐步针对国内碳市场上的新品种以及国际主流碳市场的交易品种研发推出对应的碳价格指数。

4. 中债-中国碳排放配额系列价格指数

目前该系列价格指数共2只,包括中债-中国碳排放配额现货报价指数、中债-中国碳排放配额现货综合价格指数。该系列价格指数是首批反映全国碳排放配额现货交易总体运行情况和变化趋势的权威价格指数,也是中央结算公司深入贯彻国家新发展理念、助力"30·60"目标实现的重要举措。

5. 置信碳指数

上海环境能源交易所于2014年4月30日发布置信碳指数,该指数由上海置信碳资产管理有限公司负责研发,是我国首个反映碳交易市场总体走势的统计指数。置信碳指数以2013年12月31日为基期(基期值为1 000),采样范围涵盖全国碳交易试点市场,综合反映全国碳交易试点市场的整体运行状况和碳价变动,有可能成为国内碳交易指数化投资和衍生品开发的参考依据。置信碳指数每日更新一次,每个交易日休市后,上海置信碳资产管理公司会根据当日的各试点的成交均价计算出当日的碳指数。置信碳指数的优势在于,由于采用了混合加权的方式,因此置信碳指数考虑了各碳市场的独立性,使得体量较小的碳市的波动也可以在指数上得到科学反映。另外,置信碳指数放大了政策、经济、市场周期等系统性波动,对投机因素产生的影响进行抑制,因此更能突出市场的规律性走势。

二、碳保险

(一)碳保险的内涵

保险是市场经济条件下各类主体进行风险管理的基本工具,也是金融体系的重要支柱。碳保险则是指为降低碳资产开发或交易过程中的违约风险而开发的保险产品,可以降低项目双方的投资风险或违约风险,确保项目投资和交易行为顺利进行。目前主要包括碳交付保险、碳信用价格保险、碳资产融资担保等产品。

碳交付保险以合同规定的排放权数量作为保险标的,向买卖双方就权利人因某种因素而无法履行交易时所遭受的损失给予经济赔偿,具有担保性质。保险为买卖双方提供了一个良好的信誉平台,有助于激发碳市场的活跃性。例如,2004年联合国环境署、全球可持续发展项目(GSDP)和瑞士再保险公司推出了碳交易信用保险。由保险或再保险机构担任未来核证排减量的交付担保人,当根据商定的条款和条件,当事方不履行核证减排量时,担保人负有担保责任。该保险主要针对合同签订后出现各方无法控制的情况而使合同丧失订立时的依据,进而各方得以豁免合同义务的"合同落空"情景进行投保,例如突发事件、营业中断等。

(二)碳保险的运行机制与模式

碳保险主要可以分为碳清缴类保险、碳损失类保险、碳投资类保险、碳融资类保险几种,作为重要的碳金融风险管理工具,在本书第十章中有较为详细的介绍,因此在本章中不做赘述。

(三)碳保险的实践

1. 发达碳市场碳保险

苏黎世保险公司推出的CDM项目保险业务,可以同时为CER的买方和卖方提供保险,交易双方通过该保险能够将项目过程中的风险转移给苏黎世保险公司。如果买方在合同到期时未能获得协议规定数量的 CER，苏黎世保险公司将按照约定予以赔偿；如果 CDM 项目未能达到预期收益，苏黎世保险公司也会进行赔偿。

2. 碳资产质押融资与配套保证保险

目前我国碳市场的各项保障机制仍处于需要不断完善的阶段，而碳资产抵质押融资面临资产法律属性认定难的问题，因此该业务创新是以碳排放配额质押贷款合同为基础合同，由碳配额所有人投保、保障质权人实现质权差额补偿的保险产品，通过提供"碳配额＋质押＋保险"的服务，为碳资产持有人（借款人）提供增信，从而提高碳资产的流动性（如图 3.10 所示）。

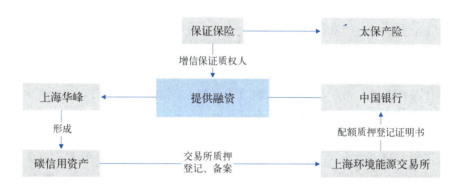

图 3.10　碳资产质押融资与配套保证保险示意图

在本模式下，银行与保险公司合作，针对碳市场发展的难点提供了协同方案，利用保险产品的特点，帮助企业盘活了碳资产、高效获得了融资支持，提升了企业的抗风险能力，同时为银行与保险继续服务碳市场提供了新思路。2023 年 12 月，中信证券创设推出全国首单碳资产质押贷款风险缓释工具，加强了押品处置环节的可控性和时效性，积极助力商业银行缓释相关风险，帮助建立敢贷款愿贷款的长效融资机制，为实现"双碳"目标引入更多社会资金支持。

3. 碳资产回购交易与配套保证保险

碳资产回购是碳资产的持有人为盘活碳资产，将碳资产出售给符合条件的资金提供方，并约定在一定期限后按照约定价格购回所售碳资产，从而获得短期资金融通的碳市场融资手段。

碳资产回购交易保证保险则是为碳资产回购交易中的逆回购方因正回购方不履行回购义务而造成损失提供损失补偿的专属碳保险，该业务创新通过保险的方式增强了碳市场参与主体出售、购买的意愿，能够有效促进碳市场的要素流动。

在该业务模式下，保险公司联合券商为实体企业提供碳回购短期资金融通和保险保障的综合金融服务，为促进我国碳市场的市场化运行、碳交易活跃、碳金融创新提供了可参照的模板。

2023 年 11 月，中国太保旗下中国太保产险上海分公司联合上海环境能源交易所为申能碳科技与中信证券的碳资产回购交易提供保险服务，落地《上海碳市场回购交易业务规则》发布后的首单碳资产回购履约保证保险服务（见图 3.11）。

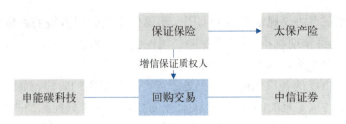

图 3.11 碳资产回购交易与配套保证保险示意图

案例 3-1

平安产险红树林碳汇指数保险

气候多变且缺乏科学有效的风险管理手段,导致固碳能力缺乏保障,碳汇的开发受到阻碍。为深入贯彻落实习近平在《湿地公约》上的讲话精神,加快推进深圳国际红树林中心建设,2023 年 7 月 25 日,平安产险在深圳市规划和自然资源局及国家金融监督管理总局深圳监管局的共同推动和指导下,依托自身风险识别与保障优势,利用金融模式创新,探索建立蓝色碳汇保险补偿机制,开创全国首例红树林碳汇指数保险。

作为国内首创的红树林碳汇指数保险,平安产险在数据收集与保险模式上不断创新。首先在碳汇测量的方法上,针对中国面积最小的国家级自然保护区,平安产险在深圳市规划和自然资源局的指导下,立足深圳红树林保护实际和特点,结合《红树林保护项目碳汇方法学》碳汇测量方式,创新采用"遥感+实地采样+样方调查"的方式确定碳汇量,数据确认具有科学性、可靠性、严谨性。在保障方案中,引入"指数"衡量碳汇值的损失,将抽象的碳汇以数值的形式定量化,将红树林损毁造成的碳汇量损失指数化,以红树林遭遇自然气象灾害等风险导致的碳汇值损失作为保险责任,以红树林碳汇价值损失作为补偿依据,损失补偿可用于灾后红树林生态保护修复等行动。

目前,平安产险为福田国家级自然保护区内的 126.09 公顷红树林碳汇量提供风险保障,将"保险机制+生态维护"有机融合,通过发挥保险的功能作用,形成了可复制、可推广的碳金融创新经验,特别是在创新金融服务支持红树林及生物多样性保护等方面具有先行示范意义(如图 3.12 所示)。

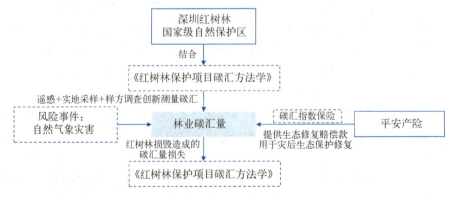

资料来源:毕马威,《2023 年中国碳金融创新和发展白皮书》。

图 3.12 平安产险红树林碳汇指数保险案例模式示意图

案例思考题:
1. 案例中的保险责任是什么?投保人以什么资产作为投保物?
2. 如果红树林遭遇自然灾害等风险,投保人由此获得的损失补偿的用途是什么?

三、碳基金

(一) 碳基金的内涵

广义上的基金指为了企业投资、项目投资、证券投资等目的设立并由专门机构管理的资金,主要参与主体包括投资人、管理人和托管人。碳基金则是指依法可投资碳资产的各类资产管理产品,既可以投资于CCER项目开发,也可以参与碳配额与项目减排量的二级市场交易。

(二) 碳基金实践

自世界银行2000年创设首只碳基金以来,碳基金在欧洲得到了快速发展,包括德国复兴信贷银行(KFW)碳基金、意大利碳基金、丹麦碳基金、荷兰清洁发展基金和联合实施基金、西班牙碳基金等,以及在欧盟碳市场下的第一个非政府型碳基金欧洲碳基金(ECF),欧盟区域内的碳基金数量占到全球碳基金总数的半数,私人碳基金资本逐步在数量和资本总量上超越了政府基金。2014年10月,深圳嘉碳资本管理有限公司推出了我国首只碳基金,包括嘉碳开元投资基金和嘉碳开元平衡基金两只子基金。其中,嘉碳开元投资基金规模为4 000万元,运行期限3年,募集资金主要投向新能源及环保领域的CCER项目,认购起点为50万元,预计年化收益率为28%;嘉碳开元平衡基金规模为1 000万元,运行期限10个月,主要用于深圳、广东、湖北三个市场的碳配额投资,认购起点为20万元,预计年化收益率为25.6%。

思考与练习题

一、碳市场金融化的意义与作用何在?可以从哪两个显性指标来初步判断碳市场的金融化程度?碳现货与碳金融之间的关系是什么?

二、碳金融市场由哪四类要素构成?碳金融市场中有哪些利益相关方?其参与碳金融市场的利益动机与作用是什么?

三、碳金融市场的宏观制度框架和微观市场结构分别包括什么?场内交易与场外交易的区别是什么?

四、碳金融产品和碳资产的关系是什么?碳金融产品可以分为哪几类?各自的作用是什么?

五、碳市场融资工具、交易工具、支持工具各包含哪些具体的碳金融产品?其主要逻辑与功能是什么?

推荐阅读

蔡博峰:《国际碳基金研究》,化学工业出版社,2013年。

国际碳行动伙伴组织(ICAP):《碳排放交易实践手册:碳市场的设计与实施》,2016年。

碳市场金融属性课题组:《碳市场金融属性的发展与完善》,2023年。

参考文献

毕马威:《2023年中国碳金融创新发展白皮书》,2023年。

李全、赵歆彦、吕春卫:"碳中和债将成为重要的零碳金融工具——基于碳中和债的发行机制与分类研究",《清华金融评论》,2023年第2期,第38—40页。

绿金委碳金融工作组:《中国碳金融市场研究》,2016年。

汪程程:"国内碳基金发展概述",《中国人口·资源与环境》,2015年第S1期,第323—325页。

许传华、林江鹏、徐慧玲:《碳金融产品设计与创新研究》,中国金融出版社,2016年。

碳市场金融属性课题组:《碳市场金融属性的发展与完善》,2023年。

中信证券固定收益部:《"厚积薄发行稳致远"中国碳金融市场的回顾与展望》,2023年。

周洲、钱妍玲:"碳保险产品发展概况及对策研究",《金融纵横》,2022年第7期,第87—91页。

杨星等:《碳金融概论》,华南理工大学出版社,2014年。

第四章

碳交易及其衍生品

学习要求

了解基础碳资产的概念和意义,学习碳交易体系的设计方案;熟悉碳金融衍生品的概念和起源,熟悉碳金融衍生品的市场风险,掌握碳现货和衍生品的联动机制;学习并掌握碳远期和期货的要素设计和交易机制,掌握碳期权的要素设计和交易机制;掌握三种碳资产证券化产品的设计思路。

本章导读

《京都议定书》签署后,碳交易市场制度体系的构建成为各国实现碳减排的重要措施。过去数十年来,从国际层面的全球碳交易市场,到以欧盟排放交易系统(EU ETS)为典范的国家级市场,再到中国内部设立的碳交易试点城市,这些实践为构建中国碳交易市场制度体系积累了宝贵经验。2024年1月,全国温室气体自愿减排交易(CCER)正式重启,与2021年启动的全国碳排放权交易市场(CEA)共同构成完整的全国碳市场体系,向着多层次、全方位的发展方向扩容升级。除碳交易的基础资产以外,碳金融衍生品市场也在逐步丰富交易品种。衍生品市场通过提供有关碳资产的前瞻性信息,在提高透明度、价格发现和市场效率方面扮演着重要角色。

第一节 碳资产及其交易体系

一、碳交易的基础资产

碳排放权指依法取得的、直接或者间接向大气排放二氧化碳等温室气体的权利。与传统商品市场的大宗商品相比,碳排放权并非实物,本质上是一种有价的无形资产(权利或信用),其价格发现难以依赖资产本身的实物价值。因此,碳交易是指借助市场力量将环境转化为一种有偿使用的生产要素,将碳排放权这种有价值的资产作为商品在市场上进行流通的过程。

依据科斯的产权理论框架,欧洲排放交易体系(EU ETS)创造性地将碳排放权依据不同的履约机制细化为四种核心交易商品:首先,EUA(European Union Allowance)作为欧盟内部通行的碳排放配额,通过免费分配与拍卖两种方式发放,每单位EUA赋予持有人排放一吨二氧化碳当量的合法权利;其次,在跨国合作领域,清洁发展机制(CDM)催生了CER(Certified Emission Reduction),作为发达国家与发展中国家合作减排的成果证明;再次,联合履约机制JI(Joint Implementation)则在国际间(尤其是发达国家之间)促成了ERU(Emission Reduction Unit)的产生,代表特定减排项目的成果。此外,国际排放贸易体系IET(International Emissions Trading)引入了AAU(Assigned Amount Unit),作为国际间碳排放权交易的基准单位;最后,随着CDM机制的演进,《京都议定书》框架下又衍生出了非强制性的自愿减排市场,该市场推出了VER(Voluntary Emission Reduction),作为企业或机构自主减排的量化证明。这一系列交易品种共同构成了当今多元化、全球化的碳排放交易市场生态。尽管市场内交易活跃,但核心交易量仍集中于EU ETS下的EUA,另外便是被广泛认可的CER,彰显了这两者在全球碳市场中的主导地位。

本章重点讨论的基础碳资产包括两类:一是碳配额,如欧盟ETS下的碳排放配额(EUA)和欧盟航空碳排放配额(EUAA);二是碳信用,如碳信用核证减排量(CER)、中国国家发改委认可的中国核证自愿减排量(China Certified Emission Reduction,CCER)等。

二、碳配额的交易体系

碳交易体系(Carbon Emissions Trading System,简称"ETS")是由交易标的(碳排放配额)、交易主体(控排企业)、交易流程、交易活动及监管活动等核心要素所组成的制度体系。典型的ETS构建路径包括:政府首先将碳排放管理目标量化为逐年递减的总量控制目标(emission cap),随后采取免费分配或竞价拍卖等手段,将碳排放许可(emission allowances)分配给各企业。同时,构建全国或区域性的碳排放权交易平台,为这些配额在二级市场上的自由买卖提供便利。在该体系下,排放超出其配额的企业需通过购买其他减排企业富余的配额或碳信用(源自减排项目)来平衡其排放账户,以避免违规。反之,排放低于配额的企业则可将剩余的排放许可进行出售,从而实现经济收益。这一市场机制旨在通过经济激励促使企业采取更环保的生产方式,减少温室气体排放,加速绿色转型进程,最终推动社会向可持续发展目标迈进。

参考国际碳行动伙伴组织(ICAP)的《碳排放交易实践手册》,结合各国碳交易体系实际,设计一套碳交易体系主要包含九个步骤,我们将在本小节详细展开。

(一) 总量目标设定

构建碳交易体系的第一步是明确其覆盖范围。当前覆盖的气体主要是二氧化碳,随着市场机制趋于成熟,未来将逐步纳入其他温室气体。在行业层面,碳市场的覆盖范围遵循循序渐进的原则,电力、工业、建筑、交通、航空、废弃物及林业等行业将依次被纳入ETS体系。具体到国内实践,ETS初期覆盖了电力、钢铁、有色、化工、石化、造纸、建材及航空八大重点排放行业。

第二步,设定总量。总量设定旨在确立一个特定时期内可发放的碳排放配额上限,进而对受监管实体的排放总量进行约束。在保持其他条件稳定的前提下,排放总量的设定直接影响碳价水平及减排激励效果——总量越低,碳价相对越高,企业的减排动力也相应增强。总量的设定需综合考虑历史排放数据、未来排放预测、减排潜力与成本效益分析等多个维度,主要有基于总量(mass-based)和基于强度(rate-based)两种方式。前者直接设定某一阶段内碳市场覆盖行业排放量较基期排放量的下降目标,后者通常设定阶段内碳市场覆盖行业的碳强度基准,不直接要求减排总量的大小。

在实际操作中,总量设定的过程尤为关键,旨在维护碳市场的稳定性、可信度与公平性,特别是在市场初创阶段。然而,一个普遍现象是,不少现有的 ETS 在设立初期所确定的排放总量往往显著超出了市场的实际需求,这一偏差直接导致了碳价远低于预期水平,进而引发一系列问题。

(二)配额的分配与登记

ETS 构建的第三步为分配配额。分配机制将直接影响市场价格,即经济体中受监管企业主体的温室气体排放成本。政府部门对碳配额的分配可以看作碳排放权一级市场,配额分配数量过多,将降低企业主体的排碳成本,削弱减排意愿;如果配额分配数量太少,碳价上涨直接加剧企业排放成本,挤压企业利润空间;配额的价格波动太大,将直接加剧企业主体经营风险;配额的分配在地区或行业太不均匀,将加剧结构上的发展不均衡。因此,需要因地适宜地对配额进行分配。

配额的分配一般有三种模式:有偿分配、无偿分配、混合模式。从国际经验来看,大部分体系都没有采取纯粹的有偿分配或者无偿分配模式,而是以"混合模式"居多。

1. 有偿分配模式

(1)拍卖。

企业通过参与拍卖竞价机制有偿获取碳排放配额,拍卖的具体定价以及各企业的配额分配均遵循市场规律,由供需关系自然决定。实践中最常使用的拍卖方式是一级密封拍卖,该方式要求所有参与者同时提交密封报价,最终配额将授予出价最高的竞标者,确保了配额分配过程的公开、公正与透明。

(2)按固定价格出售。

企业依据自身需要按照政府定价购买排放权。政府定价往往是管理当局根据市场需求以及行业碳排放强度来制定。这种分配方式实际是政府主导与市场调节相结合的方式。

2. 无偿分配模式

大多数碳交易体系在运行初期都采取无偿分配为主的模式。

(1)历史排放法。

这种分配方式的标准是基于企业过去一段时期的碳排放历史数据,因此也被形象地称为"祖父式"。该方法是不考虑排放对象的产品产量,只根据历史排放值分配配额的一种方法,以纳入配额管理的对象在过去一定年度的碳排放数据为主要依据,确定其未来年度碳排放配额。

首先,考虑到企业产值的不稳定性,仅依据单一年度的数据进行碳排放量的计算可能不够精确,因此通常采用过去 3~5 年的碳排放量平均值来进行评估。此外,某些企业可能会因为外部因素导致某一年度产值急剧减少,这种情况下,允许在确定基准年时剔除碳排放量最低的年份,以确保评估的公正性。其次,对于经济快速增长的发展中国家,企业的生产规模可能迅速扩大,使用单一固定基准年的数据作为配额分配的依据可能并不合理,建议采用滚动基准年的方法来计算碳排放量,以更灵活反映企业在不同年份的生产活动和碳排放情况。在碳交易体系的初期,许多体系采用"祖父法"作为无偿分配配额的方式。这种方法通过参考企业过去的排放记录,为企业提供一定数量的免费配额,从而在一定程度上减轻企业在初期的负担,促进碳交易市场的平稳启动。

历史基准期的选择可以考虑最近一年或几年的平均、具备较完备和精确的排放数据,以及政府规定的减排目标的基线期。当然,也应注意该时期与预计实施排放权交易体系的时期之间的经济发展状况、产业结构等的相似性。

(2) 基准线法。

基准线法又称为标杆法,指基于行业碳排放强度基准值分配配额。行业碳排放强度基准值一般是根据行业内纳入企业的历史碳排放强度水平、技术水平、减排潜力以及与该行业有关的产业政策、能耗目标等综合确定。基准线法对历史数据质量的要求较高,一般根据重点排放单位的实物产出量(活动水平)、所属行业基准、年度减排系数和调整系数四个要素计算重点排放单位配额。

所谓的基准线是指某一特定行业在特定生产水平下,单位活动产生的碳排放量的标准值。这个标准值在碳交易机制中用于确定企业的配额分配,是基准线法分配配额的核心参考。确定基准线的过程涉及对不同生产水平下的碳排放强度的排序,并根据一定的规则选择一个特定的排放水平作为行业基准。该过程需要对不同强度值进行比较和分析,因此有时也被称为标杆法。基准值一般代表了行业内较为先进的生产技术和管理水平,因此北京地区将其称为"先进值"。

基准线法有利于激励技术水平高、碳排放强度低的先进企业。凡是在基准线以上的企业,生产越多,其富余的配额就越多,进而通过碳市场转化为经济收益。反之,管理不善、技术装备相对落后的企业若增加生产,则可能面临更大的配额不足压力。全国碳排放权交易市场第一个履约期纳入的发电行业即采用了行业基准法来分配配额。

(3) 历史强度法。

历史强度法(也叫历史强度下降法)是指根据排放单位的产品产量、历史强度值、减排系数等分配配额的一种方法。市场主体获得的配额总量以其历史数据为基础,根据排放单位的实物产出量(活动水平)、历史强度值、年度减排系数和调整系数四个要素计算重点排放单位配额的方法。历史强度法往往要求企业年度碳排放强度比自己历史碳排放强度有所降低。其本质上也是一种基准线法,即以历史碳排放强度为基准。钢铁行业、化工行业、造纸行业的产品类别众多,不能通过一个或几个共有的产品设定基准。在这种情况下,选历史强度下降法相对合理。

中国部分试点碳市场采用的是将之前几个年度的二氧化碳平均排放强度作为基准值,该方法介于基准线法和历史总量法之间,是在碳市场建设初期,行业和产品标杆数据缺乏的情况下分配碳配额的过渡性方法。

3. 混合模式

当前,多数碳排放交易体系在配额分配上采取了渐进混合或行业差异化的混合策略。渐进混合策略旨在初期通过大量或大部分免费配额的分配,降低企业的参与门槛,加速碳交易市场的普及与接受度。随着市场逐渐成熟,该策略逐步增加有偿分配的比例,最终实现向全面有偿分配的平稳过渡。这一模式在早期不仅激励了企业的积极参与,也确保了碳交易体系长期目标的实现。行业混合模式则更加灵活,它根据各行业特性定制配额分配方案。对于成本转嫁能力较强的上游行业,采用有偿分配方式,以促进其节能减排;对于碳密集型或国际竞争激烈的行业,则采取免费发放策略,以减轻其经济负担,保持国际竞争力。这种差异化分配策略,有助于在保护不同行业健康发展的同时,推动整体减排目标的实现。

案例 4-1

欧盟碳配额分配制度的经验

自 2005 年启动以来,欧盟碳交易体系(EU ETS)已经经历了多个发展阶段。初始阶段(2005—2007 年)是试验期,旨在积累操作经验并细化制度设计。随后进入第二阶段(2008—2012 年),此阶段显著扩展了覆盖范围,包括将航空业纳入体系,并规定电力行业不能完全免费获取配额。第三阶段(2013—2020 年)进一步扩展了行业和温室气体的覆盖范围,标志着体系的深化发展。2021 年起,EU-ETS 进入了第四阶段。

在前两个阶段,配额的总量和分配主要通过成员国制定的"国家分配方案"(NAPs)来确定。这些方案详细规定了各国的配额总量和分配方式,而所有成员国的配额总和构成了 EU ETS 的总配额。成员国需要将这些方案提交给欧盟委员会进行审批,必要时还要进行调整以满足要求。根据 2003 年的碳交易指令,第一阶段至少 95% 的配额应免费分配,第二阶段这一比例降至 90%。

无偿分配是上述两个阶段的主要分配方式,通常采用基准线法对现有设施进行分配。有偿分配的比例相对较小,第一阶段最高为 5%,第二阶段最高为 10%,而实际执行中,通过拍卖或出售的配额比例通常低于这些上限。

从第三阶段开始,EU ETS 对配额分配机制进行了重大调整。配额总量由欧盟统一确定,废除了国家分配方案。初始配额总量基于成员国在第二阶段的年均排放水平设定,并规定每年配额总量以 1.74% 的比例递减。拍卖方式在配额分配中的比例显著增加,电力部门的免费配额被取消,其他部门的拍卖比例也逐步提高至 100%。尽管如此,对于一些面临全球竞争的行业,EU ETS 仍提供了免费配额的例外。

进入第四阶段(2021—2030 年),EU ETS 进一步加大了减排力度,将年配额降幅从 1.74% 提高到 2.2%。这一阶段碳交易价格持续上涨,截至 2023 年年底,欧盟排放配额期货结算价已达到 77.25 欧元/吨,相较于 2017 年的低点(4.34 欧元/吨)增长了近 20 倍,2023 年的最高价更是达到了 97.08 欧元/吨(见图 4.1)。

2023 年 10 月 1 日起,欧盟碳边境调节机制(CBAM)实施。为了加强对脱碳的激励,CBAM 将随着免费配额的减少而逐步引入。在欧盟排放交易计划下,所有行业的免费配额数量都会越来越少。对于 CBAM 行业来说,从 2026 年开始,下降速度将加快,从而使 ETS 在实现欧盟气候目标方面发挥最大作用。

总结来看,欧盟在第一阶段设定的总量大大超过了实际排放量,而第二阶段在已经具备了历史数据的情况下,各成员国提交的 NAPs 中对于减排目标的制定仍然非常宽松。究其原因,成员国试图在保护本国利益的同时,尽可能为本国企业争取更多的配额。随着

碳金融理论与实务

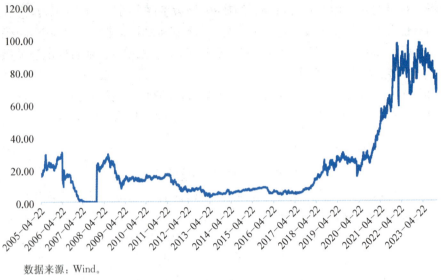

数据来源：Wind。

图 4.1 欧盟碳排放配额期货结算价走势图

第三阶段的开始,欧盟开始统一管理配额的签发,这一做法在一定程度上缓解了上述问题。然而,金融危机和随后的欧债危机对这些改进措施的效果产生了削弱。在 EU ETS 的早期,免费分配的配额比例非常高,通常超过 90%。随着时间的推移,拍卖配额的比例逐渐增加。免费分配的方式在短期内有助于支持经济增长,而拍卖方式则更有利于提升减排的效率。最初,为了推广碳交易体系,配额大多是免费分配的。但随着时间的推移,无偿分配的配额比例逐渐减少。在制定配额分配方案时,需要在促进经济增长和提高减排效率之间找到平衡点,这是碳交易体系设计中必须仔细权衡的关键因素。

案例 4-2

我国碳排放配额的分配方式

中国的碳排放权交易市场起步较晚,其初始配额分配制度建立上不完善。2011 年,国务院发布了《关于开展碳排放权交易试点工作的通知》,标志着我国开始逐步探索建立碳排放权交易市场。同年 11 月 14 日,国家发改委举行了国家二氧化碳排放权交易试点工作的启动会议,宣布北京市、天津市、上海市、重庆市、广东省、湖北省和深圳市作为首批试点地区,正式启动了碳排放权交易制度的建设工作。

表 4.1 我国各试点城市碳排放配额分配机制(2013—2016 年)

试点地区	内容	分配方法	发放频次
深圳市	采取无偿和有偿分配两种形式。无偿分配不得低于配额总量的 90%,有偿分配可采用固定价格出售、拍卖方式(该拍卖方式出售的配额数量,不得高于当年年度配额总量的 3%)。	历史强度法和基准线法	原则上每三年分配一次

续 表

试点地区	内容	分配方法	发放频次
上海市	试点期间采取免费方式;适时推行拍卖等有偿方式,履约期拍卖免费发放配额。	历史法和基准线法	一次性发放三年配额
北京市	设施重点排放单位,依据2015年实际活动水平及该行业碳排放强度先进值核发配额;对于新增移动源重点排放单位,依照历史强度法进行配额分配。	历史法、历史强度法和基准线法	年度
广东省	2013年,97%免费、3%有偿,购买有偿配额才能获得免费配额;2014年和2015年,电力企业的免费配额比例为95%。钢铁化石和水泥企业的免费配额比例为97%。	历史法和基准线法	连续颁布配额分配方案
天津市	以免费发放为主、以拍卖或固定价格出售等有偿发放为辅。并且,拍卖或固定价格出售仅在交易市场价格出现较大波动时稳定市场价格时使用。	历史法、历史强度法和基准线法	年度
湖北省	企业年度碳排放配额和企业新增预留配额,无偿分配政府预留配额,一般不超过配额总量的10%,主要用于市场调控和价格发现。其中用于价格发现的不超过政府预留配额的30%。	历史法	年度
重庆市	2015年前配额实行免费分配。	企业申报制	年度

案例思考题:

1. 从表4.1可以看出,我国大部分试点碳市场采用的配额分配方法是什么?
2. 结合欧盟碳市场的经验,你认为我国碳市场未来碳配额分配制度可能会如何演变?

配额作为碳排放权的表现形式和记录工具,是实现碳排放权管理的关键。在完成配额的分配之后,政府需要通过建立配额登记制度,确保碳排放权的明确性、稳定性和具体性。这一制度使得碳排放权的设立、变更等过程得以规范,从而保障权利的顺利流转和交易的安全性。碳排放权的登记工作通过全国性的注册登记系统来进行。该系统为生态环境部、省级监管机构、主要排放企业、符合条件的机构和个人等不同主体设立了具有特定功能的登记账户。全国注册登记结算机构遵循集中统一的原则,负责在规定时间内维护和管理全国碳排放权的注册登记结算系统。该系统涵盖了碳排放权的持有、转移、履约清缴和注销等全过程的登记工作,确保了碳排放权交易的透明度和规范性。

(三) 碳排放权交易

第四步,让碳排放配额在二级市场上流转。碳排放配额市场上的一个典型交易如下:假设企业A为超额排放企业,即初始获得的碳排放配额不足以匹配实际碳排放量,而企业B为的实际碳排放量低于初始配额。企业A和企业B可以在碳交易市场上进行交易,由企业A向企业B支付特定价格购买配额,最终保证两家企业均能实现高效履约(如图4.2所示)。由此可知,自由竞争的碳配额交易市场能够帮助企业实现资源的高效配置,是一种帕累托有效的机制。

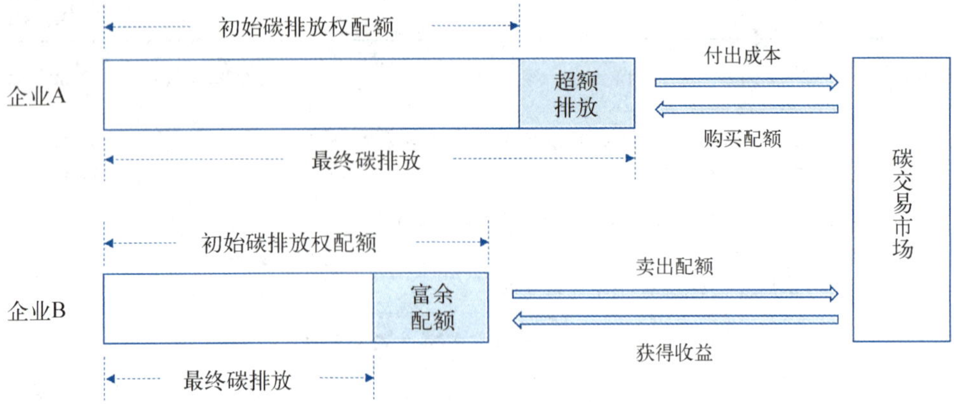

图 4.2　碳排放配额市场典型交易

碳排放权交易应当通过碳排放权交易系统进行,可以采取协议转让、单向竞价或者其他符合规定的方式。协议转让包括挂牌协议交易和大宗协议交易。交易双方应当在交易有效约定中指定碳排放配额的具体品种。

1. 挂牌协议交易

挂牌协议交易是指交易主体通过交易系统提交卖出或买入挂牌申报,意向方对挂牌申报进行协商并确认成交的交易方式,单笔买卖最大申报数量应当小于 10 万吨。交易意向方通过监控实时挂单动态,遵循价格优先的核心原则,在对手方当前最优的五档报价范围内,以对手方给出的价格为基准进行交易配对。若存在多个相同价位的挂单,意向方享有选择权,可自由选定任一对手方达成交易。交易的具体数量则由意向方提交的申报数量确定,确保了交易的灵活性和高效性。

2. 大宗协议交易

大宗协议交易是指交易双方通过交易系统进行报价、询价达成一致意见并确认成交的交易方式,单笔买卖最小申报数量应当不小于 10 万吨。交易主体既可自主提交买卖申报,也可与已存在的申报方开启对话,进行价格磋商,或直接通过点击方式快速响应对方申报以促成交易。双方须就品种、价格及数量等要素达成共识后,方可确认并完成交易。

3. 单向竞价

单向竞价是指交易主体向交易机构提出卖出或买入申请,交易机构发布竞价公告,预先公布交易产品种类和数量、竞价参与方资格条件、交易时间、成交原则等单向竞价有关交易信息,符合资格条件的竞价参与方在约定时间内通过交易系统报价并确认成交的单向交易方式。

(四) 配额清缴履约及结算

第五步,确定灵活性措施。碳交易体系的吸引力之一在于其可为希望降低排放量的企业提供一定程度的灵活性,包括明确报告和履约周期的长度、允许参与者跨越履约周期储存(结转)或预借配额。较长的履约周期能够增强企业减排投资安排的灵活性,潜在地降低减排成本。然而,这也可能诱发部分企业推迟减排行动和投资,影响减排进程。值得注意的是,碳配额的有效期类似于仓单,其确定将直接影响碳价的周期性波动。

在排放配额的清缴履约环节,企业需根据管理部门设定的期限,提交与实际排放量相匹配的配额以完成履约。此过程通过登记系统进行,确保了配额的足额提交与注销。若企业配额不足,可通过市场交易购买补足;若有余量,则可选择留存用于后续年份或参与交易。此外,企业还有权利用国家核证的自愿减排量来抵消部分碳排放量,进一步增加了履约方式的多样性。

结算是一个会计用语,指对特定时期内全部财务收支进行总结与核算。在碳交易市场中,结算机制由专门的注册登记结算机构执行,严格遵循货银对付的原则。该机制在每日的交收时刻自动启动,依据交易系统记录的成交详情,对参与全国碳排放权交易的所有主体实施逐笔、全额的清算操作。根据清算的精确结果,同步完成碳排放权与相应资金的交付与接收。

(五)价格调整机制

第六步,考虑价格可预测性和成本控制。与商品市场类似的是,准确预测碳交易体系长期价格趋势存在困难,经济周期的波动、边际减排成本的不确定性、潜在的政策变动以及行业变革都会影响碳价。例如,经济衰退可能引发工厂关闭,导致排放量自然减少,进而造成碳排放配额的严重过剩,碳价随之下行。为了应对这种不确定性,几乎所有的碳排放交易体系(ETS)都引入了价格或供给调整机制(见表4.2),旨在为碳价提供一定的稳定性与可预测性,构建一个更加有效且可信赖的市场。尽管早期的设计者们普遍倾向于避免对市场进行直接干预,但面对体系中的明显波动和持续低价问题,政府已不得不重新审视并引入稳价制度。目前,所有正在运行的ETS都至少包含一种这样的机制,如成本控制储备和拍卖价格储备,前者用于防止价格过度上涨,后者则设定了一级市场的最低价。此外,市场稳定储备机制也被一些地区采用,以平衡碳价的波动。而中国的一些碳排放交易体系试点更是创新性地采用了可自行调整的价格下限,允许监管机构在价格过低时实施最低价格,为现货或衍生品市场提供价格指导。

表 4.2　ETS 价格调整机制

	应 对 高 价	应 对 低 价
欧　盟	价格走廊	价格走廊
韩　国	成本控制储备	价格下限
瑞　士	—	拍卖价格储备、价格下限
中国深圳市	成本控制储备	拍卖价格储备、排放控制储备
中国湖北省	成本控制储备	拍卖价格储备、价格走廊

(六) MRV

MRV 是指碳排放的量化与数据质量保证的过程,即"可监测(M-monitoring)、可报告(R-reporting)、可核查(V-verification)"。MRV 制度是温室气体排放和减排量量化的基本要求,是碳交易体系实施的基础,也是《京都议定书》提出的应对气候变化国际合作机制之一。在此基础上,构建 ETS 还需确保履约与监督机制(第七步),并加强利益相关方参与、交流及能力建设(第八步)。

一套典型碳交易 MRV 机制的运行包含监测、报告和核查三个环节,涉及主管部门、重点排放单位、核查机构三方角色。监测环节是标准化的指南及核算方法学,由企业实施上年度已上报的监测计划,包括活动数据监测、收集碳排放因子测量等。随后,在确保温室气体排放数据的精确性与科学严谨性的基础上,碳市场应构建一套全面的 MRV 管理体系(见图 4.3),内含严格的温室气体报告准则,强制符合条件的企业或设施遵循并履行报告义务。此体系核心在于引入第三方独立验证机构,对温室气体排放数据的收集、整理及报告流程进行定期、系统的审核,旨在增强监管部门对数据质量的把控能力,提升温室气体排放整体报告结果的可信度。

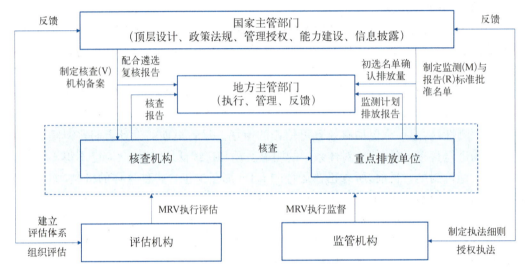

图 4.3 典型 MRV 管理框架示意图

(七) 国际碳市场链接

第九步,考虑碳市场链接。碳市场链接指碳交易体系允许管控单位使用由另一个司法管辖区中碳交易体系发放的碳排放单位(配额或额度)完成履约任务。碳排放交易体系可根据具体情况对其使用设置或不设置限制。市场链接增强了减排行动的地域灵活性,因此可充分利用更多的减排机会,以此减少实现减排目标的总体成本。同时,这一机制也促进了市场交易的活跃度,为解决碳泄漏和维护市场竞争秩序提供了有力支持,并推动了气候政策国际合作的深化。然而,不同碳排放交易体系之间的链接局限于邻近地区,例如欧盟与瑞士碳排放交易体系于 2020 年 9 月建立了临时链接。展望未来 3—5 年,中国与欧盟、韩国等地区建立直接链接的可能性尚不明确,当前欧盟的高碳价对国内市场的直接影响相对有限。

三、碳信用的交易体系

(一) 碳抵销机制的基本概念

在典型碳交易体系建设中,第四步为碳排放配额在二级市场的流转。作为强制减排机制(例如配额)的补充,世界各国的主管部门还允许不承担强制减排义务的个人或企业自愿参与国际机构、国内各级主管部门和第三方非政府组织管理的低碳减排项目,从中获取相应的自愿减排量,并以此作为交易标的,此类碳交易产品称为自愿减排产品或碳信用。在自愿减排交易机制下,减排活动实施者自愿参与具有减少温室气体排放和增加绿色碳汇等效果的低碳减排项目所获得的核证减排量,单位为"吨二氧化碳当量"(tCO_2e)。

国际自愿减排市场存在种类繁多的自愿减排机制和标准,在发起者、方法学、项目规模、交易方式等方面也截然不同。当前主流的自愿减排机制和标准共有八种,分别为清洁发展机制、核证碳标准、黄金标准、中国国家核证自愿减排、美国碳登记、气候行动储备、REDD+交易构架和全球碳委员会。上述八种已经通过联合国专门机构国际民航组织理事会的备案,可供国际航空碳抵销和减排计划(CORSIA)2021—2023年履约使用。

表4.3 国际碳信用产品

减排机制	交易产品	交易平台
清洁发展机制	Certified Emissions Reductions(CERs)	可以通过场外交易签订协议并在联合国碳抵销平台注销,也可以在指定交易所场内交易
核证碳标准	Verified Carbon Units(VCUs)	可以在Verra登记系统中交易,也可以在CTX上市交易
黄金标准	GS Verified Emissions Reductions(VERs)	可以在黄金标准登记系统交易,实现实时注销,自动生成证书;也在CTX上市交易
美国碳登记	ACR Emission Reduction Tonnes(ERTs) Registry Offset Credits(ROCs)	可以通过场外交易签订协议并在ACR注登系统划转,也可以将其账户与CBL账户关联进行场内交易,经授权ERTs和ROCs也在CTX上市
气候行动储备	Climate Reserve Tonnes(CRTs)	可以通过场外交易并在CAR注登系统划转,也可以在CBL、ACX和洲际交易所进行场内交易
REDD+交易构架	TREES Credits(TREES)	可以在Emergent森林金融加速器平台购买
全球碳委员会	Approved Carbon Credits(ACCs)	可以在IHS Markit系统交易,目前尚未在任何交易所上市
中国国家核证自愿减排	China Certified Emission Reduction(CCER)	全国温室气体自愿减排交易系统

资料来源:根据公开资料整理。

当前我国的自愿减排产品主要为CCER,是指对我国境内可再生能源、林业碳汇、甲烷利用等项目的温室气体自主减排效果进行量化核证,并在国家温室气体自愿减排交易注册登记系统中登记的温室气体减排量。该产品能够以现货交易方式出售给减排企业。它允许在国家ETS下进行交易的企业通过从某些减排项目(如海上并网风电、红树林等)购买信用额度,以抵销至多5%的排放量。重点排放单位每年可以使用CCER抵销CEA的清缴,目前全国碳市场抵销比例是不超过应清缴配额的5%,其他试点地区的抵销比例在5%~10%不等。能够产出CCER减排量的项目常见的有风电、光伏发电、林业碳汇等项目。事实上,我们可以将CCER理解为国家赋予"具有温室气体减排效果项目"的额外奖励,因此自愿减排机制本质上也是一种价格机制。

(二)一般碳信用交易方式

金融机构参与的典型碳信用交易过程如图4.4所示,金融机构撮合对接减排项目业主和有履约需求方两端,协助客户申报签发地方碳普惠减排量并完成交易,在帮助减排业主收益变现的同时促进当地控排企业的履约实现。例如,国泰君安于2018年和某共享单车企业开展碳普惠合作,签发出国内首批单车骑行类PHCER减排量逾5万吨,创收约100万元人民币,推动碳普惠理念深入大众。PHCER签发后,国泰君安将其卖给当地火电厂,使其顺利完成在碳市场中的强制履约义务。此外,金融机构在主业能力之外还可扮演碳资产发行支持的角色,将资本市场的资源储备和资产发行能力转移至碳市场,帮助客户实现碳资产的变现融资。

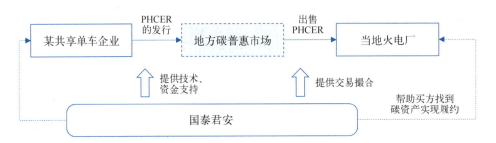

图4.4 金融机构参与碳信用产品机制示意图

适合参与CCER交易市场的主体可以大体上划分为三类。

(1)项目业主,在上述案例中即共享单车企业。依据《温室气体自愿减排项目设计与实施指南》,项目业主原则上是项目所有者,也可以是获得项目所有者授权并申请温室气体自愿减排项目登记的法人或其他组织。项目业主作为"申请温室气体自愿减排项目登记的法人或者其他组织"是通过申请签发原始取得CCER的主体,也可理解为CCER的生产主体,是交易链条上不可或缺的一部分。

(2)强制碳市场中的重点排放单位,在上述案例中即火电厂。CCER具有为重点排放单位抵销碳排放量的功能,所以重点排放单位会作为CCER交易中的重要需求端参与到CCER交易中来。

(3)符合国家有关规定的其他交易主体。地方交易机构为确保参与CCER交易的自然人等主体具有交易风险承担能力和经济实力,也对其他交易主体设置了相关规定。例如,广州碳排放权交易中心要求参与交易的自然人需持有证券、期货、碳交易等投资账户满一年,且近一年交易额不低于人民币 50 万元;参加过国内碳市场培训课程,且通过广州碳排放权交易中心所组织的碳市场交易基础知识考核,具备一定碳资产管理和交易能力;湖北碳排放权交易中心则会结合财务状况、相关市场知识水平、投资经验以及诚信记录等进行综合评估来选择适当的交易参与主体。

与股票和期货等典型的场内市场通过集中竞价形成统一度较高的市场价格不同,CCER 市场的挂牌协议、大宗协议、单向竞价三种交易方式属于不同的价格确定机制。在 CCER 交易市场启动交易后,市场也会因为定价机制的不同导致相同产品同时存在不同价格的情况。对此,北京绿色交易所通过《交易结算规则》设置了一系列机制以稳定市场预期,增强交易基准价的代表性和可靠性。例如,针对挂牌协议和大宗协议,《交易结算规则》设定了交割涨跌幅制度;此外,根据《交易结算规则》,申报价格明显偏离行情展示的最新成交价的行为会被列入异常交易行为予以重点监控。

我国的减排项目业主也可以参与境外渠道变现碳资产。核证减排标准(VCS)是目前国际上应用最广泛的碳信用机制,目前国内仅有香港国际碳市场首推 VCS 交易,在中国香港参与 VCS 交易可以对内地碳交易机制形成有力补充。例如,国家电投碳资产管理公司就参与了境外场内交易,作为香港国际碳市场委员会成员,不仅在香港国际碳市场的顶层设计上发挥重要作用,推动香港交易所新推出国际碳市场 Core Climate 平台,并成功完成场内首笔挂单及场内首笔人民币交易,交易产品为国家电投碳资产管理公司自主开发的符合核证减排标准的水电类项目,为电力企业参与境外场内碳信用产品交易提供了可借鉴经验(如图 4.5 所示)。

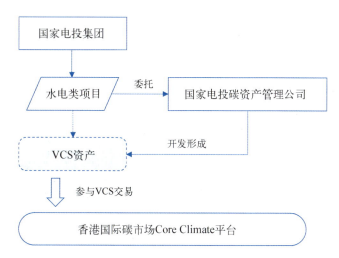

图 4.5　国家电投碳资产管理公司核证减排标准交易示意图

(三) 特殊碳信用交易方式

除金融机构参与的一般碳信用交易之外,信托机构、资管机构等其他金融市场参与者也在为碳信用交易市场注入更多的生机与活力。

1. 信托机构参与的碳信用交易

与碳排放配额一样，CCER 也可作为底层资产开展碳信托业务。例如，中海信托扮演集团体系内的碳资产管理金融支持角色，开发了中海蔚蓝 CCER 碳中和服务信托。该服务中，中海油能源发展公司将其持有的 CCER 作为信托基础资产交由中海信托，设立财产权信托，海油发展取得信托受益权，通过信托公司转让信托份额的形式实现 CCER 的份额变更，募集资金并全部投入绿色环保、节能减排产业（如图 4.6 所示）。中海信托作为上述信托资产的受托人，在向资产持有人提供资金支持的同时，还负责开展碳资产的管理与交易，利用信托制度与资产管理的优势，提供全方位金融服务。中海蔚蓝 CCER 碳中和服务信托为全国首单碳中和服务信托业务，从而助力实现"以绿生绿，以绿增绿"的绿色能源发展路径。

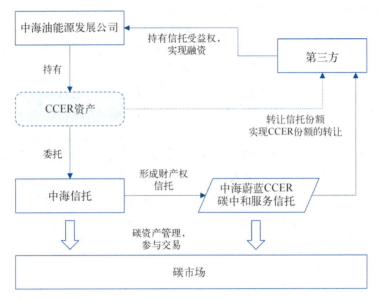

图 4.6 中海蔚蓝 CCER 碳中和服务信托机制

上述"信托+碳管理"创新深度探索了信托机构在碳金融生态中可扮演的角色：一是参与集团体系下的碳资产管理与交易；二是通过信托模式助力 CCER 份额转让融资；三是对接专业服务，通过投资助力碳中和，从而全面促进碳金融的交易、融资、支持三大板块发展。

2. 资管公司参与碳信用交易

在新能源产业的交易融资活动中，碳减排形成的碳信用价值往往被忽视，商业合同中也缺乏碳信用资产权属的分配方案，而资管公司的财务顾问业务则可以提供碳信用资产分配模式设计服务。例如，在大型企业集团的物流厂房光伏改造项目中，华兴资本协助各方谈判达成共识，改造后厂房产生的碳信用首先满足集团企业的履约需求，而光伏企业作为改造的直接投入方，也将获得碳信用资产分配，余量可进入市场销售。在新能源企业的融资租赁、钢厂改造等项目中，华兴资本运用相关经验，帮助企业解决商业合约中碳信用的分配争议，优化商业合同。此外，华兴资本未来将在该模式基础上，评估测算碳资产价值和核证减排量，同时，华兴资本引入第三方投资机构，定期收购碳资产，集中碳资产在交易所交易，形成创新型碳金融产品。

相比"撮合+促融"模式以对接需求为主，在"撮合+交易"方案下，金融参与更加深入，创新承担两类角色：一方面深度参与客户碳管理，撮合对接专业服务；另一方面创新扮演做市商的角色，以提供市场流动性，帮助客户达成交易，解决客户的专业需求。

四、从碳现货到碳金融衍生品

碳配额、碳信用等碳交易基础资产能够孵化出多种多样的碳金融衍生品，通过质押、回购交易以及衍生品交易实现融资功能。在衍生品交易阶段，金融投资机构尤其是做市商和经纪商将成为市场流动性的主要提供方。

从全球碳市场的发展经验来看，碳金融衍生品市场与碳现货市场的发展相辅相成。以当前成熟地区如欧盟碳市场和美国区域碳污染减排计划(RGGI)为例，两者在碳市场设计过程中均引入碳现货与远期、期货等衍生品交易工具，使得现货与衍生品市场之间能够互相支撑。欧洲气候交易所和欧洲能源交易所在2005年碳市场启动伊始，便同时开展了碳配额(EUA)以及核证减排量(CER和ERU)的期货和期权交易，分别为碳配额的线上交易以及CDM项目开发，提供套期保值和风险管理工具。在美国RGGI碳交易体系中，期货交易甚至早于现货出现。RGGI的现货交易于2009年1月1日启动，而芝加哥气候交易所下属的芝加哥气候期货交易所在2008年8月便已经开始了RGGI期货交易，比现货整整早了一年。期货先于现货推出，不仅为控排企业和参与碳交易的金融机构提供了风险控制的工具，降低了碳市场设立之初的冲击，更重要的是期货的价格发现功能为碳现货初次定价提供了重要的依据，降低了不必要的价格风险。

碳金融衍生品在碳市场中发挥着核心作用。衍生品市场通过提供有关碳资产的前瞻性信息，在提高透明度、价格发现和市场效率方面扮演着重要角色，这有助于实现长期可持续发展目标，并向决策者提供有关碳价监管的有用信息。

对金融机构而言，金融机构参与碳市场，尤其是参与碳金融衍生品市场的交易，不仅可以为碳金融市场带来巨大的流动性，强化价格发现功能、平抑价格波动，更重要的是能够促进金融机构开发涉碳融资等创新性的金融衍生品，有助于碳金融体系的深化和多元化发展。

对控排企业和其他存在碳风险敞口的企业，可以利用碳衍生品来管理碳价波动风险。具有间接与碳价格挂钩金融头寸的各种企业也可以利用衍生品。此外，投资者可以利用碳衍生品的价格信号来评估其投资组合中的气候转型风险，进而管理风险，并配置资本，从能源转型机会中获益。衍生品市场还通过提供有关碳的前瞻性信息，在提高透明度方面发挥着重要作用，这有助于实现长期可持续性目标，并为政策制定者提供有关碳价格监管的有益信号。

由于期货等衍生品对于现货价格具有引导作用，因此衍生品市场金融属性带来的风险便会传导到现货市场，进而对生产企业实际的减排行动造成影响。对此，一方面要通过市场自身的风险控制手段，如涨跌幅限制、持仓限制等，控制衍生品市场风险；另一方面需要借助公开市场操作的方式，在市场出现极端情况时，及时对现货市场进行干预。这对于评判市场预期有着重要的作用，也会反过来增强衍生品市场的平稳性。

目前我国碳金融衍生产品的发展仍处于初级阶段，碳资产投资缺乏碳期货、碳期权等工具来对冲价格波动风险，碳资产投资本身具有较高的风险。我国碳金融产品发展受阻的原因主要有：一是碳金融产品推广高度依赖碳交易现货市场的成熟度；二是控排企业主要以履约目的为主,投资和管理碳资产的意愿不强,能力不足;三碳排放权资产的法律属性不明确,限制融资类业务发展。

目前地方试点碳市场在积极探索基于基础碳资产的金融衍生品,以上海为例。2017年1月,上海推出全国首个采用中央对手清算模式的碳金融衍生品——上海碳配额远期。截至2023年底,上海碳配额远期产品累计成交量为438.06万吨。此外,上海依托成熟发达的金融市场环境,探索形成了碳基金、碳信托、碳资产回购、借碳、碳质押等创新产品,协助企业运用市场工具盘活碳资产。在碳基金方面,上海环境能源交易所联合海通新能源、上海宝碳新能源于2014年成立海通宝发基金,对CCER进行投资。在碳信托方面,上海环境能源交易所联合上海证券、上海爱建信托在2014年设立国内首个碳信托产品,通过结构化分级纳入不同风险偏好的投资者,投资者通过信托投资进行资产配置。在借碳方面,2015年,申能财务公司与四家电厂开展首单借碳交易业务。申能财务公司存入初始保证金,向四家电厂借入配额后交易,待借碳期限届满后,返还配额并支付约定收益。国内首单碳配额的卖出回购也于2016年在上海落地。春秋航空向置信碳资产卖出50万吨碳配额后,将所获资金委托给兴业银行进行财富管理,约定期限结束后,春秋航空再购回同样数量的碳配额,并与置信碳资产分享收益。在碳质押方面,上海宝碳新能源于2014年以碳配额为质押物向上海银行虹口支行申请了国内首笔CCER质押贷款。2021年,申能碳科技向浦发银行申请了全国首笔碳排放权、CCER组合质押融资。

但全国碳市场中尚未建立起真正意义上且具有金融属性的多层次碳市场产品体系,且其现货市场流动性不足,从而使碳金融市场缺少发展根基,加之碳质押、碳回购等碳金融产品的融资成本优势不明显,影响了企业的参与意愿。我国可借鉴国际成熟碳金融市场的发展经验,在拓展基于现货交易的碳金融工具的同时,有序推进各类衍生金融产品的创新运用,进一步丰富和完善碳金融市场产品体系,使碳市场具备套期保值、价格发现与风险管理的功能。一方面,确保碳市场现货市场的良性健康发展,丰富现货产品类型和结构,增加现货市场金融属性的需求,为衍生品市场的发展奠定良好的基础;另一方面,可分阶段、有序地发展衍生品市场,构建碳交易的衍生金融产品体系,沿着从场外衍生品向场内衍生品发展的方向,有序推进中国碳金融衍生品市场发展进程。在市场发展的初期阶段,鼓励探索碳远期、碳掉期等场外衍生金融工具;在市场基础设施制度完善后,逐渐向碳期货等场内衍生品市场拓展,最终形成现货市场与衍生品市场并存、场外市场与场内市场结合、非标准化衍生品与标准化衍生品共生的中国碳金融市场,并逐步建立与市场发展阶段相配套的交易清算设施、监管体系、法律法规和风控制度。

第二节 典型碳衍生品的运作机制

一、碳衍生品的要素设计

(一)碳远期/期货合约要素

在第三章中我们了解到,碳远期/期货是指由交易双方签署的、规定双方权利和义务的凭证,也是买卖碳远期/期货的合同或者协议。远期和期货的主要区别之一在于合约是否经过标准化处理,换句话说,期货合同是标准化的远期合同。但是在碳金融领域的现实应用中,远期合约与期货合约的区别可能并不如其他金融资产那样明显。我国上海、广东、湖北试点碳市场都进行了碳远期交易的尝试,其中广州碳排放权交易所提供了定制化程度高、要素设计相对自由、合约可转让的远期交易,类似传统意义上的"远期合约"概念;湖北、上海碳市场则提供了合约标准化、可转让的碳远期交易产品,通过标准化的协议格式集中流动性、强化远期产品价格发现的功能,此类远期产品或许更接近期货合约的概念。

一份标准化的碳远期/期货合约由十个要素构成,分别为交易品种名称与代码、交易单位、报价单位、最小变动价位、每日价格最大波动限制(涨跌停板制度)、合约交割月份、最后交易日和交割日期、交易模式、交割方式、最低交易保证金。其中,单位商品数量、交易的手数与合约价格三者的乘积等于期货合约的价值。表 4.4 简要列示了欧盟碳配额(EUA)期货合约和上海碳配额(SHEA)远期合约的要素内容。

表 4.4 EUA 期货合约和 SHEA 远期合约的要素

合约要素	具体内容	
	EUA 期货	SHEA 远期
交易标的	EUA 现货	SHEA 现货
交易单位	1 000 EUA/手	100 SHEA/手
报价单位	欧元/吨或欧分/吨	元人民币/吨
最小变动价位	0.01 欧元/吨	0.01 元/吨
每日价格最大波动限制	无限制	上一交易日结算价的±5%及交易所的相关规定
合约交割月份	3月、6月、9月、12月	2月、5月、8月、11月
最后交易日	合约交割月份的最后一个星期一	合约交割月份倒数第五个工作日
交割日	最后交易日后三天	最后交易日后第一个工作日
合约期限	遵循特定合约规定	遵循特定合约规定
交易模式	T+0	T+0
最低交易保证金	遵循交易所相关规定	合约价值的5%及交易所相关规定
交割方式	实物交割	实物交割/现金交割

资料来源:ICE 和上海清算所官网。

为了方便读者更好地理解,我们对标准期货合约的部分要素进行如下详细阐释。

1. 交易标的设计

交易标的设计包含交易标的、交易单位、报价单位、最小变动单位四个维度。交易单位即投资者的最低交易单位,直接影响期权合约的资金规模,同时将间接影响期权合约的市场流动性以及参与者结构。目前国际主要碳期货交易所大多以"1 000 碳配额/手"为交易单位。我国碳市场尚处于初创阶段,参与者主要集中于国内大型企业和机构投机者,因此碳远期/期货产品在推行初期可以参考国际上选择较大的交易单位。当碳市场逐步成熟,其他类型投资者也可参与其中,可考虑推出份额较小的合约。

报价单位是指每计量单位的货币价格,一般采用交易市场所在国家货币。欧盟碳配额期货的报价单位为"欧元/吨"或"欧分/吨",我国碳期货报价单位为"人民币元/吨"。

最小变动价位是指最小的价格变动值,影响期货合约交易的效率以及合约的流动性,因此,对报价单位的设定要同时兼顾市场的稳定与活跃两个特征。欧盟碳配额期货的最小变动价位为 0.01 欧元/吨。在我国的碳期货市场建设初期,期货交易应以稳定为目标,不宜出现波动幅度较大的局面,但同时不宜与国际市场的合约标准相差悬殊,且需要兼顾大投资者和中小投资者。例如,上海碳配额远期每手为 100 SHEA,其最小变动价位采用 0.01 元/吨的设定,即每手碳远期合约的最小变动值为 1 元。

2. 风险控制要素设计

风险控制要素设计包含每日价格最大波动限制(涨跌停板制度)和最低交易保证金两个维度。限制每日价格的最大波动主要为平抑期货价格短期的急剧变化,是保障投资者收益安全和期货市场平稳的关键。欧盟碳配额期货市场没有涨跌停板限制,但我国碳市场尚不成熟、碳金融基础薄弱,因此将碳期货涨跌停幅度限制在±5%以内,合理控制风险。

保证金制度的设计是碳期货(以及部分标准化的碳远期,如前述上海碳配额远期合约)交易过程中风险管控的必要措施。目前欧盟碳配额期货的最低交易保证金有定额和比例两种形式,设置为合约价值的 5% 左右。我国上海碳配额期货的保证金采用定额形式,减少初期因流动性偏低或杠杆过高给投资者造成的持仓风险。

3. 合约交易设计

合约交易设计包含交易模式、合约交割月份、最后交易日、交割日期、合约期限、交割方式六个维度。国际主要交易所的碳期货均采用 T+0 的交易模式,即当日买卖的合约均可在当日平仓,有利于投资者遇突发行情迅速止盈或止损。

对期货合约交割月份的选择,需要考虑现货供应的连续性,这就涉及现货的储藏、保管以及生产、使用等特点。二氧化碳排放配额和减排量不同于一般的商品,不存在保质期问题,不涉及季节性生产周期,其减排量的供应具备连续性的特点。因此,为方便期货市场和现货市场的联动并且提高现货市场的流动性,碳期货合约交割月份采用 1—12 月按月连续交割模式。

最后交易日和交割日期方面,由于二氧化碳排放额及减排量的存储和交割均较为方便,通过网络即可完成交割,因此将碳期货的最后交易日定为合约月份前一月最后交易日,交割日期是最后交易日后第三个工作日。

交易期限是各笔合约约定的日期,到期需完成交割或平仓。碳期货是中短期风险管理的重要工具,国际市场的碳期货合约期限很少超过五年。如果期限较长,交易流动性就会减弱,同时如果超过碳市场规则能达到的最远期限,则还会造成法律风险。

期货交割分为现金交割和实物交割。由于实物交割以交割仓库的形式,最终交易的是期货的标的物,因此它在沟通现货与期货关系上发挥了关键作用。此外,实物交割还能引导现货价格,促使碳期货在到期日趋向现货价格,强化了碳期货的价格发现功能,所以碳期货适合以实物的方式交割。与一般商品期货实物交割不同,碳期货交割是在碳排放权交易所的电子交易平台上进行。

案例 4-3

标准化的欧洲气候交易所 CER 期货合约

标准的欧洲气候交易所 CER 期货合约的基本条款如表 4.5 所示。

表 4.5　ECX-CER 碳期货合约

交易品种名称与代码	ECX-CER Futures OTC14
交易单位	1 000 单位核定排放量(CER)(CER 发行单位须遵照《京都议定书》第十二条,采用决策遵照《京都议定书》,容量大于 20 MW 的水力发电项目,土地利用变化、森林活动及核设施的分配额除外),每单位 CER 具有排放 1 吨二氧化碳或同等气体的权利
报价单位	欧元
最小变动价位	每吨 0.01 欧元(每张合约 10 欧元)
涨跌停板幅度	无限制
合约交割月份	合约以季度为周期列出,由 2009 年 3 月至 2012 年 12 月的 16 个交易月份按 3 月、6 月、9 月和 12 月列出
到期日	合约月份最后一个星期一。如果最后一个星期一是非营业日或该星期一之后又有一个非营业日,则最后交易日为交割月的倒数第二个星期一。若该倒数第二个星期一为非营业日,或该倒数第二个星期一之后又有一个非营业日,则最后交易日应为交割月的倒数第三个星期一。交易所应经常确定在每个交割月份的停止交易日期
交易系统	交易在欧洲期货交易所期货电子交易平台完成
交易模式	于交易时间内连续交易
交易时间	英国本地时间 07:00—17:00
清算价格	在每日收市期间(16:00—16:15)交易加权平均价格
增值税及其他税项	英国退税局已确认会员与欧洲气候交易所清算,由欧洲气候交易所核定排放量以及中期批准,按照终端市场指令,为零增值税率
交　割	合约物理上可被交割,核定排放量从在注册处的卖方清算会员个人持有账户转移到欧洲期货交易所清算系统的买方个人持有账户,交割是在清算会员与欧洲期货交易所清算系统之间进行的。交割期是由最后交易日翌日 19:00 开始到最后交易日后第三天 19:30 结束。欧洲期货交易所交割规则中有延迟交割和交割失败的条款

续　表

清算及合约保证	欧洲气候交易所清算系统会充当所有交易会员的交易对手,并担保以其会员名义注册的期货合约的财务状况
保证金	保证金及起初保证金以 LCHC 的惯常做法索取

案例思考题:

在欧洲气候交易所、美国洲际交易所等不同国际交易所中,碳期货合约通常如何设置?

(二) 碳期权合约要素

碳期权合约是一种标准化合约,期权的买方(多头)向卖方(空头)支付一定数额的权利金后,即可获得合约有效期内的选择权。与碳期货合约相似,碳期权合约的主要要素内容如表 4.6 所示。

表 4.6　EUA 和 CCA 标准期权合约的要素

合约要素	具体内容	
	EUA 期货期权	CCA 期货期权
交易标的	EUA 期货①	CCA 期货②
合约类型	看涨期权、看跌期权	看涨期权、看跌期权
交易单位	1 000 EUA 期货/手	1 000 CCA 期货/手
报价单位	欧元/手	美元/手
最小变动价位	0.005 欧元/吨	0.01 美元/吨
每日价格最大波动限制	上一交易日结算价的±5%及交易所的相关规定	上一交易日结算价的±5%及交易所的相关规定
合约交割月份	3月、6月、9月、12月	1—12月各月
最后交易日	合约到期前的第三个交易日	合约到期当月的第十五个工作日
到期日	同最后交易日	同最后交易日
交易模式	T+0	T+0
最低交易保证金	合约价值的5%及交易所相关规定	合约价值的5%及交易所相关规定
行权方式	欧式	欧式

① 确切地说,EUA 期货期权的交易标的为 EUA 12月期货(EUA Dec Futures)。例如,2024 年 3 月到期的 EUA 期货期权的交易标的为 2024 年 12 月到期的 EUA 期货。
② 即 California Carbon Allowance Futures Contract。
资料来源:ICE 官网。

碳期权合约的特殊性之一在于交易标的的设计。碳期权的标的物既可以是碳现货，也可以是碳期货，表4.6中展示的两种以碳期货为标的资产的碳期权就属于"衍生品的衍生品"。因此，碳期权既可以用来为现货保值，也可以为期货业务保值。

碳期权合约还新增了交易方向和行权方式两个要素。交易方向分为看涨和看跌两种。实操中，交易方向的选择取决于购买者对于碳排放权价格走势的判断。以EUA期货期权为例，当预计未来EUA价格上涨时，EUA的卖方会通过购买看涨期权来对冲未来价格上升的机会成本，如果未来EUA价格下降，则通过行使看涨期权使自己获益。

根据投资者是否能够选择在到期日前随时行权，可以将期权的行权方式分为两种：欧式期权和美式期权。其中，美式期权能够在到期日前任意时间行权，而欧式期权只能在合约到期日当天选择行权。虽然美式期权行权时间较为灵活，投资者可以随时根据市场价格波动情况选择行权，但是美式期权赋予买方的权利更大，导致期权费更高，合约交割复杂，同时期权卖方所面临的风险也更大，可能会影响碳期权市场流动性，进而影响有控排需求企业的套期保值效果。而欧式期权虽然在行权时间上不够灵活，但更加适合有实际控排需求的企业实现套期保值。因此，国际上常见的碳期权为欧式期权。

二、碳衍生品的交易策略

(一) 碳远期/期货交易策略

1. 风险对冲策略

碳远期/期货的主要作用在于帮助控排企业规避现货价格波动风险，将价格风险降低到最低限度，实现套期保值和风险对冲。假设某发电企业D在2024年12月将有30 000吨碳配额履约缺口，计划运用碳配额期货进行套期保值以管理价格风险。该企业于2024年1月买入300手(100吨/手)将于2024年12月执行的期货合约，此时碳配额现货市场价格为79元/吨，期货合约的交割价格为81元/吨。预计未来配额的现货市场价格可能出现上涨和下跌两种情景。

情景一：价格上涨，即2024年6月配额的现货市场价格达到81元/吨，期货价格达到84元/吨。企业D卖出300手配额期货(即反向操作，平仓期货)，购入30 000吨配额现货进行套期保值的总盈亏为1元/吨(−2+3)，即期货盈利部分对冲了现货亏损的部分并且实现1元/吨的盈利。因此，该企业在2024年1月购入碳配额的实际成本为78元/吨(81−3)。

情景二：价格下跌，即2024年6月配额的现货市场价格降至77元/吨，期货价格降至80元/吨。企业D平仓期货、购入现货进行套期保值的总盈亏为−1元/吨(2−3)，购入碳配额的实际成本为78元/吨(77+1)。

因此，上述情景一、情景二中，该电力企业购买碳配额的价格均锁定在78元/吨，对冲了价格波动风险(如表4.7所示)。

表 4.7 采用碳配额期货进行套期保值

时间		现货市场	期货市场
2024 年 1 月		市场价格 79 元/吨	2024 年 12 月期货交割价格 81 元/吨
2024 年 6 月	情景一	市场价格 81 元/吨	2024 年 6 月期货价格 84 元/吨
	情景二	市场价格 77 元/吨	2024 年 6 月期货价格 80 元/吨
盈亏总结	情景一	亏损 2 元/吨	盈利 3 元/吨
	情景二	盈利 2 元/吨	亏损 1 元/吨

案例 4-4

碳信用的期货合约帮助控排企业实现风险对冲

2023 年,中国石油国际事业伦敦公司与英国石油碳贸易公司签订自愿碳减排量(VER)期货交易协议。这是中石油采购的首单 VER 期货标的,标志着中石油碳交易业务从配额场内交易向 VER 场内交易延伸,正式开展自愿碳减排市场场内期货合约交易活动。根据协议,中石油国际事业伦敦公司将采购英国石油碳贸易公司在印度光伏项目所产生的部分自愿碳减排量,并按照纽约商业交易所全球碳排放抵销(GEO)合约交割要求来判断。中国石油通过期货协议保值和交割,有效减弱了未来价格波动不确定性对碳交易的风险影响(如图 4.7 所示)。

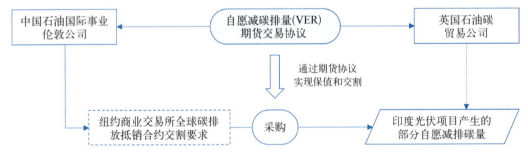

图 4.7 中石油碳期货交易示意图

案例思考题:

中石油如何采用期货协议实现风险对冲与资产保值?请结合数据分情况简要说明。

2. 套利策略

市场参与者可以通过同时买进或卖出两个期限不同的远期协议,从两个协议价格间的变动关系中获利。套利交易分为跨期套利和跨品种套利,前者即在碳配额远期不同交割月份之间正常价格差距出现异常变化时进行对冲获利。

控排企业将碳配额现货和远期相结合可以加快资金融通。假设另一控排企业 B 需要于 2024 年 12 月履约,该企业现在手中持有足额碳配额。为了灵活利用好手中的碳配额,企业 B 选择在 2024 年 12 月 31 日以固定价格向企业 A 出售现货,并于同一天与企业 C 达成购买相等数量碳配额远期的交易。在这场交易中,企业 C 在即期卖出碳配额以实现融资,获得的现金可以进行更好的投资与节能减排,从而实现资源优化配置。

(二) 碳期权交易策略

既然碳远期/期货已经可以实现风险对冲和套利作用,那为何还要发展碳期权市场?一种重要的解释是碳期权为投资者提供了更多的投资机会和投资策略。在期货交易中,只有在价格发生方向性变化时,碳市场才有投资的机会,而市场在价格处于波动较小的盘整期中缺乏投资机会。在期权交易中,无论是期货价格处于牛市还是熊市或是盘整,均可以为投资者提供获利的机会。此外,碳期权交易还弥补了碳远期/期货交易只保现值、不保将来值的缺陷,具有较大的灵活性。而且,期权具有权利属性,碳期权合约的买方有权利而无义务履行合约,期权买方可以采取不行权的方式使其价格风险损失小于或等于保险费。

碳期权的交易方向取决于购买者对于碳排放权价格走势的判断。当预计未来配额价格上涨时,配额的买方会购买看涨期权对冲未来价格上升的机会成本,如果未来配额价格下降,则通过行使看跌期权配额,卖方获得收益。期权的购买者能够通过区别购买看涨期权或者看跌期权来锁定收益水平。此外,还可以通过对不同期限、不同执行价格的看涨期权和看跌期权的组合买卖来达到锁定利润、规避确定风险的目的。

我们以看涨期权为例,介绍碳期权是如何锁定收益水平以控制风险的。假设控排企业 A 在 2024 年 1 月 1 日购买 1 吨看涨碳期货期权(空方为金融机构甲),碳期货市场价格为 100 元/吨,期权价格为 5 元,行权价格为 105 元/吨,到期日为 2024 年 2 月 1 日。

情景一:到期日碳期货价格上涨 20% 至 120 元/吨。由于标的资产到期日的价格高于行权价,控排企业 A 选择行权,即以 105 元/吨的价格向金融机构甲购入 1 吨碳配额,并以 120 元/吨的价格卖出。因此,控排企业 A(多头)获净收益 10 元,金融机构甲(空头)获净收益 −10 元。

情景二:到期日碳期货价格下跌 20% 至 80 元/吨。此时标的资产价格低于行权价,控排企业 A 选择不行权,净损失仅为初期的期权价格 5 元。

两种情景下采用看涨碳期货期权锁定收益的比较如表 4.8 所示。

表 4.8 采用看涨碳期货期权锁定收益

时间		现货市场	控排企业 A(多头)行动
2024 年 1 月 1 日		市场价格 100 元/吨	以 5 元的价格买入看涨期权
2024 年 2 月 1 日	情景一	市场价格 120 元/吨	行权
	情景二	市场价格 80 元/吨	不行权

续　表

时　间		现　货　市　场	控排企业 A(多头)行动
盈亏总结	情景一	多头净损益10元,空头净损益-10元	
	情景二	多头净损益-5元,空头净损益5元	

三、碳现货及衍生品的联动机制

在市场制度和相关政策平稳可期的前提下,碳远期和碳期货能够将现货的单一价格拓展为一条由不同交割月份的远期合约构成的远期价格曲线,揭示市场对未来价格的预期。明确的预期价格能够大幅降低市场风险,也有助于企业更好地规划减排行动、优化碳资产管理。对于控排企业而言,参与碳交易的作用就在于依据碳价格这一标杆,确定自身减排安排——碳价高于减排成本,则将促使企业加大节能减排力度;碳价较低则企业倾向于购入配额来完成履约。而相应地,在减排成本相对明确可控的情况下,减排收益就取决于碳价水平的变化。

由于减排行动的效果需要较长周期才能实现,而现货价格只能反映当下碳价格,因此期货和远期产品的预期价格曲线对于企业规划相对长时期的减排行动尤为重要。此外,对于提供涉碳融资及碳资产管理的机构而言,明确的价格预期也有助于降低风险溢价,降低涉碳融资成本。

第三节　特殊的碳衍生品——碳资产证券化产品

企业要进行减排改造就需要大量的资金支持,但是改造后形成的碳资产难以发挥其价值,降低了企业减排改造的意愿。证券化作为一种新型直接融资工具,可带动碳排放权相关各类金融产品的创设,在推动碳排放权市场发展中将起到至关重要的作用。

目前,国内的碳排放交易所已尝试推出碳金融产品,主要包括质押贷款、借碳交易、碳回购交易。基于这些碳金融交易,碳资产证券化的主要可行路径包括质押贷款型和现货交易型两类,同时参照国内权益类资产证券化模式,也可以探索权益型证券化。

一、质押贷款型碳资产证券化

质押贷款型碳资产证券化指通过碳资产质押的方式形成合同债权,以合同债权作为基础资产开展资产证券化。

(1) 形成基础资产:信托公司向企业发放信托借款,以企业所持有的碳资产质押给信托计划作为增信措施。

(2) 构建资产池:信托计划将向企业发放的多个信托借款合同债权打包,提高分散度,形成拥有可预测现金流的基础资产池。

(3) 搭建发行结构：信托机构基于合同债权设立财产权信托，实现基础资产的风险隔离，并据此发行资产支持票据，或通过转让给资产支持专项计划形式发行资产支持证券。

(4) 发行证券：获得监管部门核准后启动发行工作，商业银行等机构投资者出资认购该证券。

质押贷款型碳排放权证券化机制如图 4.8 所示。

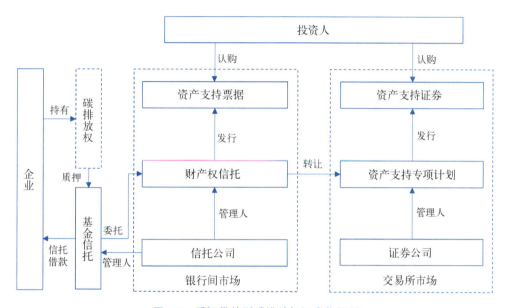

图 4.8　质押贷款型碳排放权证券化机制

在上述交易结构中，信托贷款可以由商业银行贷款替代，即商业银行基于碳资产质押向企业发放贷款，形成表内的碳资产质押贷款资产，并将多笔贷款资产组成基础资产，在银行间债券市场发行信贷资产证券化产品。该模式与目前商业银行开展的小微企业贷款证券化类似，但抵押物及质押物存在差异，是将传统上的房产抵押变为碳资产质押。

碳资产质押贷款证券化可通过资本市场直接融资方式，盘活企业持有的存量碳资产，缓解企业融资难问题，对有碳减排投资需求的中小企业尤为重要。

二、现货交易型碳资产证券化

企业通过碳交易所等渠道将碳资产转让给购买方，可通过延期支付或分期支付方式形成应收账款，以应收账款作为基础资产开展资产证券化。

(1) 形成基础资产：碳交易所基于企业间通过交易所开展的碳资产交易，将企业间的支付方式设计为延期支付或分期支付，形成出售企业对购买企业的应收账款。

(2) 构建资产池：碳交易所基于多笔碳资产交易，形成对 N 个购买方的应收账款，并代理卖方将该应收账款转让给商业保理公司，由商业保理公司统一管理，形成基础资产池，负责进行应收账款的管理和资金归集。

(3) 搭建发行结构：商业保理公司将多笔所管理的碳资产交易项下的应收账款作为

基础资产,通过设立财产权信托或直接转让给资产支持专项计划形式发行资产支持证券。

(4) 发行证券:获得监管部门核准后启动发行工作,商业银行等机构投资者出资认购该证券。

现货交易型碳资产证券化机制如图4.9所示。

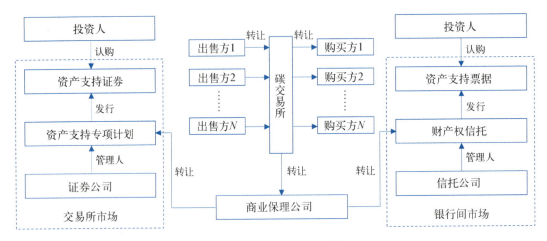

图 4.9　现货交易型碳资产证券化机制

碳资产现货交易型证券化,属基于碳交易所现货交易的代理模式,碳交易所作为代理机构,通过交易结算机制的调整,形成交易双方在交易系统内登记的应收应付,引入第三方商业保理公司作为基础资产的代理机构开展证券化业务。这种模式可降低碳资产交易买方的付款压力,又不影响卖方的收款,可有效地提高买卖双方交易的积极性。

三、权益型碳资产证券化

根据基础资产不同的属性,证券化可以分为债务型和权益型两类,前者占市场绝大多数,后者偏少,较为典型的是不动产投资集合资金信托计划(real estate investment trust, REITs)架构。可参照REITs架构,将持有碳资产的企业股权作为证券化基础资产,以企业未来产生的收入现金流作为债务兑付来源。

(1) 设立运营平台:由碳交易所或第三方资产管理机构成立专业运营平台,并设立下属特殊目的公司(special purpose vehicle,SPV)公司,向市场中的企业统一收购碳资产。

(2) 构建债权关系:运营平台通过对SPV公司减资方式形成对SPV公司的应收账款债权,将须通过碳资产交易才能实现的现金流变为稳定、可预测的现金流。

(3) 搭建发行结构:由证券公司设立资产支持专项计划,通过契约式基金受让运营平台持有的SPV公司股权及应收账款债权。

(4) 发行证券:根据权益及应收账款债权的比例设计优先、劣后的证券分级结构,并基于资产支持专项计划发行资产支持证券,优先级债券规模对应债权规模,向市场投资人发行;劣后级债券对应权益规模,由运营平台持有。

权益型碳资产证券化机制如图4.10所示。

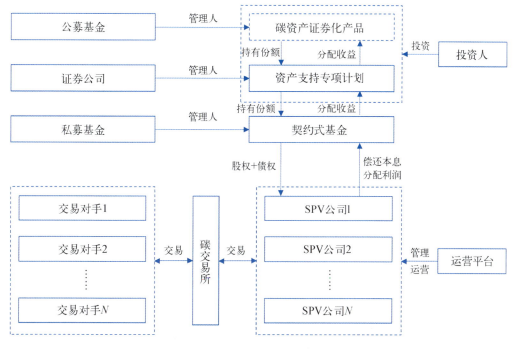

图 4.10　权益型碳资产证券化机制

在上述交易结构的基础上,若未来碳资产证券化相关政策条件允许,可通过发行公募基金受让资产支持专项计划份额,实现碳资产证券化产品的上市挂牌交易。其中,SPV公司须通过碳资产的交易实现运营收入,作为碳资产证券化产品未来的兑付现金流,现金流包括:因减资形成的应收账款债权下的现金流,以及 SPV 公司实现盈利后通过股东分红方式支付的现金流。权益型证券化能够在最大限度上降低运营平台的负债压力。

2023 年 11 月 26 日,我国首个碳资产证券化项目正式签约,本次签约的碳资产证券化项目是在深圳市生态环境局南山管理局和南山区金融发展服务中心推动下,由深圳担保集团推出的碳资产证券化产品。该项目是基于碳排放权质押向企业发放贷款,形成的合同债权作为基础资产开展资产证券化,以碳排放权未来预期收益为支撑,通过发行市场流通证券,将闲置碳资产盘活变现,助力企业节能降碳。随着国内 CCER 市场重启,未来有望出现碳信用的证券化产品。

思考与练习题

一、碳排放交易体系是如何设计的?碳排放配额有哪几种分配机制?该配额是如何在市场上交易的?

二、碳期货合约有哪些要素?请简述碳期货交易策略。

三、碳期权合约有哪些要素?请简述碳期权交易策略。

四、碳现货与碳金融衍生品之间的关系是怎样的？

五、碳资产证券化产品有哪几种类型？请为我国的 CCER 设计一种证券化产品。

推荐阅读

杜莉：《中国碳金融交易内在运行和管理机制研究》，中国社会科学出版社，2021年。

碳市场金融属性课题组：《碳市场金融属性的发展与完善》，2023年。

参考文献

毕马威：《2023年中国碳金融创新发展白皮书》，2023年。

宾晖："上海加快建设国际碳金融中心"，《中国金融》，2021年第18期，第58—59页。

国际碳行动伙伴组织（ICAP）：《碳排放交易实践手册：碳市场的设计与实施》，2016年。

绿金委碳金融工作组：《中国碳金融市场研究》，2016年。

许传华、林江鹏、徐慧玲：《碳金融产品设计与创新研究》，中国金融出版社，2016年。

辛丽霞、王雅炯："碳排放权证券化路径研究——基础资产和交易结构的视角，"《经济体制改革》，2022年第4期，第137—143页。

鲁政委、汤维祺：《绿色金融报告：碳金融衍生品的意义和发展条件》，兴业经济研究咨询股份有限公司，2016年。

李竹薇、卢雪姣、杨倩倩，等："我国碳期权产品研发设计——以碳排放配额为基础标的"，《投资研究》，2022年第5期，第53—68页。

任宝祥、王汀汀：《碳交易市场的建设和碳期货合约的设计》，海南省绿色金融研究院，2021年。

童柳荫：《国内外碳排放权分配与交易定价研究》，永安研究，2021年。

杨帆：《一文详解碳市场》，兴业期货，2021年。

第五章

转 型 金 融

学习要求

学习转型金融的发展起源、内涵和特征,了解转型金融的经济活动类型;辨析转型金融与绿色金融、可持续金融、碳金融的概念;掌握转型金融框架的界定标准、信息披露、金融工具、激励政策和工正转型五大要素,并理解各自的内涵;掌握转型金融产品的设计思路;掌握债权类、股权类和保险类的转型金融产品,掌握各自的特征和应用场景;结合钢铁行业和碳账户的转型金融案例,了解我国转型金融最新发展动态。

本章导读

转型金融是支持碳密集产业低碳转型的重要金融工具。碳密集产业是中国乃至全球碳排放的重要来源,在气候变化背景下,其面临较大的转型风险并将传递至金融系统。当前,随着碳排放管控的日益趋严,碳密集产业低碳转型存在对转型金融的巨大资金需求。转型金融作为绿色金融的重要补充,同属可持续金融范畴,支持领域各有侧重。近年来,较多国际机构先后出台转型金融相关文件,旨在明确转型金融的定义范畴,为转型金融的标准制定、分类体系、产品创新及信息披露等方面提供清晰的指导框架,以促进全球范围内碳密集型产业的绿色低碳转型进程。国际国内还创新了可持续发展挂钩债券、可持续发展挂钩贷款、转型基金、转型保险等多种转型金融工具,为市场注入更多活力,助力经济低碳转型。

第一节 转型金融概述

一、转型金融的概念

(一) 转型金融的内涵

自2016年发展绿色金融成为全球共识以来,绿色和可持续投融资快速发展,但实现气候目标仍面临很大资金缺口。其主要原因是,目前的绿色金融体系仅限于支持已经符合绿色标准的投融资活动,导致有转型意愿的高碳企业很难获得资金支持。政策制定者应基于各国国情,在可持续发展与消除贫困的框架下,设计合适的政策措施、激励措施和监管环境,有效提升转型活动获得银行贷款的能力,吸引更多私人部门投资;相关管理部门还应考虑为实施上述措施提供前瞻性指引,提高监管的稳定性。由此可见,建立一套新的投融资框架对于促进高碳企业建立可行可信的减排目标及实现路径、动员鼓励金融资本支持高碳企业实施转型具有非常重要的意义。

转型金融最早由经济合作与发展组织(OECD)在 2019 年正式提出,被认为是实现碳中和目标和可持续发展的重要手段之一。当前,转型金融在全球范围内仍然处于早期探索阶段,包括欧盟、日本、加拿大、中国和经济合作与发展组织等在内的主体均提出了转型金融相关的概念和指导,但尚未形成一个被广泛认可的低碳转型活动的定义或标准。总体来看,可以认为转型金融是在经济主体可持续发展转型的进程中,为它们提供融资以帮助其转型的金融活动,其主要支持高碳排企业进行低碳转型,以补充绿色金融的不足,为转型企业拓宽融资渠道。

表 5.1 转型金融的相关释义概览

发布时间	发布机构	文件名	对转型金融的阐述
2019 年 3 月	经济合作与发展组织	转型金融 2019	转型金融是指在经济主体向可持续发展目标转型的进程中,为它们提供融资以帮助其转型的金融活动
2020 年 3 月	欧盟委员会技术专家组	欧盟可持续金融分类方案	以气候环境政策和六大环境目标为指导原则,明确了为实现可持续发展目标经济活动必须符合的标准,涵盖绿色金融与转型金融。认为转型活动是为实现减缓气候变化的目标、在尚未提供低碳替代品的部门内做出重大贡献从而满足支持转型需要的相关活动
2020 年 9 月	气候债券倡议组织	"为可信赖的低碳转型活动提供金融支持"白皮书	明确转型金融为气候减缓转型,适用于正在为实现《巴黎协定》2030 全球碳排放减半、2050 年净零排放目标做出重大贡献但不能发挥长期作用的活动,或者可以发挥长期作用但净零路径尚未明确的活动
2020 年 12 月	国际资本市场协会	气候转型金融手册	未界定转型金融的明确标准,侧重于为转型债券发行提供指导,提出了发行人对其气候转型战略进行披露的相关要求,包括气候转型战略和公司治理、业务模式中考虑环境要素的重要性、气候转型战略应参考的具有科学依据的目标和路径,以及执行情况的信息透明度等
2021 年 5 月	日本金融厅,经济产业省,环境省	气候转型融资基本指南	转型金融是为难以减排的部门提供融资,以助力其为实现脱碳或低碳转型开展长期的、战略性的温室气体减排活动
2022 年 1 月	中国浙江省湖州市人民政府	转型金融支持目录(2022 年版)	应对气候变化影响,以碳密集行业低碳转型、高碳高效企业业发展、低碳转型技术应用的金融需求为重点,运用多样化金融工具为市场实体、经济活动和资产项目向低碳排放转型提供的金融服务

续 表

发布时间	发布机构	文 件 名	对转型金融的阐述
2022年11月	G20可持续金融工作组	2022年G20可持续金融报告	在可持续发展目标下,支持整个经济向与《巴黎协定》目标相一致的低碳和净零排放、气候韧性(Climate resilience)转型的金融服务

资料来源:普华永道,《转型金融白皮书》2022年。

国内专家对转型金融的解读有两个方面:一是界定边界,支持对象涵盖实体、活动和项目。目前国内普遍使用的是国际资本市场协会(ICMA)《气候转型金融手册》对转型金融的定义,即转型金融是"指针对市场实体、经济活动和资产项目向低碳和零碳排放转型的金融支持,尤其是针对传统的碳密集和高环境影响项目、经济活动或市场主体"。二是认为可以在原则层面或编制具体的转型活动目录两个层面进行转型金融界定,且比较理想的转型目录"应该列出政府和监管部门基本达成共识的各个高碳行业的转型活动,同时尽可能给出界定转型活动的量化指标"。2022年2月,浙江湖州在相关政府文件中提出了如下定义:"转型金融是指为应对气候变化影响,以完善绿色金融体系、支持高碳企业向低碳转型为主要目标,基于明确的动态技术路径标准,运用多样化金融工具为市场实体、经济活动和资产项目,尤其是传统的碳密集和高环境风险市场主体、经济活动和资产项目,向低碳和零碳排放转型提供的金融服务。"

(二)转型金融的概念辨析

学习者往往容易混淆转型金融和绿色金融、可持续金融、碳金融等概念,以下将对上述概念之间的区别和联系进行辨析。

1. 与绿色金融的关系

转型金融与绿色金融有所交叉,但前者整体覆盖范围更广。两者均包括与《巴黎协定》目标一致的长期减排活动,如绿色船舶制造或过渡期具有减排效益的活动、节能改造和能效提升等。但绿色金融还包含了与污染治理等环境保护相关的活动(如重点流域、海域水环境治理)和已经达到或接近净零的项目或活动(如光伏、风力发电);而转型金融则面向建立了明确减碳目标和实施路径的主体/企业,包含未纳入绿色金融标准但具有减缓气候变化作用的项目或活动(如煤炭清洁高效利用、高炉长流程转电炉短流程炼钢)。

除了支持范围的不同之外,转型金融和绿色金融的最终目标也有差异。虽然两者本质上都是为了降碳实现碳中和,但绿色金融的最终目标是去碳化,而转型金融主要是实现低碳化发展。

此外,绿色金融是一个长期发展的理念,其发展目标是形成一套完善的绿色金融体系支持经济绿色化转型。而转型金融是一个过渡概念,是专注于引导和帮助企业主体绿色化的过程,而不是绿色化本身,其发展目标是将高碳与经济相关的部门纳入可持续金融体系,并实现低碳转型的整体经济方法。两者的关系如表5.2所示。

表 5.2 转型金融和绿色金融的关系

	相 同 点	不 同 点
转型金融	与《巴黎协定》目标一致的长期减排活动,如绿色船舶制造或过渡期具有减排效益的活动,如节能改造和能效提升	(1) 面向建立了明确减碳目标和实施路径的主体/企业; (2) 未纳入绿色金融标准但具有减缓气候变化作用的项目或活动如煤炭清洁高效利用、高炉长流程转电炉短流程炼钢
绿色金融		(1) 与污染治理等环境保护相关的活动,如重点流域海域水环境治理; (2) 已经达到或接近净零的项目或活动,如光伏、风力发电

2. 与可持续金融的关系

从可持续发展的角度出发,转型金融属于可持续金融范畴。目前,国际上关于可持续金融的定义主要有两种:一是将环境、社会和治理纳入经济发展和商业决策,二是用于支持国际可持续发展目标的金融手段和体系。欧盟的可持续金融法案中,也划分为低碳、转型和资源修复三方面内容,可见转型金融从可持续发展的角度来看属于可持续金融范畴。

3. 与碳金融的关系

碳金融概念主要应用于与碳排放权交易有关的金融市场业务。根据本书第一章界定的碳金融概念,广义上的碳金融泛指所有服务于减少温室气体排放的各种金融制度安排和金融交易活动,包括碳排放配额或项目减排量的现货交易与衍生品交易、低碳项目开发的投融资,以及其他相关的金融中介活动。因此,转型金融中涵盖的低碳领域转型侧重经济主体的转型,碳金融概念侧重低碳技术和低碳项目的减排效应和碳交易。

二、转型金融的特征

根据监管机构的要求和国际组织的实践,结合自身专业服务经验,本节总结出转型金融的三点重要特征。

第一,转型金融的支持范围广泛,既包括了直接产生低碳、减碳效益的项目与活动,也涵盖了已确立清晰减碳目标及实施策略的企业主体。相较于绿色金融,转型金融在投融资对象的选择上更为灵活,能够覆盖至高碳行业,展现出更广泛的适用性。第二,转型金融的核心在于推动各类主体活动逐步从高碳模式向低碳乃至脱碳方向转变,这一过程与各行业长期减排规划的实施紧密相连。因此,转型金融的具体标准需紧密贴合行业特性,深入考量低碳技术的应用进展;同时,这些标准还需具备动态调整机制,以精准匹配不同行业、企业所处的发展阶段及其脱碳路径,确保对转型过程的界定既科学又严谨。第三,转型金融的支持对象需具备明确的减排承诺,这是其获得融资支持的基本前提。在此基础上,投融资主体亦可结合自身实际情况,设定更为雄心勃勃的减排目标与行动方案,以加速自身的低碳转型进程。

三、转型金融的经济活动类型

转型金融有五种经济活动类型。

(1) 近零排放类：接近或已经达到零碳排放的经济活动，未来重点在于持续优化以实现更深度的脱碳，无需大规模结构性转变。如风力发电类经济活动。

(2) 零碳转型类：预计在2050年后仍需开展的经济活动，已明确达到1.5℃温控目标的脱碳实施路径。如航运类经济活动。

(3) 不可转型类：预计在2050年后仍需开展的经济活动，但目前尚未确立可在2050年前达到1.5℃温控目标的脱碳实施路径。如长途客运航空类经济活动。

(4) 暂时过渡类：当前需要开展、但应在2050年前逐步淘汰的经济活动。如城市垃圾发电类经济活动。

(5) 搁浅类：经济活动与全球气候变暖控制目标不兼容，但存在低碳替代方案，需尽快转型以避免成为"搁浅资产"的经济活动。如以煤发电类经济活动。

总结来看，转型金融支持高温室气体排放、难以快速减排（hard-to-abate）或高环境影响行业，目前专注于气候减缓转型，旨在实现具有适当雄心的零碳转型。

案例 5-1

部分国家和地区政府层面的转型金融进展

1. 欧盟

2020年3月欧盟技术专家工作组发布《欧盟可持续金融分类方案》，该报告明确了转型金融类别及相关标准。2021年1月，欧盟委员会要求新成立的可持续金融平台提供关于转型融资的建议，研究《欧盟可持续金融分类方案》如何为公司和其他致力于改善环境影响的经济体提供包容性的转型融资。2021年3月，欧盟可持续金融平台发布了《转型金融报告》，集中回应了关于转型金融的相关问题。

目前，该方案由低碳、转型（transition）、支持（enabling）和适应这四个领域的科学标准组成，转型以及扶持类的项目也被纳入减缓气候变化的类别中。其对转型经济行为的定义是：某具体经济活动虽然会造成温室气体排放，但该排放水平符合当前行业内的最佳实践且不妨碍低碳替代品的开发和部署，以及考虑到碳密集型资产的经济寿命，不会导致锁定这类资产；而扶持类项目要求可以直接帮助其他主体为实现环境目标做出实质性贡献。转型部分将每三年接受一次评估，并逐步趋于严格。

2. 日本

日本金融厅与经济产业省和环境省于2021年5月发布了《气候转型融资基本指南》，旨在为难以减排的部门进行融资，助力它们实现脱碳或低碳转型。该指南基于国际资本市场协会（ICMA）出版的《气候转型融资基本指南》起草，不仅包含该手册中关于披露的四个建议，而且涵盖了要披露的补充信息以及与独立审查和验证相关的问题。

3. 经济合作与发展组织

经济合作与发展组织发展援助委员会（OECD DAC）于2018年2月启动转型金融项目，在2018—2019年间在佛得角、智利、黎巴嫩、所罗门群岛、乌干达、越南和赞比亚等处于不同发展阶段的七个国家开展试点研究，试图探讨随着国家的发展和收入水平的提高，可持续发展的不同资金来源的可用性和相互作用的演变。经济合作与发展组织的转型框架更关注国家为达到可持续发展目标（SDGs）经济转型中所面临的融资挑战。

案例思考题：

请结合案例中几个国家和地区等的转型金融发展情况，解释世界各国为什么要发展转型金融。

第二节　转型金融分析框架

一、转型金融体系的五大要素

由于不同国家在资源禀赋、经济结构和发展水平方面的不同导致碳排放主要来源、减排难度和技术选项也存在差异，因此各国不可能采取完全一致的减排路径，并且对转型活动的具体内涵也会有不同的理解。在此背景下，2022年11月16日，由中美两国共同主持的G20可持续金融工作组在G20领导人峰会上正式发布《G20转型金融框架》，为各成员发展转型金融提供了一套高级别原则（共22条原则），且允许各成员在制定具体政策和规范时有一定的弹性。G20可持续金融工作组希望通过达成高级别、原则性的共识，在一定程度上规范全球转型金融的发展方向，提升转型活动的可信度和透明度，为提高不同国家转型金融市场规则之间的兼容性和促进跨境交易奠定基础。这套原则由五个要素构成，包括对转型活动和转型投资的界定标准、对转型活动和转型投资的信息披露、转型金融工具、激励政策、公正转型。

（一）要素一：界定标准

界定标准即各国监管部门需要明确什么转型活动和转型投资，防止出现假转型（transition washing）。国际上现有对于转型活动和转型投资的界定大体可以分为分类目录法（taxonomy-based）和指导原则法（principle-based）两种观点。

分类目录法是以目录或清单的方式列明符合条件的转型活动（包括技术路径和对转型效果的要求），类似中国的绿色金融目录。例如，欧盟可持续金融目录中已经明确包括"转型活动"，如果把这些活动单独列出来就可成为"转型目录"。目前，至少五六个国家的金融监管部门正在编制转型目录。中国银行、中国建设银行和星展银行（DBS）等国内外金融机构已经编制转型目录，明确几个主要高碳行业中的一批转型活动，然后为它们融资。转型目录一般以清单形式列明符合条件的转型活动，其中包括对技术路径和转型效果的要求。

指导原则法仅对转型活动进行原则性表述，要求这些转型活动主体用科学的方法确定符合《巴黎协定》要求（如符合科学碳目标、避免碳锁定、有透明度等）的转型计划，并且获得第三方的认证。换句话说，指导原则法并不告诉你哪些活动属于受认可的转型活动，而需要主体花费较高费用请第三方专业机构给予认证。该方法现在被国际资本市场协会、日本金融厅和马来西亚央行使用。

目前转型标准的界定方法尚未形成共识。对此，《G20转型金融框架》提出了七条需要遵循的原则性要求（指导原则1至指导原则7，如表5.3所示），旨在帮助降低市场识别的难度和风险。原则 1 首先明确了制定界定标准的目的,即协助金融机构和投资者识别和理解转型活动或转型投资机会,降低市场的识别成本。其内容既包括要易于界定,也包括要能帮助企业和投资方规避假转型的风险。以转型目标为出发点,与前期气候债券倡议组织、国际资本市场协会等关于转型应该"具有以科学依据为基础的减排目标"的要求一致。原则 2 同样要求转型活动和投资拥有透明、可信、可比的减排目标。原则 3 至原则 7 较为细化,分别要求界定标准应遵循多场景适用、可检验、动态变化、符合公正转型、相互可比等条件。

表 5.3 转型金融界定标准的七条原则性要求

原则 1	转型金融的界定标准应该有助于市场主体用较低成本识别转型活动、规避假转型的风险
原则 2	标准所界定的转型活动和转型投资应有透明、可信、可比的减排目标
原则 3	标准应该适用于多种场景,包括企业层面、项目层面、金融产品层面等
原则 4	就如何检验转型活动或投资提出明确建议,包括其是否与《巴黎协定》目标保持一致,具有一定的透明度、独立性
原则 5	标准应有一定的动态性,可以适应市场、政策和技术的变化
原则 6	标准应该考虑公正转型的要求,尽可能减轻对就业、社会或对能源安全和价格稳定的负面影响
原则 7	标准应该有国际间的可比性和兼容性

资料来源:《G20 转型金融框架》。

《G20 转型金融框架》提出:不论用哪种方法,转型金融的界定标准应该有助于市场主体用较低成本识别转型活动,从而有效应对假转型风险;所界定的转型活动和转型投资应该有透明、可信、可比的减排目标;界定标准应该适用于转型企业、转型项目、相关金融产品和投资组合;界定标准应能反映市场、政策、技术发展的动态需求,考虑公正转型的要求,具有国际的可比性和兼容性。

(二)要素二:信息披露

信息披露要素脱胎于金融市场各主体之间广泛存在的信息不对称问题。在企业层面,处于信息优势的转型项目融资方为达到以较低成本获取资金支持的目的,通过对环境保护和资源利用进行言过其实的披露将非转型项目伪造成符合转型金融标准的转型项目,导致处于信息劣势方的贷款人或审批者、购买者无法准确判别,使得转型金融无法精确发挥其效用。在金融机构层面,建立零碳金融体系需解决管理高额高碳资产引发的转型风险以及监督管理成效的问题。在监管层面,监管部门对转型金融的授信流程、贷款审批流程、贷后管理流程以及转型成效等信息获取不足,极大地降低了监管部门的监管效率。在社会监督层面,公众、媒体、非政府组织等主体的信息劣势降低了对转型金融外部监督的有效性,进一步扩大了信息不对称程度。

相比绿色金融,《G20 转型金融框架》对转型活动的融资主体(企业)在信息披露方面提出了更严格的要求。从现有框架来看,G20 认为各类文件普遍遵循此前国际资本市场协会发布的四要素披露要求;从目标来看,高质量的信息披露报告应该能够帮助投资者评估转型战略的可信度,比如,金融工具收益的使用是否适当,转型结果的评估是否科学以及执行结果是否透明。因此,与国际资本市场协会要求的内容基本保持一致。框架提出了建议监管和金融机构应该至少参考的6个原则(指导原则8至指导原则13,如表5.4所示),以是否符合《巴黎协定》目标为基准,重点考察转型的具体战略和公司治理情况信息披露内容应该包括:科学转型计划、减排目标、温室气体排放数据、公司治理信息、指标计量方法、资金用途、关键绩效指标等。

表5.4 转型金融信息披露的六条原则性要求

原则8	使用转型融资的主体(企业)应该披露具有可信度、可比性、可验证性和有科学依据的转型计划
原则9	披露短期、中期、长期温室气体减排目标(包括中间目标和净零目标)和气候适应目标,以及减排活动的进展情况
原则10	披露"范围1"和"范围2"温室气体排放数据,并在可能的情况下,披露"范围3"温室气体排放数据
原则11	披露落实转型计划的公司治理信息,比如在内部如何监测碳排放,是否有奖惩激励机制,内部如何控制无法实现转型目标的风险
原则12	披露计量排放数据和其他转型指标的方法学
原则13	对于指定用途的转型金融工具,应披露该资金用途;对于不限定用途的转型金融工具,则应披露所支持转型活动的关键绩效指标(KPI)

资料来源:《G20转型金融框架》。

(三)要素三:金融工具

许多高碳企业已经有很高的资产负债率,或面临较高的技术风险和操作风险,仅仅依靠债务融资工具不一定能满足其实施转型的多元化金融需求。因此,发展转型金融需要更多创新型金融产品,如PE/VC等股权基金投资、混合融资、债转股、风险缓释产品、资产支持证券等。此外,针对转型金融工具的设计和使用,《G20转型金融框架》特别提到三个原则(指导原则14至指导原则16,如表5.5所示)。无论使用哪种转型金融工具,都应该要求融资企业明确转型的短期、中期、长期转型目标与计划,披露转型活动的内容与效果,并设置与转型效果相关的关键绩效指标作为激励。

表5.5 转型金融工具的三条原则性要求

原则14	融资主体提供详细、透明、科学的转型计划,与《巴黎协定》的目标一致,并与可信的界定方法一致,以告知市场参与者其过渡工作的目标和重点
原则15	满足披露要求,应遵守前述与过渡相关的披露指南或要求,以及辖区内所有其他适用要求
原则16	引入奖惩机制,鼓励企业更努力地实现减排目标,如融资成本挂钩减排成果

资料来源:《G20转型金融框架》。

《G20转型金融框架》提出,需要进一步丰富和完善转型金融工具箱,使之包括债务类融资工具、股权类融资工具、保险和担保等风险缓释工具以及证券化产品等其他工具。债务类融资工具可以包括指定用途的绿色/转型债券或贷款、与可持续发展挂钩的贷款或债券、定期存款、可偿还贷款等。股权类融资工具可以包含以转型为重点的收购基金、风险投资基金和夹层融资等,可能适用于对采用新技术的公司、高负债公司或中小企业。风险缓释工具可以包含旨在对冲与转型有关的风险(如使用新设备或技术)的保险产品、风险缓释产品(如担保、其他信用增强工具或混合融资工具)。

(四)要素四:激励政策

许多转型企业往往被资本市场认为是高风险企业,比"纯绿"企业更难获得私人资本投资,因此应当采取更多的政策措施来激励私人资本参与转型投资。《G20转型金融框架》建议各成员的决策部门设计和推动落地一批激励政策与机制,以提升转型活动的可融资性,多边金融机构也应该帮助发展中国家设计这些机制。

激励政策可以包括财政手段、碳交易机制、政府参与出资的转型基金、金融政策激励和行业政策杠杆。具体而言,金融政策激励包括货币政策工具、贴息和金融机构考核评价,行业政策杠杆包括为新能源项目提供土地等,财政手段包括补贴、税收优惠、政府采购等措施。此外还可以推出行业政策杠杆激励机制,例如,很多企业要用绿电才能够减碳,政府就要给它们提供新能源的指标;如果它们要自建新能源设施,就还要给它们提供土地。所有这些激励机制构成了整个政策激励框架。同样,针对激励政策的设计,G20也为各国监管部门提出了三条建议(指导原则17至指导原则19,如表5.6所示)。

表5.6 转型金融激励政策的三条原则性要求

原则17	决策部门可以设计和推出一批激励政策与机制,以提升转型活动的可融资性从而吸引更多的私营部门投资,同时当局应考虑就此类政策的实施提供前瞻性指导
原则18	国际组织和多边开发银行可以向各国特别是发展中国家提供技术援助,帮助其设计和实施适当的政策机制
原则19	应促进国际合作,确保各种方法透明且被理解,并交流良好做法和专业知识

资料来源:《G20转型金融框架》。

(五)要素五:公正转型

无序转型可能会导致多种负面社会经济影响,包括高碳行业转型过程中可能出现的规模性失业、社区衰落、能源短缺和通胀等问题。因此,各成员的政府和金融机构应该鼓励转型金融涉及的融资主体评估转型活动可能带来的社会影响,披露这些影响,并采取措施缓解这些影响。《G20转型金融框架》提供了三个关于如何推动公正转型的原则(指导原则20至指导原则22,如表5.7所示)。

表5.7 公正转型的三条原则性要求

原则20	鼓励筹款人评估和减轻其过渡计划或其他战略的潜在影响。在制定过渡活动的资格标准和报告框架时,当局或金融机构应在符合国内规定和当地法律法规的情况下,鼓励筹资人(公司)评估其过渡计划的潜在社会经济影响

续 表

原则 21	开发推动公正转型的示范案例。包括国际劳工组织、经济合作与发展组织、联合国开发计划署和多边开发银行在内的国际组织应与私营部门合作制定更具体的转型融资案例,明确纳入转型的公正要素,比如风险和影响的衡量与报告、KPI 设计
原则 22	加强政府机构、雇主和工人代表、市场监管机构、学术界、民间社会和私营部门利益相关者之间的对话与合作,以确定减轻负面社会经济影响的综合战略

资料来源:《G20 转型金融框架》。

此外,关于公正转型如何体现在企业的信息披露上,《G20 转型金融框架》提出了三点:一是鼓励转型融资主体评估转型活动可能带来的负面社会影响(如对就业、通胀的影响),二是披露这些影响,三是采取措施缓解这些影响。该框架以缓解对就业的负面影响为例,对监管部门和金融机构提出如下建议:可以要求转型融资主体提供转型计划对就业的影响评估,如果转型计划可能对就业产生重要的负面影响,企业应该制订帮助失业员工的技能培训和再就业计划,并披露这些计划;监管部门和投资者可以提出与再就业业绩相关的关键绩效指标,并将其纳入转型金融产品的设计中。

二、市场主体的转型路径

虽然对于企业而言,低碳转型是一个综合的决策结果,但由于行业的经营环境不同,其背后的主要驱动因素存在显著差异。

对于电力、钢铁、采矿、化工等政策驱动型行业而言,其特点在于碳排的总量大、强度高,减碳与环保治理政策存在较高协同作用;另外,在这些行业中,国有企业所占权重较高,在整体利润放缓和供给改革的背景下,聚焦企业内部的能耗双控和高质量发展不仅是财务决策,也是政治任务。

对于汽车、消费品、农业、建筑等市场驱动型行业而言,低碳转型的压力主要来源于市场端需求,尤其是来自终端消费者的诉求。这类行业的碳排强度较低,在实现自身运营环节碳中和的同时,会更侧重价值链上下游的减碳延伸,包括可持续化采购、低碳产品创新及多样化的低碳解决方案等,在一定程度上其实是企业资源从高碳资产向低碳资产的转移,并成功从市场端同时收获份额及溢价,另外也迎合了股东及投资者的预期。

企业低碳转型的本质在于对资产的有效重组,进而实现企业的长期价值,其转型活动可以概括为从融资端到投资端的贯通。企业应根据自身业务经营情况及政策趋势,制定清晰的转型目标和路径。在此,企业可以结合国际或国家相关气候目标,发布可持续转型框架,并聘请外部机构进行第三方验证,以确保转型目标的合理性、科学性、进取性。当确定了脱碳战略及目标后,企业需进行减碳方案的体系化设计,以成本最低、效率最高的转型方案驱动碳中和目标达成,并根据现有的资金确定融资缺口,最终依照市场融资成本,独立或联合第三方机构设计特定的融资结构。

第三节 典型转型金融产品

一、债权类融资工具

目前国际上主流的转型债权金融产品主要为与可持续发展挂钩的债券和贷款。转型金融工具需设计与融资主体(企业或项目)转型绩效挂钩的奖惩机制,从而有效激励融资主体达到甚至超额完成约定的转型目标,这是此类金融产品与传统金融产品及绿色金融产品的最大区别。比如,把贷款与债券的利率与企业减碳效果挂钩,如果减碳效果达到甚至超过既定目标,银行和债券投资人就可以提供优惠利率;如果企业未达到减碳目标,就会提高利率或用其他方式对企业进行惩罚。随着市场对转型金融关注度的不断上升,这些支持转型的贷款和债券类工具有很大的发展空间。

(一)可持续发展挂钩贷款

可持续发展挂钩贷款(sustainability-linked loans,SLL)是一种在贷款合同中将贷款成本与借款人约定的环境、社会、企业治理(ESG)绩效目标挂钩的贷款,借款人的可持续发展绩效由预定的关键绩效指标衡量,在实现 ESG 绩效目标的情况下,对贷款利率给予优惠。其具体形式包含担保额度、保证额度或信用证等。

可持续发展挂钩贷款有五个核心要素,分别为关键绩效指标(key performance indicator,KPI)、可持续发展绩效目标(sustainability performance targets,SPT)、激励机制、信息披露和审查(如表 5.8 所示)。其核心特点在于将贷款成本与借款人 ESG 等相关可持续发展绩效指标挂钩,对借款人实施激励。同时,这种结果导向的金融工具简化了授信条件和审批流程,为企业提供更灵活的转型融资工具,帮助高碳企业获取 ESG 融资机遇。

表 5.8 可持续发展挂钩贷款的五大核心要素

核心要素	释义	设置要求
关键绩效指标	与借款人经营活动中所涉及的 ESG 相关的目标,根据借款人的长期表现设置	要求可被量化,以便后续验证和审查
可持续发展绩效目标	对关键绩效指标的量化评估目标,指借款人在借款期间需要完成的与 ESG 相关的具体目标,由借款人与贷款人协商决定	要求有明确的目标达成时限,例如,在实现 SPT 考核方面,可按时间节点分阶段达成绩效指标
激励机制	借款人完成可持续发展绩效目标后,银行对贷款利率给予一定的优惠	—
信息披露	借款人需定期向贷款人披露 SPT 的完成情况。借款人可私下向贷款人阐释 SPT 进展,同时鼓励借款人以年度报告或者社会责任报告的形式,向社会公开披露 SPT 信息	在频率上至少每年提供一次进展情况

续表

核心要素	释义	设置要求
审查	借款人在贷款存续期内聘请第三方机构就关键绩效指标的可持续发展绩效目标表现开展评估认证并出具验证报告	—

资料来源:《可持续发展挂钩贷款原则》。

从上述五大核心要素来看,如何采用合理的激励机制鼓励企业完成绩效,是设计可持续发展挂钩贷款的关键。目前可持续发展挂钩贷款有三种作用机制,分别为单向利益机制、单向惩罚机制、双向利益与惩罚机制(如表5.9所示)。

表5.9 可持续发展挂钩贷款的激励机制

机制	借款人行为	贷款行为
单向利益	按时完成SPT	提供利率优惠
单向惩罚	未按时完成SPT	提高利率或者提高保证金金额
双向利益与惩罚	按时(或未按时)完成SPT	贷款成本上调(或下调)

资料来源:《可持续发展挂钩贷款原则》。

案例 5-2

法国巴黎银行与蚂蚁集团签订可持续发展挂钩贷款

2022年5月,法国巴黎银行与蚂蚁集团签订了中国科技企业首笔可持续发展挂钩贷款,贷款金额将全部用于推进蚂蚁集团ESG战略及与碳中和路线相关的目标。

根据协议,法国巴黎银行与蚂蚁集团就该笔贷款设置的绩效目标包括:蚂蚁集团将坚持绿色可持续发展,承诺自2021年起实现碳中和(范围1、范围2),2030年实现净零排放(范围1、范围2、范围3);蚂蚁集团可再生能源使用占比不低于总用能比例;确保蚂蚁集团在保护生物多样性及生态保护的公益资金投入不少于当年营业收入的约定比例。可持续发展绩效目标评估一年一次,全部通过蚂蚁集团区块链数字化碳中和管理平台碳矩阵核算,并经区块链向银行授权查证。

案例思考题:

请结合巴黎银行和蚂蚁集团签订可持续发展挂钩贷款的案例,谈一谈该类贷款有哪些核心要素。

(二)可持续发展挂钩债券

可持续发展挂钩债券(sustainability-linked bond,SLB)是指将债券条款与发行人可持续发展目标相挂钩的债务融资工具。所谓可持续发展目标,是指发行人须明确(包括在债券文件中)承诺在预定时间内改善其在可持续发展方面的绩效表现,在某些情况下资本成本与绩效达标情况挂钩。

该债券最早出现于2019年的欧洲,国际资本市场协会于2020年6月推出指导性文件《可持续发展挂钩债券原则》。交易商协会在借鉴国际经验的基础上,创新推出可持续发展挂钩债券。该债券有如下特征。

1. 资金用途

无资金投向规定是可持续发展挂钩债券的重要优势。相比绿色债券规定的资金必须投向绿色项目,可持续发展挂钩债券是目标导向型的融资工具,对发行主体、发行方式、资金投向无硬性要求,更注重企业自定的目标是否达成,资金用途更加灵活,因此越来越受到市场的欢迎。其青睐者包括没有足够资本支出投向可持续发展项目的发行人,以及缺乏实施有效跟踪或报告实践能力的较小规模发行人,或者更广泛地适用于那些只喜欢在企业层面设置绩效指标和报告要求而不想对特定合格项目和资产费力跟踪和报告的发行人。

2. 挂钩目标

挂钩目标包括关键绩效指标和可持续发展绩效目标,其中前者是对发行人运营有核心作用的可持续发展业绩指标,后者是对关键绩效指标的量化评估目标,并需明确达成时限。

3. 挂钩债券条款

独立的第三方评估机构将负责核实相关指标,若关键绩效指标未能在预设时间框架内达成(或超额达成)既定的可持续发展绩效标准,则将激活债券合约中的调整机制。债券结构的定制高度灵活,发行方可根据实际需求灵活设计条款,这些设计可能涵盖但不局限于调整票面利率水平(上调或下调)、债券提前赎回安排、以及实施一次性附加支付等多种方式。

4. 信息披露

在注册发行阶段,发行人应在募集说明书中明确披露挂钩目标的定义与表述、挂钩目标遴选依据、挂钩目标测算方法与评估频率、触发债券结构改变的具体绩效表现数值、债券结构可能发生的变化等,应尽可能披露至少过往三年的挂钩目标历史数据。同时,披露发行人与第三方机构的权利、责任及义务相关内容,包括但不限于明确各方权利和义务、应承担的责任、投资人救济机制以及承诺不得利用内幕消息进行交易,确保各方权责利对等。

5. 第三方评估认证

建议开展发行前评估认证,且发行人在存续期内必须聘请第三方机构就关键绩效指标表现开展评估认证并出具验证报告,验证频率至少一年一次,与发行人专项报告同步披露,直至完成最后一次触发事件验证为止。

此外,可持续发展挂钩绿色债券(SLGB)是一种将绿色债券的募集资金使用模式与可持续发展挂钩债券的绩效结构相结合的混合型债券。2021年3月,日本建筑公司Takamatsu发行了首只可持续发展挂钩绿色债券。

案例 5-3

意大利国家电力公司发行的可持续发展挂钩债券

2019年10月10日,意大利国家电力公司(ENEL)发行了欧洲市场首组可持续发展挂钩债券。这只债券是一组多档债券,由3档组成,总计25亿欧元,每档债券的目标设定均与联合国可持续发展目标(SDG)挂钩。

第一、二档主要关联 SDG 7"经济实惠和清洁能源",因此设定的关键绩效指标均为"提升可再生能源发电装机容量占总装机容量的比例",可持续发展绩效目标均为"截止到2021年12月31日,可再生能源发电装机容量占总装机容量的比例应不小于55%"。如果该公司未能达成其设定的可持续性绩效目标,债券利息率就会在2022年上升0.25%。该公司还需发布可持续发展报告,包括相关年度的可再生能源发电装机容量占总装机容量的比例。

第三档主要关联 SDG 13"气候行动",设定的关键绩效指标为"减少直接温室气体排放",可持续发展绩效目标为"截止到2030年12月31日,千瓦时能源产出所对应的温室气体排放应等于或低于125克二氧化碳"。如果该公司未能达成其设定的可持续性绩效目标,债券利息率就会在2031年上升0.25%。与第一档类似,该公司也需发布可持续发展报告,内容包括相关年度的直接温室气体排放量。

此外,该公司在发布可持续发展报告的同时,还应发布一份来自外部检验员的认证报告,认证报告需在年度报告发布后的30天内发布,如果没有进行认证,就会触发债券利息率的上升。

案例思考题:

请结合意大利国家电力公司发行可持续发展挂钩债券的案例,谈一谈可持续发展挂钩债券的核心特征。

二、股权类融资工具

转型基金(transformation fund)通过股权投资的方式来支持转型活动。目前国际上转型基金的数量较少,典型案例就是欧盟预算框架下的公正转型基金(just transition fund,JTF)。

作为欧盟推进2050年气候中和战略目标的关键支持工具之一,公正转型基金可联合欧盟预算框架中其他项目和各国财政资金共同助力公正转型项目的落地。2020年12月,该项基金提出将在2021—2027年为受影响严重的地区提供175亿欧元的资金支持。欧洲议会提供的数据显示,公正转型基金带动的总体融资规模将在7年间达到300亿~500亿欧元的水平。具体来说,对于受资助的成员国来说,当成员国从该基金每获得1欧元的支持,需从该国所属区域的欧盟区域发展基金(ERDF)或欧盟社会基金+(ESF+)资金池中调配1.5~3欧元的额外支持资金;同时,根据欧盟凝聚政策要求,受益国需共同出资以资助项目落地。

制订领土公正转型计划并通过审批是欧盟受影响成员国及地区获得基金拨款的先决

条件。在申请拨款前,成员国应与受影响严重的地区当局根据要求共同撰写领土公正转型计划,在计划中明确需要资金支持的、受转型影响最严重的地区(特别是涉及化石燃料的生产和使用,或温室气体排放密集型产业的转型和淘汰的地区),并就受影响地区的具体情况进行解释说明,主要内容包括:为实现 2030 年、2050 年气候目标所采取的具体行动及时间表,地区转型挑战、融资需求和具体原因,并就融资后的预期转型效果进行评估。之后,欧盟委员会将对成员国提交的计划进行评估和审批,仅有通过审批的计划项目方可得到公正转型基金的拨款支持。

公正转型基金的投资方向的难点之一在于保障资金配置的合理性、高效性和科学性,欧盟设计了一套用于成员国之间拨款分配的制度体系。首先,如图 5.1 所示,基金预算的初次分配将基于五项社会经济标准,该标准分为两大类共五项社会指标和经济指标,各指标被赋予了不同的权重系数。其次,为确保各成员国均能受益,欧盟设立了成员国受益金额 80 亿欧元的上限值,以及 6 欧元/人的人均最低援助下限值。因此,在通过五项定量化标准进行资金初次分配后,欧盟将根据成员国人均国民总收入与欧盟人均国民总收入的差值进行二次调整。最终得出公正转型基金法规中展示的预算分配结果,结果显示波兰、罗马尼亚、德国和捷克将成为欧盟 27 个成员国中最大受益国群体,其受援资金达到 9 194 亿欧元,占全部资助额度的半成以上。

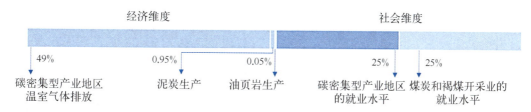

图 5.1 欧盟公正转型基金在成员国之间的资金分配标准体系

三、风险缓释工具

除债权和股权工具之外,碳保险也是企业低碳转型路径中的风险管理工具之一。在碳达峰和碳中和的进程中,无论是高碳行业转型,还是低碳行业的技术前期开发,均需要投入大量资金,且转型过程与技术孵化具有一定的不确定性,有效的风险管理可以避免引发其他风险。保险公司可以通过保险机制为行业转型与发展提供风险保障,进一步助力行业平稳发展。

总的来看,保险业服务经济社会绿色低碳转型主要有以下几个途径。

(一)以绿色保险产品创新护航社会绿色转型

从禀赋特征来看,保险业具有在全社会范围内管理风险、分散风险的特点,这使得保险业在商业经营中表现出鲜明的社会属性,特别是在污染治理、生态保护、资源利用、应对气候变化等方面具有先天的发展优势,常常能够发挥出与政府管理公共产品异曲同工的效果。

随着社会经济逐步从高碳模式向低碳模式过渡,企业在实施战略转型及绿色技术创新时面临诸多不确定性挑战。作为专业的风险管理者,保险业正积极研发绿色保险产品与服务,旨在为企业提供有效的风险缓释工具,助力其更好地驾驭绿色技术研发与应用中的创新风险,从而为企业绿色转型之路铺设更宽广的"安全网",增加其探索与实践的灵活性与容错空间(见图5.2)。

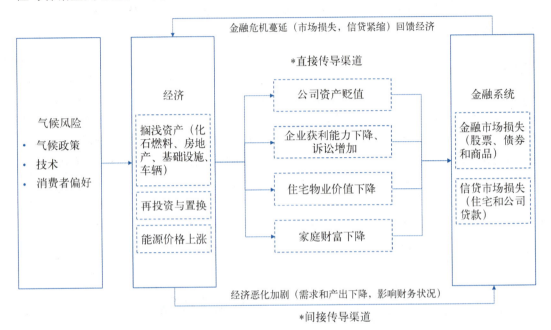

图 5.2　转型风险传导路径

当前,绿色保险市场呈现出产品多样化的趋势,不仅涵盖了传统的环境污染责任险,还创新性地推出了光伏电站运营保障、新能源专属保险、绿色建筑风险保险、绿色信贷增信保险、碳排放配额质押融资保障、以及气候与绿色大宗商品价格指数保险等多种新型保险产品,以满足不同领域对绿色风险管理的多样化需求。此外,在经济向低碳转型过程中,保险行业本身也可能面临着过渡风险,例如合规风险及用户行为偏好的转变等。以上风险变化还将对保险行业的资产与负债端均形成重大影响,有关部门也将进一步关注气候变化和低碳转型带来的整体风险敞口。

(二)以保费调节机制激励企业绿色转型

保险费率调节机制在激励被保企业绿色转型方面具有较大的弹性和发挥空间。在市场机制作用下,绿色保险可依据被保企业碳排放量或其他有效的环境指标,制定差异化的保险费率,进一步降低碳排放企业的参保成本,以此引导相关企业低碳转型。通过绿色保险费率调节机制,实现风险价格和成本的更好平衡,推动绿色转型风险布局趋于合理,加速整个经济社会绿色低碳转型。

以汽车零部件再制造领域为例,保险公司将通过第三方体系认证的再制造企业产品纳入维修备件体系,并采取适当的保险费率等方式给予推广,可以在全社会形成带动作用。

(三)以绿色投资推动绿色产业蓬勃发展

除了提供风险保障外,保险业还有强大的资金供给能力。绿色产业的发展是一个长期的过程,资金需求量较大,回报周期较长,而保险资金具有成本低、期限长、稳定性高的特点,与绿色产业的发展诉求相契合。此外,保险资金也能以债权投资计划形式进行绿色投资,项目范围涵盖清洁交通、清洁能源、资源节约、循环利用和污染防治等多个领域。

四、转型金融产品的设计原则

发展转型金融的重要性在于其能防范转型风险的发生。如果大批量的高碳行业企业因无法获得融资而转型失败,就可能产生巨量的搁浅资产,从而引发股票和债券价格下跌、信贷抵质押和企业偿还能力的恶化等一系列后果,甚至可能影响金融体系稳定。因此,正如我们在前文所讨论的,合适的融资工具是支撑转型金融顺利进行的一大核心要素。

(一) 转型债务工具的设计思路

转型债务工具的设计需要考虑具体的支付条款,包含期限、利息、现金流结构、兑付方式、含权条款(如回售、赎回、调整票面利率、提前偿还、延期)等,支持高污染企业转型的债务融资工具需要对部分条款进行特殊设计,以兼顾投融资双方对转型金融工具的认可度。

一般来说,优质的转型债务工具应该达到三大效果:一是为企业转型提供融资,这也是转型金融工具的首要目标;二是消除债务投融资的事前信息不对称,即逆向选择问题,使得创新能力强、转型意愿高的棕色企业能够获得成本较低的资金,并规避那些创新能力和转型意愿较弱的企业;三是消除债务投融资的事后信息不对称,即道德风险问题,防止企业在拿到较低成本的资金后实施"洗绿"或假转型,保证企业能够完成事前承诺的转型计划。基于以上三点,我们可以总结转型债务工具的设计思路如下。

第一,转型债务工具的偿还期限和现金流需与企业的转型计划相匹配。低碳转型是企业长期行为,较短的债务期限既不利于支持企业开展业务转型和技术研发等长周期经营活动,也会使企业设定的挂钩绩效目标趋于短期化。因此,建议企业基于清晰的转型目标和路径,设计相应的中长期限债务融资方案。

第二,要提高转型债务工具的筛选和激励效果,则需要设计合理的含权条款,以实施积极有效的惩罚或激励方案。含权条款的设定需要考虑考核指标和奖惩措施两个核心要素,即当企业的经营结果达到或未达到考核指标之后,需要面临相应的奖励或惩罚措施。

转型债务工具属于结果导向的金融产品,考核指标的设计是其重点和关键所在。该要素没有固定的模式,不同企业或相同企业在不同时期均有不同的转型目标,所设计的考核指标也会不同,但有效的考核指标往往满足能准确反映企业转型目标、能够被量化、能够发挥良好的激励作用(但并非越多越好)等标准。一般来说,考核指标的设计流程需要企业和金融机构双方磨合:首先从企业战略、年度目标、管理流程角度出发,确定企业层面的触发点,然后将企业触发点分解为具体执行单位目标并据此提炼执行单位触发点。企业在与金融机构充分交流、协商后,以签署正式合同的形式对触发点加以确认。在具体执行过程中,双方要明确触发点的具体标准以及体现方式,并对其实施动态监测;当客观情况发生重大变化时,应适时调整触发点。

奖惩措施的具体机制则包含票面利率调升或调降、提前到期、一次性额外支付等。例如,可以将转型债券的惩罚机制设定为在一个计息年度内调升利率10个基点,或者在达成考核指标时将利率调降 10 个基点,通过调整发行成本来激励企业转型。利率浮动区间也可以针对不同企业的融资成本、投资人偏好等情况进行特别拟定。

（二）转型股权工具的设计思路

我们曾在基础金融学课程中了解到,相比债务融资,股权融资拥有无须抵押担保、无须固定付息、无本金清偿压力等多重优势,破产风险较低。因此,相比固定收益类工具,股权类转型金融工具的设计方案往往具有更强的灵活性,整个流程分为基金募集、基金投融、投后管理、资本退出四个阶段。

政府主导的转型基金是股权类转型金融工具的先行者。在缺少民间资本供给的情况下,往往需要"政府之手"来援助高污染企业的转型发展。各级政府可以一定的财政资金发起基金,或联合行业龙头、金融机构或其他社会资本共同出资设立基金,采用股权投资方式,引导社会各类资本投资绿色转型的重点领域和薄弱环节。此类政府投资基金是一种不以营利为目的的政策性基金,甚至可以在基金退出及利益分配的过程中设立让利机制,把一定比例的财政收益让渡给其他投资方,以增强对社会资本的吸引力。

设计政府主导的转型基金,难点之一在于如何真正实现"政府引导、市场运作",即兼顾项目的社会效益和决策效率。政府可以与私募股权投资/风险投资(PE/VC)等机构共同出资设立基金管理公司或投资决策委员会,各方拥有席位,共同进行投资决策;也可以直接放权给金融机构,财政只保留"观察员"的角色。此外,还可以采用优先劣后的结构化设计,由金融机构认购优先级,国企或指定主体出资认购劣后级,为优先资金提供一部分安全垫,该方式适用于大型国企的产业链上下游投资。

此外,基金投融环节的要点在于识别优质的转型项目。政府主导转型基金的投资方向,应符合环保政策、产业政策、投资政策及其他国家宏观管理政策,能够充分发挥政府资金在转型金融领域的引导作用和放大效应,有效提高政府资金使用效率。在投后管理方面,需要进行定期走访与内控稽查、风险识别、复评与动态调整,对投资的转型项目进行持续跟踪检查。资本退出包含对赌回购、份额转让退出、清算等方式。

第四节　我国转型金融的发展

一、我国转型金融发展概览

高碳行业在中国经济结构中仍然占主导地位,其产业结构和能源结构的绿色低碳转型是长期、复杂的过程。其转型需求尤为迫切,需要大量的资金支持。在此背景下,我国转型金融亟须满足碳密集型行业绿色转型的资金需求,支持高碳行业"绿色"转型,提高高碳行业绿色转型速率,助力"双碳"目标早日实现。

当前,我国转型金融的市场实践尚处于早期探索阶段。作为最大的发展中国家和《G20 转型金融框架》的重要贡献者,我国在转型金融方面的做法受到国际社会的高度关注,有必要加大工作力度,尽快建立借鉴《G20 转型金融框架》和原则、符合中国国情的转型金融政策与产品体系。根据《G20 转型金融框架》的五大要素,我国转型金融现状呈现如下特征。

（一）界定标准尚未明确

缺乏权威的对转型活动的界定标准或方法容易导致"洗绿"和假转型，即主体通过误导的方式或虚假的信息，夸大其产品或服务的环境影响，进而导致金融机构或其他投资者由于担心而不愿参与，引发市场上的逆向选择问题。因此，建议监管部门尽快出台转型金融界定标准和披露要求的相关规定文件。

当前，人民银行正牵头就重点行业编制转型金融目录和相关实施政策，初期研究的范围覆盖了火电、钢铁、建筑建材和农业四个主要行业，后续还将逐渐覆盖拟纳入全国碳排放权交易的其他高碳排放行业。此外，国家发改委联合多个部委已颁布一系列旨在指导转型路径的政策文件，这些文件为转型金融目录的编制奠定了坚实基础。同时，绿色金融专业委员会（绿金委）成立了"转型金融工作组"，汇聚行业智慧，专注于转型金融标准制定、信息披露机制探索及创新产品研发，旨在辅助并促进监管部门有效推进相关工作。建设银行、中国银行等机构也发布了转型债券指南，中国银行间市场交易商协会也发布了指导可持续挂钩债券和转型债券发行的试点意见。

然而，转型目录的编制涉及多个相关部门，如果要对所有高碳行业的所有标准细节达成共识，可能会耗时多年。在全国统一的转型金融监管要求出台之前，应该鼓励有条件的地方，尤其是国家绿色金融改革创新试验区和气候投融资试点地区，按照碳达峰、碳中和"1+N"政策体系，并结合地方实际情况率先编制、出台适用于当地的转型金融目录与激励政策。有条件的金融机构也可以编制服务于自身业务的转型金融目录。这些地方和金融机构的实践可以为未来出台全国的规范性标准提供实践基础。例如，浙江省湖州市已率先出台《湖州市转型金融支持目录（2022年版）》，该目录覆盖纺织、造纸等九个高碳排放行业，明确了具体的技术标准或路径，并为转型活动设定了转型基准值和目标值，形成良好示范作用。

（二）信息披露尚不统一

由于国情差异，国际披露标准在我国可能缺乏适用性。一方面，国际现有相关信息披露标准过于严苛，照搬照抄将会影响转型金融的灵活性。比如在欧洲，现在高碳企业较少，对转型金融的要求较为严苛。而我国作为国际上拥有大规模高碳企业的制造业中心国家，在低碳转型过程中必在诸多方面不同于欧洲，亟须制定符合我国国情的信息披露标准。此外，我国还存在强制性环境信息披露要求尚未覆盖中小企业，或多数金融机构业内缺乏财经、计算及评估碳排放和碳足迹信息的能力，其机制设计中也缺乏纳入碳足迹投资或资产评价标准等缺陷。因此，转型金融相关信息披露机制亟须建立。

在披露要求方面，应该重点参考《G20转型金融框架》的建议，要求所有寻求转型融资的企业编制和披露完整的转型方案，并披露"范围1"和"范围2"的温室气体排放数据和相关的公司治理信息，以规避假转型和碳锁定（指高碳设施的持续存在会推迟或阻止自身的低碳转型）的风险，维护好中国转型金融市场的声誉。

（三）转型工具种类尚较少

自2021年起，转型金融产品在国内兴起，包括可持续发展挂钩贷款（SLL）、可持续发展挂钩债券（SLB）、转型债券以及低碳转型（挂钩）债券。例如，2021年11月，中国人民银行特别设立了2 000亿元的专项再贷款计划，专项用于促进煤炭的清洁高效利用。这笔资金精准投向了包括煤炭安全高效绿色智能开采、清洁高效加工技术、煤电清洁高效利用、工业及民用领域的清洁燃烧与供热、煤炭资源综合循环利用，以及煤层气开发利用等七大关键领域，旨在推动煤炭产业的绿色转型与可持续发展。此外，银行间市场交易商协会最近也发布了《关于开展转型债券相关创新试点的通知》。而转型债券与可持续发展挂钩债券的不同之处为，转型债券对募集资金的具体用途做出了要求。然而，现有的转型金融工具主要还是债权类工具，股权、保险类工具较少。

百万亿级别的转型资金需求远大于目前气候投融资力度以及财政的支持。根据气候债券倡议组织估计，我国每年应对气候变化的资金需求约为2.2万亿～12.5万亿，仅靠财政资金难以支持"30·60"目标达成的需求。同时，我国的气候资金主要是通过预算内支出形式进行拨付或财政转移支出，基金、政府和社会资本合作（PPP）等模式的资金支持比例仍相对较少，与欧盟等地区在资金来源上有明显的差异。

我国大量的高碳企业有转型意愿，但缺乏编制转型方案的能力，也不了解如何运用金融工具来支持转型。金融机构应该改变守株待兔的心态（等着高碳企业自己拿出转型方案来申请转型融资），主动组织专业力量，协助企业客户编制低碳转型计划，并与企业客户和政府部门一起探讨如何通过转型金融工具来降低企业转型成本和提升转型动力。

（四）激励政策尚不健全

当前对于高排放企业低碳转型的政策激励机制仍然不足，建议地方政府将转型项目纳入绿色项目库，建立示范项目，并提供激励政策。我国不少地方已经推出绿色项目库和绿色项目与金融资源的对接平台（如"绿贷通""绿金通""绿融通"等），并利用碳减排支持工具、贴息、担保、认证补贴等优惠政策为入库和对接项目提供激励。未来，可以将符合条件的转型项目也纳入绿色项目库，提供类似的激励措施，以提升转型企业和转型项目的可融资性。地方政府还可以推出一些示范性的转型项目，利用地方绿色基金或转型基金提供资金支持，通过成果试点示范来降低同类项目的风险溢价和融资成本。

（五）公正转型尚未受到重视

目前，我国各级地方政府、金融机构、企业等尚未全面开展公平转型行动。以化石能源为例，我国化石能源所在的区域较为集中、经济结构单一，依赖化石能源开采和碳密集行业的地区及社区将面临经济增长减缓、企业生产经营困难、区域不平衡加剧等问题。气候治理和绿色低碳转型将重塑劳动力市场、就业类型和技能要求，对弱势劳工的影响尤为显著。在一些高度依赖传统能源产业的区域，以及一些高碳行业转型失败的企业，可能会造成就业岗位的流失。在市场实践中，公正转型理念也并未得到足够的重视。部分已经开展绿色低碳转型的企业，主要聚焦于解决对其业务的影响，以及如何重构运营活动、战略和价值链，较少考虑对就业与失业、员工技能的冲击，以及对脆弱社群和民众收入及生活的影响。

政府可以建立关注公正转型的转型金融制度体系，支持公平转型纳入环境、社会和治理（ESG）政策体系，引导、推动企业实现公正转型。金融机构也可以立足助力实现共同富裕的战略高度，主动与政府和企业合作，在协调"促转型、稳就业"双重目标方面采取创新举措，推出与转型企业的再就业计划及其落实业绩挂钩的转型金融工具。

二、钢铁行业的转型金融探索

(一) 钢铁行业的转型背景

"30·60"目标的实现有赖于整个经济社会的绿色转型,而不同行业的低碳路径及转型目标因其产业结构、社会需求、技术现状等因素存在很大的差异。本节以钢铁行业为例,介绍钢铁行业的转型金融应用案例。

钢铁行业是中国工业的支柱性行业,约占国家GDP的5%。全球将近50%(18亿吨/年)的钢产于中国内地。同时,钢铁行业也是中国碳排放最多的行业,约占碳排放总量的15%。"30·60"目标下,钢铁行业面临着巨大的挑战,需要大量投资。针对钢铁行业,初期减排阶段成本相对较低,然而随着减排力度的加大,每单位减排量的额外成本(即边际减排成本)将急剧攀升。依据Wind的估算模型,若以2020年的碳排放水平为基准,实现30%的减排目标,钢铁行业总体需承担约2万亿元的成本。此外,《中国长期低碳发展战略与转型路径研究》报告预测,至2050年,为实现《巴黎协定》中1.5℃的温控目标,中国整体转型路径的累计新增投资需求将达到约138万亿元。按比例估算,钢铁行业为达成碳中和目标,预计需投入高达20万亿元的巨额资金,这相当于每年需分配约5 000亿元的投资,意味着每吨钢的生产每年需额外投入约500元用于低碳转型。

(二) 钢铁行业的融资渠道

钢铁行业在拥有广阔的投资前景的同时面临巨大的融资需求。钢铁企业可通过多种融资工具或是融资工具组合和融资模式来优化资本结构,筹集发展资金。当前,钢铁企业的资金来源主要包括自有资金、银行贷款、企业债券发行、股市融资、企业间互保互贷以及民间资金拆借等多种渠道。然而,这一融资体系面临若干挑战。

(1) 当前上市钢铁企业的融资结构呈现出以债券融资为主导,而股权融资占比较低的特点。尤其是在2008年后的经济刺激政策背景下,钢铁行业为响应国内市场需求增长,主要通过增加债务杠杆来扩大生产规模,导致行业整体的资产负债率持续攀升,至2017年末,大中型钢铁企业的平均资产负债率已高达67.23%。

(2) 在债务融资方面,钢铁企业高度依赖银行体系,且融资结构偏向短期借款,这与企业长期发展的资金需求形成了显著的期限错配问题。以沪深28家上市钢企为例,尽管其通过交易所及银行间市场实现了大量直接融资,但股权融资占比仍不足四成,在整体募资中的比例更是低于四分之一。此外,由于钢铁行业经营效益波动较大,仅有少数企业能够获得资本市场的直接融资青睐,尤其是股权融资机会有限,进一步加剧了钢铁企业股权融资的短板。同时,这些上市钢企的间接融资中,短期贷款占据了主要份额,约81%的新增负债为一年期以内的短期贷款,而钢铁行业的固定资产投资和环保改造项目往往周期较长,资金需求量大,这种短贷长投的融资模式增加了企业的运营风险。

(3) 钢铁企业正面临融资成本上升的挑战。行业内的产能过剩、产品结构不合理、高财务杠杆、库存管理低效以及环保压力加大等问题,使得金融机构在评估钢铁行业风险时持谨慎态度。这导致钢铁企业在传统股权融资和债权融资渠道上均受到一定限制,融资成本随之上升,且短期内难以出现根本性改善。

(三) 市场主体的创新应用

1. 金融机构创新金融产品

钢铁行业在前期经历了市场低迷期,投资回报率相对较低,导致许多钢铁企业难以达到股权融资的严格标准,因此往往依赖于债务融资来维持运营,形成借新还旧的循环。若强行削减债务杠杆,关闭债权融资的通道,可能会引发企业资金链的紧张甚至断裂,加剧行业风险。金融机构可以积极探索并发展创新的金融产品和服务模式,通过转换贷款期限结构,将短期贷款转换为长期贷款,为钢铁企业提供更为匹配的融资方案,以缓解其资金压力并赋予其更多时间和空间来消化改革和转型的成本。同时,金融机构还应加大对钢铁企业股权融资的支持力度,通过拓宽股权融资渠道、降低股权融资门槛等方式,促进钢铁企业资本结构的优化和可持续发展。

2. 企业积极低碳转型

产能过剩及高耗能高碳排放的行业属性使得钢铁企业的融资成本较高。银行业日益强化环境风险评估体系,将环境效益视为企业信用评价的关键维度之一,这对钢铁行业而言,既是转型路上的考验,也是促进绿色发展的契机。钢铁企业需双管齐下,一方面致力于提升经营效率与盈利能力,另一方面积极拥抱低碳转型,通过实际行动提升企业的资信评级,进而拓宽融资途径并有效降低融资成本。具体而言,在银行间市场,相同条件下发行的债权融资工具,资信评级达到 AAA 级的钢铁企业相较于 AA 级企业,能够享受约 120~150 bp 的融资成本优惠,反映了提升资信评级对于钢铁企业优化融资结构、降低财务负担的重要性。

3. 政策推动转型金融发展

政策制定者和监管机构可以像支持绿色金融那样支持和鼓励转型金融发展,尽快组织学界、业界共同研究讨论适合中国国情和发展阶段的转型金融概念、标准和分类,以及相应的考核、管理体系,出台相应激励机制与政策,更好地推动"30·60"目标的实现。

三、浙江省基于碳效的绿色金融产品设计

为应对小微企业在绿色转型过程中面临的信息披露和融资约束等问题,浙江省经济信息中心通过引入绿色信息评估模型与碳效评价模型,助力金融机构评估企业财务真实性和绿色性,并对企业类型进行划分,创新形成了绿色企业普惠贷款、低碳转型贷款和低碳发展贷款三类绿色企业贷款产品(如表 5.10 所示)。

表 5.10 浙江省基于碳效的绿色金融产品设计

应用类型	绿色企业普惠贷款类	低碳转型贷款类	低碳发展贷款类
适用对象	低碳高效行业 鼓励发展	高碳低效行业 转型发展	高碳高效行业 低碳低效行业 鼓励提效
资金用途	生产经营 流动资金	低碳转型	生产经营 流动资金

续表

应用类型	绿色企业普惠贷款类	低碳转型贷款类	低碳发展贷款类
参考申请条件	企业属于银行要求的绿色企业范围	有明确的低碳转型目标	有明确的碳效提升目标
	企业连续正常经营三年及以上;具有健全稳定的用能情况与企业绿色管理制度、管理机构,以及相应的管理、技术人员和其他银行所需条件		
参考申请材料	证明企业绿色低碳发展的相关材料	企业低碳转型相关材料	企业碳效提升相关材料
	近三年年度煤、电、油品、燃气、蒸汽、污水处理等缴费单据 近三年企业产量相关数据 近三年财务报表等财务信息 绿色管理及绿色运营相关材料 企业基础信息、资产信息等其他银行需要的信息		
参考利率	企业绿色评级越高,利率越优惠	完成低碳转型目标,利率优惠	完成碳效提升目标,利率优惠
	当期人民银行发布的 LPR 为基准		
参考期限	1～2 年	视具体情况,最长不超过 5 年	1～2 年

(一)碳效评估方法

碳效评估是指基于一定的碳核算技术,对投融资活动的碳排放进行量化分析,评估其效果的过程。金融机构可以运用碳效评估,对企业的风险评估新增碳维度的计量,从而实施精准的信贷政策。以下为两个维度的绩效评估方法:

1. 碳维度:碳排放强度

根据 2021 年气候相关财务信息披露工作组(Task Force on Climate-Related Financial Disclosure,TCFD)报告,经济碳排放强度等于碳排放量除以贷款和投资总额。在企业层面,可以将碳排放强度定义为碳排放量与企业总资产的比值。一般来说,除非企业使用某项碳减排技术(如 CCUS 等),企业实施投资等经济行为总会随着总资产的增加带来碳排放量的增加。因此,高碳低碳的含义并不是单纯指碳排放量的高低,更多意义上应该指碳排放强度的高低。

2. 企业价值维度:二维四象限

通过加入企业碳排放强度指标作为碳维度,对企业的价值评估形成了所谓的二维四象限图(如图 5.3 所示)。纵轴代表的是货币价值维度的企业价值,由下至上企业价值不断增加。横轴代表的是碳维度的企业价值,以企业碳排放强度为衡量指标,数值越小表明效果越好。基点代表每家金融机构在碳维度和货币价值维度的经营策略平衡点,不同金融机构由于市场定位不同,基点的选择也不同。

通过纵(货币价值)、横(碳价值)两个维度的量化评估,企业被划分为四个象限,即高

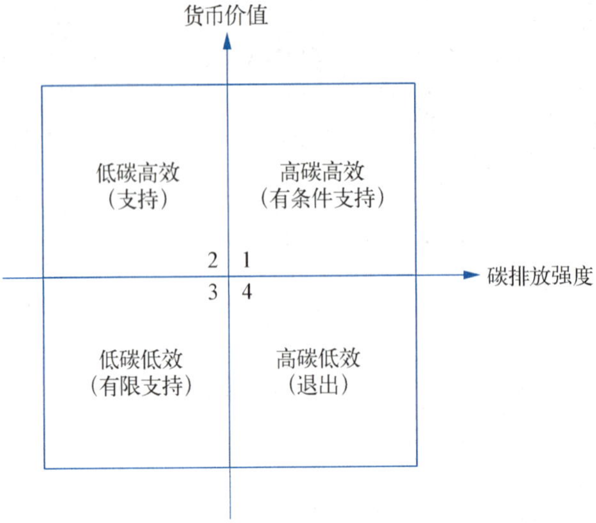

图 5.3 企业价值的二维四象限图

碳高效、低碳高效、高碳低效和低碳低效。金融机构根据自身风险偏好,对四个象限中的企业实施差异化金融策略(图 5.3 括号中内容)。传统绿色金融注重"静态绿色"支持,即先判定是否"绿色"再进行金融支持,主要是对第二象限的企业的支持;而通过碳排放强度这一指标,由于能够实现碳维度评价的量化,为金融机构支持高碳高效企业通过技术改造等向低碳高效企业转型提供动态判断,即第一象限到第二象限的跨越(图 5.3 中粗箭头),清晰直观地展现转型金融的路径,是一种"动态绿色金融"概念。对于第三象限的低碳低效企业,金融机构应给予有限的信贷支持。对于第四象限的高碳低效企业,金融机构应采取逐步的信贷退出政策。

(二)绿色企业普惠贷款

绿色企业普惠贷款类产品面向鼓励发展类企业,这类企业属于低碳行业,同时企业自身碳效表现优秀。金融机构可通过此类贷款产品将资源要素倾斜至低碳发展情况良好的小微企业,支持浙江省绿色低碳的小微企业持续发展(如图 5.4 所示)。

图 5.4 绿色企业普惠贷款应用场景

在贷款申请过程中,企业须向金融机构递交基本申请资料,同时出具企业用能信息、排污信息、ESG 信息等补充材料。依据上述申请材料,金融机构利用本研究提出的绿色信息评估模型并结合传统经济财务信息评估工具,来验证企业财务的真实性。同时,碳效评价模型需将企业识别为鼓励发展类企业。在满足企业碳效等基本准入条件之后,可以得到更多的金融要素倾斜,并通过碳效评价模型全面评价企业绿色等级,企业绿色等级越高则贷款利率可越优惠(优惠区间20~50 bp)。

(三)低碳转型贷款

低碳转型贷款类产品面向转型发展类企业,这类企业属于高碳行业,但经碳效评价模型识别而被划分为具有低碳转型潜力并需要转型提效的小微企业。低碳转型贷款类产品要求企业主动提供低碳转型目标,并对低碳转型目标的完成度进行贷中贷后监管。此类产品提供了绿色金融普惠高碳低效行业的小微企业的渠道,使其能够覆盖传统绿色金融难以覆盖的亟须低碳转型的高碳行业,深化了绿色普惠金融内涵,助力浙江省高碳低效行业的小微企业转型。

在贷款申请过程中,企业除递交基本申请资料和企业用能信息、排污信息、ESG 信息等补充材料外,须同时提供企业低碳转型目标相关材料。依据上述申请材料,金融机构利用绿色信息评估模型并结合传统经济财务信息评估工具,来验证企业财务真实性。同时,利用碳效评价模型识别企业类型,分析小微企业的转型需求、转型能力、转型潜力等,进一步研判企业低碳转型目标的合理性;并评估企业绿色等级,作为利率参考。在满足基本准入条件之后,金融机构基于保守性原则,依据企业财务的真实性、绿色等级等评估结果确认贷款额度、贷款利率、贷款期限等信息,按要求拟定所需合同。贷中贷后,金融机构将利用碳效评估模型对借款企业低碳转型目标完成度进行定期监管,若企业完成其低碳转型目标,则给予企业贷款利率优惠(20~50 bp)。

低碳转型贷款应用场景如图5.5所示。

图 5.5 低碳转型贷款应用场景

(四)低碳发展贷款

低碳发展贷款类产品面向鼓励提效类企业,这类企业不属于高碳行业,但碳效评价处于中等水平,仍有碳效提升空间。贷款用于支持企业技术改造、设备更新、产能升级、业态创新等与低碳发展的相关活动。银行通过碳效评价模型来量化企业的碳效提升空间,以发放目标导向型贷款的形式,通过贷中贷后监管碳效提升的情况,调整利率优惠。这类产品通过鼓励碳效水平中等小微企业提升碳效,来推动整个行业的低碳发展。

在贷款申请过程中,企业须向金融机构递交基本申请资料,同时出具企业用能信息、排污信息、ESG 信息等补充材料。依据上述申请材料,金融机构利用绿色信息评估模型结合传统经济财务信息评估工具,来验证企业财务真实性。同时,利用碳效评估模型识别企业类型。在满足基本准入条件之后,金融机构基于保守性原则,依据企业财务真实性、绿色等级等评估结果确认贷款额度、贷款利率、贷款期限等信息,按要求拟定所需合同。贷中贷后,金融机构将利用碳效评估模型对借款企业碳效提升情况进行定期监管,并在借款企业碳效提升时给予贷款利率优惠(20~50 bp)。

低碳发展贷款应用场景如图 5.6 所示。

图 5.6　低碳发展贷款应用场景

思考与练习题

一、为何会产生转型金融概念?请简述转型金融的内涵与主要经济活动类型。转型金融与绿色金融、可持续金融、碳金融的关系是怎样的?

二、转型金融的五大要素及其经济学意义是什么?如何设计转型金融产品?

三、什么是可持续发展挂钩债券?它与绿色债券的区别是什么?

四、低碳转型过程中可能面临哪些风险?保险类转型金融工具可以通过哪些渠道助力绿色转型?

五、我国转型金融的发展面临哪些问题?如何采用碳效评估对企业的投融资活动的碳排放进行量化分析?

推 荐 阅 读

G20 可持续金融工作组:《2022 年 G20 可持续金融报告》,2022 年。
气候债券倡议组织:《中国转型金融研究报告》,2020 年。

参 考 文 献

曹文博:"'双碳'转型对高碳制造企业的影响及金融服务策略",《现代金融导刊》,2023 年第 9 期,第 25—28 页。

何起东、严心怡、兰王盛:"基于碳账户的转型金融衢州框架",《浙江金融》2022年第10期,第75—80页。

欧伟祥:"可持续发展挂钩贷款国外经验及对我国实践启示",《金融发展评论》,2022年第10期,第40—51页。

潘冬阳、陈川祺、Michael Grubb:"金融政策与经济低碳转型——基于增长视角的研究",《金融研究》,2021年第12期,第1—19页。

王馨、王营:"绿色信贷政策增进绿色创新研究",《管理世界》,2021年第6期,第173—188页。

Hu M, Sima Z, Chen S, et al. Does Green Finance Promote Low-carbon Economic Transition? *Journal of Cleaner Production*, 2023(15): 139231.1-139231.9.

徐洪峰、伊磊:"构建中国转型金融体系:必要性、定位及建议",《西南金融》,2023年第3期,第27—40页。

普华永道:《转型金融白皮书》,2022年。

种高雅:"转型金融的界定、原则框架与特征——基于文献综述的视角",《西部金融》,2021年第9期,第73—76+87页。

黄琳、朱白澍:"发展转型金融的必要性及思考建议",《中国外资》,2023年第7期,第98—100页。

袁喆奇:"把握G20共识下的转型金融发展新机遇",平安证券,2023年。

农一鑫:"绿色溢价视域下碳减排重点与金融支持研究",《中国国情国力》,2022年第12期,第26—30页。

黄希韦:"以金融力量支持钢铁行业'双碳'转型目标",《金融博览》,2023年第8期,第16—17页。

第六章

气 候 金 融

学习要求

了解气候金融的概念及渊源,学习气候金融与传统金融之间的关系;掌握气候金融的公共性、外部性和跨期性三大经济学特征;掌握气候金融体系的理论框架;学习气候投融资的系统设计思路,掌握气候投融资的认证标准、信息披露、风险监管和资金引导四大要素;熟悉气候金融地方试点工作进展;了解气候金融产品的经典案例,掌握气候信贷、气候债券、气候基金、气候主题指数、气候保险的作用及传导机制。

本章导读

气候变化问题是当今社会最重要且亟须解决的问题之一,它既是环境问题也是发展问题,需要大量气候资金的投入。金融作为推动经济发展的核心要素,在应对气候变化中能够发挥重要作用。气候金融在此大背景下应运而生,以支持减缓和适应气候变化活动在时间和空间上转移资源、管理风险,提供气候融资信息,构建气候投融资激励机制,促进全球低碳可持续发展。世界各国的资本市场对气候金融工具进行了多层次的创新,包括气候信贷、气候债券、气候基金、气候主题指数、气候保险等,以进一步激发气候投融资市场活力。

第一节 气候金融概述

一、气候金融的起源

近百年来,气候变化对全人类的威胁日益增大,自然灾害与极端天气正在以远超人们预期的频率在全世界各个区域发生,并对人类社会造成广泛的影响。减缓气候恶化需要大规模投融资,气候金融的概念应运而生。当前,国际上对气候金融概念并无明确的界定,而存在着各种与其含义相近的提法,如气候资金、气候投融资、低碳发展融资、减排融资、减缓气候变化资金、适应气候变化资金、环境金融以及气候资金机制气候变化金融体系、气候变化金融架构等。

2009年,《联合国气候变化框架公约》第15次缔约方会议在丹麦哥本哈根举行,发达国家集体承诺将在2010—2012年间通过国际机构向发展中国家提供近300亿美元的新的、额外的快速启动资金,用于支持其应对气候变化行动。此外,发达国家还承诺,到2020年每年为发展中国家调动1 000亿美元的气候资金。此后的历届联合国气候变化大会上,气候资金的议题一直是会议重点谈判内容。作为该公约下最主要的融资机制,绿色气候基金(Green Climate Fund,GCF)随后在2010年的坎昆气候变化大会上被正式设立,并在2011年德班气候变化大会上批准启动,旨在为公约缔约方所有发展中国家提供应对气候变化的专项资金支持。

2015年,标志着全球气候治理迈入新阶段的巴黎气候变化大会圆满结束,会议达成了以《巴黎协定》为核心的一系列成果。至此,全球气候变化治理体系从欧盟倡导的"自上而下"的温室气体减排量强制性分配转变为中美所倡导的"自下而上"的国家自主贡献(Intended Nationally Determined Contributions,INDC)模式。《巴黎协定》在气候资金方面取得重大进展,资金目标——"使资金流动符合温室气体低排放和气候适应型发展的路径"成为与减缓目标和适应目标并重的三大目标之一。《巴黎协定》将资金支持的提供主体扩展到了所有发达国家,而不仅仅是《联合国气候变化框架公约》附件一所列的发达国家;并且规定鼓励其他缔约方自愿或继续向发展中国家提供资金支持。另外,《巴黎协定》强调所有国家都要考虑应对气候变化的资金流动。

2018年,卡托维兹气候变化大会上各缔约方谈判通过了《巴黎协定》的大部分实施细则,在资金方面进行了重申,强烈敦促发达国家缔约方提高其资金支持水平,并制定具体的路线图,以实现到2020年每年为减缓和适应行动共同筹集1 000亿美元的目标。另外,提出了从2020年气候变化大会开始讨论2025年以后以1 000亿美元为下限的资金安排。

二、气候金融的概念

气候金融(climate finance)是与应对气候变化相关的创新金融,是利用多渠道资金来源、运用多样化创新金融工具促进全球低碳发展和增强人类社会应对气候变化的韧性的金融模式。气候金融衍生于联合国气候变化大会关于资金机制的谈判,《联合国气候变化框架公约》对于气候金融的定义是来自公共、私人或其他渠道的,用于支持减缓和适应气候变化行动的地方、国家和跨国融资。

气候金融中的"气候"是指对气候变化威胁进行有效应对,具体包括减缓(mitigation)和适应(adaption)气候变化两方面。减缓气候变化即减少和限制温室气体排放或加强温室气体隔离,包括提高能源效率、发展可再生能源、进行碳捕捉与封存、清洁交通、垃圾和废物再利用、农业和林业以及其他土地利用方式中增加碳汇的活动等;适应气候变化即提高对气候变化的适应能力和韧性,以减少气候变化带来的影响及各种风险,涉及水资源管理、环境卫生、农林业、渔业、健康、预防和防止气候灾害等领域。

本书认为,气候金融可以分为广义和狭义两个层次。广义的气候金融以2015年《联合国气候变化框架公约》提出的早期定义为代表,即"气候金融是指来自公共、私营和其他融资来源的地方、国家或跨国投融资活动以及其他相关的资金流动,旨在支持减缓和适应气候变化"。根据该释义,任何与气候减缓和适应相关的资金融通活动都属于气候金融的范畴。

联合国提出的气候金融概念较为宽泛,并没有界定资金流动与应对气候变化行动效果的关系。《京都议定书》和《巴黎协定》呼吁拥有更多财政资源的缔约方为那些资源不足和更脆弱的缔约方提供财政援助。气候金融首先承认在预防及应对气候变化的能力与贡献程度上,不同国家间差异巨大。因此,从狭义角度理解,气候金融特指发达国家为支持发展中国家应对气候变化而做出的资金承诺。气候变化问题是从工业革命以来累积的碳排放引起的,许多发展中国家的累积排放量很少,却遭受了气候变化的重大影响。因此,为了使发展中国家更好地参与全球气候行动,需要发达国家在资金上提供支持和援助,从而帮助发展中国家更好地减少碳排放以及适应气候变化。

气候投融资是与气候金融紧密联系的概念。气候投融资是指为实现国家自主贡献目标和低碳发展目标,引导和促进更多资金投向应对气候变化领域的投融资活动,以及评估气候变化影响和风险、优化碳排放资源设置的活动总称,是绿色金融的重要组成部分。支持范围包括减缓和适应两个方面,具有财政与金融两种特性。

国内对气候金融的理解属于广义范畴。2020年10月20日生态环境部等五部门发布的《关于促进应对气候变化投融资的指导意见》和2021年12月21日生态环境部、国家发展和改革委等九部门发布的《关于开展气候投融资试点工作的通知》对气候投融资进行了概念界定:"气候投融资是指为实现国家自主贡献目标和低碳发展目标,引导和促进更多资金投向应对气候变化领域的投资和融资活动,是绿色金融的重要组成部分。"该支持范围包括减缓气候变化和适应气候变化两个方面。

(1) 减缓气候变化:包括调整产业结构,积极发展战略性新兴产业;优化能源结构,大力发展非化石能源;开展碳捕集、利用与封存试点示范;控制工业、农业、废弃物处理等非能源活动温室气体排放;增加森林、草原及其他碳汇等。

(2) 适应气候变化:包括提高农业、水资源、林业和生态系统、海洋、气象、防灾减灾救灾等重点领域适应能力;加强适应基础能力建设,加快基础设施建设、提高科技能力等。

为了应对气候变化,气候投融资工作需要把握两大核心要点:一是通过减排增汇措施减缓全球变暖,推动经济绿色低碳转型;二是为能源、粮食系统及基础设施提供资金支持,增强其抵御气候变化影响的能力。两者相辅相成,对于实现应对气候变化和双碳目标缺一不可。

三、气候金融的特征

气候金融是与全球气候变化直接关联的一种资金融通机制,因此,气候金融必然会折射出气候问题的一些特征。

(一) 公共性或准公共性

由于气候危机是全球所有国家都要面临的现实问题,因此气候治理属于全球性公共品。在进行气候金融理论的框架设计时,要充分考虑气候环境的公共产品属性对传统金融理论的适用性。由于消费的非排他性,气候治理过程中容易出现"搭便车"现象,因此需要公共部门的介入和公共资金的投入,尤其是在适应气候变化方面,由于投资大、周期长、回报低,私人资金一般不会进入,因此更需要公共部门资金的投入。

(二) 外部性

气候变化不仅影响本地区,还影响其他国家或地区,该影响具有无差别性。因此,气候变化问题本质上具有外部性,导致市场缺乏价格信号与激励机制这种"无形的手",因此需要政府"有形的手"进行适当干预和引导,而"有形的手"在国际范围内则反映为世界各国的一致协议与集体行动。由于我们研究的是人为因素造成的气候变化问题,因此需要从社会的角度,分清主、次责任,不同的责任主体应承担不同的气候治理资金成本。气候金融的自然属性决定的是治理气候变化所需的资金规模或成本的大小,而社会属性决定的是资金来源及其成本分摊问题。

(三) 跨期性

要在2050年前,使全球气温升幅不超过2℃,温室气体浓度不超过450 ppm,越早采取气候治理行动,所需要的成本就越低。所以,为了达到上述目标,必须在一个限定的时间内筹集到足够的资金。气候问题治理的紧迫性,决定了气候金融的时间性特征。

四、气候金融与传统金融的关系

金融的本质是要追求风险与投资回报的平衡,单位风险下的资金回报最高。与传统金融相同的是,气候金融以市场收益为导向,达成对社会资源的引导和再配置。与传统金融不同的是,气候金融最为显著的特征在于重视环境和社会效益,把对环境保护以及对资源的有效利用程度当作计量金融机构活动成效的标准之一,致力于金融活动与环境保护、生态平衡的协调进步,最终实现经济社会的可持续发展。因此,要在市场化的机制下保证气候金融的健康、规模化发展,不仅需要投资者观念的转变,更重要的是需要产业和政策密切配合,将环境外部性收益内部化,从而将绿色经济的环境和社会效益有效地反映在市场价格中。

从信息资源的角度来看,传统金融体系没有测算与气候相关的环境风险,碳减排措施(项目)的正外部性并未在回报端进行定价。因此,如果直接在传统金融报表的基础上,把减碳部分货币化后再计入回报,则资金回报必然不同;同时在风险端,因为所投资的都是低碳、绿色、可持续的企业,所以环境风险降低,测算单位风险对应的回报,也与传统金融有所差异。

第二节 气候金融体系

一、气候金融理论框架

第一,在建立气候金融体系的理论框架之前,我们需要再次明确气候投融资工作需要遵循的核心原则。根据本章第一节所述,气候投融资工作首先要突出项目和资金用途的"气候属性",厘清气候项目的认定标准和绩效目标的评价体系。

第二,要推动建立完善的政策框架,提供良好的气候投融资营商环境。摩根士丹利(Morgan Stanley)和《经济学人》(*The Economist*)杂志于2017年共同发布了《气候变化减缓机会指数2017》,认为气候投融资的商业机遇取决于六方面的因素,其中包含的气候政策环境、营商环境、可控的金融风险三因素均需要政府通过完善的政策和监管机制来实现,涉及中央与地方工作的协同、国内与国际两个大局的协同、气候投融资与其他气候政策和机制的协同等复杂工作。

第三,要坚持气候投融资的市场导向。气候金融市场的建设当然不能仅仅依靠"政府之手",而是需要民间资本的参与,为其注入更多的生机和活力。因此,气候金融市场的建设需要强调对国内市场资金的拉动、对国际资金和境外投资者的引进,并充分发挥碳排放权交易机制的作用。

依据以上原则,我们可以着手建立气候金融的整体理论框架,该框架涵盖从资金来源到融资渠道、融资工具,再到资金用途,以及政府部门在各个环节的统筹监督的投融资市场全流程(如图6.1所示)。

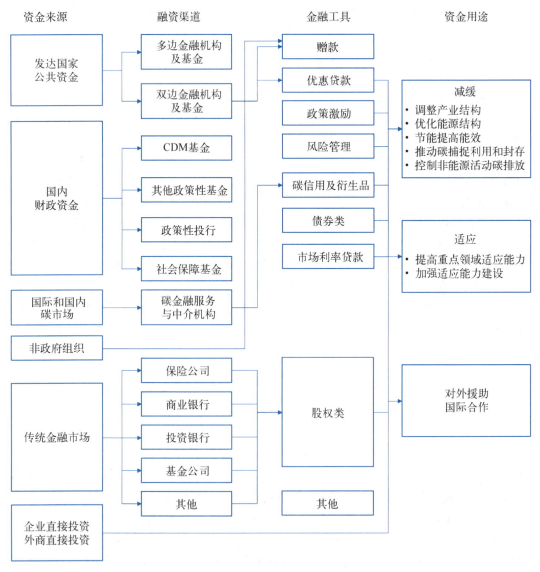

图6.1　气候金融理论框架

二、气候金融政策设计

2021年10月,美国金融稳定监督委员会(FSOC)发布《气候相关金融风险报告》。在该报告中,美国金融稳定监督委员会将气候变化确定为"对美国金融稳定的新威胁",并将与气候有关的金融风险纳入其监管和监督范围。《气候相关金融风险报告》提出了三十多条建议,要求委员会成员加快与气候有关的工作,并采取额外的协调行动,以提高金融系统对气候相关风险的抵御能力。这些建议分为四个关键领域。

气候保护与宏观经济表现和金融稳定之间存在极强的正相关关系。在全球都具有气候风险,因此,需要将气候变化以更加系统性和战略性的方式纳入政策框架,各国迫切需要实施结构性改革,以尽量减少气候变化对金融体系的影响。根据国际货币基金组织(IMF)的指导意见,气候金融体系的设计涉及认证标准、信息披露、监管框架、资金引导四个关键领域。

(一)认证标准

2021年10月,中国技术经济学会发布了由中国环境科学学会气候投融资专业委员会提出的《气候投融资项目分类指南》团体标准(T/CSTE 0061—2021)(以下简称《指南》)。《指南》的公布,标志着我国首次在国家层面对气候投融资项目认定提供了参考依据,有利于更清晰地规划和推动实现"双碳"目标。

《指南》全面阐述了气候投融资项目的范围、术语和定义、分类标准等,为在全国范围内推进气候投融资发展提供重要参考。《指南》指出,气候投融资项目涵盖了减缓气候变化项目、适应气候变化项目以及兼具减缓和适应气候变化效果的项目,并创新地以减缓与适应气候变化为分类依据,对减缓与适应气候效益进行区分,与此前的各项绿色金融、绿色产业标准相比,其专项用于应对气候变化的属性更鲜明。

《指南》基本涵盖了所有减缓和适应气候变化的活动类型。在减缓气候变化方面,《指南》涵盖了工业、能源、碳捕集与封存(CCUS)、非能源活动温室气体排放和碳汇等多个领域。其中产业层面包括低碳工业、低碳农业、低碳建筑、低碳交通、低碳服务和低碳供应链;能源层面包括各类可再生能源与储能相关设施建设和运营;CCUS包括设备制造与设施建设、运营;控制非能源活动温室气体排放包括在煤炭与油气开采过程中减少甲烷逃逸排放,在钢铁、有色、水泥等工业生产过程中实现碳减排,减少氢氟碳化物(HFCs)排放,以及固体废弃物与废水处置;碳汇层面包括在森林与生态系统两个领域增加固碳。

(二)信息披露

有效的气候政策措施必须建立在准确、可靠的指标基础之上,而目前我们在这方面还存在着很大的局限性。例如,许多国家未能及时计量排放数据并予以报告,没有计量就无从管理,这对排放问题以及气候变化的诸多经济和金融维度都是如此。政策制定者和投资者都面临着缺乏可靠、可比指标的问题,在向更可持续的商业模式转型方面尤为如此。尽管越来越多的企业自行设定了减排目标,但绝大多数企业仍未提供这些信息。对于中小企业和新兴市场企业来说,数据缺口尤其巨大。

为评估气候风险、实现准确的市场定价、促进明智的投资决策,需要围绕气候风险建立健全信息架构。信息架构由三个部分组成:一是高质量、可比和及时的指标;二是一套协调统一的气候信息披露标准;三是得到各方普遍认同的全球绿色分类法。这种绿色分类法必须足够灵活,以反映企业为向气候可持续商业模式转型所开展的复杂工作。统计界也有责任建立气候变化数据的国际统计标准,并将所得到的数据对外发布。

实施全球气候信息架构也可作为新兴经济体和发展中经济体发展可持续金融市场的基础。标准制定工作应充分考虑新兴市场在数据收集方面的困难,同时确保公司层面的信息披露成为这些经济体中的主流做法。

以我国为例,2020年10月21日,生态环境部、国家发展改革委、中国人民银行、中国银行保险监督管理委员会和中国证券监督管理委员会联合发布《关于促进应对气候变化投融资的指导意见》,这是我国应对气候变化首次发布投融资顶层设计方案。该指导意见明确指出,持续推进气候相关财务信息披露,解决气候风险分析的数据缺口问题;加快制定气候投融资项目、主体和资金的信息披露标准,推动建立企业公开承诺、信息依法公示、社会广泛监督的气候信息披露制度;明确气候投融资相关政策边界,推动气候投融资统计指标研究,鼓励建立气候投融资统计监测平台,集中管理和使用相关信息。

(三) 风险监管

维护金融稳定是金融监管机构的核心职能,因此,金融监管机构应确保其在监管过程中充分捕捉气候相关风险。如果这些风险被评估为重大风险并很可能威胁金融稳定,那么监管机构应该能够及早干预。气候金融监管涉及监管机构利用法律、经济和行政等多种手段,对气候金融领域的市场、金融工具和金融机构等进行监督和管控。这一监管体系涵盖了监管制度的建立、监管机构的职责和权限、监管的范围以及具体的监管措施等多个方面。在金融市场的分类中,气候金融监管特别关注对银行信贷、证券交易和保险业务等金融活动的监管。

巴塞尔银行监管委员会(BCBS)成立了气候相关金融风险工作组(TFCR),下设3个工作小组,分别负责研究如何在银行资本和流动性等监管要求(对应第一支柱)、监督审查流程(对应第二支柱)、披露要求(对应第三支柱)中纳入气候相关金融风险。目前,在第一支柱方面,2022年12月发布了《气候相关金融风险常见问题解答》,对当前风险计量中如何捕捉气候相关金融风险进行了解释说明,敦促银行在现行框架下将气候风险纳入风险管理。例如,银行在尽职调查过程中应考虑气候风险对交易对手的影响。在第二支柱方面,发布了《气候风险相关金融风险有效监管原则》,从公司治理、内部控制、风险评估等方面提出了18项指导性原则,是对气候相关金融风险开展微观审慎监管的重要指引。目前,欧盟、英国、澳大利亚、新加坡、中国香港、巴西等经济体金融管理部门均已发布气候风险监管指引,指导辖内金融机构建立有效的气候风险管理体系。在第三支柱方面,该机构正在推进信息披露和市场约束相关工作,已明确相关要求的关键问题,正在分析备选指标及其可行性。

央行和监管机构绿色金融网络(Central Banks and Supervisors Network for Greening the Financial System,NGFS)也成立了监管工作组,研究制定气候相关金融风险的识别和审慎监管指引。该工作组分别于2020年和2021年发布《监管指引报告》及进展报告,建议开发气候风险监管工具箱(如表6.1所示)。例如,要求金融机构董事会汇报如何落实监管期望,要求金融机构加强风险管理和内控流程,在计算资本要求时考虑气候风险因素,降低对气候风险较高业务的风险敞口等。目前,该工作组正在讨论如何在监管框架中考虑金融机构转型计划。

表6.1 在审慎监管中纳入气候因子的行动框架

行动步骤	相 关 举 措
提高金融机构风险意识与应对能力	提高公众对气候相关风险的认识,提出解决气候相关风险的路线图
	在财务分析中考虑气候因素,提高应对能力;与金融机构共同组建工作组,将气候因子纳入风险管理或情景分析中
评估气候相关风险	在微观层面(金融机构)和宏观层面(金融体系)开发评估物理风险与转型风险的分析方法与工具
	在微观、宏观层面开展并发布风险评估结果
	分析绿色资产与棕色资产的隐含价差
设置监管目标	对金融机构气候相关风险的治理、战略、风险管理设置监管指引
	对评估金融机构风险管理能力的监管人员进行业务培训
提高透明度,强化市场纪律	根据气候相关财务信息披露工作组(TCFD)的建议,要求企业披露气候相关风险
	考虑将气候相关金融风险披露纳入《巴塞尔协议》第三支柱
通过监管减缓风险	考虑对不满足监管要求或气候风险较大的机构采用《巴塞尔协议》第二支柱的资本要求
	基于前述评估,考虑将气候相关金融风险纳入《巴塞尔协议》第一支柱的资本要求

资料来源:根据公开资料整理。

(四) 资金引导

最后一个领域就是如何调动公共和私人资金,同时维持与国家其他经济需求之间的平衡。因此,需要了解扩大私人融资以缓解气候风险的潜在途径,这是发展可持续融资市场所必需的。在许多经济体,资金获得渠道仍然存在障碍。根据政府间气候变化专门委员会的最新估计,一些经济体的气候融资流量在2030年前需要增加4~8倍。

第一,激发社会资本的动力和活力。加强对撬动市场资金投向气候领域的引导机制和模式设计,支持在气候投融资中通过多种形式有效拉动和撬动社会资本,鼓励采用"政银担""政银保""银行贷款+风险保障补偿金""税融通"等多元化合作模式,依法建立损失分担、风险补偿、担保增信等机制以规范和推动政府与社会资本合作(PPP)项目的健康发展。

第二,充分发挥碳排放权交易机制的激励和约束作用。稳步推进碳排放权交易市场机制建设,逐步完善碳资产的会计确认和计量方法,建立和加强市场的风险控制机制,逐步扩大市场参与者的范围,允许符合条件的投资机构和个人投资者加入碳排放权的交易。在风险可控的前提下,鼓励金融机构和资本创新开发与碳排放权相关的金融产品与服务,包括碳期货等衍生工具的探索和应用。此外,考虑建立以碳减排量为量化标准的市场化碳金融投资基金,以促进碳减排项目的投资。倡导企业和机构在进行投资决策时,充分考虑未来碳价格变动对投资回报的潜在影响。

第三,引进国际资金和境外投资者。进一步加强与国际金融机构和外资企业在气候投融资领域的务实合作,积极吸收国际先进经验和金融创新成果。支持符合条件的绿色金融资产进行跨境转让,推动离岸市场发展人民币绿色金融产品及交易,鼓励金融机构和企业到境外进行气候融资,探索通过主权担保为境外融资增信,支持建立人民币绿色海外投贷基金。支持和引导合格的境外机构投资者参与中国境内的气候投融资活动,鼓励境外机构到境内发行绿色金融债券,鼓励境外投资者更多地投资持有境内人民币绿色金融资产,并鼓励使用人民币作为相关活动的跨境结算货币。

第四,鼓励地方开展模式和工具创新。鼓励地方积极针对气候变化的应对目标和关键任务,结合本地实际情况,探索并实施具有地方特色的投融资模式、组织架构、服务方式和管理制度的创新。鼓励银行和保险公司设立专注于气候投融资的特色支行或部门。鼓励地方建立区域性气候投融资产业促进中心。支持地方与国际金融机构和外资机构开展气候投融资合作。

案例 6-1

气候投融资的产融对接机制

实现碳达峰和碳中和的目标,关键在于培育和投资对气候有益的项目。在选择气候投融资项目时,必须综合考虑其经济可行性、风险控制、技术创新和气候效益,以识别出具有投资潜力的气候友好型项目。为了促进企业项目与投资者之间的有效对接,需要建立产融结合机制,共同开发能带来显著气候和社会效益的项目。创建项目库是实现这一目标的有效途径,有助于构建一个连接气候项目资金需求方和供给方的平台,从而提高气候投融资的效率。

国际可再生能源署(IRENA)推出的气候投资平台(Climate Investment Platform)是一个创新的在线投资加速器,它将项目开发者与潜在的金融和商业合作伙伴联系起来。该平台整合了可再生能源项目、资金来源、技术解决方案和商业策略。

欧盟在其绿色新政投资计划中也强调了建立"投资欧洲项目库"的重要性,旨在加强气候项目的培育和产融对接。为了支持项目库的建设,欧盟还向各级政府和项目开发者提供了能力建设支持。欧盟的结构性改革支持项目旨在提升地方政府的气候变化应对意识和能力,并通过财政和金融手段加强对绿色能源、建筑能效、循环经济等领域的投资。投资欧洲咨询中心及其技术援助项目则致力于帮助项目开发者和金融机构筛选、培育和推进气候友好型项目。

中国也在积极推进应对气候变化投融资的探索。《关于促进应对气候变化投融资的指导意见》中提出了建立国家气候投融资项目库的建议。2021年举行的全国生态环境保护工作会议进一步强调了加快构建支持国家自主贡献目标实现的项目库的紧迫性。

案例思考题:

请结合上述案例和相关理论,阐述产融对接机制在气候投融资领域的作用。

第三节 气候金融产品

应对气候变化,需要创新的金融工具来刺激公共机构和私营机构投资。除了在前述章节中介绍过的碳排放交易体系等碳金融工具之外,气候金融领域在信贷市场、证券市场和保险市场还进行了以下创新。

一、信贷市场工具创新

气候信贷市场通过信贷等方式实现资金在供需者之间的调剂。应对气候变化需要世界经济的发展模式从"高碳"向"低碳"转型。发展低碳能源产业等朝阳产业,需要巨额资金的投入,而信贷市场在社会经济活动中则起着集聚巨额资金、调剂资金余缺、优化资源配置和产业结构、提高经济效益的重要作用。在环境保护和应对气候变化的因素驱动下,信贷市场"绿色化"行动越来越盛行,商业银行开始逐步采取"三重底线"的方法管理其业务,即不仅要满足合作伙伴(包括客户、股东、员工、供货商、社会等)的需要,还要意识到自身的行为必须对社会以及生态环境负责。

国内外银行现已对大量气候融资信贷产品进行过实践尝试。一般来说,商业银行气候变化信贷工作的实施需要经历以下步骤。

(1)风险评估。针对客户的融资申请进行全面的风险评估,包括气候变化对借款人的潜在影响(如自然灾害风险、气候政策风险)、借款项目的碳排放情况和环境影响(如工艺、能源消耗、废水和废气排放)、借款项目的可持续性和低碳发展潜力等因素。

(2)资金分配。银行应将合适的资金分配给具有低碳和可持续发展特点的借款项目,包括但不限于可再生能源项目(如太阳能、风能、水能发电项目),节能环保技术项目(如高效用能设备、清洁生产工艺),具备碳减排潜力的行业和企业(如新能源汽车制造、可持续农业)。

(3)信息披露和沟通。银行应与借款客户和利益相关方保持主动的沟通,提供与气候变化风险管理和可持续发展有关的信息和建议。通过信息披露,增加透明度,提高客户和利益相关方对气候变化信贷工作的认知和参与度。

(4)监测和评估。银行应定期对气候变化信贷工作进行监测和评估,以确保实施方案的有效性和可持续性。在评估的基础上,及时调整策略,提出改进意见,不断优化商业银行气候变化信贷工作的效果。

案例 6-2

中国人民银行推出碳减排支持工具

2021年11月8日,为贯彻落实党中央、国务院关于碳达峰、碳中和的重要决策部署,完整准确全面贯彻新发展理念,中国人民银行创设推出碳减排支持工具这一结构性货币政策工具,以支持清洁能源、节能环保、碳减排技术等重点领域的发展,撬动更多社会资金促进碳减排。

碳减排支持工具是中国人民银行为服务国家碳达峰、碳中和的战略需要，引导更多资金投入碳减排领域的一项结构性货币政策工具。在具体的机制设计上，碳减排支持工具由中国人民银行向全国性金融机构发放贷款，相当于再贷款的政策工具。在操作流程上，金融机构首先为清洁能源、节能环保和碳减排技术三个碳减排重点领域的企业提供碳减排贷款，贷款利率应与同期限档次的贷款市场报价利率(LPR)大致持平；再向中国人民银行按贷款本金的60%申请碳减排支持工具的资金支持，利率为1.75%。金融机构申请碳减排支持工具不仅需要向中国人民银行提供合格质押品，而且需要提供贷款的碳减排数据，并承诺对公众进行信息披露。碳减排支持工具的流程机制以及细节要求如图6.2所示。

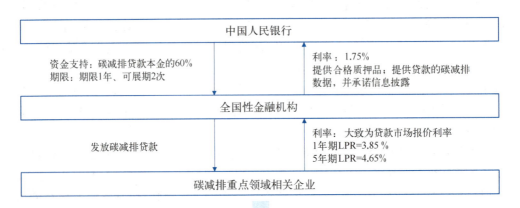

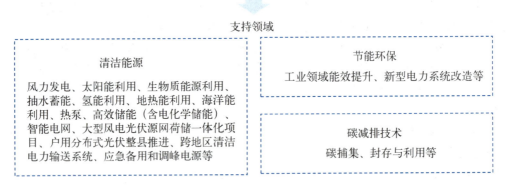

图 6.2 碳减排支持工具的流程机制

碳减排支持工具具有低成本、精准性、直达性、可计算、可验证五大特征，具体体现在：

(1) 低成本：人民银行提供低成本资金，支持金融机构为具有显著碳减排效应的重点项目提供优惠利率融资。

(2) 精准性：碳减排支持工具支持清洁能源、节能环保、碳减排技术三个重点领域。

(3) 直达性：采取先贷后借的直达机制，金融机构自主决策、自担风险，向碳减排重点领域的企业发放贷款，之后可向人民银行申请碳减排支持工具的资金支持。

(4) 可计算：金融机构可计算贷款带动的碳减排量，并将碳减排信息对外披露，接受社会监督。

(5) 可验证：由第三方专业机构验证金融机构披露信息的真实性，确保政策效果。

综合来看，碳减排支持工具的本质是"做加法"，即用增量资金支持清洁能源等重点领域的投资和建设，从而增加能源总体供给能力。

案例 6-3

广东省首笔"绿色气候贷"落地

2023年11月23日，建行广东省分行为粤港澳大湾区气候投融资项目"巨湾技研新能源汽车锂电池生产基地"发放的1亿元"绿色气候贷"成功落地，这是广东省内金融机构首次探索为气候投融资项目量身定制专属金融产品，有力支持了粤港澳大湾区应对气候变化产业发展。

该信贷产品的贷款方案如下：银行邀请第三方专业认证机构对符合绿色发展要求的项目在减缓气候变化、节能减排的社会贡献进行定量分析，积极推荐项目入库。组建"省分行-广州分行-南沙自贸区分行"的专业服务团队，为"绿色气候贷"开启快速审批通道，缩短审批时长一星期，目前已为该企业审批通过4亿元授信额度，累计投放1.01亿元。

作为绿色贷款，广州巨湾技研有限公司计划在广州南沙投产新能源汽车锂电池生产基地项目，总体规划产能将达8 GWh，按每台新能源电车80 kWh锂电池行驶20万公里总里程计算，该项目达产后可为10万辆轿车提供动力电池，预计将为交通领域减少80亿吨碳排放。

该信贷产品实现了两方面的业务创新。一是利用项目在减少汽车碳减排等方面的社会效益，优先获得专项融资渠道和贷款快速审批；二是通过纳入粤港澳大湾区气候投融资项目库，企业还能享受50%的利息补贴、第三方认证费用补贴等优惠，在"绿色气候贷"全额投放后，有望为该项目减少每年100万元利息成本。综合来看，该笔业务有利于探索向气候投融资项目量身定制专属金融产品，将"气候投融资政策"与"金融支持政策"化整合一，共同推进粤港澳大湾区气候投融资发展。

案例思考题：
请结合上述的气候信贷工具与实务案例，简述气候信贷的作用及传导机制。

综合来看，商业银行气候变化信贷工作的目标是在平衡风险和回报的基础上，推动低碳经济发展，减少碳排放，增强气候变化适应能力，促进可持续发展。在实施过程中，应遵循以下原则：第一，风险导向原则，即对客户的融资申请进行全面的风险评估，重点关注气候变化风险和机遇；第二，可持续发展原则，即优先支持可持续发展项目和企业，鼓励投资低碳、高效能源和清洁技术；第三，有效沟通原则，即主动与客户和利益相关方交流，提供有关气候变化风险管理和可持续发展的信息和建议；第四，持续监测原则，即定期评估气候变化信贷工作的成效和风险管理措施，并及时调整策略。

二、证券市场工具创新

证券市场在应对气候变化、实现碳中和碳达峰目标做了很多创新和尝试，主要有证券市场气候主题指数、气候基金和 ETF、气候债券、绿色房地产 REITs、绿色基础设施基金等。这里主要介绍气候债券、气候基金、气候主题指数三类典型的气候金融产品。

(一) 气候债券

气候债券是一种典型的气候金融工具,一般是指"企业为筹措低碳项目建设或维护资金向投资者发行的与碳资产(CCER)及其收益相关联的绿色债券",其发行目的是向应对气候变化项目提供融资。相对于传统的债券产品,气候债券支持项目由于需要兼顾气候友好型属性,往往需要更高的初始投资、更长的资金回收期以及相对有限的项目收益,增加项目融资难度。国内外机构已探索开展了众多气候债券产品的创新实践,以应对气候债券在回报机制和风险承担方面的难题。

案例 6-4

欧洲投资银行气候意识债券

2007 年 7 月,欧洲投资银行推出了全球首款气候意识债券(climate awareness bond,CAB),标志着气候债券的诞生。该债券旨在为可再生能源和提高能源效率的项目提供资金支持。首发债券筹集了 6 亿欧元,期限设定为 5 年,每张债券面值为 100 欧元,且为零利息债券。债券到期时,本金和赎回金额均为 100 欧元,而主要收益则来自于债券的创新性额外收益设计。

债券的额外收益与 FTSE4Good Environmental Leaders Europe 40 指数的表现挂钩,该指数追踪了欧洲 40 家在环保方面表现突出的公司。根据设计,债券的最低回报率为 5%,确保了投资者至少能获得 5% 的收益。此外,如果到期时的额外收益超过债券面值的 25%,投资者可以选择将超出部分用于在欧盟碳市场购买或注销等值的碳排放配额,以此增强碳市场减少温室气体排放的效果。

气候意识债券的创新收益机制,将绿色债券的投资价值与环保企业的市场价值紧密联系起来。投资者不仅能够通过资助气候友好型项目获得潜在的环境友好型企业价值增长的收益,还能确保获得至少 5% 的固定回报,展现出较高的风险收益比。随着债券资金对气候项目的支持,也可能提升这些企业的市场表现,增加投资者的回报,进而吸引更多投资者参与气候债券投资,形成积极的正向循环激励。

案例 6-5

欧洲复兴开发银行首单气候韧性债券

气候适应性项目通常以提升各领域对气候变化的适应能力为目标,这些项目往往具有显著的公共利益属性,但也因此面临较大的融资挑战。为了支持全球气候适应性基础设施的建设,2019 年 9 月,欧洲复兴开发银行(EBRD)推出了全球首个气候韧性债券,这标志着在为适应性项目提供债务融资方面的创新尝试。

该债券的期限为五年,成功筹集了 7 亿美元资金,旨在支持符合《气候韧性原则》(Climate Resilience Principles)的适应性项目。这次债券发行由法国巴黎银行、高盛集团和瑞典北欧斯安银行联合承销,吸引了来自 15 个国家的约 40 位投资者。在债券发行前,

EBRD已经准备了超过7亿美元的气候韧性项目作为潜在的投资对象。

这些资金主要投向了摩洛哥、阿尔巴尼亚等发展中国家,通过建设气候韧性基础设施、农业水利工程和发电站的现代化改造等措施,帮助这些地区提高对气候变化的适应能力。基础设施建设是资金投入的重点领域,约90%的资金被用于此。根据EBRD的数据,其气候韧性投资组合中的项目平均期限为13.6年,而在债券发行时的平均剩余期限为10.3年,显示出这些项目具有较长的建设周期。

与银行贷款等中短期融资工具相比,债券融资通常规模更大、期限更长,更适合满足基础设施建设的长期资金需求。通过债券融资支持基础设施建设,不仅可以促进欠发达地区的产业发展和经济增长,还能在满足当地居民的基本需求的同时,为应对气候变化的活动分配更多资金,推动地区的可持续发展。

以阿尔巴尼亚的KESH项目为例,该项目通过EBRD发行的气候韧性债券获得了资金支持,以优化该国的能源基础设施,增强其可持续发展能力。KESH是阿尔巴尼亚的主要国有发电企业,负责该国70%的电力供应。EBRD提供的2.18亿欧元长期主权担保贷款帮助KESH进行企业重组和改革,降低融资成本,提高流动性。这使得KESH能够专注于设备的维护和长期投资,同时在企业管理和经营效率上进行改进,探索更有效的运营模式,以提高电力系统对未来环境变化的适应性。

案例思考题:

请根据上述两个气候债券案例,简述气候债券的收益机制和社会影响。

气候债券在中国的发展尚处于早期阶段,但随着银行间市场交易商协会和证券交易所碳中和债券的推出,债券在支持气候变化应对方面的作用正逐渐增强。为了提升金融在气候变化应对中的作用,中国的债券发行人和金融机构需要在产品创新上做出努力。国内外的气候债券发行案例为我们提供了宝贵的参考,指出了产品创新的几个关键方向。

第一,气候债券的设计可以与权益类资产的收益相联系,通过金融机构的实践来争取更广泛的市场共识。欧洲投资银行的气候意识债券就是一个创新的例子,它将债券的收益与股票指数挂钩,并为债券持有者提供了额外购买碳配额的权力,这样的设计不仅增强了债券的气候属性,也保障了投资者的回报。中国在气候债券的发行上也可以探索类似的多样化影响机制,通过设置市场因素的连接机制来提高市场参与者的积极性。

第二,考虑到气候项目的收益可能会有波动,气候债券可以设计一种收益回报的联动机制。例如,将债券的利率与企业的CCER销售净收益挂钩,以此来优化债券利息与项目收益的期限匹配,减轻发行人的付息压力。同时,通过设置利率的浮动范围,可以控制发行人和投资者所面临的市场风险。对于预期收益波动的气候项目,设计债券利息与项目收益联动的产品,可以在项目收益发生的前期有效缓解债券发行人的融资成本压力,同时也可随着项目的进展提高投资者的收益期望。

第三,气候适应类债券的发行需要遵循具体的标准规范。例如,EBRD的气候韧性债券遵循的是CBI的《气候韧性原则》,而中国已有的《气候投融资项目分类指南》为适应气候变化类项目提供了详细的定义。中国可以依据这些标准来探索韧性债券的发行,并逐步形成更贴合中国市场的债券存续期监督和信息披露规范。政府部门和公共组织应主动承担起相关贷款的增信责任,推动气候韧性基础设施建设,以避免更大的经济社会损失。我国可以采取"自上而下"的模式,通过政府政策吸引社会资本进入气候适应领域,并重视基础设施的运营和维护,结合新技术优化债券产品的基本回报。

(二) 气候基金

自1992年起,国际气候基金经历了几个发展阶段:初始发展期(1992—2001年)、成长扩展期(2001—2009年)和策略调整期(2009—2012年)。2012年后,气候基金的发展进入了以绿色气候基金(GCF)为核心的新时代。由于各国金融市场的成熟度存在差异,绿色基金在不同地区的表现也不尽相同。在美国和西欧,绿色投资基金主要由非政府组织和机构投资者推动;而在日本,企业则是主要的发行主体。目前,全球、区域和国家层面的气候基金都已建立了战略性投资基金。这些基金可以由单一国家政府、多国政府合作,或由全球性、区域性机构来发起,可能提供全部或部分的运营资金,旨在通过战略投资,推动气候变化的应对和缓解工作。

气候基金的产品设计一般包括通用策略和依据产品投资主题而制定的产品策略两大环节。

1. 通用策略

通用策略主要包含负面筛选、气候基金尽责管理、气候分析融入财务分析流程和气候风险管理几个方面,一般在基金公司层面进行统一的规定,不同的基金可能根据其投资方向和投资主题的差异,选择应用不同等级的气候投资管理政策。

(1) 负面筛选。

众多大型气候基金管理机构通常在公司层面构建负面筛选政策。负面筛选政策一般包含两种主要方式:一是基于规范的负面筛选,如联合国全球契约;二是基于被投企业的行业和业务活动的负面筛选,如烟草或煤炭发电等。企业可设置多个不同等级的排除标准,以适用于不同主题和投资目标的产品。气候基金的负面筛选可能包含基准负面筛选以及与化石燃料业务和储备相关的气候增强筛选条件。

英杰华投资公司(Aviva Investors)的"可持续过渡股权排除政策"包含三个层级,依据筛选活动的类型和强度适用于不同类型的基金产品。第一级是全公司范围的基线排除政策,涉及争议性武器、民用枪械、化石燃料、烟草等标准阈值;第二级适用于可持续过渡基金系列中所有股权子基金,侧重气候、自然和社会相关问题;第三级适用于部分特定子基金的排除,涉及劳工合规、争议性贷款、农药生产等领域。筛选要求通常会给出具体的被投公司的相关风险敞口比例(如营收、产量、销售额等)阈值。其气候基金适用于二级筛选,包含了增强型的化石燃料负面筛选要求(如表6.2所示)。

表6.2 英杰华投资公司的可持续过渡股权排除政策第二级筛选要求

活动	说明	阈值
热煤	从采矿或提取热煤以及/或将其销售给外部方或进行热煤发电的公司	0%

续　表

活　动	说　明	阈　值
热煤储量	拥有任何热煤储量(公吨)的公司	>0
北极油气生产	从近海或陆上北极地区的气体和石油生产中获取的收入。北极的定义是地理上的,包括66.5°N以北的生产活动	0%
天然气发电	从天然气发电中获取的收入	≥15%
液体燃料发电	从液体燃料发电中获取的收入	≥10%
非常规油气生产	从非常规油气生产中获取的收入	0%
页岩油气储量	公司拥有的已证实的页岩气和/或页岩油的储量(以百万桶油当量计)	>0
油页岩和焦油沙储量	公司拥有的已证实的油页岩和焦油沙的储量(以百万桶油当量计)	>0
常规油气生产	从常规油气生产中获取的收入	≥10%
非常规油气储量	拥有任何非常规油气储量(以百万桶油当量计)的公司	>0
油气储量	拥有任何油气储量(以百万桶油当量计)的公司	≥1 000
油气提取和生产	从油气提取和生产中获取的收入	≥10%
油气分销与零售、设备与服务、石化、管道与运输、炼油与贸易	从油气分销与零售、设备与服务、石化、管道与运输、炼油与贸易中获取的收入	≥75%
ESG争议	与违反国家或国际公约和公认的全球规范(如联合国全球契约)有关,通过公司的行为、产品或运营直接涉及的持续非常严重的ESG争议	红色警告

资料来源:兴业证券《全球气候基金投资策略研究(上)》。

(2) 尽责管理。

气候基金尽责管理包含积极与企业互动、利用投票权力影响企业行为,帮助企业创造竞争回报,也关注通过与政策制定者和监管机构互动,进行更广泛金融体系的"宏观管理",以寻求纠正重大市场失灵和减缓系统性风险。

气候参与主要在高影响行业中进行。投资机构可能要求被投企业制定合适的气候目标,进一步的气候目标要求可能包括采用2050年净零目标(1.5℃对齐),以及承诺执行科学碳目标(SBTs)倡议框架。英杰华投资公司的气候基金则要求持仓内的所有公司需要在特定期限内完成碳排放披露(CDP)和科学碳目标(SBTs)参与要求。

在长期气候目标之下,投资机构可能要求其进一步制定短中期目标,包括可信的向长期目标过渡的计划和里程碑设置。投资机构可能定期审查这些计划的可靠性和适应性,包括治理结构、资本配置框架、碳价格假设以及碳抵消的使用和质量等,关注其采取的气候行动是否与其具体业务下的环境重要性议题一致,并要求采取的行动有助于解决公司当前和未来环境风险的核心问题。

除目标设定之外,气候基金还可以通过干预被投公司的董事会投票来执行尽责管理。以富达国际(Fidelity International)为例,投票原则与指导方针中规定了对被投资公司在气候变化监督、实践和行动方面的最低期望。所有公司需要满足三个最低标准:关于气候变化的明确政策、排放数据的披露、董事会层面对气候变化的讨论和监督的确认。该机构将考虑在不符合该机构对其气候变化相关风险管理和监督、透明度以及减少气候影响战略的最低期望的公司的董事会选举中投反对票。

(3)财务分析。

对于投资机构而言,将ESG因素嵌入其投资的财务分析流程中,可以更好地评估ESG风险和机遇。基于这种整合,ESG因素将会对估值产生影响。投资机构内部的ESG/可持续/气候分析框架的另一个重要作用是帮助识别和划分投资范围内的可持续资产,以满足欧盟《可持续金融信息披露条例》(SFDR)的可持续资金比例最低要求。

以投资机构Candriam为例,其投资策略下最终的投资组合构建基于五项基本面财务分析:管理质量、业务增长、竞争优势、价值创造、财务杠杆。其中,ESG的业务活动分析被包含在"业务增长"分析环节中,利益相关者分析被包含在"管理质量"分析中。同时,该机构在分析和选择过程中会参考与企业的对话,可能因为企业对实现产品的可持续发展目标贡献不足而避开某些企业。

业务活动分析方面,Candriam通过公司的收入、资产、资本支出等来评估公司对五个关键可持续挑战的暴露程度,这五个挑战分别是:气候变化、资源枯竭、健康与福祉、人口演变和数字化。Candriam根据每家公司所处的行业或部门、地理位置、业务模式对公司进行分组,然后确定每个行业组在面临这五个主要发展挑战方面的暴露程度。例如,在采矿行业中,钢铁在"资源枯竭"的评分更负面,而铂族金属则得分较高;而在食品行业中,生产健康产品的公司得分较高,而垃圾食品公司的得分较低。

利益相关者分析方面,需分析公司的利益相关者管理,监控社会和员工问题、尊重人权、打击腐败和贿赂等方面的表现。投资将偏向于在其行业内采用最可持续做法的公司。Candriam根据定性和定量数据确定每个类别的相关性和重要性,并据此确定类别权重。例如,根据相关性,对能源行业的"环境"方面给予较高的权重,对金融业的"投资者"方面给予较高权重;根据重要性,对能源行业,在"与员工的关系"类别内强调健康和安全;对金融业,在"与投资者的关系"类别内强调公司治理。

(4)气候风险管理。

气候风险指的是气候变化对回报的潜在影响。机构层面的气候风险监控一般包含气候风险识别、监控与反馈,以及敏感性与情景分析等方面。致力于气候风险管理的机构会在公司层面将气候风险整合进其投资风险监控与反馈流程。

气候风险一般分为气候过渡风险和气候物理风险。气候过渡风险指由于社会和行业努力减少对温室气体依赖的战略、政策或投资的内在风险,以及对气候的影响;气候物理风险表示由于极端天气事件对回报的潜在影响。接下来以投资机构Robeco为例,介绍其对两种气候风险的管理方案。

在过渡风险方面,Robeco为每个子基金提供了过渡风险的风险分类。Robeco利用一家专门从事气候风险评估的第三方公司提供的气候风险度量标准,基于1.5℃减碳路径,评估了气候过渡风险的潜在影响。该评估反映了未来80年内减碳的潜在成本,其中重要的节点估计在大约15年内。将这对回报的影响与子基金的市场风险情况进行比较,并转化为风险分类。以气候基金Robeco SAM Smart Energy Equities为例,由于其专注投资新能源相关领域,因此可能受益于碳减排政策和市场变化,整体评估其气候过渡风险为最低。

在物理风险方面,Robeco内部对10个物理风险场景进行了区分。Robeco根据一家专门从事气候风险评估的第三方公司提供的气候风险模型,评估了投资组合最容易遇到的物理风险。气候风险模型评估了公司应对气候变化的潜在成本,不考虑公司的积极政策和目标,这与专注于政策和抱负的"ESG"评分不同。每个子基金需要描述三个对其而言最主要的气候场景。以Robeco SAM Smart Energy Equities为例,该基金主要面临的物理风险包括海岸洪水、极端高温和热带气旋。

2. 产品策略

本节以主动权益型的气候解决方案基金(Candriam SRI Equity Climate Action)为例,介绍其产品设计策略。该基金主要投资于全球中大型公司的股票,投资期限为6年,该基金的投资目标是通过投资全球范围内被认为将成为未来气候变化行动领导者的大中型公司的股票以实现资本增长。投资侧重于选择具有以下两类特性的公司:(1)减缓——从事低碳活动或帮助其他公司减少自身碳排放的公司;(2)适应——帮助其他公司做好准备并适应气候变化带来的负面后果的公司。

该基金的可持续目标是为降低温室气体排放和实现《巴黎协定》的目标做出贡献。该基金旨在实现整个组合层面与2.5℃温控目标一致,并随着公司气候数据的可得性和可靠性的变化,到2025年1月1日实现与2℃温控目标一致(如表6.3所示)。

表6.3 主动权益型气候解决方案基金的绩效指标

绩效指标	绩 效 目 标
KPI 1	公司投资组合与2.5℃温控目标保持一致,2025年达到2℃温控目标
KPI 2	公司对高风险行业的投资高于基准
KPI 3	公司需要保证至少10%与主题一致的业务活动敞口

资料来源:兴业证券《全球气候基金投资策略研究(下)》。

该基金特别指出,一些公司可能会在提出气候变化方案的同时排放一定数量的温室气体,但该基金策略的关键是不仅考虑个别公司的碳排放量,而且考虑通过与2℃温控目标的低碳情景保持一致,他们对《巴黎协定》目标的整体贡献。在此目标下,该基金将更高比例的资产投资于高风险公司(high stake companies)。

根据《可持续金融信息披露条例》的规定,Candriam已经为其第9条产品定义了可持续投资的最低比例。基金总净资产的至少80%需要符合可持续投资,25%需要符合环境可持续投资,相关定义基于Candriam特有的ESG分析,分析包括两项负面筛选和两项纳入财务分析的 ESG 指标。投资策略首先基于规范和负面争议活动进行 ESG 筛选,随后由 ESG 分析师和投资团队协同,用特有的动态气候变化主题框架对投资理念进行筛选和评分,以挑选出应对气候变化或全球变暖的直接和切实解决方案的提供者;最终将 ESG 融入财务流程,采用经济/财务分析结合 Candriam 特有的 ESG 分析,以确保 75% 的可持续投资比例。

(三)气候主题指数

气候指数是指数类金融产品,包含股权类和债券类,但无论什么资产类别,它们均会以某个宽基的母指数为基础,通过 ESG 投资策略,选出能达到既定目标的成分股。在此,母指数可以是国内的沪深 300 指数或国外的明晟所有国家世界指数(MSCI ACWI)、罗素 1 000 指数等,而 ESG 投资策略可以是负面剔除法、可持续主题法或 ESG 整合法,视指数目标而定。但无论差异如何,指数编制方法均有几个固定步骤,包括挑选成分股、最小化追踪差异、权重设置、定期审核等,详情可参考各知名指数的方法学说明。指数具有应用性,可作为公募基金、ETF 等金融产品的追踪基准。

自富时罗素(FTSE)于 2020 年推出用于投资策略的气候转型指数以来,气候指数经历了三代发展:第一代气候指数主要关注气候风险,通过减持高碳标的资产来降低风险敞口;第二代气候指数在管理气候风险的同时关注绿色领域的机遇,通过增持绿色低碳标的资产来获得额外回报;第三代气候指数则重点关注识别(非绿色领域中)有能力实现低碳转型的企业,通过评估企业的气候转型计划和气候治理水平,筛选出发展路径与国家气候目标要求最一致,或对未来低碳经济结构适应性最强的企业。

标普、富时罗素、明晟、势拓等国际知名的指数公司都编制了各代气候指数。其中,第三代的代表性指数如 FSTE TPI 气候转型系列指数、MSCI 气候变化指数、S&P PACT™ 指数等,均纳入了前瞻性指标(如表 6.4 所示)。常见的前瞻性指标包括企业的气候转型承诺、未来的转型路径、转型能力(治理水平)等。事实上,企业的净零转型计划和转型能力将直接决定其未来的市场定位、经营表现和财务回报。因此,将这些前瞻性指标纳入评估因素对提高指数的回报率至关重要,也是气候转型指数发展的重要趋势之一。除此以外,上述指数通常也都考虑了企业当前的气候风险管理情况,包括碳强度、化石燃料储备、绿色收入、气候风险管理和披露情况等。

表 6.4 代表性气候转型指数比较

指数		FSTE TPI 气候转型指数	S&P PACT 指数	MSCI 气候变化指数
考虑维度	一般维度	化石燃料储备、碳排放量、绿色收入	ESG 分数、绿色收入来源、化石燃料储备、温室气体强度、温室气体信息披露、物理风险敞口、绿色/棕色收入比率	气候风险敞口、低碳/无化石燃料战略、气候风险管理、绿色/棕色收入比率
	前瞻维度	公司治理水平、未来碳排放表现(TPI)	转型承诺和减碳路径、CTBs、PABs	转型承诺和减碳路径、CTBs
运用方法		根据对企业不同维度的评估结果,调整母指数权重		

资料来源:祝韵,"气候转型指数:投资气候转型'领跑者'——以澳大利亚气候转型指数为例",《气候政策与绿色金融》,2022。

在运用方法上，上述提及的三个指数均选择在现有指数（母指数）的基础上根据评分上调或下调成分股的配置比例。在考虑前瞻维度的指标时，常用的做法是预测企业未来碳排放，并比较其与国际减碳基准的一致性。

案例 6-6

法巴银行"袋鼠项目"发布澳大利亚气候转型指数

澳大利亚气候转型指数（Australian Climate Transition Index），简称 ACT 指数，是首个考虑了动态更新的气候变化情景的转型指数。该指数根据企业在不同的气候变化情景下的表现和得分进行择股，并根据实际情况对所用情景的假设和发生概率进行动态调整与更新。2020 年 7 月，法巴银行面向机构投资者发行了第一支挂钩 ACT 指数的绿色债券，总额为 1.4 亿澳元，并在发行后的 12 个月内跑赢澳大利亚标普指数 200（ASX 200）。

相比其他气候指数，ACT 指数在前瞻维度的运用上独树一帜。该指数根据澳大利亚的气候政策目标构建并动态更新五个本土化的前瞻气候情景，从商业模式（产品服务及运营方式）和减碳路径（高碳敞口及缓释措施）两个方面评估企业在不同气候情景下的潜在表现并打分，筛选出 100 家在应对气候变化和适应经济净零转型方面潜力最高的"领跑者"企业。

ACT 气候转型指数的构建流程分为四个步骤。

步骤一：气候变化情景设定。 ACT 指数根据《巴黎协定》的目标要求，设置了用于后续评分的五个气候情景，在每个情景下分别从宏观和减排两个维度对关键变量进行了估算，并定期更新（详见表 6.5）。其中，两个技术革新情景的主要驱动因素来自新能源、循环经济等领域的重大技术变革；其他三个情景的驱动因素包括政策法规、社会环境以及技术升级或突破性变革等，尤其延迟情景进一步考虑了采取措施时间点的影响。单个企业在不同气候情景下面临的风险和机遇不一，其运营及盈利也会表现各异。

表 6.5 动态气候变化情景简介

情景名称	路径特点	驱动因素	关键突破性行业
部署情景	充分转型	强政策、技术升级、社会稳定	电动汽车（EVs）、林业、碳捕集和储存技术
澳洲技术革新情景	充分转型	澳洲重大技术突破	澳大利亚的自动驾驶与电动汽车、可再生电力、循环经济
全球技术革新情景	充分转型	全球重大技术突破	相比澳洲技术革新情景，本情景中全球都采用循环经济技术
延迟情景	前期不充分，后期急剧转型	2030 年才开始采取措施及推动技术变革	以上所有
情景	急剧转型	重大技术突破、政策支持、社会因素	所有行业取得突破性技术进展

资料来源：祝韵，"气候转型指数：投资气候转型'领跑者'——以澳大利亚气候转型指数为例"，《气候政策与绿色金融》，2022。

步骤二：评价维度确定。 企业碳排放主要来源于其提供的产品或服务以及自身运营方式，因此这两个层面的碳排放及减碳方案十分关键。为评价企业在气候转型情景下的优劣表现，一方面需要评估企业当前的碳排放情况以及气候风险敞口，另一方面需要前瞻性地评估企业在未来五个不同情景下的碳排放情况和风险敞口。对后者的评估主要根据企业是否制定了可信的应对气候变化相关措施。因此，ACT指数使用四个维度的象限型评分模块。横轴从时间维度出发，既关注当下状况，也考虑未来计划；纵轴从企业商业模式出发，既关注核心产品服务，也考虑运营模式（如图6.3所示）。

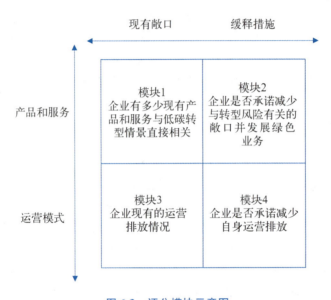

图6.3 评分模块示意图

图6.3中，模块1判断企业现有核心产品服务与低碳转型的相关程度；模块2评估企业未来商业模式的潜在气候风险，包括企业是否承诺通过调整现有业务线（如减少高碳业务、发展绿色业务）降低潜在气候风险；模块3分析企业当前范围1与范围2的碳排放情况；模块4从企业是否公布减碳承诺以及减碳计划的可信度等方面，评估企业从气候变化角度采取应对措施的意愿和能力。

步骤三：情景分析及个股评分。 在五大气候情景下，从步骤二的四个维度分别对每个ASX 300内成分股企业进行情景分析及评分，并根据专家判断，由各情景下的得分加权平均得到综合得分。

步骤四：评分排序及成分股筛选。 按综合得分的排名高低可将企业归纳为气候转型活动的赋能者（enablers）、适应者（adaptors）和无关者（least affected），而排名尾部的企业所面临的气候风险较高。综合得分最高的100只股票等权重地构成最终的ACT指数。

案例思考题：
请简述澳大利亚气候转型指数是如何构建的？该指数有怎样的优点？

三、保险市场工具创新

由于气候变化具有带来灾害和未来潜在损失的可能性,保险作为气候风险管理市场,通过先进的分析测算工具检测气候变化带来的风险,也是最早介入气候金融和气候金融产品最丰富市场之一。气候保险是一种为遭受气候风险的资产、生计和生命损失提供支持的保障机制,它通过定期支付确定的小额保费来应对不确定的气候风险损失,能够确保个人、社区和城市在气候风险发生后迅速获得资金支持。

按照保险的承保对象和承保范围来看,气候保险主要包括天气指数保险和巨灾保险两类。天气指数保险在农业领域扮演着关键角色,它通过将气温和降水等气候条件对农作物的影响量化为指数,并与农作物的损失相对应。这种保险合同基于这些指数,一旦达到合同规定的特定水平,投保者就能获得预定的赔偿。而巨灾保险则针对那些影响广泛且严重的极端气候事件,为人员伤亡和财产损失提供保障。当灾害的严重程度达到合同规定的标准时,投保者将获得约定的赔偿。与天气指数保险相比,巨灾保险涉及的风险和损失更为严重。

气候保险是管理气候风险的关键工具,具有预防性、风险分散和基于市场的资金筹集等优点。然而,由于气候风险的独特性,气候保险也面临一些挑战,比如难以符合大数法则和道德风险问题,这可能导致逆向选择和不良适应行为。保险公司通常通过再保险和开发衍生产品来进一步分散和转移风险。同时,政府的适时介入,如强制投保、保费补贴和紧急贷款等措施,也能有效地分散和转移风险。但过度的政府干预和补贴可能会降低保险资金的效率,加剧道德风险和反馈效应。如果仅依赖市场机制,保险公司可能会因风险控制而避免参与气候保险市场,这不利于气候保险市场的扩展和发展。

案例 6-7

气候变化背景下的创新农业绿色保险

天气指数保险是指以气象要素(如气温、降水、风速)这类与农作物产量高度相关的替代性指标作为赔付依据的保险产品。天气指数保险赔付只与客观的天气指数有关,而与农户实际产量无关,这不仅降低了投保人的道德风险和逆向选择,而且简化了承保和理赔程序,大幅降低了管理成本和保险费率。

天气指数保险具有三个特点:第一,天气指数保险所依据的气象学指数完全可以量化,并且由气象局等第三方公允机构来提供,目前可用于设计天气指数保险主要有降雨、降雪、温度、风力四个维度。第二,个人天气指数保险与日常生活息息相关,以上述的37℃高温险为例,温度超过37℃后,个人在防暑降温方面的开支增加,比如空调电费。保险公司基于这个生活开支来设计保额。第三,个人天气指数保险的可保利益不是巨大财产损失,而是天气变化必然造成的个人开支。

自2007年在上海推出针对西瓜的天气指数保险以来,天气指数保险在我国的试点范围不断扩大。当前,我国已经设计开发了种类繁多的天气指数保险产品。从保险标的来看,我国天气指数保险主要以特色作物为主,涵盖了低温、风灾、日照等多种气象指标。例如广东省的巨灾指数保险,以台风风速和最大降雨量为保险理赔依据,当其对应的指数达到或超过预设阈值时，保险公司即根据气象部门出具的认证报告进行理赔。该过程的简便性，使得指数保险与传统保险产品相比，大大增加了赔付款项的给付效率，提高了救灾重建工作的时效性。但指数保险的特性导致了其不可避免的"基差风险"，简言之，就是被保险人的损失和指数保险赔偿之间的差额。甚至会出现有些承保地区触发了理赔，却未受灾；而有些地区未触发理赔，却遭受了灾害。因此，虽然指数保险无法完全避免"基差风险"，但一款好的指数产品应在设计的过程中尽量降低"基差风险"。

针对降雨类指数保险，产生基差风险的主要原因通常是我国基本气象站总体偏少、分布不均衡导致。国家级降雨观测站全国仅两千余个，难以覆盖所有区县。另外，由于我国地形地貌的复杂性，单个降雨站点的信息也难以全面反映整个区县的灾害情况。因此，为降低基差风险，广东省的降雨指数保险在设计之初采用了国家级降雨站点数据作为参考，并纳入了地方自动站的降雨数据，最终得到强降雨指数。

案例 6-8

气候风险全球盾的诞生

2022年11月14日，在埃及举行的COP27沙姆沙伊赫气候变化大会上，来自非洲、亚洲、太平洋和拉丁美洲的58个气候脆弱经济体构成的"脆弱二十国"集团（V20）和世界七大发达国家经济体构成的七国集团（G7）正式启动了气候风险全球盾（global shield against climate risks, Global Shield）计划，该计划旨在通过提供工具、知识、金融支持等方式，帮助脆弱的发展中国家应对气候风险，减少由于气候灾害导致的损失和损害。该计划的前身为2015年发起的气候风险保险倡议（initiative on climate risk insurance, InsuResilience），旨在进一步推动为发展中国家的人民和风险脆弱型资产创建有效的气候风险保险市场，提供相关的保险计划，目标是到2020年让发展中国家多达4亿的最脆弱的群体获得直接或间接的气候风险保险。

从融资渠道来看，气候风险全球盾计划涵盖了三个互补性的融资平台，包括全球盾解决方案平台（GS-SP）、全球盾融资机制（GS-FF）以及气候脆弱论坛（CVF）和"脆弱二十国"集团联合多方捐助者基金（V20JMDF）。其中，全球盾解决方案平台由法兰克福学院主办，InsuResilience Solutions Fund（ISF）管理团队管理，是气候风险全球盾最主要的融资工具，将为广泛的支持工作提供赠款，包括详尽的风险分析和能力建设、CDRFI解决方案的结构设计、保费补贴和资本支持等。全球盾融资机制是由世界银行为项目提供的主要融资工具，用于支持在风险融资、社会保护、灾害风险纾解、市场开发等领域的项目。它将通过世界银行项目或者是其他合作伙伴（包括联合国机构和多边开发银行）的项目向发展中国家提供赠款，为遭受气候灾害影响的脆弱群体提供协调一致的金融支持。尽管需要遵循世界银行的相关政策，但全球盾融资机制资助的活动类型具有高度的灵活性，将支持气候风险全球盾计划的实施。V20JMDF是一个自愿的、涉及多利益相关体的战略性的财务工具，致力于提高气候脆弱论坛和"脆弱二十国"集团在气候减缓和气候适应方面实施气候行动相关的重要优先事项的能力。该基金努力支持与经济和金融相关的干预措施，如支持损失和损害融资计划、保费补贴和资本支持等。

从具体的资金支持工具来看，主要分为家庭和企业层面以及国家政府、人道主义机构和非政府组织层面。从家庭和企业层面来说，工具主要包括生计保护、社会保护制度、牲畜和作物保险、财产保险、业务中断保险、风险分担机制和信贷担保等。从国家政府、人道主义机构和非政府组织层面来说，资金将通过保险等风险转移产品、信贷和赠款机制、债券等融资工具等方式流入，并确保在脆弱群体和社区需要时提供支持。

案例思考题：

请结合上述气候保险工具的两个案例，谈一谈气候保险的作用和传导机制。

第四节　气候金融的地方试点

虽然气候金融概念最早诞生于 2009 年的联合国气候变化大会，但当前相关的金融体系发展尚处于起步阶段，从国家到地方层面该如何形成因地制宜的气候投融资发展路径仍在探索的过程中。通过前文的介绍，读者对全球和国家层面的气候金融框架设计应该有了一定的认识，本节主要介绍气候金融在地方层面的试点工作。

在我国，地方是落实"双碳"目标的重要基础和关键环节，但同时面临着突出的气候资金供需矛盾。自 2017 年起，《"十三五"控制温室气体排放工作方案》（国发〔2016〕61 号）提出"以投资政策引导、强化金融支持为重点，推动开展气候投融资试点工作"的要求，国家应对气候变化主管部门正式启动试点前期准备工作，提出了试点工作的关键问题和基本路径，彼时尚处于早期的谋划阶段。2018 年，国家应对气候变化及减排职能由国家发展改革委划转至新组建的生态环境部，地方转隶相继完成，逐步明确主要领导和相关部门责任分工。2021 年底，生态环境部等九部门联合发布《气候投融资试点工作方案》（环办气候〔2021〕27 号），正式开展气候投融资试点工作，提出选择"有意愿、基础好、代表性强的地方"，开展以投资政策指导、强化金融支持为重点的气候投融资试点，通过 3~5 年的努力，试点地区基本形成有利于气候投融资发展的政策环境。

根据《气候投融资试点工作方案》的规划，由国家级新区和地级市首先开展试点，进而产生辐射带动作用和推广价值。在该框架下，地方要想参与试点评审，首先应思考气候底色、金融主色、地方特色三方面的问题。

气候底色，即该地能否为应对气候变化有所贡献，气候效益如何体现。气候效益与当地的产业基础情况、能源消费与碳排放状况密切相关。一般第二产业占比较高、六大高耗能行业占比较高、近三年碳排量较大的地区拥有更大的降碳工作压力，同时将面临更高的气候转型风险。对此，当地需思考在转变经济发展方式、调整产业结构、优化能源结构、节约能源和提高能效、发展可再生能源等方面的工作计划；梳理试点地区在组织机构、政策措施、保障机制以及绿色金融、能源和碳排放统计等基础能力建设方面的工作计划。《气候投融资试点工作方案》鼓励加快建设国家自主贡献重点项目库，打造气候项目和资金的供需对接平台，引导和支持先进低碳技术发展。

金融主色，即当地的金融市场是否完备，金融工具如何支持，需开展哪些气候投融资创新。在融资端，《气候投融资试点工作方案》鼓励试点地区优先发行气候债券，大力发展气候信贷；鼓励并丰富政府和社会资本合作模式，支持试点地区成立气候基金或利用已有的引导基金，为气候项目融资拓宽更多资金渠道；鼓励银行业金融机构和保险公司设立特色支行（部门），或将气候投融资作为绿色支行（部门）的重要内容。在风险端，该方案鼓励试点地区建立健全气候投融资风险管理体系，控制气候投融资杠杆率在合理区间，建立有效而全面的风险防范机制和气候投融资风险考核机制，建立气候投融资项目投资风险补偿与保险制度。

地方特色，即当地相较于其他地区的特色和比较优势，总结试点创建的示范意义和价值。在实操中，甚至是同一城市不同地区在气候投融资方面也有不同发展模式。以北京为例，首批纳入试点的密云侧重于生态保护，构建以生态保护为引领的"活水、盘林、促产、降碳"气候投融资模式；通州则侧重于绿色城市，通过绿色金融手段，以绿色建筑、绿色交通、海绵城市、气候韧性城市等领域为突破口，打造高质量、高水平、高起点的城市碳中和基础设施样板。

思考与练习题

一、气候金融的概念是什么？结合气候金融的发展内涵，阐述其与传统金融之间的关系。

二、气候金融的诞生是为了解决怎样的问题？请结合实际情况阐述。

三、请简述气候金融的经济学特征。

四、请简述气候金融体系的理论框架和政策设计思路。

五、请结合现实应用案例，简述气候信贷、气候债券、气候保险的作用和传导机制。

推荐阅读

气候债券倡议组织：《中国转型金融研究报告》，2020年。

Stefano G, Bryan K, Johannes S. Climate Finance, *Annual Review of Financial Economics*, 2021, 13(1): 15-36.

参考文献

许年行：《气候金融重点文献导读》，中国人民大学出版社，2023年。

王遥：《气候金融》，中国经济出版社，2013年。

陈国进、郭珺莹、赵向琴："气候金融研究进展"，《经济学动态》，2021年第8期，第

131—145页。

王信、姜晶晶:"气候相关金融风险:中外保险业的差异及应对",《国际经济评论》,2021年第5期,第22—33页。

王信、匡小红、雷曜,等:《中国人民银行工作论文:气候相关金融风险——基于央行职能的分析》,2020年第3期。

Dietz S, Bowen A, Dixon C, et al. "Climate Value at Risk" of Global Financial Assets. *Nature Climate Change*,2016,6(7):676-679.

王遥、崔莹、洪睿晨:"气候融资国际国内进展及对中国的政策建议",《环境保护》,2019年第24期,第11—14页。

孙轶颋:"围绕碳达峰、碳中和开展气候投融资工作的路径",《环境保护》,2021年第14期,第12—17页。

周杰俣、崔莹:"《气候投融资项目分类指南》解读",IIGF,2021年。

第七章

碳普惠金融

学习要求

了解碳普惠的背景、内涵、现状及意义,熟悉碳普惠制与碳排放权交易制度的联系与区别。掌握国内碳普惠实践的整体框架及运作模式;熟悉政府主导和企业主导的碳普惠金融模式的发展现状及实践案例,掌握个人碳账户的概念和实践案例,了解未来国内碳普惠发展中针对政府、企业、公众等不同主体的建议内容。

本章导读

近年来,随着我国居民消费结构的升级和生活水平的提高,消费端碳排放也在逐渐增长。碳普惠是以生活消费为场景,为公众、社区、中小微企业绿色减碳行为赋值的激励机制,是生活消费端减碳的重要方式。目前我国尽管仍处于碳普惠制度实践的探索阶段,但已涌现诸多各具特色的碳普惠产品,并形成了政府主导和企业主导的两种碳普惠运行模式。个人碳账户是碳普惠机制实践的重要构成部分,政府、企业、个人等多元主体的参与将在未来的碳普惠发展中发挥越来越关键的作用。

第一节 碳普惠金融概述

一、碳普惠金融概念

(一) 碳普惠

碳普惠是以生活消费为场景,为公众、社区、中小微企业绿色减碳行为赋值的激励机制。在这种机制下,公众及小微企业低碳行为形成的减排量,能够抵销自身碳排放、参与碳交易或转化为其他更为多元的激励,是生活消费端减碳的重要方式。(《中国碳普惠发展与实践案例研究报告》,2023)

具体而言,碳普惠是利用互联网、大数据、区块链等数字技术,通过低碳方法学对小微企业、社区家庭和个人等包括衣食住行在内的减碳行为进行量化、记录、核证,生成个人减排量汇总到碳账本里,并运用商业激励、政策鼓励和核证减排量交易等正向引导机制帮助其价值实现,从而构建公众碳减排"可记录、可衡量、有收益、被认同"的绿色生活回馈机制。

(二) 碳普惠金融

如果说碳普惠是一种激励个人减排的市场化机制,那么碳普惠金融则是碳普惠减排量的金融化,本质上是一种个人碳金融。碳普惠金融以碳普惠制为基础,核心是通过建立个人碳账户,将个人或小微企业的减排量货币化并进行归纳汇总,允许其在相关碳金融市场上进行交易,并带动相关个人碳金融产品的创新实践。

(三) 个人碳账户

个人碳账户是支撑碳普惠金融运行的重要支撑和呈现形式。个人碳账户是通过监测个人碳排放或者有效的碳减排数据,基于专业的核算方法,监管个人碳排放或者实现碳减排数据权益兑换,最终实现个人碳管理的账户体系。

个人碳账户类似于银行账户、支付账户,但储存的对象为个人碳资产。其作为承载个人碳排放场景应用、数据采集核算、积分跨界兑换等功能的碳减排支持体系,能帮助广大居民算清"碳账",探路低碳新生活。

二、碳普惠金融的起源

从理论发展看,碳普惠和碳普惠金融虽是我国提出的概念,但涉及的核心概念早在20世纪90年代已被提出,其理论根源是英国提出的个人碳排放权交易(PCT)设想。PCT 最初是描述英国能源和环境研究所提出的最终用户排放权交易计划,该计划把碳排放权交易的理念迁移到个人家庭层面,后来它逐渐成为该类型所有计划的统称。现有PCT 中有一些仅是概括性的想法,还有一些则制定了详细的方案,如表7.1 所示。

表 7.1 各国 PCT 方案简介

方　案	国家	涵盖范围	设 计 思 路 简 介
可交易能源配额(TEQ)	英国	能源使用及个人旅行(不包括航空)	设定未来 20 年的年度排放限制,并按周发放给居民。其中,40% 为居民免费获得,每位居民可获得的免费配额相等;其余 60% 为拍卖销售。居民在家庭能源使用、外出旅行等领域消耗能源时,将根据能源的碳排放等级扣减相应的碳配额。碳配额允许交易
上限和份额(C&S)	爱尔兰	全部经济活动	由独立委员会设定全国排放上限,爱尔兰的每个成年公民将定期获得等量的碳配额。个人购买或使用化石燃料时,需要将自身碳配额出售给化石能源开采商。化石能源开采商向国家上缴与自身销售等量的碳配额
个人碳配额(PCA)	英国	家庭能源消费和个人旅行(包括航空旅行)	为家庭能源使用及航空旅行排放设定国家上限,碳配额平均分配给每个居民。每个居民在购买电力、天然气、运输燃料等相关商品或服务时需要扣减与之等量的碳配额

续表

方　　案	国家	涵盖范围	设 计 思 路 简 介
可交易的交通碳许可（TTCP）	法国	私人交运	为私人交通工具的排放量设定上限并以平均或非平均的方式免费分配给所有人。每位居民每次购买燃料，其账户下的配额都将被监管机构等量扣除。与此同时，参与者可以通过银行或加油站交易配额

资料来源：平安证券研究所。

具体而言，PCT运行机制如下：在市场机制下，碳具备经济价值，碳价格越高，碳价值越大，个人越倾向于减少排放。具备价值的碳排放权分配给个人后，低排放者会获得经济激励，高排放者则成本增加，激励和惩罚程度由碳排放量、碳价格和市场因素共同决定；这种外在的经济激励会影响内在的心理，从而提高个人碳减排认知，增强碳减排意识，改变排放行为；同时个人碳交易提高了碳的可见度，使排放权分配更公平，更利于达成社会层面的减排共识。

PCT减少碳排放机制如图7.1所示。

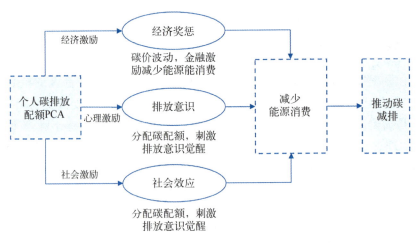

图7.1　PCT减少碳排放机制

三、碳普惠金融的发展动因

（一）消费端减排的必要性

我国居民消费端碳排放具有占比较高、场景庞杂等特征。中国科学院2021年发布的《中国"碳中和"框架路线图研究》指出，消费端如工业过程、居民生活等约占我国二氧化碳排放总量的53%。从我国碳排放结构来看，26%的能源消费直接用于公众生活，由此产生的碳排放占比约为1/3（具体如图7.2所示）。

相比生产端，消费端碳减排具有以下特征：一是分散性和个体数值微小。生活消费端的碳减排几乎涵盖日常生活的衣食住行，如公交地铁出行、光盘行动、无纸化办公、垃圾分类等。这些碳减排场景较为分散，碳减排量较小，因此不便于统计。二是难以定量和标准化。碳减排量化需在统一科学计算方法的基础上，考虑不同减排场景的差异来制定个人生活消费

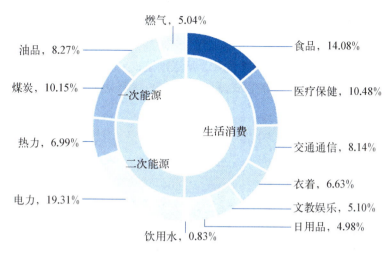

图 7.2　国内居民部门碳排放结构

的碳减排标准。三是重复性和真实性。个人减排量考察往往需依赖数字平台的消费数据,而由于不同数字平台间的数据往往不互通,因此个人减排量会被重复计算且其真实性难以验证。

根据发达国家的经验,消费端减排不容忽视。此外,消费者个人也希望参与碳市场交易,了解自己的碳减排量并拥有碳资产。更多的非控排企业以及非可再生能源企业也希望有类似的自愿减排市场机制,以抵销一定比例的排放指标。这些因素都为碳普惠金融发展提供了有利土壤。

（二）金融助力消费端碳减排的广阔前景

推动居民部门的碳减排,需要通过各类手段改变居民部门的生活消费习惯;而利用金融手段调整居民部门的消费函数可能是相对有效的路径之一。目前,世界各国金融机构针对居民部门碳减排均进行过多样化的尝试,但受限于当前居民部门排放的复杂性与数据的可得性等,其效果仍有提升的空间。

从国内金融机构的现状看,商业银行开展碳普惠金融业务具有优势。其一,相对于其他金融机构而言,商业银行覆盖的居民范围最广,能够最大限度地与居民的日常生活、储蓄及投融资行为发生联系,利于其通过多种业务和渠道开展个人碳金融业务;其二,商业银行自身具备足够的关注度与号召力,其线下网点众多,线上金融平台也建设完善,在个人碳金融项目的宣传和执行上均有较为明显的优势;其三,商业银行在过去多年已经积累了一定的绿色低碳金融业务经验,为个人碳金融业务的升级打下了良好的基础。

第二节　碳普惠金融的运行机制

一、碳普惠的现行框架

碳普惠的整体架构包括制度体系、涉及领域、参与主体、激励模式等要素(详见图 7.3)。从覆盖领域来看,国内碳普惠已覆盖衣、食、住、行、游等消费领域,以及能源、建筑、交通、农业碳汇、林业碳汇、湿地碳汇及海洋碳汇等领域。从参与主体来看,国内碳普惠的参与主体除了小微企业、家庭及个人以外,还包括政府部门、企业、投资机构和公益机构等。从制度体系来看,政府部门发布的有关实施方案、建设指南、管理方法及方法学或相关标准与规范文件等,是国内碳普惠建设的制度体系支撑。从激励模式来看,目前国内碳普惠一般采用将低碳行为转化为减排量或碳积分的方式,用以参与商户优惠兑换、公益活动或碳抵销等。

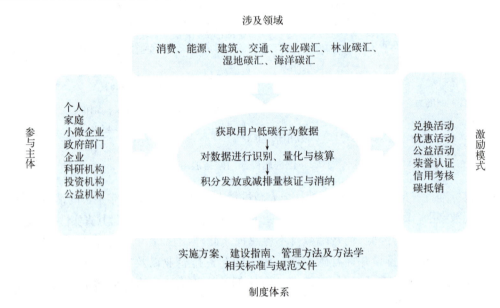

图 7.3　碳普惠基本框架

碳普惠平台是服务广大市民、实现碳普惠的主要载体。碳普惠平台通过与公共机构数据对接,按照相应的方法学计算出低碳场景下公众低碳行为的减排量,并按照一定的规则给予相应的碳积分,公众使用碳积分可在碳普惠平台上换取商业优惠、兑换公共服务,也可进行碳抵销或进入碳交易市场抵销控排企业碳排放配额,具体如图 7.4 所示。

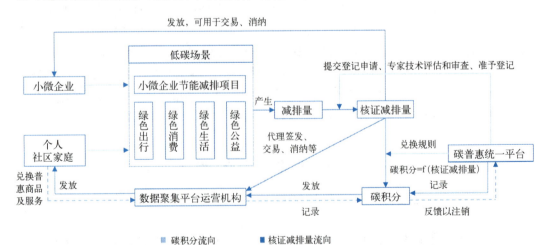

资料来源:生态环境部、北京绿普惠网络科技有限公司。

图 7.4　碳普惠平台运行模式

由于国内尚未尝试个人碳排放权交易的建设,因此,居民参与的碳金融活动主要是个人低碳行为的价值转化,即通过各种碳普惠活动将个人在生活中的减碳行为进行积分,并通过交易、兑换等方式,转化为经济价值(如图7.5所示)。此过程中碳普惠的金融属性相对不足,个人碳积分一般仅作为兑换平台商品或享有优惠的激励手段,目前仅有广东省份有将个人碳减排量纳入碳市场交易变现的先例。

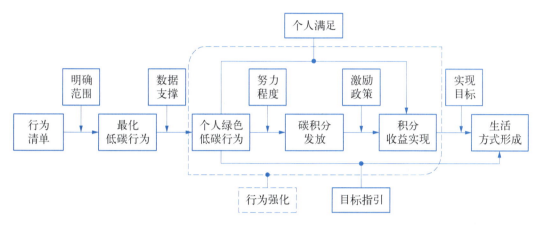

图 7.5　国内居民参与碳普惠金融路径

二、碳普惠的金融化机制

碳普惠的金融化可以分为两个层次:一是碳普惠产品和碳普惠平台的金融化,二是碳普惠市场设计的金融化(如前文所提的 PCT、碳普惠减排额与碳市场的对接等)。

碳普惠市场的金融化可看作向 PCT 制的进一步靠拢,即在现行碳普惠机制的基础上,引入国际上通用的自愿减排交易机制,为个人或家庭设置相应的碳配额并开展减排项目交易,鼓励有社会责任的企业和个人参与未来碳市场的买卖与投资。

以 2018 年芬兰城市拉赫蒂上线了公民共创的上限及交易系统(Citizens' Cap and Trade Co-created,CitiCAP)试用为例。CitiCAP 是拉赫蒂城市交通计划(SUMP)的一部分,主要通过邀请居民使用 CitiCAP 这一应用软件(其设计如图 7.6 所示),监测参与者的日常交通方式,通过激励措施推动参与者使用可持续的城市交通工具。

通过比较 CitiCAP 与国内碳普惠金融的一般运行模式,我们不难发现前者具有以下几点独特的机制设计思路。

(1) 引入碳配额。CitiCAP 中的碳配额并非人均等额分配,而是在等额分配的基础上根据生活情况进行调整,如行动不便或居住地离基础设施较远的居民可以获得更多的碳配额,碳配额的发放每周一次。

(2) 构建了碳交易平台。参与者在 CitiCAP 试用版中不能直接相互交易他们所获得的碳配额,而是直接与后台数据库进行交易,系统充当中央对手方作用。参与者每周的交通数据将会被折算成该名参与者的实际碳排放总额,若实际总额低于该参与者的碳排放配额,则盈余配额将自动出售给系统并兑换成虚拟欧元;若实际总额高于参与者的配额,

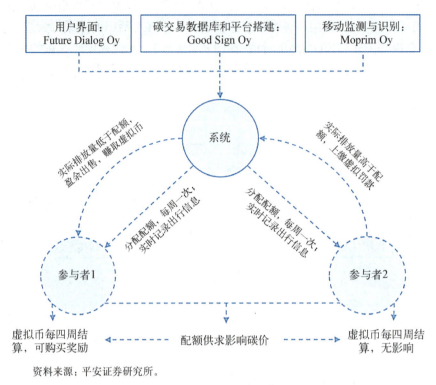

资料来源：平安证券研究所。

图 7.6 CitiCAP 设计示意图

则损失部分将导致参与者的虚拟欧元被扣除。

（3）允许碳价波动。CitiCAP 中的碳价仍然根据供需环境变化而波动。虚拟欧元价格受到碳配额总量的供需影响，所有参与者的盈余越多，则碳价越低；反之越高。

（4）差异化激励。CitiCAP 试用版期间参与者只会获取激励，无须承担损失。参与者的碳账户每四周将结算一次，净赚取虚拟欧元的参与者可以在 App 内使用虚拟欧元购买小礼品，如咖啡券、游泳卡等；而虚拟欧元净亏损的参与者无须为亏损付费。

相关研究结果显示，CitiCAP 的碳价机制对参与者交通方式的影响幅度有限，但排放意识及社会效应对参与者的减排行为有较好影响。约有 36% 的调查者表示，使用 CitiCAP 后由于希望完成减排行动，因此他们的交通活动变得更环保了，这说明排放意识及社会效应在居民部门减排中发挥了作用。

第三节 碳普惠金融的发展

一、国外碳普惠金融的发展模式

（一）NICHE 计划模式

与前文所提到的 CitiCAP 类似，NICHE 计划同属于全球个人碳排放权交易的小范围实验。该类模式尽管在涵盖范围略有差别，但模式大致相同，共分为四部分：（1）个人或家庭定期免费获得碳配额;(2)根据其消费活动计算碳配额的扣减量;(3)允许碳配额交易;(4)个人或家庭可获得的碳配额总量通常逐年减少,以推动减排。

NICHE 计划于 2012 年在诺福克岛开始运行,由南十字星大学管理,并受到澳大利亚研究理事会(ARC)的资助,以及诺福克岛立法议会(NIA)的支持。其设计机制相对简单,共分为三步。

第一步,将诺福克岛的参与居民纳入个人碳监测系统,并监测其天然气、电力及燃料(主要是汽油)消费量。根据各种能源消费量及乘数,计算参与居民的能源消耗相关二氧化碳排放总量。在整个实验期间,约有 217 户人家自愿参与其间(占诺福克岛总人口的 27%)。

第二步,参与家庭按季度统计碳排放量,并在实验开始的两个季度后根据此前的排放数据计算出基准排放量(baseline),并推动参与居民在未来的 6 个月内将其碳排放量在基准排放量上减少 10%,这一目标被称为个人碳目标(personal carbon goal,PCG)。

第三步,允许居民之间开展碳交易,以观测市场手段是否可以提升减排效率。

值得注意的是,不同于 CitiCAP 的成功实践,NICHE 计划引入个人碳排放权交易的努力最终以失败告终,其中一个重要因素在于 NICHE 对碳配额分配采用人均等量分配法,然而,在实验中 NICHE 研究机构发现,人均能源消费量实际与家庭成员数显著负相关。因此,人均等量分配这一分配法被证实不利于规模较小的家庭。与此同时,诺福克岛缺乏完善的金融及税务体系,无法保障对小规模家庭进行合适的补偿。

(二) 光州碳银行模式

除个人碳排放权交易相关的尝试外,商业银行等金融机构也在不同领域依据自身情况,开展了推动居民部门碳减排的尝试,其中,较早的尝试为韩国光州银行的碳银行项目。

自 2008 年起,光州银行向自愿参与的家庭发放碳银行卡,若持卡人及其家庭成员相比此前两年,在过去的六个月中水、电、天然气的平均使用量减少 5% 及以上,就能获得一定量的碳积分。另外,购买指定的环境友好产品或出行搭乘公共交通也能获取碳积分。这些积分可用于购买绿色家庭用品,或在国家公园或特定区域内的其他景点享有折扣。2008 年项目开展伊始,参与项目的家庭数量约为 2 万个;项目开展五年后,参与项目的家庭数量升为 33 万个,覆盖了光州市约 62% 的家庭。

光州碳银行模式主要具有以下特征:

(1) 与 NICHE 和 CitiCAP 不同,光州碳银行模式并不尝试为居民部门核算及分配碳配额,而是直接通过激励措施引导居民消费行为的转变。这在一定程度上淡化了 PCT 惩罚机制,强化了减排意识及社会效应的作用,避免了缺乏有效的配额分配方式所可能导致的不公。

(2) 实践过程中,碳银行模式更强调银行、政府和企业多方资源的有效结合。光州银行与韩国电力公司、光州市自来水公司、HaeYang 城市天然气公司等市政组织,以及包含了 31 个非政府组织的"绿色开启"联盟展开合作。商业银行在这个过程中通过多方合作提高了项目的效率。此外,光州银行与市政府共同分担了在碳银行项目中积分换算的费用,并由光州市统一负责系统的管理和运营。这使得商业银行在承担社会责任的同时,有效地控制了自身的成本。

二、国内碳普惠金融的发展模式

目前,我国碳普惠金融的运行模式可分为政府主导的碳普惠金融模式和企业主导的碳普惠金融模式两种。政府主导的碳普惠金融模式主要由各地方政府推动建立,企业主导的碳普惠金融模式包括一般企业和金融机构发起设立两类。

(一) 政府主导的碳普惠金融模式

1. 基本内涵

政府主导的碳普惠金融模式是由各地政府部门推动建立,以政府平台和多元企业合作用户减排场景和激励机制的发展模式。早在 2015 年,广东省就率先展开了碳普惠金融建设的探索,此后,广州在 2019 年正式上线了全国首个城市碳普惠平台,市民通过绿色出行、节水节电等低碳行为,就可以获得碳币,兑换商品;碳减排量经核证后可进入广州碳排放权交易所变现。此外,2020 年北京启动了"绿色出行-碳普惠"活动,2021 年青岛发布了全国首个以数字人民币结算的碳普惠平台——"青碳行"App,2022 年全国首个省级碳普惠应用在浙江上线,这些都是碳普惠金融在不同省市的实践(详见表 7.2)。

表 7.2 国内区域碳普惠金融实践

日 期	区域	碳普惠制实践
2015 年 7 月 7 日	广东	广东省成为全国首个碳普惠试点;《广东省碳普惠制试点工作实施方案》中,将广州、东莞、中山、惠州、韶关、河源 6 个城市列为首批试点城市
2017 年 3 月 15 日	河南	洛阳市和致荣农业开发有限公司联合河南碳汇实业有限公司将其所属 2 000 亩碳汇林 2016 年度产生的 2 053 吨碳汇,捐献给碳普惠(河南)运营中心,标记着全国首例碳普惠公益林业碳汇项目正式启动运行
2017 年 4 月 17 日	广东	广东省发改委发布《关于碳普惠制核证减排量管理的暂行办法》,正式将碳普惠核证自愿减排量(PHCER)纳入碳排放权交易市场补充机制
2017 年 6 月 8 日	广东	广州碳排放权交易所举行了广东省省级碳普惠核证自愿减排量首次竞价活动
2020 年 9 月	北京	北京市交通委、北京市生态环境局联合高德地图等机构共同启动"绿色出行-碳普惠"行动,推出绿色出行碳普惠激励措施
2021 年 6 月	青岛	青岛市作为全国低碳试点城市和数字人民币试点城市,上线全国首个以数字人民币结算的碳普惠平台"青碳行"App
2021 年 7 月 10 日	苏州	苏州市作为工业城市和国家低碳试点城市成为全国首个建立碳账本的城市,苏州高新区设立了绿普惠碳中和促进中心
2021 年 10 月	江西	江西省市场监管局批准发布实施《碳普惠平台建设技术规范》和《碳普惠平台运营管理规范》两项地方标准
2022 年 3 月 29 日	浙江	浙江省发展改革委牵头开发建设的浙江碳普惠应用上线,是全国首个省级碳普惠应用

资料来源:根据各政府网站公开资料整理。

2. 模式特点

目前政府主导的碳普惠金融模式具有以下特点:

(1) 主体多元。

政府主导的碳普惠金融模式中,政府负责顶层设计,出台相关的指导文件和管理方法(如表7.3所示),与企业合作搭建相关的碳普惠平台,企业积极参与提供减排场景及市场化的激励模式,公众积极践行绿色低碳行动,以实际行动促进低碳减排。

表 7.3 地方政府主导的碳普惠文件和管理办法

地区	政策文件	碳普惠机制
广东	《广东省发改委关于碳普惠制核证减排量管理的暂行办法》	省级 PHCER 用于抵销纳入碳市场范围控排企业的实际碳排放
深圳	《深圳碳普惠体系建设工作方案》	将碳普惠核证自愿减排量纳入深圳碳市场核证自愿减排量交易品种,推动碳普惠核证自愿减排量用于碳市场履约抵销
成都	《成都市"碳惠天府"机制管理办法(试行)》	"碳惠天府"机制碳减排量(CDCER)可按《四川联交所碳排放权交易规则(试行)》开展交易,成都市大型活动、低碳场景创建单位等可购买 CDCERs 实施碳中和
重庆	《重庆市"碳惠通"生态产品价值实现平台管理办法(试行)》	纳入重庆市碳市场的配额管理单位使用"碳惠通"减排量(CQCER)进行履约,"碳惠通"项目包括非水可再生能源、绿色建筑、交通领域的二氧化碳减排,森林碳汇、农林领域的甲烷减少利用,垃圾填埋处理及污水处理等方式的甲烷利用等项目
上海	《上海市碳普惠体系管理办法(试行)》	上海市纳管企业可使用碳普惠核证自愿减排量抵销上海市碳排放配额清缴
山东	《山东省碳普惠体系建设工作方案》	鼓励山东省大型活动以及生态环境损害赔偿替代修复使用碳普惠核证自愿减排量
天津	《天津市碳普惠体系建设方案》	探索将碳普惠核证自愿减排量纳入天津碳市场核证自愿减排量交易品种,鼓励天津市纳管企业购买碳普惠核证自愿减排量运用于碳市场履约抵销

资料来源:生态环境部、北京绿普惠网络科技有限公司。

(2) 标准多维。

政府不但可以进行碳普惠产品和平台的创新,而且可以设计应用碳普惠领域多维标准体系,包括团体标准、行业标准、地方标准、国家标准、国际标准等,并制定相关政策开展碳普惠核证自愿减排量与碳市场的对接工作,进而在市场设计层面实现碳普惠金融的发展。

(3) 数据互通。

在政府的主导下,实现公众在各个账户减排量的融合汇总,实现公众、企业、政府之间的数据互通,实现企业之间公众的减排量与制造商、金融业之间的数据互通。

3. 具体实践

(1) 广东碳普惠平台。

以广东省碳普惠制的试点方案为例,广东省选择了社区、公共交通、旅游景区、节能低碳产品为试点,根据居民在不同场景下的低碳行为计算碳减排量,给予相应的"碳币"奖励。碳普惠的公众可到省统一的碳普惠平台注册为会员,由平台统一为公众发放"碳币"。各市的低碳联盟及政策优惠统一到平台上发布,在平台上实现公众的"碳币"兑换优惠。此外,未消费的减碳量还可流入碳交易市场,获取收益用作低碳建设或按比例返利于居民。

表 7.4 广东省碳普惠金融实践

试点领域	低碳行为	减碳量的计算方法	数据来源
社区	节水、节电、节气行为	对市民或社区业主的户均用量进行调研,参考已经实施的阶梯标准,制定水、电、气用量标准,实际用量与用量标准的差即为节约量	供电局/自来水公司/燃气公司
	减少私家车出行	由居民自行在个人信息中填写出行日均里程。从物业处获取每个车牌号每月出行日数,对比上个月减少的日数即为减少出行日。根据减少出行日、居民的日均里程及百公里油耗(用平台内置缺省值)计算出该行为的减碳量	物业管理处
	垃圾分类	根据垃圾处理方式确定每个塑料瓶、每公斤纸板、每公斤纸张及每公斤餐厨垃圾等各类垃圾回收利用的减碳量,并提供给平台运营方	垃圾分类回收装置系统
公共交通	BRT、公共自行车、用清洁能源的公交(LNG、LPG、混合动力等)、轨道交通等	根据城市公交乘坐规律,确定公交出行次数基准线。乘坐试点公交(总和)高于基准线(如16次/月)的予以鼓励。统计本地各类交通工具的能耗及碳排放情况,调研公众单次出行的交通选择及里程数,确定人均单次出行的碳排放和试点普惠交通的单次减碳量	公交公司、交通卡发行公司、交通运营公司或者交通数据中心
旅游景区	植物认养、景区周边酒店低碳住宿	此两种行为的减碳量及碳币发放由碳普惠平台后台统一配置	景区管理处
	购买非一次性门票减碳量	考虑非一次门票的碳排放及可使用次数,与传统纸质门票的碳排放进行对比,得出购买非一次性门票的减碳量,减碳量与碳币的折算系数由碳普惠平台后台统一配置	扫码购买非一次性门票
	乘坐环保车(船)减碳量	根据环保车(船)与传统燃油车船的人均能耗对比,得出乘坐环保车(船)的减碳量	扫码乘坐环保车/船
推行节能低碳产品	购买节能产品	核算试点节能产品与同类产品在使用过程中的年减碳量	扫码购买或由销售员记录
	购买低碳认证产品	核算低碳认证产品对比同类产品的生命周期减碳量	

资料来源:平安证券研究所。

(2) 北京 MaaS 平台。

北京 MaaS 平台是向北京市民提供整合步行、骑行、地面公交、轨道交通等多种交通方式的一体化出行服务平台。2020 年 9 月 8 日,北京市交通委、市生态环境局联合高德地图、百度地图共同启动"MaaS 出行绿动全城"行动,推出绿色出行碳普惠激励措施,为国内首次以碳普惠方式鼓励市民全方式参与绿色出行。

北京市民在北京 MaaS 平台上注册参与活动后,采用公交、地铁、步行、骑行方式出行,均可自动转换为相应的碳减排能量。积攒的碳减排能量还可通过北京 MaaS 平台参与公益性活动,也可兑换公共交通优惠券、购物代金券等多样化礼品。2021 年高德地图与北京市政路桥建材集团有限公司达成了全球首笔绿色出行碳普惠减排交易,并将所获收益全部返还给用户。

(二) 企业主导的碳普惠金融模式

1. 基本内涵

企业主导的碳普惠金融模式是指单一企业发起、以企业自身或合作方的用户低碳行为作为减排场景和激励的模式。其动机更多的是为了自身经营,增加用户黏性,以及打造绿色形象(如表 7.5 所示)。

表 7.5　企业主导的碳普惠金融模式

类　型	发 起 时 间	发 起 企 业	碳普惠产品(模式)
一般企业主导	2016 年 8 月	蚂蚁集团	蚂蚁森林
	2017 年 6 月	京东物流	青流计划
	2017 年 8 月	美团外卖	青山计划
	2020 年 1 月	蔚来汽车	BluePoint 蓝点计划
	2021 年 4 月	广汽集团	GLASS 绿净计划
	2021 年 8 月	能链快电	车主碳账户
	2021 年 8 月	哈啰出行	小蓝 C 碳账户
	2021 年 8 月	国家电力投资集团	低碳 E 点
	2021 年 11 月	顺丰快递	绿色碳能量
	2022 年 4 月	饿了么	E 点碳
	2022 年 6 月	满帮	碳路计划
	2022 年 6 月	联想集团	联想乐碳圈
	2022 年 8 月	阿里巴巴	88 碳账户
	2022 年 10 月	曹操出行	碳惠里程

续表

类型	发起时间	发起企业	碳普惠产品(模式)
金融机构主导	2018年10月	灌州农商行	个人碳账户
	2022年3月	日照银行	个人碳账户
	2022年4月	中信银行	中信碳账户
	2022年5月	平安银行	低碳家园
	2022年6月	邮储银行	C邮记
	2022年7月	浦发银行	个人碳账户
	2022年8月	汉口银行	个人碳账户
	2022年9月	建设银行	个人碳账本
	2022年9月	青岛农商行	碳惠通

资料来源：生态环境部、北京绿普惠网络科技有限公司。

2. 模式特点

目前企业主导的碳普惠金融模式具有以下特点。

(1) 流量依赖。

企业主导的碳普惠金融模式往往依赖数字化平台自身的用户体量和活跃度，只有用户广泛参与，才能激发和释放全社会参与绿色低碳的潜力和积极性。

(2) 渠道多样。

企业主导的碳普惠金融模式善于通过理念、技术和方式创新，构建"多行为场景设置、线上线下虚实结合、多方参与合作"平台，从而促进公众绿色低碳行为的转变。

(3) 信息透明。

企业主导的碳普惠金融模式往往会利用数字平台进行实时记录和反馈，能让公众实时了解绿色低碳行为所产生的效果和改变，同时为公众提供短期激励，从而满足公众的自我价值实现，为公众长期绿色低碳行为习惯的养成提供动力。

案例 7-1

蚂 蚁 森 林

2016年8月，蚂蚁集团与北京环境交易所合作推出蚂蚁森林碳普惠公益项目，公众低碳行为通过相应的碳减排方法学换算成绿色能量，绿色能量累积到一定程度可选择在荒漠种树、申领保护地或者助力大型活动实现碳中和，从而激励公众的低碳行为(如表7.6所示)。

表 7.6 蚂蚁森林低碳生活场景与能量算法

低碳生活场景		绿色能量	低碳生活场景		绿色能量
绿色出行	行走	每日最高 296 g	减纸减塑	绿色包装	每笔最高 105 g
	共享单车	最高 159 g		线下支付	每笔 5 g
	公交出行	每笔 80 g		电子小票	每笔 4 g
	地铁出行	每笔 52 g		电子发票	每笔 5 g
	新能源汽车	每日 891 g		绿色外卖	每笔 16 g
	公共充电桩	每笔最高 960 g		环保减塑	每笔 12 g
减少出行	网购火车票	每笔 136 g		环保杯	每笔最高 600 g
	网络购票	每笔 180 g		直饮水	每笔 4 g
	绿色政务	每笔 15 g		扫码点单	每笔 7 g
	生活缴费	每笔 262 g		扫码购票	每笔 5 g
	绿色医疗	最高 277 g		网上寄件	每笔 4 g
	绿色办公	每日最 51 g		电子签约	每笔 6 g
	车辆停驶	每周 819 g		电子保单	每份 59 g
	绿色银行	最高 639 g		信用住	每笔 5 g
	信用卡还款	每笔 21 g		国际退税	每笔 4 g
循环利用	绿色回收	旧衣回收	最高 790 g	无纸化阅读	每日最高 150 g
		旧书回收	单次 195 g	ETC 缴费	每笔 23 g
		手机回收	单台 631 g	高效节能	共享充电宝	每笔 13 g
		大家电回收	单台 9 763 g		停车缴费	每笔 18 g
		绿色入住	每次可得 92 g		绿色家电	每笔 18 400 g

蚂蚁森林碳普惠机制最具亮点的地方在于其低碳场景丰富,并将支付、征信、担保等金融属性与低碳场景相结合(如图 7.7 所示)。在低碳场景中,蚂蚁森林覆盖绿色出行、减少出行、减纸减塑、循环利用和高效节能 5 个大类 38 个低碳场景,并增加保护地、海洋保护等模块。在金融属性与低碳场景结合上,蚂蚁森林依托网商银行,公众通过金融领域的低碳场景中的低碳行为获取绿色能量,例如线上开通网商银行账户、申请网商贷以及还信

用卡、车贷、房贷等行为,通过花呗担保方式申请实时换汇的退税服务,选用车险电子保单,依托芝麻信用预订酒店,以及网购火车票、电影票、生活缴费和 ETC 缴费等线上支付行为,并推动绿色消费,消费者购买有"绿色"标识的绿色低碳产品可获取绿色能量,为商家和消费者架起绿色消费的桥梁,同时成为向消费者宣传、推广绿色低碳的环保理念的重要方式。

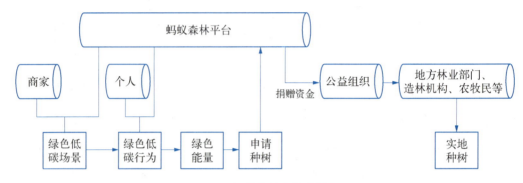

图 7.7 蚂蚁森林碳普惠模式

未来,蚂蚁森林将由碳普惠制向企业主导的碳普惠金融模式、PCT 企业主导的碳普惠金融模式转变。事实上,蚂蚁森林的产品构想共有三步:第一步是初期通过公益基金会购买个人碳账户所积累的绿色能量,将其转化为植树行为;第二步是参照国际上通用的自愿减排交易机制,开展减排项目交易,鼓励有社会责任的企业和个人购买;第三步是为未来个人碳减排活动形成国家认可的方法学,并纳入中国自愿减排项目类型,成为个人参与碳交易的"碳账户",参与未来碳市场的买卖与投资。这个规划目前仍停留在第一步。从目前来看,个人碳账户、碳交易市场的推广和普及仍面临诸多困难,但蚂蚁森林作为在这一领域最早开展实践、影响力最为广泛的碳普惠应用,其低碳生活场景的设置、碳减排量的算法等,对后来者都具备非常有价值的借鉴意义。

案例 7-2

衢州市辖内银行碳普惠机制

2018 年,衢州市辖内银行在人民银行衢州市中心支行指导下探索建设"个人碳账户"平台。在激励机制上,辖内银行扩展碳积分的应用场景,从个人碳积分演化到个人碳信用,根据个人碳账户等级评价(如"深绿""中绿""浅绿"三个等级)建立信贷"绿名单"管理制度或与信贷评级挂钩等,从而创新碳普惠金融产品。例如,2021 年 8 月衢江农商银行推出的"点碳成金贷"可为个人在授信额度、贷款利率、办理流程三方面提供差异化的优惠政策。此外,衢州市辖内银行不断完善碳普惠标准(如图 7.8 所示),2021 年 12 月浙江省金融学会批准发布《银行个人碳账户管理规范》省级团体标准,规定了绿色行为减排量折算方法、个人碳账户评价、碳积分计算和应用等方面的内容。

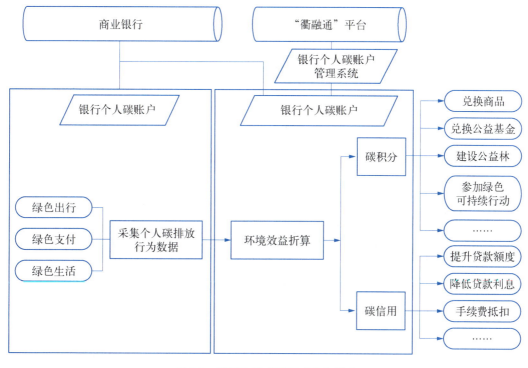

图 7.8　衢州市辖内银行碳普惠模式

第四节　个人碳账户及其发展

一、个人碳账户的理论框架

（一）个人碳账户的内涵

碳账户是以碳减排资产为核心，并赋予碳资产货币属性的一项金融基础设施。碳账户通过对用户碳排放水平及持有碳资产进行核算、登记、存储和交易，支持用户实现对碳货币的预防、交易与投资需求，逐步实现碳账户作为价值尺度、储藏手段、支付工具、流通媒介等的内在职能（见图 7.9）。

根据用户主体的不同，碳账户分为个人碳账户与企业碳账户两大类，其中个人碳账户建设以碳普惠为基础，现阶段的核心目的在于凝聚社会共识，通过个人消费行为的碳排放量化及激励机制设计，引导个人转向绿色生活方式。基于目前的技术与制度水平，还较难实现个人碳排放量的全面核算，因此现阶段个人碳账户的发展重点在于挖掘绿色消费场景、核算相应的碳减排量，以及探索可行的权益激励路径。

（二）个人碳账户的建设逻辑

个人碳账户的建设逻辑涵盖行为采集、量化核算、激励机制三大核心环节。在行为采

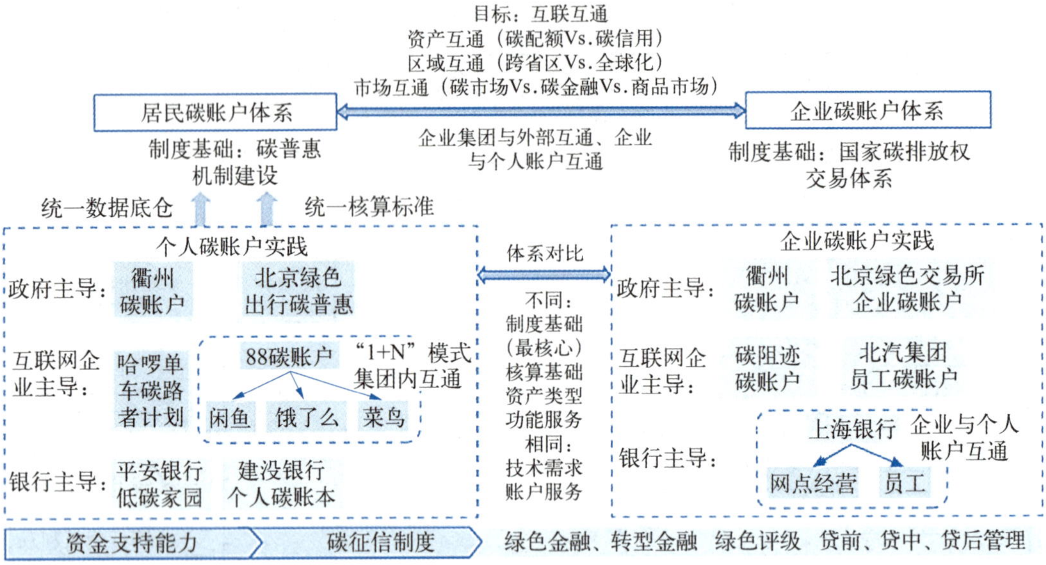

```
                          目标：互联互通
                    资产互通（碳配额Vs.碳信用）
                    区域互通（跨省区Vs.全球化）
                    市场互通（碳市场Vs.碳金融Vs.商品市场）
   ┌─────────────────┐                              ┌─────────────────┐
   │  居民碳账户体系  │◄────────────────────────────►│  企业碳账户体系  │
   └─────────────────┘   企业集团与外部互通、企业    └─────────────────┘
     制度基础：碳普惠        与个人账户互通              制度基础：国家碳排放权
     机制建设                                                  交易体系
        统一数据底仓          统一核算标准
  ┌─────────────────────────────────┐        ┌─────────────────────────────────┐
  │       个人碳账户实践             │ 体系对比│       企业碳账户实践             │
  │                                  │◄──────►│                                  │
  │ 政府主导： 衢州    北京绿色      │  不同： │ 政府主导： 衢州      北京绿色交易所│
  │          碳账户   出行碳普惠     │ 制度基础│          碳账户     企业碳账户   │
  │                                  │ （最核心）│                                │
  │ 互联网企  哈啰单   "1+N"模式     │ 核算基础│ 互联网企  碳阻迹    北汽集团     │
  │ 业主导：  车碳路   集团内互通    │ 资产类型│ 业主导：  碳账户    员工碳账户   │
  │          者计划    88碳账户      │ 相同：  │                                  │
  │                   闲鱼 饿了么 菜鸟│ 功能服务│                     上海银行   企业与个人│
  │                                  │ 技术需求│ 银行主导：                      账户互通 │
  │ 银行主导： 平安银行 建设银行     │ 账户服务│          网点经营   员工         │
  │           低碳家园  个人碳账本   │         │                                  │
  └─────────────────────────────────┘        └─────────────────────────────────┘
      资金支持能力 ──► 碳征信制度              绿色金融、转型金融  绿色评级  贷前、贷中、贷后管理
```

资料来源：卢书乐，《碳账户》，中信出版社，2023年。

图 7.9　碳账户理论框架

集环节，碳账户的目标在于尽可能全面地获取个人消费数据并从中识别绿色场景，而这些场景将成为倡导绿色生活的抓手，在该过程中用户和场景是基础；在量化核算环节，碳账户以碳减排量核算方法学为依据，量化个人的绿色低碳行为碳减排贡献。其中，碳减排量衡量了当前绿色低碳行为对环境的客观贡献，需要以严谨科学的核算方式对绿色低碳行为进行评估，从而可为消费者建立清晰的绿色低碳行为指引，同时，碳减排量的核算也需要合理界定基准行为标准，在此基础上判断绿色低碳行为改变如何减少碳排放，从而审慎判断绿色低碳行为在当前条件下可实现的碳减排潜力，在该过程中核算标准是保障；在激励机制环节，平台企业将采集的个人绿色低碳行为核算后的碳减排量按照平台积分换算规则换算为碳积分，形成个人碳资产积累，积累的碳积分可以通过平台兑换为相应的物质激励或精神激励，或根据用户的碳减排等级评价予以相应的信用激励，实现个人碳资产的价值变现，从而对个人绿色低碳行为产生内在循环激励效应，该过程中的价值变现体现了碳资产的金融属性。

（三）个人碳账户的主要特征

从发展需求来看，个人碳账户作为绿色消费政策向个人引导的重要工具，可以帮助个人识别及选择绿色消费行为，在引导绿色低碳生活方式方面发挥重要的作用，同时需要丰富的绿色场景和绿色权益对用户形成激励。个人碳账户的建设逻辑如图 7.10 所示。

从碳排放核算基础来看，个人碳排放中间接碳排放的占比较大，多场景核算基础条件尚不具备，故个人碳账户的核算环节一般只能实现平台或联盟内部、部分区域核算标准的统一，也更重视通过区分平台内不同用户的碳排放水平，来匹配相应的物质激励或金融支持政策，而不是精准核算个人的碳排放情况。

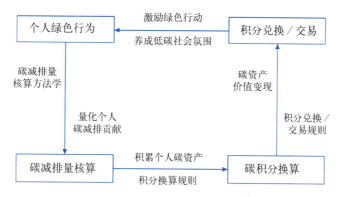

资料来源：卢书乐，《碳账户》，中信出版社，2023年。

图7.10　个人碳账户建设逻辑

在碳资产登记类型方面，由于个人碳排放量尚不具备精确完整计算的基础，个人碳交易也没有成形的国际实践，因此个人碳排放量资产的核算相对并不迫切。个人碳信用资产规模小，个人不方便统计核算，单独申请核证也不具备经济性，因此需要通过个人碳账户实现核算并代理核证交易。目前，市场上的个人碳账户所统计的绿色低碳行为从广义上看都是潜在的碳信用资产。

在服务功能方面，碳账户的基础功能包括核算、登记、交易、结算、碳切分、碳聚合，以及建立与碳交易、碳金融、商品交易市场的联系等。对个人碳账户而言，目前个人的碳信用资产虽然不直接参与碳市场交易，但可以在商品市场兑换优惠券等，因此现阶段个人碳账户的交易结算服务主要用于兑换平台提供的购物券等。此外，由于个人碳账户可将碳信用水平与个人贷款挂钩，金融机构根据个人碳账户分层结果提供差异化信贷政策，因此个人碳账户可初步实现与商品服务消费市场和金融辅助服务等市场的连接。

二、个人碳账户的类型和国内实践

在"双碳"目标及"1+N"政策体系的指引下，国内个人碳账户纷纷涌现。结合前文对国内碳普惠金融发展模式的介绍，我们根据设立主体的不同可将其分为三类，即政府主导的个人碳账户、企业主导的个人碳账户和金融机构（以商业银行为主）主导的个人碳账户。

（一）政府主导的个人碳账户

政府主导的个人碳账户，代表产品包括西宁碳积分、津碳行（天津）、昆明低碳积分、碳碳星球（武汉）、江西低碳生活等（详见表7.7）。该类碳账户获取的政策支持较多，公益性强、可信度高，还可通过区域性试点先行探索碳资产交易机制和路径。但由于该类碳账户往往只能优先覆盖本地，因素参与度偏低，激励较小；若无商业体、互联网平台参与，或带来参与用户不多、减碳场景不足、活跃度不高的缺陷，则难以形成市场化可持续的运营模式。

表 7.7　政府主导的个人碳账户的国内探索

	时间	产品名称	节能减排场景	权益激励方式
四川成都	2022年5月	碳惠天府	践行步行、骑共享单车、环保随手拍、驾驶新能源车,以低碳消费场景打卡等绿色低碳任务获低碳积分	兑换美团单车5天3次骑行卡、苏宁绿色焕新1000元消费补贴券、天府通地铁出行五折折扣卡等,捐赠碳积分
浙江	2022年3月	"浙江碳普惠"应用	已与蚂蚁森林、虎哥回收、菜鸟裹裹等联合开发了5大类共20个低碳场景	已累计上架景区门票、环保产品、现金红包、计量校准服务等超90项权益
山东青岛	2021年8月	"碳普惠平台"	依托"便捷青岛"App打造,通过绿色出行等数据计算产生减碳量	兑换现金卡券、优惠券用于日常消费,授予碳减排荣誉电子证书
广东深圳	2022年6月	居民低碳用电"碳普惠"应用	通过对家庭电量进行换算,对居民家庭减排量进行统计,给予用户不同等级的个性化标志勋章,以减碳量换取积分	兑换参与守护红树林湿地蓝碳生态、建设城市绿肺绿碳生态等公益活动;兑换礼品卡、地铁出行卡等礼品
广东广州	2019年	碳普惠小程序	公交、地铁等绿色出行,以及资讯阅读、旧衣回收、使用循环餐盒等循环利用,践行低碳行为后次日领取碳币	在碳普惠商城中兑换京东E卡、奈雪的茶(瑞幸咖啡)代金券、优酷(腾讯)视频会员月卡等
江苏南京	2016年3月	"我的南京"App绿色出行频道	刷市民卡乘坐公交、地铁,租借公共自行车,或以步行方式出行,累计绿色积分,且以叶、树、林等级别来表现	兑换实物、健康体检、手机充值卡等奖励;在溧水区的公益树林中认领冠名一棵树,实现线上线下共同植树
山西	2022年9月	"三晋绿色生活"小程序	乘坐地铁公交、骑行共享单车、驾驶新能源汽车、光盘行动、旧物回收等	兑换绿色消费券、优惠券,或在小程序生成官方认证、个人专属的"减排证书"

资料来源:根据公开资料整理。

(二) 企业主导的个人碳账户

企业主导的个人碳账户可分为互联网公司(电商平台)和普通企业两类,代表产品包括清流计划(京东)、青山计划(美团外卖)、碳账户(闲鱼)、个人碳账户(饿了么)、低碳e点(国家电投)、小绿店(KFC)等。其中互联网企业个人碳账户占主导,其用户基数大、活跃度高,减碳场景设定经验丰富,用户聚集力强;数据采集能力强大,记录反馈及时参与门槛较低,但也存在未与政府端对接,难以形成公众减排的总碳账本的问题;若独立推进,则碳减排的衡量标准很难得到广泛认可,会出现平台间的计算方式和标准难以统一等问题。

表 7.8　企业主导的个人碳账户的国内探索

主体		时间	产品名称	节能减排场景	权益激励方式
互联网企业	淘宝	2022年8月	88碳账户	覆盖饿了么外卖无须餐具、小份菜及闲鱼二手交易、菜鸟快递箱回收等逾70项生活场景;拍照上传随手关灯、垃圾分类等低碳行为换取碳量	捐赠碳积分,兑换无门槛现金红包、低碳商品折扣、在各子账户的商城兑换专属服务,以及结合"碳宝"形象,通过积累碳积分来解锁拟人化数字勋章
	支付宝	2016年8月	蚂蚁森林	通过步行等低碳行为来积累"能量球"	以绿色能量兑换领养"种树",参与公益活动
	菜鸟	—	绿色家园	线下参与快递包装回收、利用旧包装寄快递等绿色消费行为	以计算个人碳账单积分来兑换鸡蛋等礼品
	高德地图	2019年	个人碳账户	通过乘坐公共交通等方式积攒"碳能量"	以"绿色出行积分"兑换生活用品、公交卡、代金券等,或捐赠环保公益活动
普通企业	吉林长春	2021年3月	纸壳先森兑换超市	参与再生资源回收利用	"绿色兑换"让旧物变财富
	满帮集团	—	司机个人碳账户	平台根据接单的运输里程,跟踪记录运输过程中的碳排放相关数据	以智能调度等方式,减少车辆空驶、空置和空载
	国家电投	—	低碳e点（全国首家央企碳普惠平台）	汇聚集团员工的低碳行为数据,比如光盘行动、无纸化办公、植树等	在员工商城兑换商品
	肯德基	2022年3月	小绿店	通过签到、低碳点餐、学习等指定的绿色行为累积"碳豆",适用于肯德基线上线下的零售场景	碳豆每满10个,可合成1个"虚拟余量食物礼包",集满9个将赢得指定产品优惠券。赛季结束碳豆前20可获价值500元"自然自在礼包"

资料来源:根据公开资料整理。

(三) 金融机构(商业银行)主导的个人碳账户

金融机构(商业银行)主导的个人碳账户,代表产品包括锡灵力(无锡锡商银行)、个人碳账户(济宁银行)等(详见表 7.9)。其与金融服务场景结合更紧密,客户群体庞大,能通过信用卡、借记卡等与消费场景相结合;并借助完整的内部运营体系、严格的外部监管体系及寿富的账户体系运作经验,为量化碳减排提供数据记录和平台基础,公信力较强。但其数据来源有限,缺少全功能的生活场景和海量的用户数据,不利于对客户进行精准画像,在拓展零售金融业务的使用范围,并且在功能的丰富性、权益兑换的便利性和实用性方面仍需完善。

表 7.9　银行主导的个人碳账户的国内探索

	时　间	产品名称	节能减排场景	权益激励方式
建设银行	2022年3月公布打造计划，9月登记完成，并测试	个人碳账本：建行生活App-低碳生活、手机银行App	绿色出行、线上缴费、线上消费，将内部数据（手机银行生活缴费、ETC缴费等）和行外碳减排行为数据（乘车次数、线上办理政务业务次数等）进行可信共享	提供信用卡额度升级、消费分期福利、银行卡消费折扣、支付优惠、积分商城权益兑换等差异化金融服务
邮储银行湖南分行	2022年6月	个人碳账户："C邮记"		获得一株虚拟黄金茶树树苗，并通过碳能量兑换道具，培育茶苗；捐赠用于公益项目；兑换生活缴费、新能源购车贷款等优惠权益
平安银行	2022年5月	个人碳账户：平安口袋银行App-低碳家园（国内银行业首个银联信用卡、借记卡全卡碳账户）	低碳出行、数字金融、在线办理业务。其中，公交、地铁、高铁出行及公共缴费、共享单车新能源车充电6大场景绿色行为可积累碳减排量；公交出行、地铁出行、步行、电子交易、志愿者服务等19项绿色行为可积累绿色能量	享受碳减排量和绿色能量的双重价值体系，并提供共享单车优惠券、公交地铁优惠券、数字藏品等绿色权益，以及兑换植树公益
浦发银行	2022年7月	浦大喜奔App-绿色低碳区（浦发信用卡）	公交、地铁、12306铁路出行及公共缴费、共享单车骑行、新能源车充电6种绿色场景消费；理购买新能源汽车分期、绿色场景消费等15种绿色行为	获得专区绿色积分、碳减排量展示的双重价值权益，其中专区绿色积分可搭配普通积分兑换权益及礼品
中信银行	2022年3月推出内测版、4月正式上线、11月新升级	中信碳账户：动卡空间App、手机银行App-低碳专区（首个由银行主导的碳账户）	通过申请电子信用卡、线上生活缴费等低碳行为获取碳减排量；升级后，扩容涵盖无介质借记卡开通、线上转账、信秒贷办理、信秒贷还款4个碳减排场景，共实现针对9个金融场景的碳减排量核算	中信书院借阅尊享Plus周卡，兑换优酷会员卡、爱奇艺会员卡、Keep会员及中信出版电子书等
汉口银行	2022年8月	个人碳账户："汉口银行微银行"微信小程序（开放式碳账户）	涵盖绿色出行、消费领域共10项绿色行为，如乘公交地铁、绿色消费、线上缴费等，获得减碳贡献，折算成碳币	推出减碳奖励、公益捐赠、金融服务三大类权益，比如兑换微信立减金、共享单车月卡或参与公益

资料来源：根据公开资料整理。

三、个人碳账户互联互通

在个人碳账户的实践中，地方政府主导的碳账户和平台企业（互联网企业及商业银行)主导的碳账户各具特色,在不同维度上优势互补,未来有望深度整合、互联互通,形成多层次、立体化的个人碳账户体系和碳普惠金融生态,全方位引导和促进消费端碳减排,具体表现为以下四个层面。

(一) 资产联通

在资产联通层面,实现个人碳账户资产联通的前提是通过方法学核证获得科学性得到认可的碳减排量。在国家层面制定CCER核证方法学的前提下,目前国家碳市场及地区碳市场均已实现资产联通,未来有望推动包括个人碳减排量资产在内的更多资产参与其中。在具体实践层面,一是推动多领域形成科学核证方法学并得到官方背书;二是可以从地区试点入手,先推动地区或平台小范围形成方法学,人为创设碳减排量应用场景,例如允许以购买碳减排量的方式替代罚款等,先推动局部交易再向全国扩散。

(二) 主体联通

在主体联通层面,提供碳聚合功能的平台企业对个人碳账户而言尤为重要。平台企业获取个人碳减排情况的第一手信息,可以作为与企业碳减排交易的媒介,参与碳市场交易并收取中间费用,同时将个人碳减排量转化为货币收益返还至个人,丰富平台企业的激励来源并对个人形成交易激励。在个人碳账户和企业碳账户全面打通的理想碳账户体系下,碳减排量的流转渠道类似于现有的银行支付体系,个人碳账户和企业碳账户的关系类似于现有银行体系下的个人账户和公司账户,可直接进行交易结算。

(三) 市场联通

在市场联通层面,可分为碳市场与碳金融市场的联通,以及碳市场与商品服务市场的联通。碳市场与碳金融市场(包括碳衍生品等交易市场及碳质押融资等辅助服务市场)的联通,本质上是促进碳金融产品的创新,提高市场活跃度。在具体实践层面,可以建立绿色商品促销活动与个人碳减排量的兑换关系,商户定向为产生碳减排量资产的个人提供商品折扣,在激励个人更多地选择绿色低碳行为的同时,实现绿色商品的生产和销售。

(四) 区域联通

在区域联通层面,不同区域联通所反映的是不同区域政府及个体对其他区域碳资产价值和交易机制的认同,是实现个人碳账户联通目标的最高层级,实践路径需要由小到大。例如,个人碳账户平台内部的交易联通是最小层级的区域联通,在此基础之上,通过纳入更多主体(个人及企业)、资产类型(碳配额及碳减排量)、金融产品和实体商品/服务可以扩大市场的范围,通过平台与平台的联通、城市与城市的联通,逐步过渡到更大区域的联通。

第五节 碳普惠金融发展建议

一、碳普惠金融发展面临的问题

(一) PCT模式自身存在局限

具体表现为:(1)居民部门碳排放较为复杂,全球范围内均缺乏针对居民部门的直接碳排放核算体系,这导致以居民部门为对象构建碳市场的基础不稳;(2)PCT运行成本高昂的问题仍需要解决;(3)参考诺福克岛的经验,以居民人均等量为标准的碳配额分配方法，在实践过程中具有较大的公平性问题，这一方面会导致居民部门对 PCT 的支持程度削弱，另一方面可能在强制推行的过程中导致新的不公产生；然而，当前全球范围内尚无成熟的配额分配方法，需要在未来的发展过程中进一步摸索。

（二）消费端碳减排需要兼顾居民生活质量

我国仍为发展中国家，推动消费行为转型相对困难。我国本身为以煤炭为主要资源禀赋的发展中国家，同时是人口大国。在此背景下，我国人均碳排放量水平实际远低于欧美等发达国家。从数据可得性及排放占比角度来看，推动居民部门碳减排最为便捷的领域是能源领域，然而，通过减少化石能源消费推动居民部门碳减排可能导致居民生活水平下降，并限制我国的进一步发展，因此，需要明确居民部门的减排路径，兼顾减排与居民生活。

（三）居民部门碳金融开发存在政策及现实的限制

具体表现为：（1）金融机构牌照规定了其可以开展的业务范围，但对碳金融相关领域的规定尚不明确；（2）居民的各类消费数据可能涉及敏感信息，互联网公司与金融机构是否有权记录并用于碳排放核算，以及可以使用何种程度的消费数据进行核算，实际仍需要进一步明确；（3）如果居民部门从碳金融中获取了收益，则该部分的税收政策制定需要谨慎，以防止打击居民参与热情。

（四）碳普惠金融发展会对第三方形成压力

短期内，碳普惠制的居民部门碳金融模式仍将是相对可行的方式，但该模式决定了奖励机制由市场参与双方转变为第三方，如果希望能够保障减排效果，银行、互联网企业就可能承受相对较大的支出压力。

二、对政府的建议

首先，健全碳普惠法律法规建设，推动多元碳普惠机制有效落地。目前我国各省市碳普惠发展情况存在差异，已开展碳普惠平台建设的地区要进一步完善碳普惠模式，整合更多社会资源，推动多元碳普惠机制的落地，利用多元碳普惠机制的现实平台"碳普惠合作网络"和第三方绿色生活减碳计量底层平台"绿普惠云-碳减排数字账本"，努力实现政府和多元企业碳普惠平台的链接。未开展碳普惠平台建设的地区需建立健全碳普惠相关政策、方案和制度体系。不断增加应用场景和碳普惠减排量消纳渠道，不断提升公众减排价值，以社会良性互动的方式来促进碳普惠的发展。

其次，应逐步形成多层次全方面的碳普惠标准体系。建议由政府主导，支持社团组织、行业协会、企业形成合力，出台适用性强的碳普惠领域国家标准、行业标准、团体标准、地方标准，并对接国际标准，用于指导碳普惠平台的建设，逐渐形成碳普惠标准体系，保障碳减排量核算的公信力和公平性。

再次，应聚合多方资源，提高各主体参与碳普惠建设的积极性。目前不管是全国还是地方对碳普惠减排量的抵销需求十分有限，应通过整合政府、公益组织、商业和金融机构等多主体资源，充分发挥个人减排量的交易属性，推动现有碳普惠机制持续优化。

最后，加强对碳普惠平台的宣传倡导。针对公交、地铁等具有减排潜力的生活消费场景，各级政府应大力倡导绿色低碳生活方式和消费模式，加强对公众参与碳普惠机制的宣传引导,相关行业协会、平台和企业也应进一步加大碳普惠公众宣传力度,大力倡导简约适度、绿色低碳、文明健康的生活方式,营造良好的全民低碳社会氛围。

三、对企业的建议

在碳普惠体系中的企业包含多种不同层级:如具有减排场景的数字化生活服务企业、提供商业激励的品牌企业及银行、有碳中和需求的企业或大型活动主办方等。结合各类型企业在碳普惠体系中的功能和作用,提出以下建议:

针对具有减排场景的数字化生活服务企业,建议其依据自身的低碳属性主营业务,充分挖掘相关绿色低碳生活场景,积极与政府碳普惠平台、各激励方企业实现对接联动,积极响应国家和地方政府的号召,主动开展公众宣传活动,提升其用户和员工践行绿色低碳生活、应对气候变化等方面的意识。

针对品牌企业及金融机构,可结合自身业务特点,创新公众减排激励方式,履行企业社会责任,增加品牌知名度。此类企业通过向公众提供优惠的商品或服务作为低碳行动奖励,以此来引导公众参与碳减排行动,金融企业还可以开拓碳普惠上下游价值链,探索碳普惠减排量相关金融产品与服务。

针对有碳中和需求的企业或大型活动主办方,一方面可以通过控排行动为温室气体减排贡献力量;另一方面,可利用自身的人数优势传播绿色发展理念、践行倡导减碳行动。并可主动购买一定数量的公众减排量用于自身运营或大型活动的自愿性碳中和,促进碳普惠体系形成闭环。

四、对社会组织的建议

对于国际组织、行业协会、基金会、社会团体等社会组织,建议在碳普惠合作网络共识的指导下,发挥各方力量,形成合力支持碳普惠机制建设,广泛动员公众参与,提高公众的减排意识,推动绿色低碳全民行动,参与生活消费领域碳减排信息传播,讲好应对气候变化的中国故事,各方携手努力提升气候变化传播能力,将公众的绿色低碳生活意识、知识转化成更多的社会行动,推动我国生产生活绿色低碳转型,引导公众深度参与塑造中国绿色低碳型的未来社会新形态。

思考与练习题

一、什么是碳普惠?为什么要发展碳普惠?碳普惠制和碳排放交易权的区别与联系有哪些?

二、试比较政府与企业两种碳普惠运行模式的异同,并举例说明。

三、我国个人碳账户目前划分的种类有哪些?它们之间有何差异?

四、你认为我国目前的碳普惠实践相比国外实践有何优势和不足?

五、对于积极推进碳普惠制度,你还能给出什么建议?

推 荐 阅 读

生态环境部、北京绿普惠网络科技有限公司:《中国碳普惠发展与实践案例研究报告》,2023 年。

汪军:《碳管理:从零通往碳中和》,电子工业出版社,2022 年。

卢书乐:《碳账户》,中信出版集团,2023 年。

参 考 文 献

生态环境部、北京绿普惠网络科技有限公司:《中国碳普惠发展与实践案例研究报告》,2023 年。

陶叶炜、唐衍、杨海舟,等:"公众领域碳普惠多场景创新策略探析",《现代企业》,2023 年第 12 期,第 148—150 页。

胡晓玲、崔莹:"碳普惠机制发展现状及完善建议",《可持续发展经济导刊》,2023 年第 4 期,第 23—27 页。

刘国辉、陈芳:"碳普惠制国内外实践与探索",《金融纵横》,2022 年第 5 期,第 59—65 页。

聂正标、贾彦鹏:"我国碳普惠机制的典型做法、存在问题与改进举措",《中国物价》,2023 年第 12 期,第 27—30 页。

董雨檬、陆莎、杜欢政:"碳普惠制:实践梳理、经验总结及发展研究",《中国商论》,2023 年第 21 期,第 151—155 页。

王中航、张敏思、苏畅,等:"我国碳普惠机制实践经验与发展建议",《环境保护》,2023 年第 4 期,第 55—59 页。

景司琳、张波、臧元琨,等:"'双碳'目标下我国碳普惠制的探索与实践",《中国环境管理》,2023 年第 5 期,第 35—42 页。

孙传旺、魏晓楠:"'双碳'背景下我国碳账户建设的模式、经验与发展方向",《东南学术》,2022 年第 6 期,第 197—207 页。

邱峰、邵成多:"个人碳账户的国内外探索实践",《西南金融》,2023 年第 3 期,第 41—55 页。

第三篇
碳金融市场篇

第八章

碳金融市场

学习要求

了解碳金融市场的界定、构成要素和层次结构;了解我国碳金融市场的发展情况和机制设计,在理解我国碳金融市场存在问题的基础上,掌握我国碳金融市场有效性分析的范畴;理解未来我国碳市场在建设、机制、监管等层面应采取的建议。

本章导读

碳金融市场的内涵较为丰富,分为狭义的碳金融市场和广义的碳金融市场。碳金融市场构成要素一般包括市场主体、市场客体、市场价格和市场媒介四类,整体结构分为宏观制度框架和微观结构两个层次。我国碳金融市场历经十余年的发展已取得重要成绩,全国碳市场落地运行,碳金融产品创新不断涌现,但也面临市场主体参与不足,流动性较差,有效性遭遇质疑等挑战。在此基础上,理解碳金融市场有效性的内涵,掌握科学评估有效性的方法,并对我国碳金融市场的未来发展提出合理的建议,显得尤为关键。

第一节 碳金融市场概述

一、碳金融市场的界定

随着全球气候变化问题日益严峻,碳金融市场逐渐成为全球关注的焦点。中国作为全球最大的碳排放国,其碳金融市场的发展不仅对我国可持续发展有重要意义,而且会影响全球碳排放减缓进程。碳金融作为一种创新的金融工具,能够通过市场机制来调控碳排放,促进清洁能源和低碳技术的发展。研究碳金融市场,立足长远发展目标,厘清与我国发展相适应的市场机制、政策配套、交易生态等多个层面的发展脉络,有助于促进我国碳金融市场健康有序发展。

碳金融市场内涵广泛,有狭义和广义之分,本书认为:

狭义的碳金融市场涵盖以碳排放配额或项目减排量等为标的的现货、期货、期权交易等金融活动。狭义碳金融市场的发展主要依赖碳交易制度的完善和市场参与者的活跃程度,以及政府和相关机构在市场监管和支持方面的持续努力。通过这些措施,狭义的碳金融市场旨在为实现碳减排目标释放价格信号、提供有效的市场激励,助力低碳转型,同时为行业、区域绿色低碳发展提供融资渠道。

广义的碳金融市场涵盖所有服务于减少温室气体排放的各种金融制度安排和金融交易活动,包括碳排放配额或项目减排量的现货与衍生品交易,以及低碳项目开发的投融资以及其他相关的金融中介活动。在广义的碳金融的框架下,碳资产作为一种特殊、稀缺的有价经济资源,除了基于减排要求进行交易的环境属性外,还被赋予了更深层次的"金融属性",并逐渐演变为具有投资价值、交易需求及流动性的金融产品,而要使碳资产的金融属性更加鲜明,政策对碳市场的定位及相关机制的设置则起到了关键性作用。

无特别说明,本节中分析的碳金融市场均指广义的碳金融市场。

二、碳金融市场的构成要素

碳金融市场的构成要素一般包括四类:市场主体、市场客体、市场价格和市场媒介(如图 8.1 所示)。市场主体,即交易参与双方,包括控排企业、减排项目业主、金融机构等;市场客体,指交易标的及交易产品;市场价格,指在供求关系支配下由交易双方商定的成交价;市场媒介,指双方赖以完成交易的工具和中介,往往包括第三方中介机构及作为第四方的交易场所,如咨询公司、律师公司、交易所、清算所等。

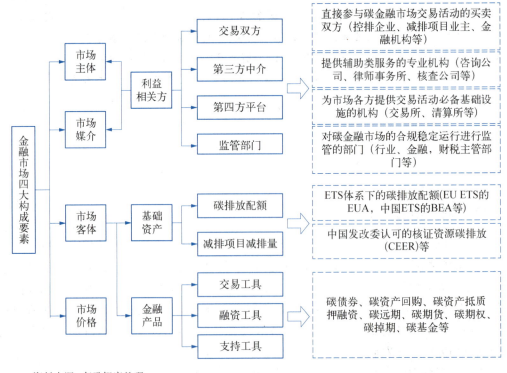

资料来源:亿欧智库整理。

图 8.1 碳金融市场构成要素

其中,市场主体和市场媒介共同构成了市场上的各类主要利益相关方[①]。市场客体则可以分为基础资产和金融产品两部分,碳交易的基础资产主要包括两类:一是 ETS 体系下的碳排放权配额,比如:EU ETS 下的欧盟碳排放配额(EUA)和欧盟航空碳排放配额(EUAA);我国地方试点市场配额,如北京市碳排放权配额(BEA)和全国碳排放配额(CEA)等。二是根据相应方法学开发的减排项目减排量,比如联合国清洁发展机制下的核证减排量(CER)、中国国家发改委认可的核证自愿减排量(CCER)等。碳金融产品,如碳债券、碳资产回购、碳远期、碳基金等,是依托碳配额及项目减排量两种基础碳资产开发出来的各类金融工具,从功能角度主要包括交易工具、融资工具和支持工具三类。碳金融产品在第三章已有较为详细的说明,在此不再赘述。

第二节 碳金融市场的层次结构

碳金融市场是一个由政策创造的市场,其层次结构可以分为宏观制度框架和微观市场两个层面(如图 8.2 所示)。宏观层面主要指政府规制下的碳排放权体系 ETS,而微观层面分为二级交易市场、融资服务市场和支持服务市场,其中二级交易市场是核心,具体又可分为场内交易和场外交易,而负责过渡和衔接宏观制度框架与微观市场结构的则是一级市场。

一、碳排放权交易系统

碳排放权交易系统(ETS),是建立在温室气体减排量基础上将排放权作为商品流通的交易市场。欧盟于 2005 年建立 ETS,是目前全球建立最早、最成熟且最具影响力的碳排放权交易系统(EU ETS)。

参考国际碳行动伙伴组织发布的《碳排放交易实践手册:碳市场的设计与实施》,作为一个政策规制体系,碳排放权交易系统往往需要通过立法来确定以下关键要素:(1)覆盖范围,包括控制排放的温室气体种类、地理范围、行业范围及控排主体门槛。(2)总量设定,指根据覆盖范围内的历史排放情况及总体减排目标确定的未来一定时段的排放总量。(3)配额分配,既可以免费发放(主要根据历史排放水平或行业基准线而定),也可以通过拍卖等方式有偿分配。(4)抵销机制,指允许采用特定的自愿减排项目产生的减排量抵销控排主体的部分排放,以减轻控排主体的履约成本,同时鼓励自愿减排,具体包括项目类型、范围及抵销比例等。(5)履约监督,为了保证配额分配公平、项目减排量真实及履约严肃性,必须对控排主体的排放情况及自愿项目的减排情况进行严格的监测、报告与核证(MRV),并对违反报告及履约义务的控排主体给予处罚。

EU ETS 和我国 ETS 发展的横向比较详见表 8.1。

---

① 关于碳金融市场上的主要利益相关方在本书第一章中已有详细的解释,在此不再赘述。

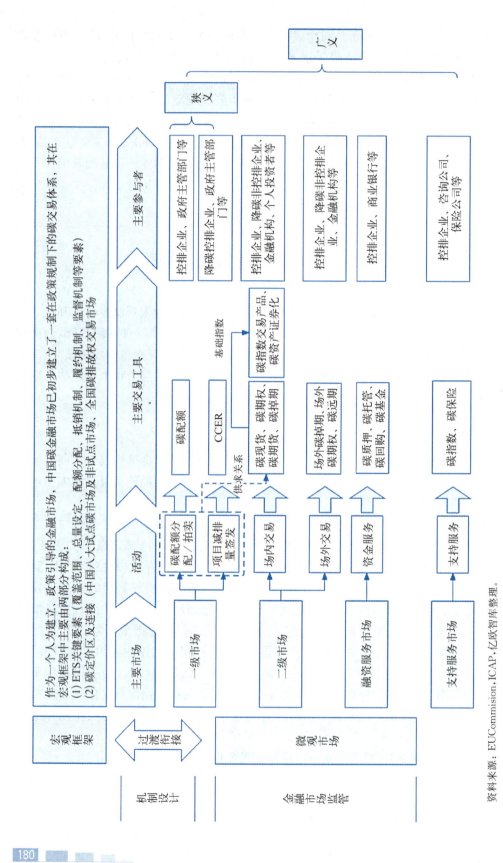

图 8.2 碳金融市场层次结构

资料来源：EUCommision，ICAP，亿欧智库整理。

表 8.1　EU ETS 和我国 ETS 发展的横向比较

主要特点	EU ETS				我国 ETS
阶段	阶段一 （2005—2007）	阶段二 （2008—2012）	阶段三 （2013—2020）	阶段四 （2021—2030）	阶段一 （2021—）
减排目标	在 1990 年的基础上减少排放 8% 温室气体		在 1990 年的基础上减少排放 20% 温室气体	在 1990 年的基础上减少排放 55% 温室气体，在 2050 年实现碳中和	"30·60""双碳"目标
交易主体	约 11 000 家重点排放设施	新增成员国的自然人和法人	新增成员国政府	暂无新增	重点排放单位
分配方法	几乎免费分配（祖父法）	10% 拍卖（祖父法＋基准线法）	57% 拍卖（祖父法＋基准线法）	57% 拍卖（祖父法＋基准线法）	以免费分配为主
涉及行业	电力＋能源密集型行业	2012 年 1 月 1 日新增航空业	新增化工与电解铝行业	暂无新增	年度温室气体排放量达到 2.6 万吨二氧化碳当量 2 225 家电力企业为主
抵销机制	无限制使用 CER 和 ERU（实际未使用）	CER 和 ERU 的使用限制行业（包括 LULUCF 和核能）	CER 和 ERU 的使用限制国家（最不发达国家）	暂停原抵销机制，拟加入碳汇	可以使用 CCER 抵销，但不超过 5%
重要里程碑	碳价的确立；欧盟排放配额的自由贸易建立；监测、报告和核实所涉企业排放量所需的基础设施	联盟注册取代了国家注册，欧盟交易日志（EUTL）取代了社区独立交易日志（CITL）	一个单一的、欧盟范围内的排放上限，以取代之前的国家上限系统；拍卖作为分配配额的默认方法（而不是免费分配）	采用市场稳定储备机制；更有针对性的碳泄漏规则资助；低碳创新和能源部门革新	2021 年 7 月，全国统一的碳排放权交易市场正式启动，我国全国性的碳排放权交易拉开序幕
总结	阶段一是为阶段二做准备的为期 3 年的"边做边学"试点，届时 EU ETS 将需要有效发挥作用，帮助欧盟实现其京都目标	2008 年的经济危机导致减排量超过预期，并导致配额和信用的大量过剩，严重影响整个第二阶段的碳价	与阶段一和阶段二相比，阶段三在体系上发生了根本改变	各项政策逐渐趋严。第四阶段已废除抵销机制，同时开始执行减少碳配额的市场稳定储备机制	全国统一的碳排放权交易是我国为达成"双碳"目标的重要政策工具，是国家推进经济社会全面绿色转型的重要组成部分

资料来源：EUCommision，ICAP。

二、一级市场

(一) 定义和内涵

一级市场是碳排放权配额和核证项目减排量(碳信用)两类基础资产的诞生地。碳配额的产生有免费分配和拍卖两种方法,项目减排量的生产则需要一套复杂的程序,包括项目审定、监测、备案、签发等,当配额或减排量完成注册程序后,就成为可以交易、履约使用的碳资产。

全球碳市场在总量设定上普遍采用了基于数量的方式。通常每一周期的碳配额数量呈现线性递减的趋势,如欧盟碳市场的碳配额数量以每年2.2%的比例逐年减少。目前,仅中国碳市场广泛采用了基于强度的总量设定方式,虽然减排效果不稳定但能更好地兼顾经济发展需求。

多数碳市场的配额分配通常经历了从免费到有偿为主的转变。大部分碳市场在初期采用免费分配以帮助其顺利推广,此后则逐渐增加有偿分配的比例(最常见的方式为拍卖)以提升减排效果。当前,除哈萨克斯坦、俄勒冈州、墨西哥、东京、埼玉县及我国各地的碳市场仍完全采用免费分配外,其他碳市场均开始不同比例地通过拍卖实施有偿分配。

(二) 金融属性

一级市场的金融属性主要体现为价格发现。实践中,碳排放权正逐渐从免费发放转为拍卖,这是因为一级市场上的配额拍卖机制不仅能直接形成碳价格,而且能反映出价方对碳配额的需求曲线,促进二级市场上的碳价形成。

从形式上来看,碳配额拍卖主要可以采用密封投标拍卖(sealed-bid auctions)、加价拍卖(ascending auction)、加价时钟拍卖(ascending clock auctions)。其中,加价时钟拍卖要优于密封投标拍卖,密封投标拍卖要优于加价拍卖。从参与方来看,希望通过购买碳配额来履约的企业,以及想减少市场上可用的配额从而降低总排放量的公益机构等都应当被纳入拍卖市场。从欧盟经验来看,设计良好的配额拍卖制度能够有效发现碳价。欧盟自2013年以来基本上每个工作日都有配额拍卖活动,平均投标倍率为2.72,拍卖价格基本与碳配额价格非常接近,说明拍卖市场较活跃,拍卖价格较好地反映了企业意愿支付的价格,拍卖已成为欧盟碳市场配额分配的主要形式(占比约57%)(如图8.3所示)。

(三) 有效性分析

一级碳市场价格发现主要与碳配额总量确定和分配方法有关。从核算方法来看,碳市场建立的主要目的是以最低的社会成本实现减排目标,这就要求一级市场价格能够真实反映社会减排平均边际成本(碳影子价格)。但目前计算碳影子价格的方法还未形成统一认识,指标、时间段选取的差异也会影响影子价格计算结果,评价一级市场价格发现功能的实证方法还有待发展完善。

从国内情况来看,目前我国的全国碳市场处于起步阶段,配额总量设置锚定碳排放强度,总体上比较宽松,自2022年以来经济增速下滑加剧了配额宽松问题。同时由于全国碳市场分配目前均采取免费发放形式,暂未引入拍卖机制,导致一级市场碳价发现功能缺失。蒋伟杰和张少华(2018)、陈欣和刘延(2018)等人的研究均发现我国试点碳市场初始价格显著低于影子价格,表明一级市场碳价格的发现作用并未得到有效发挥(如图8.4所示)。

图 8.3 欧盟碳配额拍卖与交易价格

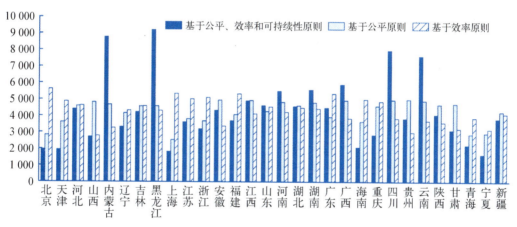

资料来源：蒋伟杰和张少华（2018）。

图 8.4 不同分配标准下的地区分配结果

三、二级市场

（一）定义和内涵

二级市场是碳现货及碳交易工具的流转市场，在整个碳金融市场中占有重要地位。二级市场可以通过汇集市场主体和各类资产，协助参与各方找到潜在的买家或卖家并完成资产定价。在引入各类碳金融交易产品和服务之后，二级市场的流动性得到了提升，并且为参与者提供了对冲风险和套期保值的服务。

具体而言,二级市场可分为场外交易和场内交易。场外交易是指在指定的交易场所进行的碳资产交易,这种交易具有固定的交易场所和交易时间,交易规则也是公开透明的,是一种规范的交易方式,交易价格通过公开竞价的方式来决定。场外交易又称柜台交易,指在交易所以外进行的各种碳资产交易活动,采取非竞价的交易方式,价格由交易双方协商确定。目前全球碳金融市场中,场内交易是主流,但场外交易仍占有重要地位。自2008年全球金融危机以后,大多数场外交易为了规避交易风险开始转向场内进行清算。

(二) 金融属性

二级市场的金融属性主要体现在价格发现、提供流动性和风险管理上。

在价格发现层面,二级市场上的价格发现机制主要有两种:指令驱动型交易和报价驱动型交易(也称做市商交易)。指令驱动型交易中的价格是由买卖双方直接决定形成的,这也是目前中国碳市场上所采用的交易方式。报价驱动型交易则是由具有特许资格的交易商通过向买卖双方连续报价,这有利于将市场上更多的公共信息反映到碳价格中。

二级市场的价格发现还体现在碳期货等碳金融衍生品市场的信息反映上。从欧盟碳市场的经验来看,一方面,期货保证金制度、卖空机制等市场微观结构导致期货市场能够率先反映市场信息,原因是拥有信息优势的交易者会首先选择在资金占用低、交易机制自由的期货市场进行交易,使得期货市场会率先对市场信息做出反应,并最终传导至现货市场。另一方面,由于机构投资者通过实地调研、访谈、路演等方式掌握控排企业大量非公开信息,并通过交易行为将这些信息反映到市场中,因此,通过机构投资者的监督,碳金融产品市场能够向主管部门反馈额外的信息从而帮助监管碳市场,实现更有效的价格发现。

在提供流动性层面,碳金融衍生品的发展能够显著促进碳配额交易活跃度的提升。碳金融衍生品为企业提供套期保值、投资工具,同时能够促进碳配额交易,实践中碳金融衍生品的交易量要明显高于碳配额的交易量。此外,金融机构直接参与碳市场交易能够提高市场流动性。基于风险对冲、投资、投机交易需求,金融机构相比控排企业有更高的交易频率,能显著增强碳市场的活跃度。

在风险管理层面,企业通过投资碳期货、碳期权等碳金融产品,可以转移、分散碳价波动风险。欧盟碳市场的经验表明,碳衍生品中最重要的产品是碳期货。由于碳期货有保证金制度(杠杆率高、资金占用少)和做空机制,因此控排企业可以根据生产经营计划购买相应到期期限的碳期货来锁定、对冲未来碳价波动风险。

(三) 有效性分析

在价格发现层面,二级市场碳价发现功能的主要判断标准是碳价是否完全和准确地反映相关信息。基于尤金·法玛(Eugene Fama)的有效市场假说理论,根据价格对信息的反映程度,有效市场可分为强有效、半强有效、弱有效三种类型。如果价格服从随机游走模型,即不能利用过去的价格信息准确预测未来价格,那么市场是弱有效的。

从我国情况来看,碳市场有效的前提是无交易成本、无信息成本以及理性投资者假说。全国碳市场的这些前提条件均不满足。目前碳市场政策不完善,企业获取政策存在信息成本,并且不了解自身减排潜力,缺乏碳资产管理能力和交易策略,以完成履约为目的。由于配额结转政策等不明确,因此企业即使有配额盈余也大多采取观望心态,"惜售"问题比较严重。同时,全国碳市场暂未开展碳金融衍生品业务,碳金融衍生品市场的价格发现也是缺失的。

在提供流动性层面,碳市场流动性主要衡量碳配额在短时间内以较低成本进行大量交易而不造成价格大幅波动的能力。根据流动性四维理论,流动性可以从宽度(width)、深度(depth)、即时性(immediacy)和弹性(resiliency)四个维度来衡量。从我国情况来看,由于全国碳市场采取单向竞价制度,缺少买卖双方报价信息,因此无法计算流动性宽度。在确定冲击后恢复至价格均衡水平的难度较大,流动性弹性指标也难以计算。

流性动性深度主要衡量某一价格水平下的可交易数量,是市场稳定程度的代理指标。在某一价格水平下,可交易数量越多,市场深度越大,一定规模的交易对价格的冲击则较小,市场流动性越强。一般使用阿米维斯特(Amisvest)流动性比率作为流动性深度的代理指标,计算公式如下:

$$Liquidity_d = \frac{\sum_{t=1}^{T} p_t \, vol_t}{\sum_{t=1}^{T} |\Delta p_t|} \qquad (8-1)$$

式中,$Liquidity_d$ 表示碳市场流动性深度,p_t 表示 t 时期的碳价,Δp_t 表示 t 时期碳价的一阶差分,vol_t 表示 t 时期的交易量。秦赵杰(2023)使用欧盟、中国的碳市场数据,计算欧盟和中国的碳市场流动性深度。结果显示,除 2021 年末几个月中国和欧盟的碳市场流动性比较相近外,其他时间中国碳市场的流动性深度显著低于欧盟碳市场(如图 8.5 所示)。

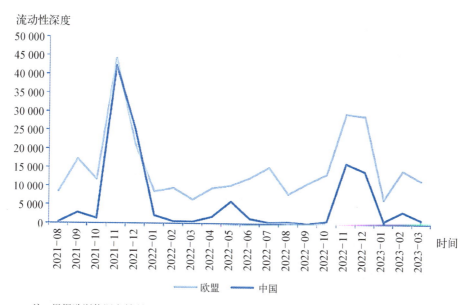

注:根据欧洲能源交易所 EEX 和 WIND 数据计算得到。

图 8.5 流动性深度

流动性即时性主要是指在一定的价格水平下完成一定的交易量所需要的时间,实践中常用交易发生的频率衡量流动性即时性。一般使用换手率指标衡量交易性即时性,该指标越大,表明流动性越高。其计算公式如下:

$$Liquidity_i = \frac{\sum_{t=1}^{T} vol_t}{\overline{Q}} \tag{8-2}$$

式中，$Liquidity_i$ 表示流动性即时性指标，vol_t 表示 t 时期碳市场交易量，$\overline{Q}$ 表示配额总量。秦赵杰（2023）经计算发现，中国碳市场月换手率均不足 2%，部分月份甚至不足 1%。而欧盟碳市场月换手率都在 2% 以上，部分月份甚至达到 10% 以上，欧盟碳市场月换手率是中国碳市场的约 30 倍（如图 8.6 所示）。中国碳市场交易活跃度不高，年换手率仅 1.5%，远低于欧盟碳现货市场的 52.8%。因此从交易即时性角度来看，中国碳市场的流动性显著偏低。

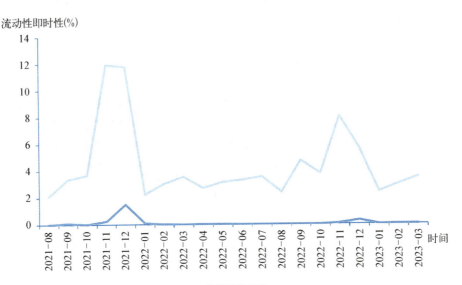

注：根据欧洲能源交易所 EEX 和 WIND 数据计算得到。

图 8.6　流动性即时性

在风险管理层面，目前全国碳市场只有碳排放配额现货交易，暂未推出碳金融衍生品，导致风险管理功能缺失。在缺少可进行碳金融产品的情况下，企业不能锁定未来碳价，导致企业采取观望和少交易的态度，或在履约末期不得已才进行交易，使得碳市场出现明显的"潮汐"现象。欧盟经验显示，碳市场中风险管理功能最强的是碳期货，通过参与碳期货交易，企业能够以较低成本提前锁定未来碳价，将部分风险转移到金融机构等交易对手方。

四、碳融资服务市场和碳支持服务市场

(一) 定义和内涵

碳融资服务市场和碳支持服务市场是二级市场之外的碳资产定价、流转的渠道，虽然这两个市场在规模、流动性、发达程度方面都无法与二级市场相提并论，但是其重要性难以替代。值得指出的是，目前我国金融机构在融资服务市场和支持服务市场方面的金融产品创新较为突出，而交易工具也即二级市场上的金融工具创新则刚刚起步，仍处于探索阶段。

碳融资服务市场通过碳资产抵质押、碳资产回购、碳资产托管等产品与服务，为碳资

产提供一种低风险的价值变现途径,为碳资产所有者开辟了一条新的融资渠道,将控排机构沉淀在注册登记簿里的大多数碳配额资产激活并流转起来,同时将项目业务的未来收益权进行折现,这对于开展碳资产管理意义重大。

(二)金融属性

碳融资服务市场和碳支持服务市场的主要金融属性体现在资金融通上。金融机构能够基于碳配额、核证自愿减排量开发碳资产抵质押融资、碳资产回购等多元化的金融产品,满足控排企业的融资需求。部分金融机构在碳金融产品方面已有落地的实践案例。例如,截至2022年11月末,兴业银行累计开展24笔全国碳排放权质押融资业务,质押融资金额近4亿元。具有融资功能的碳金融产品解决了企业减排项目以及低碳技术研发的融资问题,并使得企业能够获得碳资产的增值收益,从而提升企业的经济效益。此外,碳指数、碳基金等碳金融产品能够引导资金流向低碳发展领域,满足企业低碳转型融资需求。

(三)有效性分析

全国碳市场碳配额质押融资等碳金融产品还处于探索阶段,碳市场的资金融通功能非常弱。前期区域试点碳市场开展了碳配额质押融资等碳金融产品创新,总体上看仅限于小规模试点,一直未形成成熟的、可推广复制的模式。以上海碳市场为例,2021年上海环境能源交易所推出《上海碳排放配额质押登记业务规则》,当年仅完成16笔碳配额质押融资业务,融资总金额超4 100万元。

第三节　我国碳金融市场的发展

一、地理视角下的碳金融市场

从狭义的碳金融市场,即一级市场和二级市场发展的角度来看,我国碳排放权交易市场发展遵循由"试点"走向"全国"的设计理念,先后经历了CDM项目、区域试点、全国碳市场建设、全国碳市场上线交易运行四个阶段(如图8.7所示)。

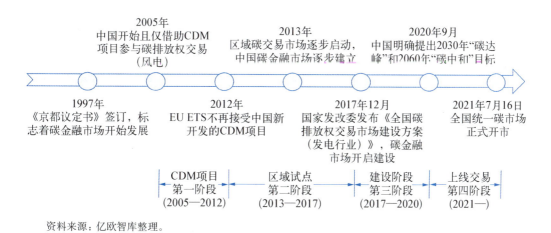

资料来源:亿欧智库整理。

图8.7　我国碳排放权交易市场发展过程

(一) 试点碳市场

目前,我国共有北京、上海、广东、深圳、天津、湖北、重庆、湖北八个试点碳市场,在涵盖行业、法律制度框架以及机制设计等方面各有特色(如表8.2所示)。在涵盖行业方面,除了北京、上海、深圳以外,其余区域均只覆盖了工业(以电力为主,钢铁、建材次之);在法律制度框架方面,各地方均发布了试行办法,但相关细则暂未发布,其目的可能是由于全国碳排放权市场的建立,各地方市场需要研判全国统一市场的走向;在市场方面,进行地方配额交易的各地方碳市场均使用"免费+拍卖"的形式,除了上海采用纯市场机制运作外,其他各地皆保留了政府干预的机制。

表8.2 试点碳市场发展情况

序号	省市	交易所	概况		市场机制	
			启动时间	涉及行业	配额分配方法	市场调节机制
1	北京	北京绿色交易所(原北京环境交易所)	2013年11月	工业:电力、热力、水泥、石化、交通运输业 其他工业和服务业非工业:事业单位	免费分配+不定期拍卖,电力行业基准线法	配额预留拍卖;配额回购
2	上海	上海环境能源交易所	2013年11月	工业:电力、钢铁、石化、化工、有色、建材、纺织、造纸、橡胶和化纤 非工业:航空、机场、水运、港口、商场、宾馆、商务办公建筑和铁路试点	免费分配+不定期拍卖,电力行业基准线法	公开透明的市场化运作
3	广东	广州碳排放权交易所	2013年12月	工业:电力、水泥、钢铁、石化、造纸	免费分配+拍卖,电力行业基准线法	采取"控制和预留"方式进行配额总量管理,政府预留一部分配额调节市场
4	深圳	深圳排放权交易所	2013年6月	工业:能源(发电)、供水、制造 非工业:大型公共建筑、公共交通	免费+拍卖,电力行业历史强度法	需求端:采用可调控的总量设置机制 供给侧:采用配额储备、配额供给、增加拍卖配额等方式调控配额供应
5	天津	天津排放权交易所	2013年12月	工业:电力、热力、钢铁、化工、石化、油气开采	免费分配+不定期拍卖,电力行业历史强度法	市发改委有启动调控机制的权限,通过投放或回购配额的方式稳定交易价格

续 表

序号	省市	交易所	概况		市场机制	
			启动时间	涉及行业	配额分配方法	市场调节机制
6	湖北	湖北碳排放交易中心	2014年2月	工业：电力、热力、有色金属、钢铁、化工、水泥、石化、汽车制造、玻璃、化纤、造纸、医药、食品饮料	免费分配，历史法＋基准线法	配额管理机制；价格涨跌幅限制
7	重庆	重庆碳排放权交易中心	2014年6月	工业：电力、电解铝、铁合金、电石、烧碱、水泥、钢铁	免费分配，历史法	涨跌幅限制
8	福建	福建海峡股权交易中心	2016年9月	工业：电力、石化、化工、建材、钢铁、有色金属、造纸、航空和陶瓷	免费分配＋拍卖，电力、水泥、铝等行业基准线法，其他历史法	政府预留10%的配额进行市场干预

在价格走势方面，地方碳市场普遍经历了2013—2016年的碳配额和CCER供给过剩，价格下行；而后各地方主管部门收紧供给，价格上行。2023年，中国8个地方碳市场（除四川）碳价多数呈上涨趋势（如图8.8所示）。北京碳市场各项机制逐步完善，交易主体最为丰富，市场交易较为活跃，碳价长期处于较高水平且稳健上涨，2023年成交均价为113.3元/吨，同比上涨17%。广东碳市场成交均价为75.5元/吨，仅次于北京碳市场，碳价与2022年基本持平，下半年整体呈现下行趋势。深圳碳市场成交均价为59.4元/吨，较2022年上涨62%，在各个地方碳市场中涨幅最高。福建碳市场成交均价为31.4元/吨，同比上涨34%，但在8个地方碳市场中碳价仍然最低。

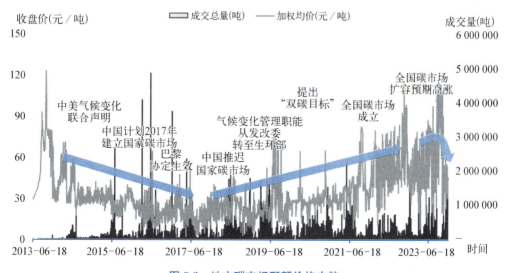

图8.8 地方碳市场配额价格走势

在成交量方面,随着电力被划入全国碳市场履约后,地方碳市场交易量普遍萎缩。预计未来全国碳市场扩容、CCER 签发重启后,地方碳市场需要寻找新的增长点。2023 年,各地方碳市场交易量多数出现下降(如图 8.9 所示)。福建、广东和天津碳市场成交量相对较高,其中福建碳市场成交量达 2 590 万吨,较 2022 年同比上升 238%,几乎是其他地方碳市场交易量之和。广东碳市场以 953 万吨成交量排名第二,成交量较 2022 年下降 35%。天津碳市场以 571 万吨成交量排名第三,成交量较 2022 年上升 4.7%。北京碳市场成交量为 93 万吨,在各个地方碳市场中最低。

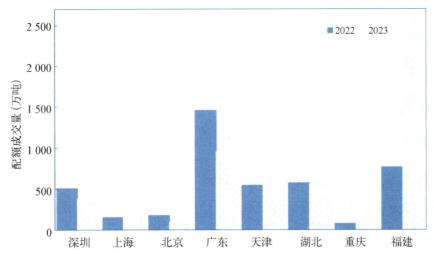

图 8.9 地方碳市场配额成交量对比

(二) 全国碳市场

全国碳市场作为我国碳金融市场发展的核心支柱,目前仍处于落地运行的起步阶段。在行业范围和主体范围方面,全国碳市场目前仅覆盖了发电行业的控排企业;而欧盟 EU ETS 经过四阶段的发展已经囊括电力、航空、工业等多个行业,对高碳产业的覆盖度较高。在主体方面,参与 EU ETS 交易的机构中,占比排名前三的机构类型为投资公司或信贷机构、其他非金融类机构和基金。同期全国碳市场的交易主体仅包含履约企业。在价格和成交量方面,全国碳市场第二履约期(2023 年 3 月 13 日—2023 年 11 月 15 日)成交量约 1.8 亿吨,加权均价为 67.7 元/吨,较欧盟等国际成熟碳市场的均价仍有较大差距(如图 8.10 所示)。

全国碳市场自启动上线交易(2021 年 7 月 16 日)至第二个履约周期截止(2023 年 12 月 31 日),已连续运行 898 天,完成第一个履约周期(2019—2020 年配额)和第二个履约周期(2021—2022 年配额)的配额清缴工作。配额累计成交 4.42 亿吨,累计成交额 249.19 亿元。其中大宗协议交易量 3.70 亿吨,占比 84%,挂牌协议交易量 0.72 亿吨,占比 16%。

2023 年全国碳市场配额成交量与碳价均呈显著上升的态势(如图 8.11 所示)。2023 年配额成交量 2.12 亿吨,是 2022 年的 4.2 倍,总成交额 144.44 亿元,是 2022 年的 5.1 倍。

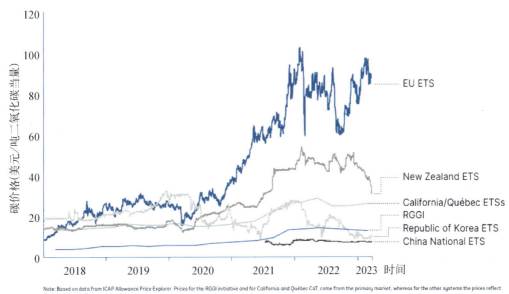

资料来源：世界银行，《碳定价机制发展现状与未来趋势报告》。

图 8.10　全球主要碳市场碳价走势

其中，挂牌协议交易成交量 3 499.66 万吨，占比 17%，年成交额 25.69 亿元。大宗协议交易成交量 1.77 亿吨，年成交额 118.75 亿元。从碳价波动情况来看，配额最高成交价 81.67 元/吨，最低成交价 50.52 元/吨。全年配额成交均价为 68.15 元/吨，较 2022 年均价上涨 23.24%，较第一个履约周期均价上涨 59.04%。

图 8.11　2023 年 CEA 价格走势

二、产品视角下的碳金融市场

从广义的碳金融市场,即一级市场、二级市场、融资服务和支持服务市场的角度来看,目前我国碳金融市场发展仍处于局部产品多元创新,但尚未全面铺开的初级发展阶段。

一方面目前我国碳金融产品市场已初步形成以碳资产抵质押贷款为引领的多元化产品体系(如表 8.3 所示):从功能属性来看,碳金融产品已充分覆盖融资、交易与支持类工具;从工具类别来看,碳金融产品涵盖信贷、债券、保险和基金等类别,多元化碳金融产品体系初具雏形;从市场规范性发展来看,碳资产抵质押贷款是碳金融市场中最为活跃的碳金融产品,北京市、上海市、广东省、浙江省、江苏省等地就碳排放权质押的登记业务规则、操作指引作出政策指引,可为其他碳金融产品的进一步创新发展提供有益借鉴。

另一方面,市场流动性有限、碳资产所有方积极性有限、金融机构处置管理能力有限等因素均限制了碳金融产品的发展,使得碳金融产品市场的相关参与方对利用碳资产进行融资与产品创新持观望态度,并在一定程度上使目前的碳金融产品大多仅为首单创新,无法实现规模化。

表 8.3 地方碳市场碳金融产品开发情况①

		北京	上海	广州	湖北	深圳	天津	重庆	四川	福建
碳金融融资工具	碳债券	—	—	—	—	□	—	—	—	●
	碳资产抵质押融资	□	□	□	□	□	□	□	□	□
	碳资产回购	□	□	□	●	□	□	□	□	□
	碳资产托管	□	□	□	□	□	□	□	□	□
碳金融交易工具	碳远期	□	□	□	□	□	□	□	□	□
	碳期货	□	□	□	□	□	□	□	□	□
	碳期权	□	□	□	□	□	□	□	□	□
	碳掉期(碳互换)	□	□	□	□	□	□	□	□	□
	碳借贷	—	●	—	—	—	—	—	—	—
碳金融支持工具	碳指数	□	□	□	+	+	+	+	+	+
	碳保险	—	□	—	□	□	□	□	—	□
	碳基金	□	□	—	□	□	□	□	□	□

资料来源:上海金司南金融研究课题组。

① □表示有案例或具体流程、指引等文件。●表示仅在网站上列出此项业务,但是没有公布相关文件或案例。+表示与该市场相关。—表示无任何业务或信息。

(一)碳金融融资工具市场

碳金融融资工具主要分布在以银行和券商为主体的融资服务市场。对银行而言,碳资产是一种创新的非传统抵质押物,以我国碳排放权配额作为质押担保,能有效盘活企业的碳排放配额资产。对证券公司而言,回购交易是为企业提供资金支持的传统工具。企业以一定价格向证券公司售出碳资产以获得资金融通,并在未来按约定价格购回,能够融取资金投向减排技改以进一步实现碳资产结余,助力企业进入降碳良性循环。

(二)碳金融交易工具市场

碳金融交易工具主要分布在地方二级市场和交易商协会的场外交易市场。我国各个地方碳市场已经分别推出了不同类型的碳金融交易工具,涵盖碳远期、碳期权、碳掉期等衍生品模式,有助于发挥碳市场的价格发现作用。全国碳市场尚未开展碳衍生品交易活动,广州期货交易所已明确发展全国碳期货交易的定位,但相关服务尚未开展。

(三)碳金融支持工具市场

碳金融支持工具主要分布在以咨询公司、保险公司为主体的支持服务市场。目前我国部分咨询公司和团体已推出了一系列反映碳市场交易情况的价格指数,如复旦碳价指数、中碳指数、中债-中国碳排放配额系列价格指数等。保险公司也创新性地开发了"碳资产质押融资+配套保证保险"业务,以碳排放配额质押贷款合同为基础合同,由碳配额所有人投保的、保障质权人实现质权差额补偿的保险产品,通过提供"碳配额+质押+保险"服务,为碳资产持有人提供增信,提高了碳资产的流动性。

三、我国碳金融市场运行机制

当前我国的碳金融市场运行机制主要包括配额分配机制、价格发现机制、产品交易机制、监测、报告与核查机制。

(一)配额分配机制

初始配额的分配制度是碳市场制度体系中的重要组成部分。目前中国主要以免费分配的机制为主,有偿分配为辅。中国与 EU ETS 类似,在具体的分配方法上选择了历史排放法、基准法等,同时将碳强度下降目标作为碳配额分配的主要减排目标。

2023 年 3 月 13 日,生态环境部出台了《2021 年、2022 年度全国碳排放权交易配额总量设定与分配实施方案(发电行业)》,用于 2021 年度、2022 年度配额分配、清缴等工作。该方案延续了第一个履约周期配额分配覆盖主体范围以及基于强度的配额分配方法。同时,与第一履约周期配额分配方案相比,该方案在四个方面进行了优化。

一是实行配额年度管理模式,分年度规定基准值,2021 年度、2022 年度分别发放配额并履约;二是扩大负荷(出力)系数修正系数的使用范围,由之前的"常规燃煤纯凝发电机组"调整至"全部常规燃煤机组";三是新增配额预支机制,考虑 2021 年和 2022 年的疫情、煤价居高不下、保障能源供应等因素,发电行业压力较大,为降低配额缺口较大企业的履约负担,对配额缺口在 10% 及以上的重点排放单位,可申请预支 2023 年部分配额,预支量不超过配额缺口量的 50%;四是新增配额分配调整项,对于执法检查中发现问题并需调整的企业在 2021 年分配阶段调整其发放的配额量。通过对配额分配方法的调整以及履约机制的优化,增强全国碳市场免费配额分配的公平性、科学性、可操作性。

(二) 价格发现机制

碳价格的发现要求碳价相对平稳且不低于社会平均减排成本,进而倒推企业节能减排,推动低碳技术创新发展。从供给端来看,价格发现要求建立总量稀缺性控制机制、配额有偿分配机制和市场稳定机制;从需求端来看,价格发现需要考虑碳资产交易者的履约需求、投资/对冲需求和实际减排成本。

目前全国碳市场整体运行平稳有序,交易价格稳中有升。配额成交均价从第一个履约周期的42.85元/吨上涨到79.42元/吨(截至2023年12月29日),碳价格稳中有升,未出现剧烈波动,碳价格发现机制初步形成。从供给端来看,监管部门控制配额免费发放总量,通过碳资产的稀缺性影响价格,暂未推出有偿分配机制和市场稳定机制。从需求端来看,履约需求是影响价格的主要因素,暂未纳入非履约主体,缺少投资需求。

碳金融衍生品市场的价格发现作用主要通过衍生品价格反映市场信息,并对碳配额市场产生溢出效应。从欧盟碳市场的经验来看,碳期货是碳金融衍生品中最主要的产品。一方面,期货保证金制度、卖空机制等市场微观结构导致期货市场能够率先反映市场信息,原因是拥有信息优势的交易者会首先选择在资金占用低、交易机制自由的期货市场进行交易,使得期货市场会率先对市场信息做出反应,并最终传导至现货市场。另一方面,期货市场能够比现货市场反映更多的市场信息,这一特性主要源于机构投资者的监督,机构投资者通过实地调研、访谈、路演等掌握控排企业大量非公开信息,并通过交易行为将这些信息反映到市场中。因此,通过机构投资者的监督,碳金融产品市场能够向主管部门反馈额外的信息从而帮助监管碳市场,促进更有效地发现碳价。

(三) 激励约束机制

作为一种激励驱动的市场化环境管理政策,有效的激励机制和严格的惩罚机制是保障碳金融市场健康运行的基础。

目前全国碳市场通过完善配额分配、强化违规处罚等措施,对碳减排的激励约束效果初显。从政策设计来看,基于强度控制设计配额分配基准线,能够最大限度地鼓励单位发电碳排放强度低的机组,同时通过配额分配发挥鼓励大容量、高能效、低排放机组承担热电联产任务机组的政策导向。政府还可以通过贴息奖补、税收优惠等政策,鼓励金融机构和企业参与碳市场交易,增加绿色资产配置,强化环境风险管理。从企业导向来看,配额盈余的企业可通过节能减排、优化管理等措施实现的减排量在碳市场中得到经济激励,对于高排放企业(通常配额短缺)则需要付出额外成本在市场中购买配额以完成履约任务。对金融机构来说,通过调整绿色资产和棕色/高碳资产的风险权重,能够更多地投资于绿色低碳项目,同时对高碳资产采取更严格的风险控制措施。此外,建立绿色金融业绩评价体系,将金融机构的绿色金融业务表现纳入其整体业绩考核,可以在一定程度上激励金融机构积极参与绿色金融活动。

(四) 监测、报告与核查机制

监测、报告与核查(MRV)机制,由监测(monitoring)、报告(reporting)、核查(verification)三

个环节组成,主要用于对控排企业的温室气体排放进行量化和保证数据质量。它是碳交易机制建设运营的核心组成部分,并为企业低碳转型、区域低碳宏观决策提供重要的依据。

2023年,全国碳市场核算、核查指南与数据质量管理要求进一步调整,在保证数据精度的基础上逐步简化核算方法与工作流程。2022年12月21日,生态环境部出台《企业温室气体排放核算与报告指南发电设施》,用于指导全国碳市场发电行业2023年度及以后的碳排放核算与报告,满足提升全国碳市场数据质量的需要,统一行业理解,精准指导第三方核查活动。该指南在保留原有排放计算方法框架的基础上,针对企业普遍反映的核算方法复杂、技术链条过长、数据来源多样等问题,将碳排放报告核查涉及的公式进行了大幅简化和优化,部分非必需参数也从"重点参数"降级为"辅助参数",仅报告不核查。

该机制的运行确保了市场参与者能够在一个公平、透明的环境中进行交易。这不仅增强了市场的信任度,而且为金融机构提供了可靠的信息,帮助它们做出更为明智的投资决策。同时,通过核查机制,可以发现和惩罚那些不遵守规定的市场参与者,从而维护市场的运行秩序。

四、我国碳金融市场存在的问题

当前,我国碳金融市场存在碳配额分配的制度设计、交易工具的运用、交易机制抑制流动性、交易主体参与度受限、信息披露不足等多方面问题。具体如下。

(1) 总量、分配机制设计特殊,配额分配及上缴存在时滞,企业倾向临近履约期进行交易。我国碳市场的基本设计思路是基于碳强度而非基于总量的碳市场,优势在于配额总量设定能更好地契合我国发展需求,劣势在于配额核算存在滞后性且配额预期不稳。由于提前交易并且持有配额存在碳价波动及总量不等的风险,控排企业实际倾向临近履约期根据最终核定配额进行交易。

(2) 交易工具尝试较多但规模化运用不足。我国地方碳市场曾尝试运用多种金融工具,但最终运用范围有限,其原因大致有三点:① 市场定位低,交易工具运用谨慎。由于我国更多地将碳金融定位为服务于碳减排的从属性市场工具,而非资本市场的组成部分,设计初衷即以现货交易为主,交易工具使用并未受到政策的充分支持。② 核心交易工具受政策限制未能推出。碳配额的分配及使用存在较大时滞,运用衍生工具进行风险规避的需求强,但《期货交易管理条例》要求期货只能由期货交易所制定并开展交易,各碳市场缺乏权限。③ 区域碳市场割裂,已尝试的碳金融工具难以规模化运用。虽然我国各地方碳市场均曾尝试丰富交易工具,但一方面推出的产品多是非标准化产品,另一方面地方市场相对割裂且产品规则不一,导致碳金融产品推出后仅可在当地市场使用。

(3) 交易机制抑制流动性,以不可集中交易及"T+5"机制最为典型。根据2011年、2012年出台的《国务院关于清理整顿各类交易场所切实防范金融风险的决定》《国务院办公厅关于清理整顿各类交易场所的实施意见》(37、38号文),碳市场不得采取集中竞价、做市商等集中交易方式,且需要采取"T+5"的清算交付模式(全国碳市场为"T+1"),这导致地方碳市场交易成本高、效率低,流动性实际受到抑制。

(4) 交易主体参与度受限。全国碳市场目前仍未对机构投资者及个人投资者参与全国碳市场的资质做出明确规定,因此参与主体仍限于控排企业,流动性相对不足,加剧了企业集中交易倾向及碳价的波动。

第四节　我国碳金融市场发展展望

一、我国碳金融市场的建设思路

在短期(未来1—3年)内全国碳市场仍处于建设初期,应着力推动碳市场扩容,提高市场流动性。在提升碳排放数据质量的基础上,加快将钢铁等高碳排放行业纳入全国碳市场,做好金融机构、非控排主体进入碳市场的交易制度、风险管控等一系列政策研究和储备。在证监会发布的《碳金融产品》行业标准框架下,分批制定各项碳金融产品的设计与发行实施指南、操作指引,通过政策激励,充分调动金融机构开发碳金融产品和企业参与碳金融产品交易的积极性,从而提升碳市场的资金融通功能。

在中期(未来3—5年)内着力开始发展全国碳金融市场,加快碳市场顶层立法和MRV等配套政策建设,参考欧盟市场稳定储备机制,建立基于数量或价格的配额投放与回购机制,从而建立碳配额总量和分配长效管理机制。同时考虑到目前企业缺乏完善的碳资产管理和交易策略。建议在中期内参考欧洲能源交易所(EEX)的经验,对全国碳市场的参与企业设置强制的培训和准入考试要求,以有效解决企业参与碳市场能力不足的问题。

在长期(未来5—10年)内增强全国碳市场碳定价的影响力,促进全国碳市场与国际碳市场联通。进一步完善碳配额总量与分配长效管理机制,建立长期内碳配额总量递减速率,优化制定碳配额分配方案,使之与顺利如期实现"双碳"目标保持一致。逐步成熟提高配额拍卖比例,由目前的全部无偿分配向以拍卖为主的混合模式转变。同时做好全国碳市场与CCER市场的衔接与协调机制,推动全国碳市场与地方碳市场有序差异化发展,扩大碳市场的行业覆盖面。

二、我国碳金融市场的机制创新

(一) 探索拍卖机制

目前全国碳市场还未采取拍卖分配机制,《2021、2022年度全国碳排放权交易配额总量设定与分配实施方案(征求意见稿)》规定2021年度、2022年度配额全部实行免费分配。应先研究推出配额拍卖的实施细则,未来在经济形势转好、条件合适时,探索引入碳配额拍卖分配机制,前期可设置拍卖比例控制在5%。

(二) 丰富市场主体,引入机构投资者

目前全国碳市场的交易主体仅包含履约企业,鉴于机构投资者在提高市场流动性、促进价格发现方面具有重要作用,在完善碳配额总量确定与分配等制度的基础上,建议后续有序放开机构投资者参与碳市场交易的准入限制。引入机构投资者前需要先出台

机构投资者参与碳市场的管理办法,明确机构投资者的市场化准入标准。除了资产规模、风控能力等一般要求外,建议优先选择对碳市场业务较熟悉、已有碳金融产品业务经验的金融机构。前期基于风险控制考虑,可分批选择 ESG 评级较高、对碳市场业务较为熟悉的证券公司、基金公司、碳资产管理机构参与。在总结前期引入金融机构经验的基础上,逐步引入业务能力、风险控制能力较强的大型银行、保险、资管等多样化的金融机构以及碳资产管理公司参与,并在此过程中深入研究金融机构参与碳市场交易的方式方法。

(三) 适时开展做市交易

欧盟碳市场经验表明,在碳配额市场引入做市商能够在一定程度上提高市场流动性和缩小买卖价差,为市场提供连续的市场价格信号。国际证券期货市场的做市商制度主要包括竞争型做市商制度和混合型做市商制度,其中在竞争型做市商制度下有两家做市商为同一只证券提供做市业务。但竞争型做市商制度仍不可避免地导致做市商利用自身优势地位侵害投资者权益的问题,因此国际上比较典型的做法是,交易所在初期采取竞争型做市商制度,当后期出现严重的做市垄断问题时通过引入竞价交易等制度,让做市商和其他投资者共同参与竞价交易,即引入混合型做市商制度。

我国证券交易所、期货交易所已出台做市商管理办法,并已在多只股票、期货品种开展做市交易,因此证监会在做市交易监管方面积累了丰富的经验。在完善碳配额总量设定与行业分配、拍卖分配等制度,以及引入金融机构直接参与碳市场交易的基础上,建议在碳配额及未来可能建立的碳期货市场开展做市商机制。

案例 8-1

上海期货交易所引入做市商相关实践

我国证券期货市场在引入和管理做市商方面已经有比较丰富的经验。在证券市场上,新三板早在 2014 年 8 月 25 日就引入了竞争型做市商机制,在一定程度上提高了新三板的流动性。2023 年 2 月由新三板改革而来的北京证券交易所(以下简称北交所)正式启动做市商机制,与新三板采取的竞争型做市商机制不同,北交所采取的是混合型做市商机制。首批共有 13 家券商参与北交所股票做市交易,共涉及做市标的股票 36 只。2022 年 10 月 31 日科创板正式开展做市业务,首批科创板做市股票有 42 只,做市商有 14 家。

在期货市场上,上海期货交易所、郑州商品交易所、大连商品交易所均在多个期货品种上引入了做市商机制,每个期货品种的做市合约数也逐步增长。以上海期货交易所为例,截至目前上海期货交易所及其子公司上海国际能源交易中心共推出镍、原油、黄金、白银等 13 个品种期货做市交易,显著提升了期货合约交易活跃度。以原油期货为例,2018 年 3 月 18 日,上海期货交易所推出原油期货,同年 10 月 26 日,开始在原油期货市场实施做市交易。引入做市商交易后,极大地增强了近月非主力合约的流动性,使之前仅 1 个合约活跃的局面向合约逐月连续交易、逐月移仓换月的趋势转变,持仓量显著增加(如图 8.12 所示)。

数据来源：上海期货交易所（注：我国原油期货交易单位是 1 000 桶/手）。

图 8.12　我国原油期货引入做市商机制前后交易情况

案例思考题：

请结合课本材料和你所掌握的知识，思考在碳金融市场中引入做市商机制需对做市商的哪些层面作出规定？（提示：可以从准入资格、权利和义务、风险管理等方面考虑）

（四）开发多样化碳金融工具

当前我国区域碳市场已有相当丰富的碳金融工具实践，但由于各区域碳市场相对割裂、体量有限且规则不统一，仅有碳质押贷款、碳远期等部分工具实现了常规应用，大部分工具仅少量尝试后便束之高阁。全国碳市场启动后，碳金融发展环境优化，且随着全国碳市场纳入行业逐步增加，碳金融的发展基础将愈发完善，碳金融工具的运用也将愈加频繁。在此背景下，一方面要在证监会发布的《碳金融产品》行业标准框架下，制定碳金融产品业务规范，为下一步开展碳金融产品业务提供指引。另一方面要分级分类开发碳金融产品。综合考虑碳金融产品的风险特征、成熟度和重要程度，先行开发碳期货、碳资产抵/质押融资、碳远期、碳指数、碳基金等碳金融产品，尤其是要重点研究推出对提高市场流动性、促进价格发现有重要作用的碳期货产品，加强碳期货合约设计、推出条件和时机研究。选择在碳金融产品创新方面有积累、制度相对完善的地区先行先试，开展碳金融产品创新，待形成成熟模式后向其他地区复制推广。

三、我国碳金融市场的监管完善

（一）建设防控投机风险的三道"防线"

第一道防线是针对市场风险的一般规定，这些规定能够在一定程度上防范过度投机造成的市场风险。《碳排放权交易管理暂行条例》于2024年1月5日经国务院第23次常务会议通过,自2024年5月1日起施行。该条例对涨跌幅限制、最大持有量限制、大户报告、风险警示、异常交易监控、风险准备金和重大交易临时限制措施等做出了明确规定。此外,在碳期货市场发展初期,可考虑实施严禁企业加杠杆投资(包括金融机构自营业务),企业者触发规定的风险事件则会被强制终止新的交易,并被暂停参与碳期货市场的资格等措施。建议参考欧盟经验,以企业是否以自身账户参与碳配额交易、是否是高频交易,以及是否以减排为目的等条件区分履约、套期保值和投机交易,在此基础上将投机交易纳入金融监管体系。

第二道防线是在区分投机交易后的针对性政策,能够有的放矢地抑制过度投机。目前我国期货市场已基本建立针对套期保值、套利、投机交易的资格、持仓额度管理制度,可以精准地防控过度投机交易行为。但我国关于套期保值、套利交易的监测与报告体系还处于初期,无法做到欧盟每周报告碳期货头寸的频率和详细程度。建议完善碳期货头寸监测与报告体系,更高频地监测、统计各类交易头寸。在有效区分套期保值、套利、投机交易的基础上,在市场风险较高的时期,可探索对套利、投机交易实施加征税费、最短持有期限制等措施,提高投机交易的成本,从而遏制过度投机。

第三道防线是在投机行为已引发市场异常波动后的市场稳定机制,能够亡羊补牢防止市场风险放大和打击过度投机行为。过度投机活动最终会反映到供应量和价格上,过度投机造成的后果一般表现为碳配额供应量大幅下降、需求上升,或价格暴涨暴跌。参考国内外经验,碳市场稳定机制有从供需量、价格两种角度出发的措施,其中从供需量角度出发的政策包括配额分类管理及注销机制、基于配额总量的配额投放和回购机制等,从价格角度出发的市场稳定政策包括基于配额价格的配额投放和回购机制、碳价涨跌幅限制、拍卖底价制度等。

(二)针对操纵市场、内幕交易实施重点监管

参考欧盟经验,操纵市场和内幕交易是碳市场中重点打击的违规行为。建议针对碳市场中容易发生的、影响比较大的过度投机行为进行重点监管,包括操纵市场、内幕交易等违规行为。

针对操纵市场,《碳排放权交易管理暂行条例》第二十五条规定,操纵全国碳排放权交易市场的,由国务院生态环境主管部门责令改正,没收违法所得,并处违法所得1倍以上10倍以下的罚款;没有违法所得或者违法所得不足50万元的,处50万元以上500万元以下的罚款。单位因前述违法行为受到处罚的,对其直接负责的主管人员和其他直接责任人员给予警告,并处10万元以上100万元以下的罚款。

针对内幕交易,建议参考我国证券期货市场相关规定对碳市场进行监管。内幕交易具有隐蔽性,对其识别具有很大难度。证监会在识别内幕交易方面已积累丰富经验,主要以推定方式为准,依据交易人身份或特定身份关系推行其知悉内幕信息,根据其知悉及交易行为推定利用了内幕信息。参考欧盟经验,建议对内幕信息知情人实施名单制管理,将拥有碳配额超过一定门槛的企业(集团)列为内幕信息知情人,强制要求这些内幕信息知情人披露排放量、配额等相关信息,避免企业使用这些信息进行内幕交易。

(三）加强碳配额市场和碳期货市场协调监管

首先，两个市场的监管部门需要就监管理念、监管尺度等达成一致，并做好信息沟通、协调、风险事件应急处置等工作机制安排。生态环境部重点关注企业履约情况，包括企业是否有能力履约、碳价波动是否可能影响企业履约等。而碳期货市场的监管机构重点关注价格操纵等恶意扰乱市场秩序的行为，一般不会干预市场正常的价格波动，因此监管部门需要重点就监管理念、监管尺度等达成一致。

其次，应尽量推动控排企业、非控排企业、金融机构等同时公平地参与碳配额市场和碳期货市场交易。参考欧盟经验，未来我国碳期货的交割方式很可能为实物交割，在实物交割模式下要求碳期货市场的参与者能够较方便地购买碳配额以履约，因此两个市场的参与者结构应尽可能一致。如果两个市场的参与者不一致，就很容易发生交易主体不能按时履约的信用风险，甚至发生严重的逼仓风险事件。

最后，建议主管部门加强对碳市场违规行为的惩戒力度。《碳排放权交易管理暂行条例》第二十二条规定，重点排放单位有下列情形之一的：（1）未按照规定统计核算温室气体排放量；（2）编制的年度排放报告存在重大缺陷或者遗漏，在年度排放报告编制过程中篡改、伪造数据资料，使用虚假的数据资料或者实施其他弄虚作假行为；（3）未按照规定制作和送检样品；由生态环境主管部门责令改正，没收违法所得，并处违法所得5倍以上10倍以下的罚款；没有违法所得或者违法所得不足50万元的，处50万元以上200万元以下的罚款；对其直接负责的主管人员和其他直接责任人员处5万元以上20万元以下的罚款；拒不改正的，按照50%以上100%以下的比例核减其下一年度碳排放配额，可以责令停产整治。

思考与练习题

一、试说明狭义的碳金融市场和广义的碳金融市场的区别与联系。

二、目前中国碳金融市场处于哪个发展阶段？请给出解释并说明理由。

三、碳金融市场的有效性分析包含哪些维度？具体有哪些检验方法？

四、结合课本内容和相关资料，请说明我国碳金融市场与欧盟成熟碳金融市场相比在机制设计上还存在哪些不足。

五、结合已学的内容，谈谈未来我国碳金融市场发展还将面临哪些可能的风险与挑战。

推 荐 阅 读

绿金委碳金融工作组：《中国金融市场研究》，2016年。

亿欧智库：《2022中国碳金融市场研究报告》，2022年。

世界银行：《碳定价机制发展现状与未来趋势报告》，2023年。

参 考 文 献

刘粮、傅奕蕾、宋阳,等:"国际经验推动我国碳金融市场成熟度建设的发展建议",《西南金融》,2024年第1期,第1—11页。

范姝:"我国碳金融发展现状、问题与对策研究",《能源》,2023年第12期,第71—74页。

李明晖、王恺:"双碳背景下碳市场经济学理论与演化规律研究进展",《油气储运》,2023年第11期,第1242—1250+1260页。

袁溥:"中国碳金融市场运行机制与风险管控",《国际融资》,2020年第10期,第55—58页。

蒋伟杰、张少华:"中国工业二氧化碳影子价格的稳健估计与减排政策",《管理世界》,2018年第7期,第32—49+183页。

蒋和胜、孙明茜:"双碳目标下中国地区减排成本、要素替代弹性与碳排放权分配",《财经科学》,2022年第10期,第107—121页。

李春燕、温作民:"上海区域碳现价和碳远期价格相关性和收敛性研究",《生态经济》,2019年第7期,第19—24+102页。

上海金司南金融研究院:《碳市场金融属性的发展与完善》,2023年。

第九章

碳金融资产定价与估值

学习要求

掌握碳金融资产的概念,了解碳金融资产定价方法;结合市场法定价原理,理解碳配额、碳信贷和碳基金的定价方法;结合收益法定价原理,理解碳信用估值方法,掌握包括零息碳债券、固定利率碳债券、浮动利率碳债券以及可转换碳债券在内的碳债券估值方法;熟悉无套利定价原理,掌握碳远期、碳期货、碳互换、碳期权的定价方法等内容。

本章导读

随着全球碳定价机制的逐步推进,碳金融资产正成为金融市场中备受瞩目的新兴领域。碳定价问题是碳金融市场的核心问题,也是碳金融市场发展和完善的关键。对碳金融资产的定价研究将会在对传统金融资产定价研究的基础上,根据碳金融资产的特性,扩展研究适用于碳金融资产相关金融工具的定价模型,为传统的金融资产定价理论提供一个崭新的思路和方向,为今后新行业、新领域的特殊资产的定价奠定理论基础。碳金融资产估值方法可大致分为市场法、收益法、成本法等传统资产定价方法与基于无套利定价的衍生品定价方法,本章将基于不同资产定价方法对碳金融资产定价与估值展开介绍。

第一节 碳金融资产定价

一、碳金融资产定价概述

碳金融作为环境金融的一个重要组成部分,主要是通过经济手段来缓解环境问题。从长期来看,碳金融将是传统经济的高碳发展模式向新型低碳经济模式转化的催化剂,也将成为解决全球气候变暖问题、实现能源结构转换的可持续发展途径,其核心在于碳金融资产的定价问题。对碳金融资产的定价研究将会在对传统金融资产定价研究的基础上,根据碳金融资产的特性，扩展研究适用于碳金融资产相关金融工具的定价模型，为传统的金融资产定价理论提供一个崭新的思路和方向，为今后新行业、新领域的特殊资产的定价奠定理论基础。

碳定价问题是碳金融市场的核心问题，也是碳金融市场发展和完善的关键。如果碳金融市场的定价机制不健全、不完善，那就会出现大量的投机行为从而会引起碳金融市场的剧烈波动，影响碳金融市场的健康发展。碳金融将会成为全球各国经济升级繁荣的催化剂，成为全球经济体在可持续发展道路上的新挑战。中国作为一个碳排放大国，要在保证国民经济增长的同时，为人类社会创造良好的生活环境，就需要争取国际碳金融市场定价权，因此，研究碳金融资产的定价显得尤为重要。

碳金融资产的定价具备如下特点：

(1) 碳排放权的有价性。企业对于稀缺资源的使用应支付相应对价，所以碳排放权具备与生俱来的经济价值。其有价性具体表现为：第一，企业从碳交易主管部门获得碳排放权之后拥有向大气环境中排放温室气体的权利，从而发展企业经济以增加企业收益，此种收益在某种程度上是使用碳排放权转化而来的；第二，目前碳排放配额在初始分配中分为无偿与有偿两种分配模式，无偿分配的实质是国家为激励企业减排而采取的买单行为。随着经济的发展，在成熟的碳交易市场中，碳排放权的有偿分配将逐渐被引入，即企业为自己排放温室气体的行为买单；第三，在碳交易市场的再分配即企业与企业之间的碳排放权交易过程中，企业可以将剩余的碳排放权在碳交易市场中出售以获得更多经济收益，从而革新企业产业结构，进入一种科学、可持续的良性循环中。

(2) (碳)资产的非市场化特征。根据《巴黎协定》，通过国家自主贡献(NDCs)，各国通报其将为实现《巴黎协定》目标而采取的温室气体减排行动，以及如何增强适应气温上升影响的韧性。每个国家每年的碳排放量是有限制的，各国再根据国内各企业的生产规模来安排碳排放量指标。在碳排放总量给定的条件下，如果将碳排放权完全市场化，则那些生产规模大、相应的排放量大的企业就会比那些规模小、排放量小的企业出价更高，这样会导致市场的价格由那些出价高的企业主宰，从而形成碳排放权的逆向激励，不利于全社会的节能减排任务的完成。因此针对碳排放权交易价格的外部性，只有政府对碳排放交易市场进行主导调控，才能正确引导碳排放权的初始定价。除了碳排放权外，也存在CCER地方碳市场抵销程度不同、地方碳金融发展禀赋差异等现象，故基于碳排放权等基础资产在内的碳金融产品也存在一定的非市场化特征。

(3) 价格对政治性因素更敏感。碳排放权作为碳金融资产的基础产品，其定价是受到各种政治因素影响的，例如《联合国气候变化框架公约》和《巴黎协定》等一系列后续政策都会对碳排放权价格产生重要的影响，因此国际市场上关于气候环境问题的政治决策都会对碳金融资产定价产生重大影响。

(4) 价格影响因素多、波动大。影响碳金融资产价格的因素不仅仅包括金融资本市场的利率和汇率、碳交易市场的交易量和交易价格等因素，与碳排放有关的各种国际谈判也会对各国的碳排放指标有很大的影响，从而对碳金融市场的供需产生很大的影响。此外，全球气候的变化也会对国际碳排放政策产生重大影响。因此碳金融资产的定价不仅受到金融市场与碳交易市场因素的影响,而且各种政治因素以及环境因素都会加剧碳金融资产价格的波动性。

二、碳金融资产定价理论

(一) 传统资产定价理论

20世纪初,路易斯·巴舍利耶(Louis Bachelier)在其论文中首次构建随机过程模型这一数学模型来解决金融问题,自此金融投资问题的量化分析开始兴起,金融学自此逐渐演变为一门技术性科学。自20世纪中叶起,海外学者率先开始利用量化方法构建资产组合并度量其风险。1952年,马科维茨(Markowitz)首先创新性地提出了市场组合的概念,并通过均值-方差模型(M-V)给出了投资组合的量化表达,由此奠定了现代投资组合理论的基础。得益于上述模型,威廉·夏普(William Sharpe)、约翰·林特纳(John Lintner)和简·莫西尼(Jan Mossin)相继提出并完善了资本资产定价模型(CAPM),如式(9-1)所示,以此对风险资产进行定价。

$$E(R_i) - R_f = \frac{\sigma_{iM}}{\sigma_M^2}[E(R_M) - R_f] = \beta[E(R_M) - R_f] \qquad (9-1)$$

20世纪70年代初,尤金·法玛提出了著名的有效市场假说(EMH),以弱有效、半强有效、强有效三种类型区分市场对信息的反应程度。斯蒂芬·罗斯(Stephen Ross)在资本资产定价模型的基础上进行拓展,其套利定价理论(APT)指出:如果市场中两种资产的风险水平一致但价格相悖,则两者的最终收益会趋于一致。基于该套利定价理论,尤金·法玛(Eugene Fama)和肯尼斯·弗伦奇(Kenneth French)在20世纪90年代初提出三因子模型,用市场资产组合(MKT)、规模因子(SMB)、价值因子(HML)解释横截面上股票组合的期望收益率。二十余年后,法玛和弗伦奇又提出五因子模型,在模型中考虑了盈利能力(OP)和投资能力(Inv)作为对三因子的补充。三因子模型和五因子模型的数学表达式如下:

$$R_{it} - R_{ft} = \alpha_i + b_i MKT_t + s_i SMB_t + h_i HML_t + \varepsilon_{it} \qquad (9-2)$$

$$R_{it} - R_{ft} = \alpha_i + b_i MKT_t + s_i SMB_t + h_i HML_t + r_i RMW_t + c_i CMA_t + \varepsilon_{it}$$
$$(9-3)$$

(二) 资产评估基本方法

在资产评估中,常使用市场法、成本法(即资产基础法)、收益法对资产价值进行评估。

市场法以马歇尔的均衡价值论为理论基础,即认为资产的价值是由在公开市场上买卖双方力量达成一致时的均衡价格所决定的。但是,由于资产评估是一个模拟市场过程的结果而非实际交易的结果,因此,在资产评估中运用均衡价值论就是承认市场交易结果的相对合理性,以与被评估资产相类似的交易案例为参照,来确定被评估资产的评估值。这也说明该方法是基于资产定价的替代原则,即一项资产的价值等于为获得同等满足的替代品所花费的成本。

成本法的理论基础是生产费用价值论,该观点认为资产的价值取决于其购建时的成本耗费。一项资产的原始成本越高,其原始价值越大。

收益法的理论基础是效用价值论,该观点认为资产的价值是由其效用决定的,而资产的效用则体现在资产为其拥有者带来的收益上。在风险报酬率既定的情况下,一项资产的未来收益越高,该资产的价值就越大,而不是由创建的成本耗费所决定的。其折现率通常采用资本资产定价模型及其衍生模型来计算。

(三)碳金融资产定价方法

碳金融资产定价属于金融资产定价,因而遵循金融资产的定价原则。碳金融资产估值方法可大致分为市场法、成本法、收益法等传统资产定价方法与基于无套利定价的衍生品定价方法(如表 9.1 所示)。

表 9.1 碳金融资产常见定价方法汇总

方法	原理	公式	碳金融资产
市场法	按所选参照物的现行市场价格,通过比较被评估资产与参照资产之间的差异并加以量化,以调整后的价格作为资产评估价值	直接比较法:被评估资产价值＝参照物交易价格×修正系数$_1$×修正系数$_2$×…×修正系数$_n$ 或:被评估资产价值＝参照物交易价格±特征差额$_1$±特征差额$_2$…±特征差额$_n$	碳配额、碳信贷、碳基金
成本法	通过估测碳资产的重置成本并扣除各种贬值因素,来得到资产价值	评估资产评估值＝重置成本－实体性贬值－功能性贬值－经济性贬值	
收益法	通过预测被评估资产的未来收益并将其折现,以各年收益折现值之和作为资产的评估价值	$p = \sum_{t=1}^{\infty} \frac{R_t}{(1+r)^t}$	碳信用、碳债券
衍生品定价方法	无套利定价原则:交易市场上,碳金融资产的价格趋于均衡,不存在套利机会	碳金融资产组合 1 和 2 满足 $F_1 = F_2$ 或 $E(F_1) = E(F_2)$,则 $S_1 = S_2$	碳远期、碳期货、碳互换、碳期权

1. 市场法

市场法指利用市场上同样或者类似碳金融资产的近期或往期交易价格,通过直接比较或者类比分析评估碳资产价值。采用市场法评估的碳金融资产,应先充分了解被评估碳金融资产的情况,再搜集类似资产交易案例的相关信息,类似交易的选取应当充分考虑碳金融资产类型、交易场所、交易日期等因素对价格的影响,然后以待估碳金融资产所处市场的交易价格为基础,根据不同的评估目的,对价格进行适当修正。当前正值碳交易市场快速发展期,交易透明度、信息公开度不断提升,基于碳现货的碳金融资产若使用市场法定价或估值,能够充分利用碳交易市场信息,简单易行且直观易懂。

2. 成本法

成本法指通过估测碳金融资产的重置成本得到资产价值。碳金融资产重置成本,包括合理的成本（直接成本和间接费用）、利润和相关税费，一般不考虑资产贬值因素。碳金融资产的重置成本因标的碳资产类型不同而有所差异。标的为碳配额的重置成本需要考虑产权持有人在一级市场或二级市场获取碳资产的相关成本。标的为碳信用的重置成本需要考虑减排项目的设计、开发、审定、核证等程序中花费的成本及相关费用，并需要考虑相关资产的折旧或摊销、资金成本。对于正在开发阶段的碳减排项目，在碳减排当量尚未核证的情况下，可以考虑使用成本法评估资产价值，但应确认该类减排项目在相关减排机制允许的项目范围内。

3. 收益法

收益法指通过估测碳金融资产未来预期收益的现值确定资产价值。使用收益法的关键在于，有效计算碳金融资产的预期收益，合理确定折现率等关键参数。采用收益法需要合理地预测碳金融资产所带来的预期收益，不仅包括碳金融资产进行交易所带来的收益，而且包括积极管理碳金融资产所产生的协同效应为企业带来的经济利益。科学合理地衡量碳金融资产在企业生产经营过程中所带来的价值贡献是一个关键问题，不同地区、不同行业、不同企业之间的碳金融资产对价值的贡献程度是不同的，确定其对价值的贡献程度较为困难。运用收益法对碳资产的价值进行科学合理地评估较为复杂困难。

4. 基于无套利定价的衍生品定价方法

无套利定价原则是指交易市场上，碳金融资产的价格趋于均衡，不存在套利机会。可以构建两种碳金融资产组合，若其终值或终值的期望是相等的，则其现值也是相等的，否则就存在套利机会。理性的投资者就可以通过在卖出现值较高的碳金融资产组合的同时买入现值较低的碳金融资产组合并持有至到期，以获取无风险利润，即进行无风险套利。若投资者都采用无风险套利，则会使现值较高的碳金融资产组合价格下降，同时现值较低的碳金融资产组合价格上升，直至市场恢复无套利均衡状态，无风险套利机会消失。

第二节　基于市场法的碳金融资产定价

一、碳配额资产定价

（一）全球碳定价机制进展

近年来，全球能源危机爆发，全球经济和能源市场受到严重冲击，各国政府纷纷采取保护措施，以稳定市场。在此背景下，ETS、碳税以及碳信用等直接碳定价政策的实施进程变得更具复杂性和挑战性。2023 年 5 月 23 日，世界银行发布了 2023 年度《碳定价机制发展现状与未来趋势报告》（*State and Trends of Carbon Pricing 2023*），以反映全球直接碳定价政策在过去一年内的进展。结合该报告内容，本节将简要阐述全球碳定价机制的进展情况。

自 2022 年以来，紧迫的能源危机和生活成本危机成为影响全球 ETS 及碳税设计、实施和价格走势的主要驱动因素。在政治、经济环境极具挑战性的情况下，绝大部分碳定价政策仍体现出良好的稳定性，在危机中韧性发展。从整体来看，经过多年的高速增长后，ETS 和碳税的价格增长趋势有所减缓，在面对全球能源危机时表现出强有力的韧性。约

50%的工具价格整体呈有序上涨趋势,其中,欧盟ETS价格增长最为显著,碳价于2023年3月重回100欧元/吨量级,达到109美元/吨。然而,另有部分政府采取了直接干预措施以降低碳定价的整体价格水平,导致约15%的工具价格出现下降,其中以韩国ETS为代表的碳价下跌幅度最大,下跌幅度高达35%(见图9.1)。

数据来源：Wind、Bloomberg。

图9.1 2022年1月至2023年12月全球部分ETS的价格波动情况(单位：美元)

在政府干预层面,由于各国能源价格波动水平以及政府应对能源危机的措施的差异,反映到碳定价政策的制定、落实层面也不尽相同。一些国家通过降低碳税税率或推迟ETS计划来缓解能源危机引发的压力。例如,德国推迟了原定于2023年初将ETS碳价从30欧元提升至35欧元的实施计划；南非则通过发放无税排放配额缓解原本碳税带来的经济压力。然而,大部分司法管辖区依然维持着对ETS及碳税强劲的雄心,决定继续实行碳定价工具中已计划好的碳价上涨、配额收紧等措施。例如,欧盟和新西兰的ETS将继续收紧其整体排放上限及免费配额分配额度；新加坡对碳定价法案进行了修改,从2026年开始将国家的碳税从4～34美元提高到38～60美元。

综合来看,为满足实现气候中性目标所需的投资规模,长期看涨的碳价仍然是主流趋势。为实现《巴黎协定》的2℃目标,世界银行预计到2030年,碳价将达到61～122美元/吨的水平。碳市场肩负碳资产价格发现的核心功能,是碳金融的发展基础,对转型金融尤为重要。另外,碳市场与传统的证券交易市场、商品交易市场有所不同,更加凸显其独特性,而碳金融的快速发展也与碳市场的繁荣紧密相连。

(二)碳配额价格的影响因素

在碳定价方面,国外学者率先开展碳定价与碳价值测算模型的相关研究。William

Blythy(2011)通过蒙特卡罗模型,对不同减排目标下影响欧盟碳市场的政策、市场和技术风险进行了分析,发现了政策的不确定性与碳价变动关系密切。Daskalakis(2013)研究了2008—2011年欧盟排放交易计划的效率和四种碳期货价格中可能存在的具有经济意义的预测性,发现2010年以后的结果符合弱式市场效率。

相比国外碳市场,国内的碳排放权交易市场建立的时间较晚,因此国内碳市场的相关研究仍较少且大多数集中于区域市场。吕靖烨等(2015)通过研究市场指标表现优于其他试点地区的湖北试点碳市场开市至2018年5月11日的日收益率,建立了GARCH-M模型并进行随机游走检验后,发现我国的碳市场价格信号中含有许多非有效信息,碳价并不能充分反映历史信息,市场效率没有达到弱有效市场的条件。自全国碳市场建立以来,有学者尝试探究碳价的预测性问题,如王嘉祯(2022)针对全国碳市场进行研究,试图探讨全国碳市场运行状态和碳价波动特点。

在实证分析中,现有文献的研究结果中,影响碳排放配额价格变动的因素主要包括经济发展水平、能源价格、气候因素、金融市场以及碳市场等。

1. 经济发展水平

宏观经济形势向好,对电力和工业的需求将提高,导致排放量的增加和碳配额需求的增加;相反,经济形势低迷将导致碳排放下降、配额需求降低。此外,汇率波动影响国内进出口企业生产决策,从而直接或间接影响区域碳配额价格。本币贬值将有利于出口,出口企业将扩大生产,对碳排放权配额需求增加,从而使碳交易价格上升;反之则相反。

2. 能源价格

能源价格关系企业的生产成本,其波动将促进企业对不同能源品种需求的转换,不同能源的排放量将使能源市场与碳市场之间形成内在的传导机制。

3. 气候因素

空气质量指数影响政府的环境监督力度,同时与当地工业发展、能源消耗等因素相关。

4. 金融市场

金融市场的波动也会带来碳排放权价格的波动,金融市场是否繁荣稳定会影响碳金融市场交易的碳排放权价格。

5. 碳市场

欧盟碳市场是京都机制下最为重要和成熟的市场,该市场相关碳资产的价格风险会通过一定的传导机制影响其他碳市场,进而影响碳排放配额的价格。配额供需仍然是决定碳排放配额价格的基本因素。供给侧的主要影响因素包括空气质量、政策调控红线等;需求侧的主要影响因素包括宏观经济、工业景气度、能源和原料价格等,主要通过企业减排成本传导至碳市场。此外,市场参与者预期与国外碳市场也会影响碳排放配额价格。

(三)碳配额定价方法

与其他商品一样,碳配额价格本质上也是由市场中的供给和需求共同决定的,随市场供求关系的变化而变动。供过于求时价格趋于下降,供不应求时价格趋于上升。碳交易市场存在碳市场配额总量、配额发放方式、市场稳定机制、减排量抵销机制等多种定价机制。其中,碳市场配额总量和配额发放方式会影响政府对企业碳配额的供给,欧盟碳市场的前期就是因配额发放过多而导致碳价较低。

此外,包含市场稳定储备机制等在内的市场稳定机制[①]和减排量抵销机制等不断完善的碳市场定价机制也会影响企业对碳配额的供需关系。其一,市场稳定储备机制会削减过剩配额,欧盟每年会发布碳市场累积过剩配额总数,将过剩配额总数的一定比例转入市场稳定储备机制,在年度配额拍卖量中减去相应数额,通过减少配额供给支撑碳价。其二,核证减排量等减排量抵销机制通过间接增加供给也会影响碳价。由于发达国家的减排成本(碳配额价格)远高于发展中国家,而在世界任何一个地区减排同量的温室气体会产生同样的环境效果,因此,发达国家在发展中国家进行具有温室气体减排效果的项目投资时,可以获取相应的核证减排量以降低减排成本。

目前,减排成本是决定碳价的主要因素。一个国家的碳价应该与该国减排目标相对应的边际减排成本相关,减排成本会影响企业对碳配额的需求进而影响碳价。随着配额供给的收紧和可再生能源的快速发展,减排责任逐渐从电力行业转向工业部门,这就需要更昂贵的减排措施。高昂的减碳成本是目前碳价居高不下的重要原因。

综上,在供给方面,初始配额总量设定是影响碳交易价格的关键供给因素,配额分配方式通过影响碳排放权供给结构来影响碳价;在需求方面,能源价格、宏观经济形势、市场预期、高碳企业转型力度、绿色科技水平等都会影响配额需求,进而影响碳价。碳配额定价公式可以简单列示如下:

$$碳配额价格 = 减排成本 + \beta_1 供给相关影响 + \beta_2 需求相关影响 \\ + \beta_3 其他影响 \tag{9-4}$$

二、碳信贷资产定价

(一) 碳信贷定价原则

碳信贷工具的估值原则包括:保护环境原则、利润最大化原则、扩大市场份额原则以及保障贷款安全原则。

1. 保护环境原则

从定价方面来看,保护环境原则是碳信贷与普通信贷的最大区别。由于碳信贷本身专注于满足低碳项目或者低碳企业的融资需求,其本身就具有支持环保产业发展、保护环境的特质。所以,碳信贷产品在定价时要考虑融资项目或融资方对环境的贡献与保护程度,综合考虑各种因素,确定合理的信贷价格,从而真正实现碳信贷的功能与使命。目前世界经济从"高碳"向"低碳"转型,低碳环保类产业需要巨额的资金投入,碳信贷市场起着集聚资金、调剂资金余缺的作用。碳信贷在定价中体现的保护环境原则为其真正推动低碳环保产业发展奠定了基础。

2. 利润最大化原则

商业银行是经营货币信用业务的特殊企业。作为企业,实现利润最大化始终是其追求的主要目标。信贷业务是商业银行的传统业务,存贷利差是商业银行利润的主要来源。

[①] 市场稳定机制主要包括市场稳定储备、成本控制储备、设置价格上下限、拍卖保留价等。

因此,银行在进行贷款定价时,首先必须确保贷款收益足以弥补资金成本和各项费用,在此基础上,尽可能实现利润最大化。同时,对于单个银行来说,参与碳信贷市场可以使其维持好的声誉,有利于其他业务发展,实现利润增长的规模效应。

3. 扩大市场份额原则

在金融业竞争日益激烈的情况下,商业银行要求生存、求发展,就必须在信贷市场上不断扩大其市场份额。同时,商业银行追求利润最大化的目标,也必须建立在市场份额不断扩大的基础上。在传统信贷业务利润率下滑、市场饱和的大背景下,碳信贷业务作为新兴业务还处于高速发展阶段,国际各大商业银行也在积极布局以此谋求实现新的业务增长点。此时,碳信贷的定价在很大程度上体现着各商业银行的竞争策略,影响着市场份额的大小。如果一家银行价格过高,就会使一部分客户难以承受,而最终失去这部分客户,缩小银行的市场份额。因此银行在贷款定价时,必须充分考虑同业、同类贷款的价格水平,不能盲目实行高价政策。

4. 保障贷款安全原则

银行信贷业务是一项风险性业务,保证贷款安全是银行贷款经营管理整个过程的核心内容。除了在贷款审查发放等环节要严格把关外,合理的贷款定价也是保证贷款安全的重要方面。不能不顾贷款的安全,一味追求高价格。贷款定价最基本的要求是使贷款收益能够足以弥补贷款的各项成本。贷款成本除了资金成本和各项监督管理费用外,还包括因贷款风险而带来的各项风险费用,例如为弥补风险损失而计提准备金,为管理不良贷款和追偿风险贷款而花费费用等。可见,贷款的风险越大,贷款成本就越高,贷款的价格也就越高。因此银行在贷款定价时,必须遵循风险与收益对称的原则,以确保贷款的安全性。

(二) 碳信贷价格的影响因素

对于银行而言,用于发放贷款的资金是通过负债业务获得的,银行必须为此付出一定的成本。在信贷贷放过程中,银行还要面临各种风险;在贷后,银行对于资金用途的监督与把控,都需要付出人力、物力,对此银行都要求得到回报,这些都是贷款定价时需考虑的因素。

1. 贷款成本

贷款成本包括贷款资金成本、贷款管理成本以及一般风险费用。其中贷款资金成本是指银行为筹集用于贷款的信贷资金所花费的代价成本,它包括利息成本和各项非利息成本(如办公费用、折旧费用等)。贷款管理成本是指对借款人进行信用分析以及各种与贷款发放、管理和回收有关的开支(如工资报酬、差旅费等)。一般风险费用是指按照贷款的种类、期限、抵押或保证的一般特征所确定的风险补偿。如果贷款可能面临损失的风险,则银行要根据其历史上贷款的平均损失率情况确定一个补偿额并计入贷款成本(如贷款呆账准备金、坏账准备金)。

2. 基准利率

基准利率是指在整个利率体系中起主导作用的利率。一般把中央银行的再贴现率或再贷款率作为商业银行发放贷款的基准利率。在为碳信贷产品定价中,同样不应超越基准利率所规定的浮动范围。

3. 预期利润

商业银行作为以追求利润最大化为目标的金融企业,按照安全性、流动性和盈利性的原则进行贷款业务的经营,在保证贷款本金和利息安全收回的前提下,尽可能实现利润的最大化。同时银行贷款利润作为银行主要利润来源之一,也是股东获得股息收入的重要保证。而银行股东根据市场一般法则也应依据其投资额按社会平均利润率获取回报。这种预期的股权回报分摊到贷款部分就是银行贷款业务的预期利润,成为银行定价必须考虑的一个重要因素。

4. 贷款风险程度

由于贷款的期限、种类、保障程度及贷款对象等各种因素的不同,贷款的风险程度也有所不同。银行为不同风险程度的贷款所花费的管理费用或对可能产生损失的补偿费用也不同。这种银行为承担贷款风险而花费的费用,称为贷款的风险费用,也是贷款的风险成本。银行在贷款定价时必须将风险成本纳入贷款价格中(如诉讼费用、律师费用、执行费用)。碳信贷的风险费用受多种复杂因素的影响,如贷款的种类、用途、期限、贷款保障、借款人信用、财务状况、客观经济环境的变化等。所以,难以精准预测一笔贷款的风险费用。在实践中为了便于操作,银行通常根据历史上某类贷款的平均费用水平,再考虑未来各种新增因素后确定贷款风险费用率。

5. 借款人的资信状况及与银行关系借款人的资信状况

因为借款人的资信状况表明了借款人的偿债能力和偿债意愿,在很大程度上反映了银行贷款面临的风险程度。一般而言,银行面临的风险越大,它索取的风险补偿越高,在贷款定价时一般也越高;反之则越低。另外,借款人的资信状况往往揭示了借款人的盈利能力,即借款人将贷款运用于其生产经营之后所能获得的盈利。银行贷款定价不能超过借款人的盈利,否则借款人宁愿放弃借款。借款人与银行的关系密切程度也是金融市场上银行贷款所要考虑的重要因素之一,这种关系主要包括借款人以往在银行的存款情况、使用银行服务的情况以及贷款记录等。那些经常有存款、广泛使用银行服务、长期有规律地向银行借款并有良好信誉的借款人,特别是银行希望长期稳住或希望进一步发展关系的借款人,银行在贷款定价时一般会考虑给予适当的优惠。

6. 碳信贷资金的供求状况

在碳信贷市场中,碳信贷资金需求方为低碳环保类企业或项目,供给方为商业银行及其他少数金融机构。而利率是资金价格表现的重要形式之一,它会受资金供求状况的影响。一般来说,根据价格与供求关系的规律,当市场资金供不应求时贷款利率会提高;反之就会下降。

7. 预期的通货膨胀率

现代经济社会,通货膨胀几乎是不可避免的,只是比率高和低的问题。同样的名义贷款利率,在通货膨胀率高时,贷款的实际利率就低;反之,在通货膨胀率低时贷款的实际利率就高。商业银行为了维护自身的经济利益,必然要考虑未来贷款期内的预期通货膨胀率,并对贷款的名义利率做相应的调整。这与贷款的期限有密切的关系,贷款期限越长,通货膨胀发生的可能性就越大,贷款利率也就相应地提高。

(三) 碳信贷定价方法

1. 碳信贷产品价格的构成

在价格构成方面,商业银行基于自身经营成本来确定信用贷款利率水平。在确定所实施的信用贷款项目价格时,一方面价格必须覆盖商业银行的筹资成本及相关管理费用,另一方面该贷款业务的利率应当与项目本身的风险相匹配,还能使银行获得一定的利润。而碳信贷产品的价格构成与传统信贷产品的价格构成并无差别。基于以上分析可知,碳信贷产品的价格应当覆盖的部分包括商业银行贷款利率、贷款承诺费、风险溢价、隐含价格四个方面,其中贷款利率包括筹资成本、贷款费用和目标收益,即碳信贷价格=贷款利率+风险溢价+贷款承诺费+隐含价格,其中贷款利率=筹资成本+贷款费用+目标收益。

贷款利率是一定时期内客户向贷款人支付的贷款利息与贷款本金之比率。它是贷款价格的主体,也是贷款价格的主要内容。贷款利率的确定应以收取的利息足以弥补支出并取得合理利润为幅度。银行贷款所支付的费用包括资金成本、提供贷款的费用以及今后可能发生的损失等。合理的利润幅度是指应由贷款收益提供的、与其他企业和银行相当的利润水平,即目标收益。

贷款承诺费是指银行对已经承诺给客户而客户又没有及时使用的那部分资金所收取的费用。也就是说,银行已经与客户签订了贷款意向协议,并为此做好了资金准备,但客户没有及时从银行贷出这笔资金。贷款承诺费是客户为了取得贷款而支付的费用,因而构成了贷款价格的一部分。银行收取贷款承诺费的理由是为了应付承诺贷款的要求,银行必须保持高性能的流动性资产,这就要放弃收益高的贷款或投资,使银行产生利益损失。为了补偿这种损失,就需要借款人支付一定的费用。支付了承诺费的贷款承诺是正式承诺,当借款人需要贷款时,银行必须予以及时满足,否则银行要承担经济责任。

风险溢价又称违约风险补偿费,通常可以这样理解,借款人存在不能按时还本付息的风险,商业银行针对这种可能所要求的风险补偿即风险溢价,它一般可以通过贷款人历史信用和有指导意义的信用评级综合得出。

隐含价格是指贷款定价中的一些非货币性的因素。银行在决定给客户贷款后为了保证客户能够偿还贷款,常常在贷款协议中加上一些附加条件。附加条件可以是禁止性的,即规定融资限额及各种禁止事项(如禁止挪用贷款从事非法经营活动转手贷款),也可以是义务性的,即规定借款人必须遵守的特别条款。附加条件不直接给银行带来收益,但可以防止因借款人经营状况的重大变化而给银行利益造成损失,因此它可以被视为贷款价格的一部分。

2. 碳信贷定价模型

(1) 传统碳信贷定价模型。

首先,对于碳信贷产品的定价,参考一般的信贷产品定价模型,确定各种期限贷款的基本参考利率,同时在确定利率时考虑其低碳性质。在考虑各因素后,建立碳信贷定价模型:

$$r_c = r_{ec} + r_{cc} + r_{lc} - r_{hc} \tag{9-5}$$

式中,r_c 表示碳信贷产品的贷款利率;r_{ec} 为碳信贷产品的贷款预期利润率;r_{cc} 为碳信贷产品的贷款成本率;r_{lc} 表示碳信贷产品的贷款归一化为一个财报年度的损失率;r_{hc} 表示碳信贷产品的环保补贴利率。

$$r_{ec} = h \times E(r) \tag{9-6}$$

式中，h 表示该笔贷款占用经济资本的匹配系数；$E(r)$ 表示期望资本回报率。

$$r_{cc} = r_{fc} + r_{oc} + r_{tc} \tag{9-7}$$

式中，r_{fc} 表示贷款资金成本率，r_{oc} 表示经营管理费用，r_{tc} 表示贷款税金率。

$$r_{lc} = \frac{f}{t} \times 100\% \tag{9-8}$$

式中，f 表示该品种、方式和期限贷款预计本息损失率；t 表示该笔贷款期限(年)。

$$r_{hc} = c \tag{9-9}$$

式中，c 为常数，根据地方政府或央行对商业银行在对应碳信贷产品的财政补贴力度来确定其大小。具体而言，首先应对申请贷款企业进行碳信用打分，根据授信得分确定企业的授信等级；其次，对于符合条件的碳信贷申请，根据环保部门的规范和银行相关碳信贷实施细则确定该碳信贷项目的利率优惠条件，进而确定碳信贷产品的价格。

(2) 基于期权博弈构建的碳信贷定价模型。

这种模型将碳信贷视为赋予发放贷款银行的一份标准美式看跌期权。简单理解，银行有权根据企业违反碳排放相关规定的行为停止继续提供贷款，这等同于在贷款到期前的任意时刻企业都有可能被迫终止项目，通过清算资产来偿还贷款，因此该期权属于美式期权。根据事先确定的贷款条件，可以确定作为执行价格的贷款余额，即期权执行价格为常数，故该期权是标准美式期权。此外，在提前终止贷款的情况下，只有项目的清算价值小于贷款余额时，银行才会决定收回贷款，故碳信贷的发放对银行来说相当于拥有一份看跌期权。

案例 9-1

浦发-特来电签署国内首单可持续发展关联贷款

2021 年 6 月，浦发银行上海分行与新能源汽车充电桩企业上海特来电签署了国内首单可持续发展关联贷款，这笔贷款的利率与特来电所能达到的碳减排量"环保绩效"指标、公益服务的"社会绩效"指标挂钩，并设立年度观察日，依据行业协会提供的权威数据，对特来电上一年的碳减排量进行评估，确保企业实现了上一年度的"观察指标"后，贷款利率就会阶梯式下调，最终可实现 3.20% 的优惠利率。

具体来看，为支撑充电运营的服务供给能力，浦发银行总行、分行、支行三级联动，为特来电设计了"可持续发展关联贷款"创新方案。项目为该企业提供 3 000 万元基本建设项目贷款，用于支持新能源汽车充电场站的投建资金需求。为合理匹配其项目投资回报周期特性，贷款期限设置为 5 年。贷款期内，借款人每年达成碳减排量的环保绩效指标、服务公益的社会绩效指标后，银行贷款利率可给予阶梯式下调优惠，以促进企业实现可持续发展。

考核指标对应的量化目标为：

(1) 环境绩效，对企业达成的碳减排量，依据其所运营充电场站的总充电量进行折算，经研究确定计算公式为：

$$碳减排量(吨) = 总充电量(度) \div 2.25 \div 1\,000 \times 2.3 \tag{9-10}$$

该考核指标的预定目标如表 9.2 所示。

表 9.2 项目环境绩效考核指标的预定目标

预定目标期限	总充电量（万度）	对应碳减排量（吨）
2021 年 1 月—2021 年 11 月	2 500	26 000
2022 年 1 月—2022 年 11 月	3 400	35 000
2023 年 1 月—2023 年 11 月	4 100	42 000
2024 年 1 月—2024 年 11 月	5 000	51 000
2025 年 1 月—2025 年 11 月	5 800	59 000

（2）公司治理绩效，对企业员工充电技术培训的预定考核目标如表 9.3 所示。

表 9.3 项目社会绩效考核指标的预定目标

预定目标期限	员工培训时数（小时）
2021 年 1 月—2021 年 11 月	12
2022 年 1 月—2022 年 11 月	24
2023 年 1 月—2023 年 11 月	36
2024 年 1 月—2024 年 11 月	48
2025 年 1 月—2025 年 11 月	60

合约规定，贷款金额以其投建运营的充电场站收入作为主要还款来源，初始利率为 4.7%。设置借款人运营场站的总充电量（折合碳减排量）作为环保绩效指标，员工培训时数作为社会绩效的观察指标，每年 12 月 21 日作为观察日。若公司运营总充电量（折合碳减排量）和员工培训时数这两项观察指标达到预定目标，则在每个观察日的下一个起息日，将贷款利率下调 0.3%。若 5 个观察日的观察指标均达标，则贷款期内利率将阶梯式下调为 4.4%、4.1%、3.8%、3.5%、3.2%（见表 9.4）。

表 9.4 浦发-特来电可持续发展关联贷款主要内容

贷款类型	可持续发展关联贷款
贷款金额	3 000 万元人民币
贷款期限	5 年（2021—2026 年）

续 表

衡量指标	环保绩效指标、社会绩效指标
STPs	碳减排量(总充电量折合)、员工培训时数
利率	初始利率为4.7%,每个观察日达成指标可阶梯下调0.3%,最低3.2%

案例思考题:

1. 浦发银行是如何设计可持续发展关联贷款的?衡量指标有哪些?环保绩效指标、社会绩效指标分别如何考量?

2. 可持续发展相关企业融资的途径有哪些?与传统碳信贷相比,可持续发展关联贷款具备哪些优势?

三、碳基金产品估值

(一)碳基金估值方法

碳基金是指依法可投资碳资产的各类资产管理产品,既可以投资于CCER项目开发,也可以参与碳配额与项目减排量的二级市场交易。

根据《企业价值评估操作指引——资产基础法》,企业在计算金融资产时,对基金投资按照评估基准日基金单位净值与核实后的基金份额计算评估值。在碳基金的运作中,基金的单位价格会随着基金的资产值和收益的变化而变化。为了较为准确地对基金进行计价和报价,使得基金的价格能够反映出其真实的价值,就必须对某个时点上基金每单位实际代表的价值予以估算。碳基金资产净值是基金评估中的关键性概念,它是按照公允价格计算的基金资产的总市值在扣除负债后的余额,表示基金单位持有人的权益。其计算公式如下:

$$基金资产净值 = 基金的总资产 - 基金的总负债 \quad (9-11)$$

$$基金单位净资产值 = \frac{基金资产净值总额}{估值的基金单位的总发行数} \quad (9-12)$$

其中,碳基金的总资产是指基金所拥有的全部的资产的总额,按照公允价值来计算;总负债是指基金运行和融资过程中所形成的负债,包括首期发行费、交易费、中介费、管理费以及托管费用等必要的开支。基金净资产的估值方法按照投资对象不同有所差异,主要包括以下几种情形:

第一,以上市低碳公司证券如股票、认股权证等作为投资对象的碳基金,其资产净值按估值日当天证券市场的收盘价(以这种方法计算出来的基金单位净值称为未知价或事前价),或以估值日前5个交易日所投资对象的收盘价或平均值计算基金资产总值(该价格为已知价或事后价),估值结果由注册会计师审核签注。

第二,以未上市的低碳公司的股权作为投资对象的碳基金,其资产净值根据基金面值加上自认购日到计算日所产生的投资收益,或由指定的会计师事务所或资产评估机构估算。

第三,以具体的低碳项目为投资对象的碳基金,其资产净值由指定的会计师事务所或资产评估机构估算。

(二) 碳基金收益与绩效评价

1. 碳基金收益

碳基金考虑股权投资收益、碳信用形式收益、资本利得收入等主要收益形式。

(1) 股权投资收益。

股权投资收益包括股息和红利。股息是碳基金为购买公司的股权而享有对该公司净利润分配的权益,确切比率按照事前约定的指定。碳基金还会采用股权投资的形式,投资于非上市或预备上市的低碳公司股权、已上市低碳公司定向发售的股权,包括普通股、可转债、优先股和其他各种附加选择权的股权工具等。

(2) 碳信用形式收益。

碳信用形式收益是以碳信用作为基本收益计价单位的收益形式,包括来自 CCER、CDM、JI 等项目产生的碳信用。碳基金通过签订 ERPAs 协议,或给项目融资的形式促进项目的顺利进行,到项目结束和碳信用核证通过后,得到项目方交付的碳信用。这种收益形式有别于任何一种投资基金,是碳基金的特有收益形式,且对于以满足国家或企业减排目标为设立初衷的碳基金尤为重要。

(3) 资本利得收入。

资本利得收入即买卖碳信用的差价收入。通常,碳基金通过初级碳市场获取碳信用,或在二级市场购入碳信用,再根据基金的投资策略以合适的价格出售,从而获取买卖价差收入。

值得注意的是,以上收益不是基金投资者直接获得,而是包含在基金单位资产净值中,通过基金单位资产净值的增长按照基金契约的分配方式给予投资人。对于开放式的碳基金而言,其收益主要来自净值增长和分红收益。净值增长来源于基金对于股权投资所获得的红利和股息收入,基金份额净值上涨以后,投资者赎回基金份额所得是扣去认购、申购和赎回的费用之后的买卖价差。分红收益的分配通常来自符合国家法律规定的情形。

2. 绩效评价

基金业绩评价的传统方法主要包括考察基金的单位净资产、投资收益率、回报率、净资产价格比等。这些指标考虑了基金组合式投资特性,却未能进行系统和合理的量化分析。资产组合理论和资本资产定价模型提出来以后,陆续出现了一些业绩评价综合指标,其中最典型的有特雷诺指数、夏普指数以及詹森指数。在此基础上,基于对风险的不同计量或调整方式不同,其他的风险调整衡量方法也相继被提出,包括多因素绩效评估模型、信息比率以及 M^2 测度。

(1) 特雷诺指数。

特雷诺指数(Treynor ratio)是对单位风险的超额收益的一种衡量方法,以基金收益的系统风险作为基金绩效调整的因子,反映基金承担单位系统风险所获得的超额收益。该指数最早由杰克·特雷诺(Jack L. Treynor)于 1965 年在《美国经济评论》上发表的《如何评价投资基金的管理》一文中提出,也是首个评价基金业绩的综合指标。在该指数计算中,特雷诺认为有效的投资组合能够完全消除单一资产的所有非系统性风险,系统性风险能够较好地刻画基金风险,故采用单位系统性风险系数所获取的超额收益率来衡量投资基金的业绩。而超额收益率被定义为基金的投资收益率与同期的无风险收益率之差。其计算公式如下:

$$T_i = \frac{\overline{R}_i - \overline{R}_f}{\beta_i} \tag{9-13}$$

式中,T_i 为特雷诺指数;$\overline{R}_i$ 为基金在样本期内的平均收益率;$\overline{R}_f$ 为样本期平均的无风险收益率水平;$(\overline{R}_i - \overline{R}_f)$ 为 i 基金在样本期内的平均风险溢价;β_i 为基金投资组合承担的系统性风险。

特雷诺指数表示的是基金承受每单位系统性风险所获取超额收益的大小。无论市场是上升还是下降,指数值越大,表明承担单位系统风险所获得的超额收益越高,基金就具有较好的业绩。但指数隐含了非系统性风险被消除的假设,故而其只能反映基金经理的市场调整能力,而不能反映基金经理分散和降低非系统性风险的能力。如果非系统性风险不能被完全消除,指数就会带来错误的信息,这也是该指数的局限性。

(2) 夏普指数。

夏普指数(Sharpe ratio)把资本市场线作为评估标准,是在对总风险调整基础上的基金绩效评估方式,反映了单位风险基金净值增长率超过无风险收益率的程度。该指标由威廉·夏普于1966年在美国《商业学刊》上发表的《共同基金的业绩》一文中提出,其计算公式如下:

$$S_i = \frac{\overline{R}_i - \overline{R}_f}{\sigma_i} \tag{9-14}$$

式中,S_i 为夏普绩效指标;$\overline{R}_i$ 为基金在样本期内的平均收益率;$\overline{R}_f$ 为样本期内的平均无风险收益率;$(\overline{R}_i - \overline{R}_f)$ 为 i 基金在样本期内的平均风险溢价;σ_i 为基金收益率的标准差,即基金投资组合承担的总风险。

夏普指数和特雷诺指数一样,都能反映基金经理的市场调整能力。特雷诺指数只考虑系统风险,而夏普指数同时考虑系统风险和非系统风险,即总风险。故而夏普指数还能反映基金经理分散和降低非系统风险的能力。

如果夏普指数为正值,则说明在衡量期内基金的平均净值增长率超过了无风险利率,夏普指数越大,说明基金单位风险所获得的风险回报越高;反之,则说明在衡量期内基金的平均净值增长率低于无风险利率,基金的投资表现不佳。而且当夏普指数为负时,按大小排序没有意义。

夏普指数尽管计算非常简单,但在具体运用中仍需对其适用性加以注意。第一,用标准差对收益进行风险调整,其隐含的假设就是所考察的组合构成了投资者的全部,故而只有在众多基金中选择购买某一只时,夏普指数才能作为重要依据;第二,夏普指数必须以相同的无风险利率借贷假设作为基础;第三,夏普指数是线性的但在有效边界上,风险与收益之间的变换并不是线性的,因此,夏普指数在对标准差较大的基金的绩效衡量上存在偏误;第四,夏普指数未考虑组合之间的相关性;第五,夏普指数的计算结果与时间跨度和收益计算的时间间隔的选取有关。虽然夏普指数在运用中受到诸多限制,但由于其计算简单且不需要过多的假设,因此依旧被广泛采用。

(3) 詹森指数。

詹森指数(Jensen ratio)是一种以资本资产定价模型为基础的评价基金业绩的绝对指数。该指数由詹森在美国《财务学刊》上发表的《1945—1964年间共同基金的业绩》一文中提出。其计算公式如下:

$$J_i = R_{i,t} - [R_{f,t} + \beta_i(R_{m,t} - R_{f,t})] \tag{9-15}$$

式中,J_i 为詹森绩效指数;$R_{m,t}$ 为市场组合在 t 时期的收益率;$R_{i,t}$ 为基金在 t 时期的收益率;$R_{f,t}$ 为 t 时期的无风险收益率;β_i 为基金投资组合所承担的系统风险。

与特雷诺指数和夏普指数不同,詹森指数综合考虑风险和收益的绝对数来评价基金业绩,表示基金的投资组合收益率与相同系统风险下市场投资组合收益率的差异,当指数值大于零时,表示基金的绩效优于市场投资组合绩效,而运用于基金间的比较时,詹森指数越大越好。

詹森指数奠定了基金绩效评估的理论基础,也是至今为止使用最广泛的指数模型之一。但是,詹森指数评估基金总体绩效时隐含了一个假设,即基金的非系统风险已通过投资组合彻底分散掉,指数模型只反映收益率和系统风险因子之间的关系,而如果基金的非系统性风险没有完全分散掉,詹森指数就可能给出错误的信息。

(4) 信息比率。

信息比率(information ratio)以马柯维茨的均值方差模型为基础,可以用于衡量均异特性。其计算公式如下:

$$IR = \frac{\overline{D}_P}{\sigma_D} \tag{9-16}$$

式中,$D_P = R_P - R_b$ 为基金与基准组合的差异收益率,$\overline{D}_P$ 为差异收益率的均值;σ_D 为差异收益率的标准差。

基金收益率相对于基准组合收益率的差异收益率的均值,反映了基金收益率相对于基准组合收益率的表现;基金收益率与基准组合收益率之间的差异收益率的标准差,通常被称为跟踪误差(tracking error),反映了积极管理的风险。信息比率越大,说明基金单位跟踪误差所获得的超额收益越高。因此,信息比率较大的基金的表现要优于信息比率较小的基金。

(5) M^2 测度。

M^2 测度指数是对于夏普指数的修正,由费兰克·莫迪格利安尼(Franco Modigliani)和李·莫迪格利安尼(Leah Modigliani)于1997年在美国《资产组合管理学刊》上发表的《风险调整的业绩》一文中提出。他们将国债引入基金的实际资产组合,构建了一个虚拟的资产组合,使其总风险等于市场组合的风险,通过比较虚拟资产组合与市场组合的平均收益率来评价基金业绩。其计算公式如下:

$$M^2 = \overline{R}_P - \overline{R}_m = S_P \sigma_m + R_f - \overline{R}_m = \frac{\sigma_m}{\sigma_P}(\overline{R}_P - R_f) + R_f - \overline{R}_m \qquad (9\text{-}17)$$

式中，M^2 为测度指数；$\overline{R}_P$ 和 $\overline{R}_m$ 为基金 P 在 σ_P 和 σ_m 水平下的平均收益率；σ_m 和 σ_P 为市场组合 M 和基金 P 的标准差；R_f 为无风险收益率。

该风险的基本思想就是通过无风险借贷，将被评价的组合（基金）的标准差调整到与基准水平相同，进而对基金的相对基准指数的表现做出考察。由于测度实际上表现为两个收益率的差，因此它比夏普指数更容易被人们接受，但测度和夏普指数对基金绩效的排序是一致的。

(三) 碳基金产品投资原则

碳基金作为一种常见的碳金融工具，与碳市场上的其他金融工具相同，管理和运营需要遵循收益性、安全性和流动性原则。除此之外，由于其投资领域的特殊性，它还必须兼顾公益性原则。

1. 公益性原则

绿色发展和可持续的低碳发展已成为当今世界的时代潮流，转变经济发展方式，从高污染、高耗费的经济增长模式转变为资源节约、环境友好型的经济增长模式是不容逆转的趋势。碳基金的产生源于用经济手段解决环境问题的必要性，但同时也要专注于支持公益性的绿色能源项目的研究、开发和推广，这是碳基金日常投资管理中的首要原则，体现了碳基金与其他基金工具的区别。

2. 收益性原则

碳基金的收益性是指其基金的投资要获得一定收益作为资金运用的回报。碳基金的收益形式有别于其他投资基金，当投资碳信用时，它是以碳信用或碳信用交易的资本利得作为回报。收益性原则要求碳基金在投资过程中要按照约定的投资目标获取足额的碳信用，富余资金可进入碳二级市场来获取价差收益。

3. 安全性原则

碳基金的安全性是指其按期实现收益的可靠性，即可靠性越高，安全性就越高；可靠性越低，安全性越低。安全性原则要求碳基金在做投资决策的时候必须对项目的预期收益和预期风险做出合理的评估，预先做出投资的风险提示和准备。

4. 流动性原则

碳基金投资的流动性是指投资标的转化为现金的能力。流动性原则要求碳基金在投资标的选择方面，要兼顾其转变为现金的能力。投资原则之间呈现对立统一的关系。基金投资的安全性与流动性呈正相关，与收益性呈负相关；流动性与收益性呈负相关。在多数情况下，基金的安全性越高，其流动性越强。由于基金收益与风险呈正向关系，基金的风险越高，收益性越高，基金投资的安全性也就相应降低；反之，基金安全性越高，流动性越强，收益性就越低。

由于碳基金种类繁多，因此不同类别的碳基金在各原则的权衡中有所偏重。公益性作为投资原则之首，强调了碳基金设立的目标和用途，对于所有碳基金而言，其设立和投资的初衷都体现出支持低碳经济和减少碳排放。对于那些有进取性质的碳基金而言，其会将收益性作为较为重要的原则。但无论何种碳基金,流动性和安全性原则都是需要恪守的准则,是基金持续运行的基本保证。

碳基金集中于投资温室气体减排项目或碳信用,从中获得回报并达到减排的效果,回报形式为碳信用或现金。具体而言,碳基金一般是大规模的资金投入,为大型减排项目提供资助;碳基金通过基金管理者专业性的挑选、组合与开发减排项目获益;碳基金在资助项目时根据项目风险程度提供碳信用购买报价。

案例 9-2

我国碳基金的发展与兴起

中国碳基金成立于 2006 年,总部位于荷兰,为国内 CDM 项目产生的实体减排量进入国际碳排放市场交易提供专业性的服务。它为我国与国际碳市场接轨、进行交流与合作提供了平台以及全流程覆盖的专业服务,是我国碳金融开展国际合作的重要桥梁。此外,全国首个以"低碳经济"为投资方向的市场化创投私募碳基金,如浙商诺海低碳基金。该基金由浙商创投于 2010 年发起,是我国一支观注低碳领域的私募股权投资基金,主要投资方向为低碳经济领域的节能、环保、新能源等行业中具有自主创新能力和自主知识产权的高成长性企业。

中国清洁发展机制基金,成立于 2007 年 11 月 9 日,由财政部主管,扶持对象优先选择 CDM 项目,主要通过提供碳减排技术援助和资金来降低 CDM 项目风险,促进落实 CDM 项目减排量的交易,提高公众的低碳环保意识。该基金属于按照社会性基金模式管理的政策性基金,其资金来源主要是:通过 CDM 项目转让温室气体减排量所获得的收入中属于国家所有的部分;基金运营收入,国内外机构、组织和个人的捐赠等。

随着国家各项低碳政策的出台,各省市也开始尝试建立低碳基金。例如,广东省政府于 2009 年成立的广东绿色产业投资基金,总规模为 50 亿元,由政府引导资金 5 000 万元和社会资金 49.5 亿元共同组成,投资方向主要是节能减排的项目,或者从事节能装备、新能源开发的高新技术企业股权。2021 年 7 月 16 日,全国碳市场线上交易启动仪式湖北分会场暨首届"30·60"国际会议在武汉举行,会上同时诞生了两只"碳基金"。武汉市人民政府、武昌区人民政府与各大金融机构、产业资本共同宣布,将共同成立总规模为 100 亿元的武汉碳达峰基金。该基金将立足武汉,面向全国,优选碳达峰、碳中和行动范畴内的优质企业、细分行业龙头进行投资;基金重点关注绿色低碳先进技术产业化项目,以成熟期投资为主。通过资本赋能加快绿色低碳转型提速,助力湖北省武汉市打造绿色低碳产业集群,实现中部绿色崛起。

2021 年 12 月 31 日,国家绿色发展基金联合中国宝武钢铁集团和建信金融资产投资有限公司共同发起设立的"宝武绿碳私募投资基金"正式签约落地,标志着国内市场上规模最大的碳中和主题基金进入运行快车道。该基金总规模为 500 亿元,首期 100 亿元,其中国家绿色基金出资 10 亿元。该基金紧紧抓住国家"十四五"规划战略机遇,依托国家绿色发展基金的战略引领性以及中国宝武集团的产业规划布局,以市场化运作机制为导向,聚焦钢铁及相关领域的碳减排,围绕钢铁产业链碳中和实施投资,助力国家达成"双碳"战略目标,具有较高的引领示范效益和显著的生态效益。

案例思考题：

我国目前已经出现了许多低碳领域的基金，但相比欧洲，这一市场仍然处于起步阶段。我国的低碳基金早期大部分是专注于投资绿色低碳企业股权的私募基金，投资国内碳市场的基金于 2014 年后才逐渐开始涌现。结合上述材料，从主体来看，碳基金主要可以如何分类？

第三节　基于收益法的碳金融资产定价

一、碳信用资产定价与项目估值

（一）碳信用价格机制进展

在经历了两年的快速增长后，碳信用市场在 2022 年度的供给量和需求量增势明显放缓。全球经济的不稳定性与波动性较大、市场对碳抵销质量的担忧以及碳信用的签发限制成为 2021 年签发规模有所减少的主要原因。在国际机制、独立机制和国内机制这三大类碳信用主要供给机制来源中，各自的签发量变化趋势有所不同，其中独立机制依旧是最具有规模优势的机制，占全年总签发量的约 58%。可再生能源项目仍是碳信用产生的主要来源。同时，农业、林业和土地利用等基于自然的碳信用产生量呈现上升趋势，基于自然的项目具有后发潜力。2023 年 10 月，我国生态环境部、市场监管总局联合发布保障全国温室气体自愿减排交易市场有序运行的基础性制度——《温室气体自愿减排交易管理办法（试行）》。之后为规范全国温室气体自愿减排项目设计、实施、审定和减排量核算、核查工作，生态环境部又发布了 CCER 项目第一批 4 个方法学，涉及造林碳汇、光热发电、海上风电、红树林营造 4 个领域。

2024 年 1 月 22 日，全国温室气体自愿减排交易市场正式启动。交易首日，实现 CCER 市场总成交量 37.5 万吨，总成交额 2 383.5 万元，平均每吨价格约 63.5 元。根据复旦碳价指数预测，自 2021 年年底起，CCER 价格总体呈波动上升趋势，四类 CCER 中间价预测差异度逐渐降低，2024 年 1 月的预测价格均落在 61~65 元/吨的区间内，这一市场主体预期与 CCER 启动后全国温室气体自愿减排交易市场的平均成交真实价格（63.5元/吨）不谋而合（如图 9.2 所示）。

CCER 重启后，从短期来看，CCER 价格在前期涨幅较大的基础上将回归，与配额抵销品的定位相吻合，逐步回落至配额价格的 0.8 倍左右。从中期来看，新减排量的签发将为碳市场增添新活力，存量供不应求的局面将得到一定的缓解。未来新方法学的陆续发布将为 CCER 项目开发创造更多可能性，使价格进一步趋于理性。从长期来看，影响 CCER 供给和需求总量的核心因素仍是政策调控力度。在供需相对稳定的前提下，由于 CCER 在全国碳市场中可以替代碳排放配额用于履约，因此，预计两者的长期价格走势将保持一致。

CCER 交易市场与 2021 年 7 月启动的全国碳排放权交易市场共同构成完整的全国碳市场体系。CCER 交易的启动为推动经济社会绿色低碳转型、实现高质量发展提供了

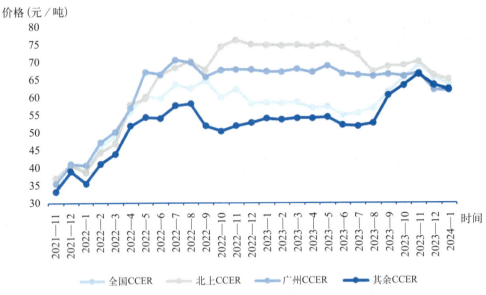

图 9.2 复旦碳价指数：CCER 中间价预测走势图

重要的政策工具。重点排放单位可以使用 CCER 抵销部分碳排放，为碳市场履约提供了灵活性；非重点排放单位可以通过 CCER 项目参与碳市场交易，项目业主通过出售 CCER 获得经济回报，更加主动自觉地参与低碳技术开发与应用；CCER 交易也为全社会参与绿色低碳行动、将绿水青山转化为金山银山提供了新的实现方式。

（二）自愿减排项目估值

自 2023 年以来，CCER 规则体系持续完善，项目设计、注册登记、交易结算、项目审定与减排量核查等细则持续出台，为市场健康运转建立了制度基础。CCER 项目的开发主要有项目备案和减排量备案两大阶段。在项目备案阶段，CCER 项目能够获得备案的关键就在于论证项目具有额外性，项目额外性的论证也是 CCER 项目开发的难点所在。

2023 年 10 月 19 日公布的《温室气体自愿减排交易管理办法（试行）》对"额外性"给出了定义，其中提到"额外性，是指作为温室气体自愿减排项目实施时，与能够提供同等产品和服务的其他替代方案相比，在内部收益率财务指标等方面不是最佳选择，存在融资、关键技术等方面的障碍，但是作为自愿减排项目实施有助于克服上述障碍，并且相较于相关项目方法学确定的基准线情景，具有额外的减排效果，即项目的温室气体排放量低于基准线排放量，或者温室气体清除量高于基准线清除量"。

在我国 CCER 重启之前[①]，自愿减排项目的额外性论证大多采用 CDM 项目中使用的《额外性论证和评价工具方法》来确认项目是否具备额外性。并且在论证额外性时需要进行投资分析，以论证项目的额外性若体现在其经济或财务方面不如其他基准线替代方案

---

① 2023 年 10 月新发布的 4 个方法学中，对红树林植被修复、并网海上风电、并网光热发电的所有项目免除额外性论证，部分造林碳汇项目免除额外性论证。

有吸引力。于是,投资分析成为额外性论证的重点步骤,有三种可选分析方法:简单成本分析法、投资比较分析法和基准分析法。简要介绍如下。

(1) 简单成本分析法——适用于该项目不产生除碳信用相关收入之外的财务或经济收益的情况。比如垃圾填埋气收集发电项目,垃圾填埋场原本是环卫公益事业,没有商业产值,而垃圾填埋气收集要添置设备,增加运行成本。简单的成本分析足以表明,在不考虑碳信用项目的填埋气甲烷减排量交易收入时,垃圾填埋场没有财政能力去支付这笔不必要的成本开支,垃圾填埋气收集活动不具有财务上的吸引力,因而具有额外性。

(2) 投资比较分析法——适用于替代方案项目也是投资项目的情况。于是可以相对比较拟议的碳信用项目与其他替代方案的投资效益的财务指标,如酌情选取内部收益率(IRR)、净现值(NPV)、市盈率或单位服务成本(例如寿期平准化发电成本或供热成本)等。如果碳信用项目的某项财务指标不如其他替代方案中的指标,则不能被视为最有财务吸引力,因而具有额外性。

(3) 基准分析方法——适用于替代方案项目不是投资项目的情况。例如,风电项目的替代方案是上网的电网供电,而现有的电网不是投资项目。于是可将拟议的碳信用项目投资效益的上述财务指标与相关的行业财务基准值比较,如电力行业投资的基准回报率(IRR)。财务基准值是代表市场的标准回报率,并考虑了该项目类型特定的风险条件。但与具体项目开发者主观的收益率期望或风险预测无关。同理,如果 CDM 项目活动的财务指标比财务基准值要低,则不能被视为具有财务吸引力,因而具有额外性。

内部收益率的计算原理即使用收益法,IRR 是使净现值为 0 的内部收益率。此处以某一生物质能发电项目为例对 IRR 方法进行简单介绍。

该生物质能发电项目在 $T=0$ 时,建设投入为 240 000 万元,后续 20 年每年能实现减排量 100 万吨。当不进行碳信用开发时,其净现金流量为每年 20 000 万元;当进行碳信用开发时,假设每吨碳信用价格为 60 元,则其净现金流量为每年 26 000 万元,如表 9.5 所示。

表 9.5 某一生物质能发电项目净现金流量

T(年)	0	1~20
净现金流量(不考虑碳信用)(万元)	−240 000	20 000
净现金流量(考虑碳信用)(万元)	−240 000	26 000

根据 IRR 计算公式:

$$NPV = CF_0 + \frac{CF_1}{1+IRR} + \frac{CF_2}{(1+IRR)^2} + \cdots + \frac{CF_n}{(1+IRR)^n} = 0 \quad (9-18)$$

由此计算出不考虑碳信用时全投资 IRR 为 5.45%,低于基准值 8%,不具备经济可行性;考虑碳信用时全投资 IRR 为 8.84%,高于基准值,项目具有可行性。

二、碳债券产品估值

(一) 碳债券估值原则

碳债券价值的评估是一项高度系统化的工作,碳债券发行品种中绝大部分为中长期债券,其遵循收益现值和实际变现的原则,且对于不同形式的债券采用相异的评估方法。

1. 收益现值原则

碳债券价格最终取决于发行主体的盈利状况,投资者购买债券的主要目的在于获取收益,由此评价或评估债券的价格,就需要把债券的预期收益折现。在该原则下,对于债券收益的准确估计,在于对发行主体的信誉、经营状况、财务状况和盈利能力等做综合分析。

2. 实际变现原则

债券的价格是通过收益水平来确定的,但是在允许债券作为金融产品在市场上流通的情况下,其价格也会受到供给、需求以及投机等因素影响。此时,对于债券的评估需要随行就市,不能排除市场的实际变现情况对债券估值的影响。

(二) 碳债券估值方法

碳债券价值评估主要采用市场法和收益法两种估值方法。在评估非上市流通的碳债券时,通常侧重使用收益法;在评估上市流动的碳债券时,通常侧重使用市场法。

根据2023年中国人民银行发布的公告——《银行间债券市场债券估值业务管理办法》,对于市场成交活跃的债券,应当优先选取债券成交价格或可交易报价等市场数据。对于成交不活跃或因市场环境发生重大变化,市场价格发生剧烈变动的债券,在选用市场成交数据时,应当充分考虑成交规模、成交目的等多种因素,审慎评估成交价格和报价价格的合理性和适用性,优先采用市场参与者认同度高、可靠性高的市场数据。市场数据确实无法使用的,可通过模型或组织专家判断、报价团报价等综合确定适用市场情况的合理数据,相关判断及报价应保证客观性和合理性。

采用市场法评估债券价值源于流通债券的高流动性。交易价格的高低,取决于投资者对债券的评价、市场利率以及宏观经济因素等,不需考虑操纵市场垄断和过度投机的行为。在较为有效的市场中,债券的市场价格基本能够反映债券的内在价值,因此可以用市场法评估碳债券的价值。随着债券规模的增大,投资者的分散程度增加,采用市场价格作为评估价值的准确度逐步提高。

债券的价格是预期未来可带来现金流的现值,受折现率的影响。采用平价发行的形式时,以初始面值作为发行价格,此时的票息率等于折现率(市场利率)。通常情况下,债券发行后实际市场利率会不断变化,二级市场中的价格也会发生相应的变化。当市场利率下降时,债券的价格上升;当市场利率上升时,债券价格下降。市场利率和价格呈反向变动的关系,这是经济领域一个变化的基本规律。同时,债券价格的变动程度还与到期日有关,离债券到期日越远,其价格的变动越大。

采用收益现值法评估债券价值,需要估计未来收益的现金流量并选取合适的折现率。未来收益的现金流量与债券的利率、还本付息的方式、距离债券到期日的时间等因素密切相关:不同种类的碳债券具有不同的计算方法。折现率又称必要收益率,包括无风险收益和风险价值补偿。折现率在债券资产的评估中具有举足轻重的作用,直接决定资产评估价值的大小。关于折现率的计算有多种方法,常见的备选方法如表 9.6 所示。

表 9.6 常见的折现率计算方法

折现率计算方法	含义
实际利率	扣除一年期存款利率中通货膨胀因素后的利率
同期限的银行存款利率调整	以同期限的银行存款利率作为无风险收益率,再加上一定的风险价值补偿率
同档次的国库券利率调整	以同档次的国库券利率作为无风险收益率,再加上一定的风险价值补偿率
通货膨胀率	确定方法:一是用当年的居民消费指数,二是用国内生产总值平减指数

表 9.6 中前三种方法计算出的折现率存在明显的大小关系,分别为:第三种方法的折现率最大,第二种方法的折现率次之,第一种方法的折现率最小。而采用通货膨胀率作为折现率时,其波动较大,特别是在债券期限较长的情况下。由于碳债券的发行期限一般都在 5 年以上,属于中长期债券,因此选取合理的折现率对于价值评估具有至关重要的意义。

各类碳债券价值评估方法存在差异,从碳债券的设计思路来看,其既包括传统的零息债券、固定利息债券,也包括灵活调整利率、嵌入转换权等创新型债券。此处以零息碳债券、固定利率碳债券、浮动利率碳债券以及可转换碳债券这四种有代表性的碳债券产品为例阐述价值评估方法。

1. 零息碳债券价值评估

零息碳债券是指在发行期限内不向投资者支付任何周期性的利息,而是把到期价值和购买价格之间的差额作为回报给投资者,即投资者以相对贴水的价格获得债券,持有到期后从发行人手中获得等同于债券面值的货币。这类债券的到期期限一般较长,设定在 10~30 年,比较适合投资早期的新能源技术或者是风险较高的国家投资项目。比较有代表性的设计方案有欧洲投资银行环境债券和伊斯兰债券。欧洲投资银行发行于 2007 年的第一只环境债券,是一只 5 年期零息债券,总额为 6 亿欧元,由德国德累斯顿银行发行。其意义在于,帮助新兴行业和企业成长到风险较低、实力足够强大的阶段,再将企业卖出以获得盈利,所以它被学者们称为"孵化器"。上述效果的获得取决于债券期限较长的设计框架,更重要的是需要政府担保。

采用收益法评估零息债券时,每期现金流量为零,故而其估值公式可表述为:

$$p = \frac{p_0}{(1+r)^n} \tag{9-19}$$

式中,p 为市场价格,p_0 为债券的购入价,n 为债券的发行期限,r 为贴现率。

进一步扩展到贴现率可变的情形下,持有期各年的折现率分别为 $r_1, r_2, \cdots, r_n$ 时,购入时债券的现值可以表述为：

$$p = \frac{p_0}{(1+r_1)(1+r_2)\cdots(1+r_n)} \tag{9-20}$$

与零息碳债券相似原理的是采用折价发行的债券。由于该类债券的票面利息收入低于同类债券的利息，要使得投资者实际收益率达到应有的水平，就必须采用折价发行的方式。零息债券和折价发行的债券都是以折价的形式发行，而相异之处在于零息债券不需要在债券期限内支付任何利息，而以终值和买入价的差额补偿投资者，折价发行则需要支付一定数量的利息，采用折价的方式补偿较低的利率。

2. 固定利率碳债券价值评估

固定利率的碳债券为碳债券中采用较少的一种形式，与传统的固定利率债券大致相同。固定利率碳债券中的典型代表为国际金融公司(IFC)在香港发行的第一只以人民币计价的年利率为 1.8% 的 5 年期债券。该债券共筹集了 1.5 亿元人民币资金，用以支持开发提高能源利用率和减少温室气体排放的新技术。

通常情况下，固定利率碳债券采用分期付款的形式。假设债券的固定票息为 C，则购买时债券现值采用如下公式进行评估：

$$p = \sum_{t=1}^{n} \frac{C}{(1+r)^t} + \frac{p_0}{(1+r)^n} \tag{9-21}$$

进一步扩展分期付款，假设折现率可变，即持有期各年的折现率分别为 $r_1, r_2, \cdots r_n$ 时，购入时债券资产评估的表达式就变为：

$$p = \sum_{t=1}^{n} \frac{C}{\prod_{i=1}^{t}(1+r_i)} + \frac{p_0}{\prod_{i=1}^{n}(1+r_i)} \tag{9-22}$$

3. 浮动利率碳债券价值评估

采用浮动利率的碳债券在市场上较为普遍，它们一般是中长期的附息债券。浮动利率通常根据某一市场基准利率加上一定差额来确定，差额的大小取决于关联低碳项目的现金流、关联碳资产的价格或碳交易指数，并在事先约定的时间间隔内进行调整。进行浮动利率碳债券价值评估时，包括两个部分：一是计算每期计息利率水平；二是根据计息利率确定每期现金流，再贴现到当期确定债券价值。

实践中代表性浮动利率的确定方式主要有两种：一是按照基准利率加上固定的基点确定，利率水平随着基准利率变动而变动；二是采用联动的方式，直接挂钩项目现金流、碳资产价格或相关资产价格组合，采用公式或条款要求进行调整。

案例 9-3

首单碳资产债券"22 年皖能源 SCP004（碳资产）"发行

2022 年 8 月 4 日，由浦发银行独家主承销的市场首单碳资产债券"22 年皖能源 SCP004（碳资产）"在银行间债券市场发行。本期碳资产债券发行人为安徽省能源集团有限公司,发行规模为 10 亿元,期限为 260 天,采取固定利率＋浮动利率发行,浮动利率挂钩 CEA 收益率,固定利率为 1.8%,全场认购倍数超 6.6 倍,投资人包括商业银行、证券公司、信托公司、基金公司等各类型金融机构(如表 9.7 所示)。

表 9.7 "22 年皖能源 SCP004(碳资产)"发行信息

债券名称	安徽省能源集团有限公司 2022 年度第四期超短期融资券(碳资产)
债券简称	22 皖能源 SCP004(碳资产)
债券类型	普通企业债
发行日期	2022 年 8 月 3 日
到期日	2023 年 4 月 21 日
债券面值(元)	100
债券年限(年)	0.7123
票面利率(%)	1.8
利率说明	票面利率：固定利率＋浮动利率。 固定利率：在本期超短期融资券发行过程中通过簿记建档方式确定的、在本期超短期融资券存续期内维持不变的利率。 浮动利率：根据本期超短期融资券发行文件设定的浮动利率定价机制确定的利率水平,浮动利率于挂钩碳配额处置日后第二个工作日确定,浮动利率的浮动区间为[0,5 bp]。仅持有本期超短期融资券至到期的投资者可根据浮动利率享有浮动收益,投资者于存续期内转让本期超短期融资券视为自动放弃浮动收益
付息方式	到期一次性还本付息
发行价格(元)	100
发行规模(亿元)	10

4. 可转换碳债券价值评估

可转换债券是依据持有者的意愿可以转换为预定数量股票的债券。债券发行时企业通常为其发行的债券附加转换的条款以降低债券的利率。对于上市公司和非上市公司而言,由于转股价格具有差异性,因此债券的价值评估的方式也有所不同。而在碳债券的发行中,将可转换条款加入债券合约中多被用于上市公司。上市公司采用可转换债券是为了进一步改善债务水平,减少利息支出和流动资金。例如,领先的太阳能公司英利绿色能源控股有限公司在 2009 年与 Trustbridge 合作伙伴签订可转换债券协议,协定以固定转换率进行转换,有效期持续至 2012 年。上市公司可转换债券的价值评估需要考虑分红和股权稀释的问题。

在上市公司的情形下,由于可转换碳债券是依据债券持有者的意愿转换为预定数量的股票,因此,随着股票价格的升高,投资者转换债券可以获得股票的差价收益,此时的转换权具有较大吸引力。企业发行可转换债券的利率较低,可降低上市公司的资金使用成本,但同时丧失部分股票的控制权。此时,可转换债券可以转换为股票的当前市场价格。转换选择权是看涨期权,因此价值的决定可参照看涨期权的变量计算方法。变量包括:标的股票的价格、转换比例(决定执行价格)、可转换债券的期限、股票价格波动的方差和利率水平等。可转换债券价值由两部分构成:一是债券本身的价值,二是转换选择权的价值。具体方法如下:

步骤一:可转换债券纯债券的价值评估。

假定可转换债券期限为 n 年,面值为 p_0,票息为 C 按年支付,则纯债券的价值可采用前文提到的评估公式计算如下:

$$p_1 = \sum_{t=1}^{n} \frac{C}{\prod_{i=1}^{t}(1+r_i)} + \frac{p_0}{\prod_{i=1}^{n}(1+r_i)} \tag{9-23}$$

当 $r_1 = r_2 = \cdots = r_n = r$ 时,

$$p_1 = \sum_{t=1}^{n} \frac{C}{(1+r)^t} + \frac{p_0}{(1+r)^n} \tag{9-24}$$

步骤二:可转换选择权价值评估。

可转换期权价值评估存在三个特征:(1) 可转换选择权的期限较长;(2) 转换选择权将导致股权稀释;(3) 转换选择权经常在到期前被执行。可转换选择权期限较长,使得关于标的股票价格波动的方差固定和股利支付固定的假设不成立。故而,运用看涨期权的布莱克-斯科尔斯(B-S)定价模型时,应允许标的股票价格波动方差、提前执行以及股权稀释效应来使得评估更贴近现实。

不进行分红处理时,单一可转换选择权的价值为:

$$p_2 = SN(d_1) - Ke^{-rt}N(d_2) \tag{9-25}$$

$$d_1 = \frac{\ln\left(\frac{S}{K}\right) + \left(r + \frac{\sigma^2}{2}\right)t}{\sigma\sqrt{t}} \tag{9-26}$$

$$d_2 = d_1 - \sigma\sqrt{t} \tag{9-27}$$

式中,S 为上市公司股票的当前价格,K 为可转换权的执行价格,t 为距离期权到期日的时间,r 为转换期的无风险利率,σ 为上市公司股票价格波动自然对数标准差。

当进行分红处理时,单一可转换选择权的价值为:

$$p_2 = Se^{-yt}N(d_1) - Ke^{-rt}N(d_2) \tag{9-28}$$

$$d_1 = \frac{\ln\left(\frac{S}{K}\right) + \left(r - y + \frac{\sigma^2}{2}\right)t}{\sigma\sqrt{t}} \tag{9-29}$$

$$d_2 = d_1 - \sigma\sqrt{t} \tag{9-30}$$

式中，y 为红利收益率；其余符号含义同前。

步骤三：面值为 p_0 的可转换债券价值评估。

$$p = p_1 + p_2 \times \varepsilon \tag{9-31}$$

式中，ε 为可转换债券的转换比率。

在企业以低于转换价格发行新股、对股票进行分割或向股东支付红利的情况下，大多数可转换债券具有允许调整转换比率的条款，转换价格的设定也可能降低到新股发行价，故而此处不将确切的转换比率列举出来，可转换债券的价值也受到这些条款的影响。

当涉及上市公司股权稀释调整时，在计算期权价值时，还需要进行相应的除权处理。

步骤一：对预期股票价格进行除权处理。

对于上市公司而言，可转换债券转换成股票后增加了总股本，稀释了每股收益，转股后每股的价值就会发生变化。故而，需对预期股票价格做相应的除权处理，稀释后除权的流通股的价格 S' 的计算式如下：

$$S' = \frac{S n_S + C n_C}{n_S + n_C} \tag{9-32}$$

式中，S 为上市公司股票当前的价格，n_S 为当前流通股的股数，n_C 为认股权证的数量，C 为认股权证的市场价值。

步骤二：执行期权时进行分红处理。

转换选择权的价值计算如下：

$$p_2 = S' e^{-yt} N(d_1) - K e^{-rt} N(d_2) \tag{9-33}$$

$$d_1 = \frac{\ln\left(\dfrac{S'}{K}\right) + \left(r - y + \dfrac{\sigma^2}{2}\right) t}{\sigma \sqrt{t}} \tag{9-34}$$

$$d_2 = d_1 - \sigma \sqrt{t} \tag{9-35}$$

步骤三：对认股权证进行除权处理。

$$C = p_2 \times \frac{n_S}{n_S + n_C} \tag{9-36}$$

$$p_2 = \frac{n_S + n_C}{n_S} \tag{9-37}$$

将 S' 和 p_2 代入式(9-33)，就可以解出 C。当式(9-33)难以求出 C 的显式解时，可以通过逐步逼近法求出 C 的值。

最后可以求出每张可转换债券的价值，得

$$p = p_1 + n_C \times C \tag{9-38}$$

式中符号含义同前。

第四节　基于无套利定价的碳金融资产定价

一、碳远期资产定价

(一) 碳远期资产定价的基本假设

碳远期合约的定价原理是无套利定价理论。无套利定价理论既是一种定价方法也是金融资产定价理论中最基本的原则之一。无套利定价理论是根据无风险套利和无套利均衡理论产生的。

对于碳远期合约的定价，首先要考虑的是碳远期合约的标的资产的特性，无论是碳配额还是碳信用，在到期之前都不会产生现金流，所以碳远期合约的标的资产是不提供中间收入的资产。为了确定无中间收入的碳单位的远期价格，在此做出以下假设。

第一，无交易费用和税收（市场无摩擦）。碳远期合约的签订和执行的过程中无税收、交易费用或手续费等费用，或者这些费用相对于交易额而言微不足道，可忽略不计。

第二，可进行无风险借贷。碳远期交易的参与者能在资本市场上以相同的无风险利率借入或贷出任何资金。

第三，允许卖空。卖空是指卖出投资者并不拥有的资产。当投资者认为某种资产或者证券的价格将会下降，想要进行卖空的交易时，需要先在经纪人处开设一个保证金账户，并在保证金账户中存入一定的资金或可出售证券，作为初始保证金以保证其不会违约，继而通过经纪商借入该资产或证券先卖出，等到价格如预期一样下跌到一定程度时，再买回这些证券或资产进行平仓。投资者在此过程中因买卖的差价而获取收益。目前一些市场对卖空进行严格禁止。

第四，市场上无套利机会存在。当市场出现套利机会的时候，市场参与者可以马上利用套利机会进行套利活动。只要有套利机会，投资者就会进行套利活动，这样市场中的套利机会就会迅速消失，所以也就意味着市场上无套利机会，则要求市场价格就是无套利机会的价格。

(二) 碳远期资产定价方法

目前碳远期市场上有两种主要的碳远期合约定价方法，分别是固定定价方法和浮动定价方法。固定定价方法是指碳远期合约买卖双方在签订合约时约定一个固定的碳单位交割价格，该价格不随市场的变动而变动；浮动定价方法是指碳远期合约买卖双方在签订合约时不约定固定的交割价格，仅确定碳单位交割的保底价格，在此基础上参考相关碳市场上碳单位的价格（如欧盟碳排放市场上标准碳单位的价格）来决定远期合约的交割价格。浮动定价方式下，碳远期合约的交割价格由基础价格和浮动价格两部分组成。

固定定价结构下的碳远期合约，其标的碳单位的价格在合约签订时就确定了在该合约的期限内，该支付价格不发生变化。该类碳远期合约规定的买卖双方的义务分别如下：卖方的义务是交割一定数量的标的碳单位，该数量可能是固定不变的数量，也可能是拥有最大值和最小值界限范围的数量；买方的义务是为得到标的碳单位而支付固定的金额，这一固定的价格有时也会基于一定的通货膨胀系数或事先约定的价格升压，随着时间的推移而结构性地增长。

浮动定价结构下的碳远期交易,买方支付的价格是不固定的,随着有关市场价格的变化而变化。该类结构的碳远期合约,要求卖方支付事先确定的固定数量的标的碳单位,但是买方所支付的价格却是基于某一指数而确定的。在浮动价格下卖方无法确定未来的现金流量,如果将来价格下降,就可能导致卖方入不敷出,产生亏损。因此,当市场参与者预期碳单位的价格会上升时,浮动定价结构下的碳合约对卖方而言更有吸引力。

1. 符号约定

为方便碳远期工具定价模型构建,做出以下符号约定(如表9.8所示):

表9.8　碳远期工具定价模型符号约定

符号	含义
S	碳单位0时刻(即合约签订时刻)的市场价格
T	碳远期合约的期限(年)
S_T	碳远期合约到期时碳单位的价格
K	碳远期合约中约定的碳单位的交割价格
F	标的碳单位0时刻的远期价格
f	碳远期合约的价值
r	期限为T年的连续复利的无风险年利率
k	远期合约浮动定价方式下约定的基础价格
C	标的碳资产0时刻的参照价格
C_T	碳远期合约到期时标的碳资产的参照价格

2. 固定定价法

假设有两组资产:

第1组:由一个碳远期多头合约f+一笔数额为Ke^{-rT}的现金构成。该组表示投资者现在做多　份碳远期合约(假设该碳远期合约的标的资产为一个标的碳单位),同时再将自己的一笔数额为Ke^{-rT}的资金在资本市场上以无风险利率进行投资。

第2组:一个标的碳单位。

在碳远期合约到期时,第1组现金为K,用于按照碳远期合约购买1单位碳标的,第1组的价值$V_{T1}=S_T$。第2组的价值$V_{T2}=S_T$。根据无套利定价原则,若两组资产的期末价值相等,则这两组资产的期初价值也相等,否则就存在套利机会。由于$V_{T1}=V_{T2}=S_T$,因此这两组资产现在的价值也相等。由于现在第一组资产的价值为$Ke^{-rT}+f$,第二组资产的价值为S,因此有:

$$Ke^{-rT}+f=S \tag{9-39}$$

由此可以得出：

$$f = S - Ke^{-rT} \tag{9-40}$$

为使交易双方签订的碳远期合约是公平的，则要求合约的交割价格等于现在的远期价格，即 $F=K$。所以，这份公平的远期合约现在的价值为零，即 $f=0$。由于 $f=0$，因此由式(9-40)可得到公平的远期合约的交割价格：$K=Se^{rT}$。由于碳远期合约在签订时的远期价格 F 就是使得 $f=0$ 的 K 值，因此可得：

$$F = K = Se^{rT} \tag{9-41}$$

式(9-41)说明：碳远期合约的远期价格等于标的碳资产现在价格的未来值。

若 $F > Se^{rT}$，则投资者现在可以以无风险利率 r 借入金额为 S 的资金，用来购买一单位标的碳资产，同时卖空一份期限为 T 的碳远期合约，在 T 年后碳远期合约到期的时候，卖出该碳单位即获得资金 F，然后偿还所借资金 Se^{rT}，这样投资者在 T 时刻就可以无风险地获得 $F - Se^{rT}$ 的收益。

若 $F < Se^{rT}$，则投资者可以现在卖空一单位标的碳资产，用所得资金 S 进行无风险投资，同时买入一份期限为 T 的碳远期合约。碳远期合约到期时，无风险投资获得收益为 Se^{rT}，投资者支付资金 F 买入一个碳单位对卖空进行平仓，这样投资者在 T 时刻就可以无风险地获得 $Se^{rT} - F$ 的收益。

一旦出现上述这两种套利机会，投资者就会竞相套利，使得被错误定价的碳远期合约和碳标的价格不断变化。例如，当 $F > Se^{rT}$ 时，碳远期合约的价格会因大量做空而不断下跌，而碳标的价格会因需求的增加而不断上升，最终会使得 $F = Se^{rT}$，此时套利机会消失。根据无套利定价理论，当碳远期合约的远期价格 $F = Se^{rT}$ 时，排除了套利的可能，则该碳远期合约的远期价格就是 Se^{rT}。

所以碳远期合约现在的远期价格为 $F = Se^{rT}$。由于合约签订时的远期价格是公平远期合约的交割价格，故碳远期合约的固定交割价格为 $F = K = Se^{rT}$。

3. 浮动定价法

碳单位的交割价格 K 不固定的即为浮动定价。

参考王增武和袁增霆(2010)的研究，在浮动定价方式下，碳远期合约的交割价格由基础价格和浮动价格两部分组成。采用这种定价方式的碳远期合约在合约条款中已规定如何根据基础价格和参照市场的碳标的价格来决定交割价格。为简要介绍此定价方式，假设在浮动定价方式下，碳远期合约的交割价格为：

$$K = gk + yC_T \tag{9-42}$$

式中，g 和 y 均是根据远期合约约定而确定的外生参数；k 为基础价格；C_T 为标的碳资产的参照价格。式(9-42)表明，在浮动定价方式下，交易双方约定的交割价格是基础价格 k 和标的碳资产参照价格 C_T 的函数。例如，若碳远期合约中交易方约定平均分配参照价格溢出基础价格的部分，且固定价格与浮动价格的比率是 1:1，则合约的交割价格 $K = k + \dfrac{C_T - k}{4} = \dfrac{3}{4}k + \dfrac{C_T}{4}$。在交割价格中未知的是基础价格部分，所以在浮动定价方式下，需要确定的是交割价格中的基础价格。

与固定定价方式一样,首先假设两组资产:

第3组:一份碳远期多头合约+一笔金额为 gke^{-rT} 的现金+ y 单位标的碳资产。该组表示投资者现在拥有 y 单位标的碳资产和一笔金额为 gke^{-rT} 的现金,投资者此时做多一份碳远期合约且将这笔现金在资本市场上以无风险利率进行投资。

第4组:一个标的碳单位。

在碳远期合约到期时,第3组的价值是 $V_{T3}=S_T$,第4组的价值也是 $V_{T4}=S_T$。由无套利定价原则,则第3组与第4组现在的价值也相等,因此有:

$$f + gke^{-rT} + yC = S \tag{9-43}$$

即

$$f = S - gke^{-rT} - yC \tag{9-44}$$

由于远期价格就是使得远期合约价值为零的公平的交割价格,因此在一个公平远期合约签订时,合约规定的交割价格应该等于此时的远期价格,且此时碳远期合约的价值为零,即 $f=0$。所以碳远期价格中的固定价格部分就是使得 $f=0$ 的 k 值,由此可以得出:

$$k = \frac{(S - yC)e^{rT}}{g} \tag{9-45}$$

同样可以证明该固定价格就是排除了套利可能的碳远期合约的公平的交割价格中的基础价格部分。

若 $k > \frac{(S-yC)e^{rT}}{g}$,则投资者可以现在卖空 y 单位的标的碳资产,得资金 yC,把这笔资金以无风险利率贷出,同时在资本市场上以无风险利率 r 借入金额为 S 的资金,用来购买一个标的碳单位,同时做空一份碳远期合约。在碳远期合约到期时(T 时刻),投资者按交割价格 $K = gk + yC_T$ 卖出这一标的碳单位,然后偿还所借资金 Se^{rT},同时收回所贷出的资金得 yCe^{rT},再买进 y 单位标的碳单位进行平仓。这样投资者在 T 时刻就可以无风险地获得净利润 $gk - (S-yC)e^{rT}$。

若 $k < \frac{(S-yC)e^{rT}}{g}$,则投资者可以现在卖空一份标的碳单位,用所得资金 S 以无风险利率 r 进行投资,且购买一份该碳远期合约,同时在资本市场上借入 yC 的资金,购买 y 单位的标的碳资产。在 T 时刻,用投资所得资金 Se^{rT} 支付碳远期合约的交割价格 $K = gk + yC_T$,买入一份标的碳单位对卖空进行平仓,同时卖出所购买的 y 单位标的碳资产得资金 yC_T,然后偿还所借资金 yCe^{rT}。这样投资者在 T 时刻就可以无风险地获得净利润 $(S-yC)e^{rT} - gk$。

由上面的分析可知,只要基础价格 $k \neq \frac{(S-yC)e^{rT}}{g}$,则碳远期合约就存在套利机会,投资者就会利用这种机会不断套利,直到套利机会消失。

所以,碳远期合约在浮动定价方式下,其远期价格中的固定价格为:

$$k = \frac{(S - yC)e^{rT}}{g} \tag{9-46}$$

同样，利用上面的方法可以在碳远期合约签订以后确定某一时刻的远期价格。在求出该时刻的远期价格以后，便可以用远期价格求出该时刻碳远期合约的价值。为利用远期价格来确定碳远期合约价值，在此规定：t 为现在到碳远期合约的到期日的时间(年)；r 为 t 年连续复利的无风险利率。

碳远期合约在签订时，远期价格 F 等于碳远期合约的交割价格，其碳远期合约的价值为零，但在进入合约以后，随着时间的推移，交割价格 K 保持不变，而远期价格 F_t 将会变动，碳远期合约的价值则可正可负。

假设现在有两个碳远期合约多头头寸，除了交割价格不同之外，其他的条件均相同，其中一个交割价格为 F，而另一个交割价格为 K。在合约到期时，两个碳远期合约分别以价格 F 和价格 K 买入相同的标的碳单位，产生的现金流量差为 $F-K$，将此现金流量差异折现到 $(T-t)$ 时刻的现值为 $(F-K)e^{-rt}$。也就是说，这两个碳远期合约现在价值的差异为 $(F-K)e^{-rt}$，则交割价格为 K 的碳远期合约多头头寸 $(T-t)$ 时刻的价值 f_{long} 为：

$$f_{long} = (F-K)e^{-rt} \tag{9-47}$$

相应地可以得出，交割价格为 K 的碳远期合约的空头头寸 $(T-t)$ 时刻的价值 f_{short} 为：

$$f_{short} = (K-F)e^{-rt} \tag{9-48}$$

如果把远期价格假设为标的碳单位在碳远期合约到期时的价格，则该远期合约到期时，得到的收益为 $(F-K)$，其贴现值为 $(F-K)e^{-rt}$，恰好等于 $(T-t)$ 时刻该远期合约的价值。

案例 9-4

标准化的上海碳配额远期

2017 年初，上海环境能源交易所与上海清算所合作推出上海碳配额远期交易，这是国内第一个标准化的碳衍生品，也是第一个人民银行批准的且由金融交易平台与专业交易平台合作探索的碳衍生品。上海碳配额远期是以上海碳排放配额为标的、以人民币计价和交易的，在约定的未来某一日期清算、结算的远期协议。交易所为上海碳配额远期提供交易平台，组织报价和交易；上海清算所为上海碳配额远期交易提供中央对手清算服务，进行合约替代并承担担保履约的责任。根据上海碳配额远期协议元素，上海碳配额远期的最终结算价格为最后 5 个交易日日终结算价格的算术平均值。

根据银行间市场清算所股份有限公司 2016 年的公告所示，上海碳配额远期中央对手清算业务收费方案如下：

(1) 对清算会员收费项目包括清算费及结算费。

(2) 对清算会员收费方式及标准：按清算数量(或实际结算数量)收取清算费及结算

费。清算费按成交协议于成交日计算,结算费按实际结算数量于最终结算日计算。

清算费＝基本费＋清算数量(个)×清算费标准(元/个)

结算费＝当月实际结算数量(个)×结算费标准(元/个)

费用以人民币计算。基本费标准为 0 元,清算费标准为 1.0 元/个;结算费依据交割持仓类别收取,实物交割结算费标准及现金交割结算费标准均为 1.0 元/个。

案例思考题:

根据上海碳配额远期中央对手清算业务收费方案,若在今天买入 1 个上海碳配额远期,2 年后进行结算,结算前最后 5 个交易日日终结算价格的算术平均值为 100 元,期限为 2 年的连续复利的无风险年利率为 2.2%,今天上海碳配额远期的价格是多少?

二、碳期货资产定价

碳期货价格是指交易双方根据达成的期货合约所确定的在未来交割碳资产的价格。对于碳期货价格的确定,通常采用两种方法:一种是用远期价格近似确定期货价格,另一种是从现货价格和期货价格的关系推出期货的价格。

(一) 基于碳远期价格的碳期货定价

碳远期价格与碳期货价格的定价原理保持一致,其区别主要是交易机制和交易费用。碳期货与碳远期的价格非常接近,在到期日相同且无风险利率恒定的情况下碳期货价格等于远期价格。

通常,碳远期价格和碳期货价格存在差异,价格差取决于标的碳资产与利率的相关性。在标的碳资产价格与利率呈正相关时,碳期货价格高于碳远期价格。当碳资产价格上升时,碳期货价格通常提高,碳期货合约的多头方由每日结算获得利润并可将利润再投资。当标的资产价格下降时,碳期货合约的多头方当日出现亏损,交易者可以较低利率获得融资补充保证金。碳远期合约的多头方不会受利率变化的影响,因此,碳期货多头方较碳远期交易者更易获利,碳期货价格高于碳远期价格;相反,在标的碳资产价格与利率呈负相关时,碳远期价格高于碳期货价格。碳远期与碳期货价格间的差异也可由合约期限长短、交易费用、保证金、流动性等因素决定。

多数情况下,合理假定碳远期价格与碳期货价格相等。基本假设如下:

第一,没有交易费用和税;

第二,市场参与者能以相同的无风险利率借入和贷出资金;

第三,远期合约没有违约风险;

第四,允许现货卖空;

第五,碳期货合约保证金账户按无风险利率支付利息。

根据无套利原理,碳期货(碳远期)价格可以表示如下:

$$F = Se^{(r-q)(T-t)} \tag{9-49}$$

式中,F 为 t 时刻碳期货(碳远期)价格;S 为标的碳资产在时间 t 的价格;r 为无风险利率；q 为标的碳资产现货在期货合约期限内的收益率；T 为到期时间(年)，$(T-t)$ 表示剩余时间。

当碳期货合约价格与 $Se^{(r-q)(T-t)}$ 出现偏离时，市场上大量套利者将以买卖现货、期货的方式获取无风险利润，直至碳期货与碳现货价格的关系满足式(9-49)。若套利行为受制约，不存在买空卖空，则无套利平价等式不成立。

以碳远期价格确定碳期货价格存在一定的局限性。第一，碳期货交易采用逐日结算制度并且存在期间现金流，碳远期价格计算不存在期间现金流。第二，持有期限越长，碳远期价格与碳期货价格差异越大。由此，依据现货价格推导期货价格为碳期货定价应运而生。

(二) 基于碳现货价格的碳期货定价

1. 期货价格与现货价格的关系

碳资产现货价格决定并制约了碳期货价格。同一碳资产的期货价格与现货价格受到相同因素影响，波动幅度不同，价格的变动方向与趋势一致。随着碳期货合约接近到期日，碳期货与碳现货的价格逐步趋同，在到期日时，两者大致相等。碳期货与碳现货的价格关系表现在两个方面：一是即期碳期货价格与碳现货价格的关系，二是碳期货价格与预期未来碳现货价格的关系。

在实际交易中，碳现货与碳期货价格之差可用基差表示：

$$基差 = 现货价格 - 期货价格 \tag{9-50}$$

在碳期货合约有效期内，基差是波动的，可为正值或负值。碳期货到期日基差应为零。基差的不确定性可称为基差风险。碳期货实现套期保值功能时，必须选择适当的对冲期货合约，以降低基差风险。套期保值者必须实时关注基差变化情况，其基差增加时，空头套期保值者获利，多头套期保值者会出现相应亏损；以基差缩小时，空头套期保值者出现亏损，多头套期保值者获利。基差交易是指在套期保值无法充分转移价格风险时，按一定基差用期货市场价格来确定现货价格及相应进行现货商品买卖的交易方式。基差交易通常是碳资产进口商采用的定价和套期保值策略。碳期货价格收敛于标的碳现货价格，以套利交易为基础。如果交割期间碳期货价格高于碳现货价格，大量的套利者就会买入碳现货、卖出碳期货合约，并进行交割获利，从而促使碳现货价格上升、碳期货价格下降；相反，如果碳期货价格低于碳现货价格，大量的套利者就会选择买入碳期货合约，促使碳期货价格上升。

碳期货价格与预期未来碳现货价格的关系可用预期收益率表示：

$$E(S_T) = Se^{y(T-t)} \tag{9-51}$$

式中，$E(S_T)$ 表示未来 T 时刻现货的期望价格；y 表示资产的连续复利预期收益率；t 表示现在时刻。未来现货期望价格是指交易者估计碳现货的价格。碳期货价格与未来现货期望价格的大小取决于 y 与 r 的比较。如果标的碳资产系统性风险为零，则 $y=r$，碳期货价格与未来现货期望价格相等。如果标的碳资产系统性风险小于零，则 $y<r$，碳期货价格大于未来现货期望价格；反之，若标的碳资产系统性风险大于零($y>r$)，则碳期货价格小于未来现货期望价格。

综上所述,碳期货是规避现货价格波动的避险工具,两者价格之间存在着内在联系。碳期货价格的确定一般基于无套利定价与风险中性定价方法。

2. 合理期货价格的确定

合理期货价格是指在满足一系列前提假设的情况下,由现货价格所决定的无套利的期货价格。

假定碳现货资产,在 t 时刻价格为 S_t。买方希望在未来 T 时刻获得该碳资产,那么可采用两种方法。第一种,在 t 时刻买入以碳现货为标的在时刻 T 交制的碳期货合约;第二种,在 t 时刻直接购买碳现货资产,并持有至时刻 T。假设投资者采用第一种策略时需要支付 F;采用第二种策略时需要支付 $S_t+I+C-R$,其中 I 表示购买碳现货放弃的利息收入,C 表示持有碳现货的保管、仓储等费用,R 表示持有碳现货得到的收益。合理的碳期货价格可以避免出现套利行为,使得两种策略下支付成本相等,即

$$F = S_t + I + C - R \tag{9-52}$$

式中 $I+C-R$ 通常为(净)持有成本。上述碳期货价格与碳现货价格的关系被称为持有成本模型。持有成本的大小与合约标的资产的性质相关联。消费性标的资产的持有收益只包含相关便利,而投资性标的资产的持有收益包含了现金收益。在碳期货中,持有成本并不包括商品的仓储费用,相对于商品期货而言,持有成本较低。随着交割日临近,碳期货价格收敛于碳现货价格,持有成本趋近于零,同时基差收敛于零。持有成本可大于零,或小于零。正常市场内期货价格大于现货价格,基差为负;而倒置市场内期货价格小于现货价格,基差为正。

3. 碳期货定价模型

下面介绍四个碳期货定价模型。

(1) 持有成本模型。

持有成本模型通常作为期货定价的基础。作为购买期货合约的替代方法,在现货市场买入相关金融资产并持有至到期日。在期货交易中,持有成本等于融资成本和相关资产收益之差。1890 年,马歇尔提出了期货价格是现货价格与持有该现货至期货到期交割所需成本之和,即

$$F = S + C \tag{9-53}$$

式中,F 表示期货价格;S 表示现货价格;C 表示持有成本。

在价格倒挂,即期货价格低于现货价格的现象出现时,该理论较难解释。1930 年凯恩斯引入风险溢价概念,修正了持有成本理论,提出期货价格的表达式:

$$F = S + C \pm R \tag{9-54}$$

式中,R 表示风险溢价。

持有成本模型基于如下假设:

第一,碳期货和碳现货交易均无交易成本;

第二,假设相关碳排放权可以卖空,可以储存;

第三,卖空现货与期货所得金额可以自由利用;
第四,投资人的借贷利率为回购利率。

根据持有成本理论,期货合约价格与现货价格关系如下:

$$F_{t,T} = S_t(1+\mu) \tag{9-55}$$

式中,$F_{t,T}$ 表示到期日为 T 的碳期货合约在时刻 t 的价格;S_t 表时刻 t 现货的交易价格;μ 表示持有成本与现货价格的比值,即包括交易费用、仓储费用、运输费用、保险费用和利息等持有成本的总和除以现货价格 S_t。

如果 $F_{t,T} > S_t(1+\mu)$,则表明碳期货价格大于碳现货持有成本与现货价格之和,交易者会买入碳现货,卖出碳期货合约,导致现货需求上升,价格提高,直至达到均衡,不存在套利机会。

如果 $F_{t,T} < S_t(1+\mu)$,则表明碳现货持有成本与现货价格之和大于碳期货价格。交易者会选择买入碳期货,卖出碳现货,导致碳期货需求上升,价格提高,直至达到均衡,不存在套利机会。

若持有成本为 c,期货价格为 F,现货价格为 S,则有:

$$F = Se^{cT} \tag{9-56}$$

持有成本模型的假设条件在实际交易中并不合理。与假设条件不同,投资者在碳期货交易中需要支付一定的佣金。实际的借贷利率是存在差异的,通常贷款利率高于借款利率。碳期货中卖空交易一般受交易所限定,在特定价位以上才可以进行卖空操作。因而,持有成本模型也存在一定的偏差。

(2) 无偏估计模型。

在一个有效的碳交易市场中,即期碳期货价格对未来现货价格具有预测和发现功能。根据无偏估计,碳期货价格等于未来现货价格的期望值,即

$$F_t = E(S_T | I_t) \tag{9-57}$$

式中,T 为期货到期时刻,t 为当前时刻,I_t 为 t 时刻的信息集,$E(S_T | I_t)$ 表示未来现货价格在 t 时刻的条件期望。

在实际交易中,一旦碳期货价格与现货价格出现偏离,交易者主动买卖期货合约,直至两者价格达到均衡。无偏估计模型的前提是风险中性,市场上不存在套利可能性,金融产品的价格与投资者风险态度无关,不存在任何风险补偿或风险报酬并且金融产品期望收益率恰好等于无风险利率。然而,实际市场交易存在较大风险,承担风险者会要求得到补偿,因而存在风险溢价。此时,碳期货价格等于碳现货价格预期值与风险溢价之和,即

$$F_t = E(S_T | I_t) + \alpha \tag{9-58}$$

式中,α 表示风险溢价。

无偏估计结果建立在有效的碳市场基础上。随着协整检验和 Granger 因果检验的应用,碳期货价格 F_t 与同期现货价格 S_t 关系的检验可由此获得。从即期期货与现货价格之间的滞后相关性可推导出期货的价格发现功能。通过检验 F_t 与 S_t 是否存在协整、格

兰杰因果关系,可考察碳期货市场的有效性。其有效性包括定价效率和信息效率两个层面。定价效率应通过期货价格 F_t 与同期现货价格 S_t 之间的关系进行检验,而信息效率则应通过期货对数收益率残差序列的性质加以考察。

(3) 碳排放便利收益模型。

学者研究提出碳排放交易与股票交易不同,股票价值与公司预期利润有紧密关联,而碳排放权价格主要由交易市场中碳排放权供求总量引起的预期碳排放量稀缺程度决定。碳排放的稀缺性容易受到政府气候管制政策变化、碳减排技术进步与扩散、能源利用效率、能源价格、极端气候等因素影响,导致碳排放权价格剧烈波动。在恒定便利收益和利率下,运用持有成本理论证实碳排放权现货持有者可以获得额外的便利收益。

在碳交易中,碳现货价格波动较大。碳排放便利收益表示碳现货持有者承担价格风险而获得额外隐含收益,且期货合约持有者无法实现。碳排放便利收益以碳排放产品的稀缺性为基础,由风险溢价带来额外收益。碳排放权稀缺性程度越大,其价格波动越大,碳现货持有者预期得到的便利收益越大。

碳排放便利收益模型是持有成本模型的延伸。假设碳排放市场不存在套利行为无交易成本,且不存在储存成本。碳排放期货合约交割日期为 T,在时刻 t 碳排放现货价格为 S_t,碳期货价格为 F_t,市场无风险利率恒定为 r,便利收益为 δ。碳现货与碳排放期货的价格关系如下:

$$F_t = S_t e^{(r-\delta)(T-t)} \tag{9-59}$$

由此可以得到碳期货价格 F_t。根据式(9-59)可以反解出便利收益为:

$$\delta = r - \frac{\ln(F_t/S_t)}{T-t} \tag{9-60}$$

(4) 均衡期限理论。

均衡期限理论基于以下三个假设:

第一,碳交易市场交易成本为 0,不考虑税收,不存在市场摩擦;

第二,交易是连续的;

第三,市场存在卖空交易,且借贷利率相等。

在单因素模型中,碳期货价格主要由几何布朗运动的现货价格决定。几何布朗运动是描述资产价格的常用模型,其随机变量满足布朗运动。

$$\mathrm{d}S_t = \mu S_t \mathrm{d}t + \sigma_s S_t \mathrm{d}Z_s \tag{9-61}$$

$$\frac{\mathrm{d}S_t}{S_t} = \mathrm{d}(\ln S_t) = \mu \mathrm{d}t + \sigma_s \mathrm{d}Z_s \tag{9-62}$$

式中,μ 表示碳市场现货价格漂移率,σ_s 表示现货价格波动率,$\mathrm{d}Z_s$ 表示布朗运动增量。

假设现货价格服从均值回复运动,此时可建立均衡模型如下:

$$dS_t = \kappa(u - \ln S_t)S_t dt + \sigma_s S_t dZ_s \qquad (9-63)$$

式中，κ 表示回复速度，u 表示长期均值。现货价格长期围绕均值 u 波动。在碳现货价格高于长期均值时，碳排放权交易者预期价格会下降，因而投资者减少购买，最终现货价格下跌至均值。

在双因素模型中，增加便利收益作为影响现货价格变动的因素，较好拟合了期货市场价格波动。Schwartz(1997)构建的双因素模型如下，其操作性更好：

$$dS = (\mu - \delta)S dt + \sigma_s S dZ_s \qquad (9-64)$$

$$d\delta = \kappa(\alpha - \delta)dt + \sigma_\delta dZ_\delta \qquad (9-65)$$

式中，σ_s 表示现货价格波动率，dZ_s 表示现货价格几何布朗运动的增量，μ 表示现货价格漂移率，δ 表示瞬时便利收益。κ 表示瞬时便利收益均值回复速度，α 表示便利收益长期均值。σ_δ 表示市场中瞬时便利收益的波动率，dZ_δ 表示瞬时便利收益几何布朗运动的增量。

三、碳互换资产定价

(一) 碳互换价格的影响因素

碳衍生品市场中影响碳互换价格的因素很多，其主要影响因素可以归纳为四个方面：远期价格、交易成本、信用风险和环境因素。

1. 远期价格

影响碳互换价格的最主要的因素是标的碳单位的远期价格，它影响了碳互换每期所能实现的实际现金流量，决定了碳互换的均衡价格。当碳交易市场上套利机会消失时，远期价格就一定反映了市场对未来价格的预期。碳互换可以分解成一组碳远期的叠加，由于远期价格因素反映了市场对未来价格的预期，因此在碳互换的定价中假设远期价格在未来会得以实现具有一定的合理性。

2. 交易成本

交易成本是影响碳互换价格的重要因素。由于碳互换交易一般涉及的国家和主体较多，且交易的内容、程序都相当繁杂，因此交易成本较高。此外，碳互换的参与者要在市场直接找到交易对手非常困难，一般要借助第三方即金融机构的力量，例如担任中介角色的金融中介机构、国际金融组织等。该类金融中介机构在促成碳互换交易时，一般收取一定的佣金和手续费等，作为其为交易双方提供信息资源和服务的报酬，这也构成碳互换的部分交易成本。

3. 信用风险

碳互换交易属于场外交易，没有期货交易中的保证金制度作为保障，交易双方可能会发生违约行为，导致碳互换交易的信用风险较高，进而会影响碳互换的价格。由于碳互换信用风险的大小与交易对手信用等级密切相关，因此信用风险溢价因不同交易对手而有所不同。一般交易对手信用级别越高，则信用风险溢价越小。此外，信用风险的大小取决于碳互换交易动机，若交易对手是为了投机而参与碳互换，则当市场产生不利变化的时候,其违约的可能性就会增加,相应的风险溢价也会增加;而如果交易对手进入碳互换交易仅为了避险,则违约的可能性就较低,相应的风险溢价也较小。

4. 环境因素

影响碳互换价格的环境因素一般包括两种:政策环境因素和市场环境因素。政策环境因素主要指一国政府能不能与其他国家进行碳互换首先取决于本国的政策,若政府鼓励环境保护和可持续发展,则可能会积极促进本国碳互换交易的发展;反之,若政策不支持碳互换交易,则根本谈不上碳互换的价格问题。市场环境因素主要是指碳交易市场和资本市场的状况对碳互换定价的影响。若碳交易市场和资本市场均机制健全且发展成熟,则碳互换的价格就有可能真正反映其供求和预期,可能是合理竞争性的价格。此外,碳互换市场竞争的激烈程度在一定程度上也影响碳互换的价格,若市场存在大量的竞争性的经营者或中介机构,则它们可能为了获得大批量交易的高额收益而有意降低价格。

(二) 碳互换定价方法

碳互换合约的定价包含两种:第一种是在签订碳互换合约时,将互换的价格确定为一个使得碳互换的初始价值为0的固定价格支付;第二种是在碳互换合约签订以后,根据合约的内容、市场价格水平和市场利率水平等确定碳互换合约的价值。

对于碳互换合约的第一种定价有两种方法:一种是根据项目总成本确定的公平的碳互换合约的固定支付价格,另一种是在考虑到便利性收益的基础上确定的理论上公平的固定支付价格。对于碳互换合约签订后的碳互换合约的价值,则可以将其分解为碳远期合约进行定价。

1. 根据成本确定交割价格

交割价格或执行价格,即碳互换中定期交割结算时买方支付给卖方的碳排放权的单价。只有合约事先确定的执行价格是公平合理的,整个碳互换交易才有可能是公平合理的交易,才能真正地实现共赢。下面以自愿减排项目为例来说明应该如何确定碳互换的执行价格。

自愿减排项目中,项目开发商生产碳减排权所发生的成本主要有两种:交易成本和减排成本。

在交易成本方面,自愿减排项目产生的交易成本可分为三类:前期交易成本、中期交易成本和后期交易成本。前期交易成本是项目执行前发生的交易成本,如咨询公司技术服务成本、第三方审定机构的项目审定成本等;中期交易成本是项目执行过程中发生的交易成本,如第三方核查机构的减排量核证成本等;后期交易成本是完成减排量交易的相关工作而产生的成本,包括项目备案后的咨询公司成本等。

在减排成本方面,碳减排项目的决策者很可能仅注意碳排放权交易所获得的经济收益大于项目的实际交易成本,而忽略另外一个重要的成本即实际的碳减排成本。以中国的减排成本为例,据张宁等估计碳排放每下降1%,生产成本将提升1.57%,计算出的企业边际减排成本为359元/吨;Chen等分析得到碳减排边际成本从357.41元/吨到927.95元/吨不等,远远高于目前我国的碳价。碳减排项目的决策者要充分认识到项目实际的减排成本。

假设自愿减排项目的签约周期为n年,在t年时($t<n$),核证减排量的执行价格为

F_t，单位核证减排量的减排成本为 C_{mt} 且单位交易成本为 C_{st}，最终核准的核证减排量为 a。假设项目产生的碳减排额度全部转移给买方，则项目开发商转让碳排放权获得的总收益为：

$$TR = \sum_{t=1}^{n}(F_t - C_{mt} - C_{st})a \qquad (9-66)$$

项目开发商要得到最大化的总收益，则式(9-66)对 a 的一阶导数为零，即满足：

$$F_t - C_{mt} - C_{st} = 0 \qquad (9-67)$$

即项目开发商与买方签约最佳的碳排放权执行价格为：

$$F_t = C_{mt} - C_{st} \qquad (9-68)$$

虽然最优的碳排放权的执行价格等于单位减排成本与单位交易成本之和，但是现实签订的自愿减排项目合约的执行价格一般不等于该最优价格。

2. 考虑便利性收益的情形下碳互换定价

在考虑便利性收益的情况下，通常把碳互换交易中支付资金的一方看作支付固定价格的定量商品的一方，称为投资方；把交付碳信用的一方看作是支付浮动价格的定量商品的一方，称为项目开发方。由于标的碳信用的未来市场价格是不确定的，因此我们认为价格为随机变量，表示为 $X_t = [X_t^{(1)}, \cdots, X_t^{(n)}]$，并假设市场是完全竞争的，连续复利利率 r 为常数，便利收益率为常数 δ。其中，便利收益率是指当市场存在交易限制的时候，远期定价模型对持有成本进行的调整，它反映市场对未来商品可获得性的预期。若商品可获得性越高，则便利收益率越低；反之，若商品短缺的可能性越大，则便利收益率越高。

则标的碳排放权的价格 $\{S_t, t \in [0, T]\}$，服从随机微分方程：

$$dS_t = \mu S_t dt + \sigma_s S_t dB_t^{(s)} \qquad (9-69)$$

其中，$B_t^{(s)}$ 是标准维纳过程。

假设该碳互换每次交割支付一单位标的碳信用，在碳互换合约到期期限 T 之前分别在时刻 $t_1, t_2, \cdots, t_n$ 进行交割支付。假设投资方支付的固定价格为 F_t，项目开发商支付给投资方的浮动价格为此时碳信用的市场价格，即 $S_{t_i}, i = 1, 2, \cdots, n$。由于市场是无套利的，因此市场必定存在等价鞅测度（充要条件），又因为市场是完全竞争的，所以该等价鞅测度不仅存在而且唯一。设该概率测度为 Q，则在概率测度 Q 下，根据鞅定价的方法确定该碳互换的价格。

对于上述的价格过程 $\{S_t, t \in [0, T]\}$，在 Q 下所满足的随机微分方程为：

$$dS_t = (r-\delta)_t dt + \sigma_s S_t dB_t^{(s)} \qquad (9-70)$$

其中，$\{B_t^{(s)}, 0 \leqslant t \leqslant T\}$ 是 Q 下的标准维纳过程。现在该碳互换合约对项目开发商的价值为 V_t，则：

$$V_t = \sum_{i=1}^{n} F_t e^{-r(t_i - t)} - \sum_{i=1}^{n} E_t^Q [e^{-r(t_i - t)} S_{t_i}] \qquad (9-71)$$

由无套利原则可知式(9-71)应等于零，故可以得出：

$$F_t = \frac{\sum_{i=1}^{n} e^{-r(t_i-t)} E_t^Q(S_{t_i})}{\sum_{i=1}^{n} e^{-r(t_i-t)}} \tag{9-72}$$

因为 $dS_t = (r-\delta)S_t dt + \sigma_s S_t dB_t^{(s)}$，所以将 $E_t^Q(S_{t_i}) = S_t e^{(r-\delta)(t_i-t)}$ 代入式(9-72)可得：

$$F_t = S_t e^{(\delta-r)t} \frac{\sum_{i=1}^{n} e^{-\delta t_i}}{\sum_{i=1}^{n} e^{-r t_i}} \tag{9-73}$$

3. 碳互换合约估值

由于互换合约可以看作一系列远期合约的组合，基于同样的原理，碳互换合约也可以看作一系列碳远期合约的组合。在债务与碳信用互换交易制度下，碳互换期间每次合约约定价款的支付都是由特定的基金组织负责的，交换的是碳减排项目所产生的约定数量的碳减排额度；在温室气体排放权互换交易制度下，是投资者用现金支付交换东道国碳减排项目的碳减排额度。无论是采取哪种制度的碳互换交易，都相当于两个交易者之间签订了一系列期限不同的以现金购买碳排放权的碳远期合约。

可以分为三个步骤确定碳互换合约的价值：

首先，识别碳互换交易的现金流。根据碳互换合约的规定，交易双方在规定的时间间隔里，支付和交割规定的现金流量和碳减排额度，即辨别现金支付日期 T、每单位碳排放权的现金支付量 K、碳排放权交付量 Q。

其次，把该碳互换合约转换成一个碳远期合约的组合。将碳互换合约进行分解，把每个到期日 T 所支付的现金量 K 和碳排放权的交付量 Q，看作一个单独的碳远期交易。这样，碳互换合约就可以看作不同到期日的碳远期合约的组合。

最后，利用碳远期合约的定价理论对碳互换合约进行定价。

此处通过一个例子来介绍如何利用碳远期合约对碳互换合约定价。假设现有一份在 2023 年 1 月 1 日签订的碳互换合约，该交易者每一年支付 K 单位现金以换取 1 单位碳排放权。现在该碳互换合约还有 2.5 年的剩余期限。对应 6 个月、18 个月、30 个月的连续复利的无风险利率为 r_1, r_2, r_3。前一个付款日对应的参照的标准碳排放权的市场价格为 F_0，由于互换在每期交割时参考的市场价格是期初时的市场价格，所以 6 个月后交割时的市场参考价格为 F_0。由碳远期合约的定价可知，把远期价格假设为标的碳单位在远期合约到期时的参考市场价格，交割支付所得现金流进行折现，也可以得到碳远期合约的价值。

所以首先要确定每期交割支付时所对应的标的碳单位的远期价格，即分别求出 6 个月时和 18 个月时标的碳单位的远期价格。根据碳远期合约定价中求出的标的碳单位的远期价格，则在 6 个月和 18 个月时标的碳单位的远期价格分别为 F_1 和 F_2，并且满足：

$$F_1 = F_0 e^{0.5 r_1} \tag{9-74}$$

$$F_2 = F_1 e^{r_2} \tag{9-75}$$

然后将该远期价格作为下期互换交割支付的参考市场价格，即把 F_1 和 F_2 假设为 18

个月时和 30 个月时交割支付标的碳单位的市场价格。最后计算出组合中每个碳远期合约的现在的价值，以求出碳互换合约现在的价值。计算过程如下：

6 个月后交割支付的碳远期合约的现值为：$f_0 = (F_0 - K)e^{-0.5r_1}$

18 个月后交割支付的碳远期合约的现值为：$f_1 = (F_1 - K)e^{-1.5r_2}$

30 个月后交割支付的碳远期合约的现值为：$f_2 = (F_2 - K)e^{-2.5r_3}$

所以，碳互换合约现在的价值为：

$$f = f_0 + f_1 + f_2 \tag{9-76}$$

由此，通过将互换合约拆分成几个碳远期合约，用碳远期合约的现值求出了碳互换合约的价值，完成了对碳互换合约的定价。

案例 9-5

广东省碳排放配额与欧盟碳排放配额互换

2019 年，广州碳排放权交易中心对广东省碳排放配额与欧盟碳排放配额互换交易业务做出指引。

广州碳排放权交易中心开展的互换交易业务是指交易参与人卖出一定数量的广东省碳排放配额且同时买进一定数量的欧盟碳排放配额，或卖出一定数量的欧盟碳排放配额且同时买进一定数量的广东省碳排放配额的交易行为。

互换交易的基本要素如下：

(1) 交易单位：吨广东省碳排放配额与个欧盟碳排放配额(tGDEA & EUA)；

(2) 报价单位：吨广东省碳排放配额或个欧盟碳排放配额(tGDEA/EUA)(保留小数点后两位)；

(3) 最小交易量：100 个欧盟碳排放配额及其对应数量的广东省碳排放配额；

(4) 最小价格波动单位：0.01 吨广东省碳排放配额或个欧盟碳排放配额。

互换交易的开盘价根据以下公式确定：

$$P_0 = P_E / P_G \times E$$

其中，P_0 为互换交易开盘价；P_E 为洲际交易所(ICE)欧盟碳排放配额最近一个结束的交易日每日期货(daily futures)交易的收盘价(欧元/EUA)；P_G 为广东碳市场上一个交易日广东省碳排放配额的收盘价(元人民币/吨)；E 为外汇市场上一个交易日中国外汇交易中心公布的银行间外汇市场欧元兑人民币的汇率中间价(欧元/元人民币)。

互换交易的交易经手费根据以下公式确定：

$$F = V_G \times P_G \times R$$

其中，F 为交易经手费；V_G 为互换交易中成交的广东省碳排放配额数量(吨)；P_G 为互换交易在交易系统中进行挂单申报的前一个交易日的广东省碳排放配额的收盘价(元人民币/吨)；R 为广东省碳排放配额交易经手费费率。

案例思考题：

1. 已知 0 时刻互换交易价格为 P_0，T 时刻欧盟碳排放配额收盘价为 $P_{E,T}$，广东省碳排放配额的收盘价为 $P_{G,T}$，无风险利率为 r，汇率为 E_T，若考虑在 T 时刻卖出 V_G 吨广东省碳排放配额(GDEA)，同时买进 V_E 个欧盟碳排放配额(EUA)，则现在互换合约价值如何计算？

2. 若考虑互换交易经手费，则思考题 1 中的互换合约价值又为多少？

四、碳期权资产定价

(一) 碳期权定价原则

与其他期权定价所蕴含的风险中性定价原则和无套利定价原则类似，碳期权定价也遵循这两项基本原则。

1. 风险中性定价原则

风险中性定价原则是 1976 年由约翰·考克斯(John C. Cox)和斯蒂芬·罗斯(Stephen A. Ross)在推导期权定价公式时建立的原则。风险中性理论是指在市场不存在任何套利机会的条件下，如果衍生证券的价格依赖可交易的基础证券，那么衍生证券的价格与投资者的风险态度无关。理性投资者一般是风险厌恶型，在投资过程中均要求风险补偿或风险报酬，于是风险资产的预期收益率中包含的风险补偿风险厌恶程度越高，投资者要求的风险补偿越大。如果市场中资产价格与投资者的风险偏好无关，则不存在风险补偿问题。因此，风险中性假设下无须考虑风险补偿。假定风险中性成立，此时所有证券的预期收益率都等于无风险利率，所有现金流量都可以通过无风险利率进行贴现求得现值。风险中性理论在一定程度上简化了衍生证券的定价分析。利用无风险利率贴现的风险中性定价过程是鞅(martingle)，现值的风险中性定价方法是鞅定价方法(martingale pricing technique)。

由于不存在任何风险补偿或风险报酬，因此市场的贴现率等于无风险利率。期权未来现金流可通过无风险利率贴现计算现值。交易者也可按照无风险利率无限制借贷资金。风险中性定价原则简化了期权定价的计算过程，支持了期权平价模型的推导，为二项式模型和 B-S 期权定价模型的建立奠定了良好基础。

2. 无套利定价原则

无套利定价原则是指交易市场上，金融资产的价格趋于均衡，不存在套利机会。无套利成立的前提是市场是有效的，不存在摩擦，即交易不需要成本。一旦存在套利机会，投资者就可以获得无风险报酬，使得市场失衡。不同交易市场上，同种金融资产的价格差异会吸引投资者进行跨市场套利——低价买进高价卖出以赚取差价。有效的交易市场则能使投资者迅速发现同种产品在不同市场价差的信息，从而及时采取大量买卖操作，迅速消除套利机会，最终使产品价格回归理性水平。

在无套利市场上，隐含着两大基本假设：第一，允许交易者在市场上进行卖空，可利用资金进行做多或做空，不需要从其他渠道融通资金；第二，期初投资者可利用历史价格信息，以相同的投资成本购买不同产品，未来这些产品的持有成本和利润基本一致，无套利机会。总的来说，金融资产的合理定价尤为重要。在期权定价过程中，为了规避套利交易行为，看涨期权和看跌期权存在价格限制，通常被称为"无风险套利限制"。

无风险套利限制期权定价理论的前提是不存在无风险套利机会。不满足此条件的期权价格的计算与推导没有意义。基于无风险套利限制,看涨期权和看跌期权的价格上下限必然受到约束。

(二)碳期权定价影响因素

期权价格(option price)指每份期权合约的市场交易价。也可以理解为,在期权交易过程中,开设认购期权仓位的持有者(holder)向开设认沽期权仓位的立权者(writer)支付的保证金或权利金。期权价格通常由期权交易双方在交易所内通过竞价方式达成,在同一品种的期权交易市场中表现为不同的敲定价格对应不同的期权价格。

碳期权的符号规定如下:S_0 表示期初标的资产碳期货的市场价格;S_r 表示碳期权合约到期时标的资产的价格;K 表示碳期权的执行价格;r 表示无风险利率;T 表示碳期权合约的期限(年);f 表示期初期权的价格;P 表示看跌期权的价值;C 表示看涨期权的价值。

碳期权的价值受到以下五大因素的影响。

第一,相关标的资产的市场价格。碳期权的标的资产多为碳期货,标的资产的价格对碳期权的价格产生直接影响。在其他条件不变时,标的资产价格上升,看涨期权价格随之增加,而看跌期权价格随之下降。例如,以 CER 为标的碳期权,碳期权价值受到 CER 价格波动的影响,而 CER 价格与经济发展水平、气候变化、能源价格波动相关。经济发展水平越高,极端异常天气越多,原油价格上升,CER 需求越多,CER 价格越高,看涨期权价格也随之提升。

第二,执行价格。在看涨期权中,执行价格越高,投资者在未来越愿意以更高的价格购买标的资产,只有在标的资产价格提高至一定水平时,碳期权持有者才能获得收益。在看跌期权中,执行价格越高,碳期权价值越高。

第三,距离到期时间。在欧式看涨期权中,碳期权到期时间对其价值影响较大。看涨期权距离到期时间越长,标的资产的价格波动可能性越大,碳期权持有者承担风险越高(包含短期看涨期权的投资机会),相应的潜在收益越大;相反,看涨期权距离到期时间越短,标的资产价格变动幅度越小,持有者获利的可能性越小。

在美式看涨期权中,持有者在合约到期日或之前都能执行碳期权,碳期权价值与距离到期期限呈正相关,距离到期时间越长,碳期权价值越高。

在欧式看跌期权中,碳期权的价值与距离到期时间的关系比较复杂。若不存在其他收益(如股利、利息),则根据买权-卖权平价公式,可得:

$$C + Ke^{-rT} - S_0 = P \tag{9-77}$$

欧式看跌期权距离到期时间越长,即 T 越大,C 越高,而 $(K-F_0)e^{-rT}$ 越小。总之,距离到期时间长短对欧式看跌期权价值的影响不确定。

在美式看跌期权中,同样可根据买权-卖权平价公式得出期权价格区间:

$$C + Ke^{-rT} - S_0 \leqslant P \leqslant C + K - S_0 \tag{9-78}$$

T 与 P 之间的关系并不能确定。碳期权的期限长短与美式看跌期权的价值关系不确定。

第四,标的资产价格的稳定性与风险大小。碳期权的标的资产价格波动幅度越大,碳期权避险需求越强烈,期权价值越高。此外,看涨期权最大损失为期权费,但收益是无上限的,因而标的资产价格越稳定,碳期权价值越低。看跌期权随碳期货市场价格的上涨出现损失是有限的,而价格下跌导致收益较大,标的资产价格波动越大,看跌期权价值越大。与碳现货交易不同,碳现货价格波动幅度越大,其资产价值越低,而碳期权恰好相反,这反映出碳期权对于现货价格剧烈波动的规避作用。

第五,无风险利率。碳期权的投资者在购买时需要支付一定的权利金,然而权利金进行投资后可以从无风险利率获得收益。显而易见,无风险利率可以作为购买碳期权付出的机会成本。在看涨期权中,无风险利率越高,机会成本越高,投资者未来可获得的收益越大。其他条件不变时,无风险利率与看涨期权的价值呈正相关。然而在看跌期权中,无风险利率与看跌期权的价值呈负相关。

(三) 碳期权定价方法

碳期权定价的主要技术包括:B-S期权定价模型、二项式期权定价模型、风险中性期权定价以及鞅定价模型。除此之外,学者们尝试用各种方式拓展碳期权估值方法,如于倩雯等(2020)基于模糊测度和Choquet积分对碳期权开展估值。综观相关研究,对碳期权定价的研究主要基于B-S期权定价模型,如王春霞和李佳彪(2023)设计了湖北碳排放配额期权,并对比了传统B-S公式和分形B-S公式对于期权估值的差异,故本部分将对B-S期权定价模型进行简要介绍。

1973年费谢尔·布莱克(Fisher Black)在《政治经济学杂志》中发表了一篇《期权定价与公司债务》的文章,阐述了期权定价模型,后期逐步发展成为布莱克-斯克尔斯(Black-Scholes,B-S)期权定价模型。该模型是一个基于套期组合策略下关于欧式股票看涨期权的定价模型,被广泛应用于金融理论、商业实践和经济运行及其他相关领域。

B-S期权定价模型假设条件如下:期权标的资产的价格服从对数正态分布;期权有效期内,除价格变动产生资本损益外,不存在其他收益(如股息、利息等);期权交易中税收和交易成本为0;标的资产收益率的方差和无风险利率为常数;期权为欧式期权;交易者可自由借贷资金,且借贷利率相等;标的资产的卖空无限制,卖空所得资金可自由使用。

B-S期权定价模型中涉及了5个影响变量,分别为即期标的资产市场价格S、期权的执行价格K、期权合约的期限T、无风险利率r以及标的资产收益的波动率σ。这5个变量与期权的价格存在内在相关性,即期标的资产的市场价格、期权的有效期、无风险利率和标的资产收益的波动率与看涨期权的价格呈正相关,执行价格与看涨期权的价格呈负相关。即期标的资产的市场价格、无风险利率与看跌期权的价格呈负相关,执行价格、期权的有效期和标的资产收益的波动率与看跌期权的价格呈正相关。

利用微分方程,建立由期权和标的资产组成的无风险交易组合,推导B-S期权定价模型。假设标的碳资产每变动ΔS,就引起欧式看涨期权价格变动ΔC,且存在关系式$\Delta C=0.6\Delta S$。那么,无风险交易组合为0.6份标的资产和一个看涨期权的短头寸,标的资产价格每增加1单位,看涨期权价格就增加0.6单位,标的资产的收益恰好等于期权交易的损失。无风险交易组合的构建基于瞬间平衡,而无风险交易组合的收益率恒等于无风险利率。此模型建立在风险中性定价原则的基础上,方程中回报期望 μ 必须与投资者的风险选择无关,标的资产的期望收益率为无风险利率,并且可用无风险利率对收益期望进行贴现。碳期货价格的漂移率为 0。

根据维纳过程与蒙特卡罗模拟,标的碳资产的价格满足方程:

$$dS = \sigma S dz \tag{9-79}$$

式中,dz 服从标准维纳过程,σ 为常数。

假设 f 为期初期权的价格,碳资产价格 S 满足微分方程:

$$\frac{\partial f}{\partial t} + \frac{1}{2}\frac{\partial^2 f}{\partial S^2}\sigma^2 S^2 = rf \tag{9-80}$$

由边界条件可知,欧式看涨期权满足 $C \geqslant \max(S_0 - Ke^{-rT}, 0)$;欧式看跌期权满足 $P \geqslant \max(Ke^{-rT} - S_0, 0)$。

上述微分方程可以化简推导得到 B-S 微分方程。

欧式看涨期权的定价公式可表示如下:

$$C = S_0 N(d_1) - Ke^{-rT} N(d_2) \tag{9-81}$$

$$d_1 = \frac{\ln\left(\frac{S_0}{K}\right) + \left(r + \frac{\sigma^2}{2}\right)T}{\sigma\sqrt{T}} \tag{9-82}$$

$$d_2 = \frac{\ln\left(\frac{S_0}{K}\right) + \left(r - \frac{\sigma^2}{2}\right)T}{\sigma\sqrt{T}} = d_1 - \sigma\sqrt{T} \tag{9-83}$$

式中,σ 为标的资产收益率的标准差或碳期货价格的波动率;$N(\cdot)$ 为累积正态分布函数。

在 B-S 期权定价模型的 5 个变量中 S_0、K、T 容易获取,无风险利率 r 可以根据政府债券利率确定,而标的资产收益率的标准差 σ 是唯一不可观测的估计量。波动率体现了市场信息。交易者对未来标的资产价格走势的不确定性进行决策,波动率越大表明市场对价格走势判断越困难。

根据看涨期货期权与看跌期货期权的平价(Put-Call Parity)关系,可推导得到欧式看跌期货期权的 B-S 期权定价模型:

$$P = -S_0 N(-d_1) + Ke^{-rT} N(-d_2) \tag{9-84}$$

$$d_1 = \frac{\ln\left(\frac{S_0}{K}\right) + \left(r + \frac{\sigma^2}{2}\right)T}{\sigma\sqrt{T}} \tag{9-85}$$

$$d_2 = \frac{\ln\left(\frac{S_0}{K}\right) + \left(r - \frac{\sigma^2}{2}\right)T}{\sigma\sqrt{T}} = d_1 - \sigma\sqrt{T} \tag{9-86}$$

B-S期权定价公式中的5个变量主要基于定性分析和风险角度定量分析,后续可以从期权保值率δ、保值率较标的资产价格的变化速率γ、期权价值的下降速率θ、期权价格对标的资产的敏感度v、期权价格对无风险利率变动的敏感度ρ以及其他敏感性与杠杆效应指标等分析期权价格对不同变量的敏感程度。

【例9-1】 某期货交易所Dec-12CER CER期货市场价格为24欧元/吨。以Dec-12CER CER期货为标的资产的欧式看涨期权的执行价格为20欧元/吨,期权合约的期限为6个月。已知此期货价格年波动率为25%,无风险利率为8%。

该CER期货期权的价格计算过程如下:

已知:$S_0=24$,$K=20$,$r=8\%$,$T=0.5$,$\sigma=25\%$。

$$d_1=\frac{\ln\left(\frac{S_0}{K}\right)+(r+\frac{\sigma^2}{2})T}{\sigma\sqrt{T}}$$

$$=\frac{\ln\left(\frac{24}{20}\right)+\left(0.08+\frac{0.25^2}{2}\right)\times 0.5}{0.25\times\sqrt{0.5}}$$

$$=1.3460$$

$$d_2=d_1-\sigma\sqrt{T}$$

$$=1.3460-0.25\times\sqrt{0.5}$$

$$=1.1693$$

查正态分布下累计概率分布表求得:

$$N(d_1)=N(1.3460)=0.9108$$

$$N(d_2)=N(1.1693)=0.8789$$

$$C=S_0N(d_1)-Ke^{-rT}N(d_2)$$

$$=24\times 0.9108-20\times e^{-0.08\times 0.5}\times 0.8789$$

$$=4.97$$

计算出该CER期货期权价格为4.97欧元。

思考与练习题

一、碳金融资产的特点有哪些?

二、碳金融的资产定价有哪些方法?

三、有哪些碳金融资产是基于市场法进行估值的?分别该如何估值?

四、碳金融资产用收益法如何估值?请从不同的碳金融资产角度分别介绍。

五、碳远期工具、碳期货工具、碳互换工具这三种碳市场交易工具的定价方法有何异同?除了这三种碳金融资产外,还有哪种资产是基于无套利原则进行定价的?请简述。

推 荐 阅 读

周利、李文、麦欣:《碳资产定价技术与方法》,华南理工大学出版社,2015年。

世界银行:《碳定价机制发展现状与未来趋势报告(State and Trends of Carbon Pricing 2023)》,2023年。

参 考 文 献

杨星、范纯:《碳金融市场》,华南理工大学出版社,2015年。

于倩雯、吴凤平、沈俊源,等:"碳金融市场下基于模糊测度和Choquet积分的碳期权估值",《北京理工大学学报(社会科学版)》,2020年第1期,第13—20页。

王春霞、李佳彪:"碳排放配额约束下碳期权设计及估值研究",《价格理论与实践》,2023年第7期,第1—4页。

王增武、袁增霆:"推进碳金融工具的创新发展",《中国经济报告》,2010年第1期,第48—52页。

Chen L, Fang Z, Xie F, et al. Technology-side Carbon Abatement Cost Curves for China's Power Generation Sector. *Mitigation and Adaptation Strategies for Global Change*, 2020, 25(7): 1305-1323.

Fama E, French K. A Five-factor Asset Pricing Model. *Journal of Financial Economics*, 2015, 116(1): 1-22.

Markowitz H. Portfolio Selection. *The Journal of Finance*, 1952, 7(1): 77-99

Zhang N, Zhao Y, Wang N. Is China's Energy Policy Effective for Power Plants? Evidence from the 12th Five-Year Plan Energy Saving Targets. *Energy Economics*, 2022, (112): 106-143.

周利、李文、麦欣:《碳资产定价技术与方法》,华南理工大学出版社,2015年。

王颖、张昕、刘海燕,等:"碳金融风险的识别和管理",《西南金融》,2019年第02期,第41—48页。

毕马威:《中国碳金融创新和发展白皮书》,2023年。

第十章

碳金融风险及其管理

学习要求

了解碳金融风险的含义以及碳金融风险产生的原因;掌握碳金融政策风险、信用风险、操作风险、市场风险等风险的概念、特征,并了解现实中曾出现的碳金融风险实例;熟悉开展碳资产抵质押融资业务时可能遇到的风险类型;掌握碳金融风险管理的四个步骤;掌握碳金融风险的应对方法,如规避风险、损失预防、非保险转移等;熟悉碳风险转移方法,并掌握四种常见的碳保险类型:碳清缴类保险、碳损失类保险、碳投资类保险、碳融资类保险。

本章导读

碳金融风险一般指从事碳金融活动的相关主体由于某些不确定性可能遭受的损失,并且由于我国碳市场与碳金融起步较晚,存在配套政策不全、人才缺失等现实情况,因此在开展碳金融业务时面临更高的风险,如政策风险、信用风险、操作风险、市场风险以及其他碳金融市场的特有风险。在开展碳金融业务时,可以依照识别、评估、应对、实施并监测计划四个步骤来有效管理碳金融风险,其中碳保险是较为常见的一种碳金融风险应对方法,相关投融资主体可以通过碳清缴类保险、碳损失类保险、碳投资类保险、碳融资类保险等产品来实现对风险的转移。

第一节 碳金融风险概述

一、风险与碳金融

(一)碳金融风险概述

风险虽然在传统上定义为不确定性,但是风险并没有一个绝对权威的定义,不同职业的人和学者对于风险都有自己的理解,例如一些学者和风险管理师使用"损失风险"来定义潜在损失,也即任何可能发生的情况或环境,而不论损失是否发生。在学术界,对风险的解释主要有两种：第一种为狭义的风险，也即发生损失的可能性，这类看法主要将风险看成损失发生的不确定性，也即风险主要指损失，而不能带来获利；第二种为广义的风险，也即某事件在未来发生的可能性，在这种观点下，风险背后的不确定性事件既可以带来损失，也可以带来获利。

碳金融是围绕碳排放权、碳金融产品等标的进行的投融资活动。由于碳金融存在市场成熟度不高、配套政策不完善、市场各方认知程度有限等诸多限制和先天缺陷，因此整个市场在运行中面临着更加复杂的风险，并且碳金融风险与传统的金融风险也存在诸多区别。

目前国内外对于碳金融风险没有统一定义，结合前述分析，本章对碳金融风险做出如下定义：从事碳金融活动的相关主体（包括但不限于商业银行、信托机构、保险公司、证券公司、基金公司、企业、政府机构等）在围绕碳资产进行相关投融资活动时，由于外部因素（政治环境、宏观经济、社会观念等）或内部因素（自身行为等）的不确定性可能遭受的损失。

(二) 碳金融风险产生的原因

1. 法律法规与配套政策不完善

碳金融的诞生在很大程度上依赖政策的支持与鼓励，离不开政策的支持与引导。我国虽然在十二五规划中明确提出要发展清洁能源，进行可持续发展与节能减排，但整体上来讲，我国相关政策时效性不足，往往落后于市场变化，并且政策制定机构无法直接触及市场，导致对市场环境与碳金融不够熟悉，因此在政策制定的节奏把握上存在一定困难，导致了一些政策与市场脱节的情况出现。这种情况导致了政府对低碳经济的支持性政策停留在倡导与宣传层面，而在具体的财税与货币政策上缺乏有力的支持。低碳项目得不到足够的银行信贷政策扶持以及财税补贴，导致部分投资产品的底层资产缺乏竞争力，变相提高了投资者的投资风险。

2. 国家之间的博弈导致国际减碳前景不明

在2012年多哈举行的第十八次联合国气候变化大会（COP18）上，美国和加拿大出于本国短期利益考虑，表示拒不加入《京都协议书》，导致社会各界对国际碳减排的前景与信心产生了一定的疑问。同时，欧盟虽然接受第二期的减排目标，但是其提出要在碳信用提供国问题上区别对待。这使得我国碳市场，尤其是CDM市场面临巨大压力，CDM所产生的碳信用无法向欧盟出售，导致我国CDM市场在短时间内迅速萎缩，给投资人与融资人带来了巨大的损失。

3. 社会认识不足与专业人才的缺失

碳金融业务在我国属于一个新型领域，因此社会公众对这一产业的认知较为匮乏，部分社会公众甚至不知道这个产业的存在，并且部分金融机构对碳金融领域也是一知半解，因此在这种现实条件下，短时间内社会与专业机构很难培养出足够的专业人才来填补国内碳金融市场的需求。

二、碳金融风险的类型

风险管理是金融领域的传统话题。根据经典金融风险管理理论，各类金融市场中普遍存在诸多风险，如政策风险、信用风险、操作风险、市场风险、流动性风险、操作风险等，因此碳金融市场作为一类新兴的金融市场，同样存在这些风险——可以称之为传统风险；

另外，由于碳金融是一个新兴金融领域，具有成熟度低、政策不完善、市场各方认知程度不高等特点，因此除了具有传统金融市场常见的风险之外，还存在一些在碳金融市场中相对常见而在传统金融市场中不常见的特殊风险类型——可以将其称为特殊风险。

基于以上分析，本书提出"传统风险-特殊风险"二元框架来分析碳金融风险，以期对碳金融风险做出全面系统的分析与描述，具体示意图见图10.1。

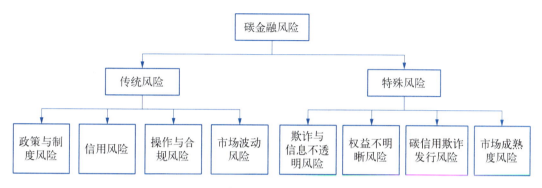

图10.1 "传统风险-特殊风险"分析框架

（一）传统风险

对于碳金融领域的传统风险评价，主要从政策与制度风险、信用风险、操作与合规风险、市场波动风险四个方面进行。

1. 政策与制度风险

政策与制度风险主要是指由于政策变动所导致的资产损失风险，其具体又可分为国际政策与国内政策所导致的碳金融风险。国际政策风险源于国际气候应对问题谈判的进展。例如，美国和加拿大曾退出《京都协议书》这一重要国际气候公约，并且国际气候会议曾多次出现无法达成共识的情况，这对未来国际减排合作的前景蒙上了阴影。国内有关碳减排与碳金融的政策变动也会给相关投融资活动带来明显的不确定性。由于各个国家在考虑减排目标的实现时也要考虑诸如经济增长、社会稳定、物价与就业、疫情后经济复苏等目标，因此在对于相关环境政策难免会出现时进时退的现象，并且政府在控排企业的配额发放数量、分配计划等方面也存在很多不确定性，从而带来了相应的风险。

而有关碳金融项目的活动如碳排放量核查、项目审批和投资交易等环节的流程复杂、技术难度大、涉及的国家和企业多、项目周期长（部分大型减排项目回收期长达10年或20年），因此每一环节涉及的政策如果发生变动，都会给后续项目的推进造成障碍，进而影响投资者的信心与投资收益率，最终给碳金融带来负面影响。

例如，2016年的上海碳市场，由于在第一阶段试点期临近结束时，上海市相关部门并未对第一阶段的配额结转出台明确的政策，因此部分市场参与者对这类配额产生了消极预期，造成了对第一阶段配额的抛售，导致2016年上海碳配额价格在4个月内由10元/吨跌落至5元/吨。虽然其后上海有关部门结合市场运行情况及时出台了第一阶段配额的结转政策稳定了市场，碳价从6月份的8元/吨回升至20元/吨，但足以看出政府的政策能够给碳金融带来较大的不确定性。

2. 信用风险

信用风险是金融市场中重要的非系统性风险之一,又称违约风险,一般指借款人不能及时向证券持有人支付本息而给投资者造成损失的可能性。由于碳金融领域在信息披露、交易机制等方面的不完善,因此信息不对称现象更加显著,更容易导致道德风险和逆向选择。

在商业银行开展碳信贷等碳金融实践时,可能出现技术较差或减排潜力不高的融资方更容易获得资金的情况,并且这些借款者对于资金的使用可能会偏离既定用途,最后导致项目借款人到期无法偿还本息、无法按时开发出减排量的信用风险。

碳金融信用风险的成因可分为主观原因与客观原因,其中客观原因是指由于政策、自然灾害等不可抗力因素导致碳资产的价值损失,这种信用风险相对明显和容易识别,而主观原因是由于交易对手方或数据报送人主观恶意违约造成的,此类信用风险识别难度较高,需要在交易过程中持续跟踪资金的流转和实际使用情况,并且在进行交易之前对对方的资产和信用情况进行全面核查。

碳金融的信用风险还包括项目减排量的买家违约风险和由于跨区域和信息不对称造成的交易体系或机制漏洞导致的欺诈行为。例如,上海东海大桥海上风电项目的投资额度为 23.65 亿元,其中 18.92 亿元由浦发银行牵头的银团提供。2012 年为该项目的还款高压阶段,但其 CER 买家英国碳资源管理有限公司(CRM)因受到欧洲碳市场萧条等因素的影响而突然违约,无法按照合同约定的 12.66 欧元/吨价格购入 CER,导致项目收入大幅下降,给相应的银行带来了严重的信用风险。

2009 年欧盟碳排放体系的"旋木欺诈"事件(又称"增值税欺诈")就是典型的由于跨区域和信息不对称造成的监管不足而导致的欺诈行为:欺诈交易者先是免税购得了相应的碳信用,而后将碳信用加税后在交易平台上卖给第三方,此次事件直接造成了 50 亿欧元的损失。较为恶劣的是 BlueNext 交易所在此次事件中出于追求盈利的目的,没有及时公布并制止此类欺诈行为,存在严重的监管失职,最终被永久性关闭。

3. 操作与合规风险

碳金融的操作与合规风险主要是由于相关方违规操作而导致的风险,具体可以分为主观故意引起的操作风险和由于系统不完善或技术不熟练导致的操作失误,前者包括操纵市场和内幕交易,后者包括人为失误、系统故障、工作程序和内控不完善导致的操作风险。

碳金融交易中的操纵市场是指碳金融交易经纪人或交易平台工作人员利用自身资金或信息优势诱导投资者在不了解具体碳金融产品的真实价值或情况的前提下做出投资决定,从而为个人谋取私利;内幕交易是指内幕消息知情人违反相关规定泄露企业碳排放信息、碳金融资产情况或碳金融交易策略,并根据这些内幕消息进行碳金融资产交易或指导他人买卖碳资产以谋取不正当利益的行为。

在欧盟碳市场成立联合注册登记系统前,部分成员国曾因网络安全漏洞导致注册登记系统受到攻击,2010 年罗马尼亚国家注册登记系统账户被盗,由此丢失了 160 万吨 EUA;同年 1 月 28 日德国注册登记系统遭到了木马病毒的入侵,不法分子冒充注册登记管理系统的工作人员向用户发送钓鱼邮件从而获得了 7 家设备运营商的账户和密码,并于次日利用用户在其他注册登记系统的账户非法转移了碳配额,这导致了德国注册登记系统暂时关闭,直至同年 2 月 4 日重新设置了所有用户的账号和密码才恢复使用。2011

年,黑客入侵了部分国家的注册登记系统,盗取了 300 万吨的 EUA,造成了 5 000 万欧元的经济损失。配额的恶意盗窃事件不仅影响了注册登记系统的运行,而且严重影响了配额市场的供需情况,并且影响了市场参与者的信心。

由于操作风险涉及碳金融交易的所有与具体操作有关的环节,因此其识别和管理需要多部门协作,应该分别从组织结构、交易流程、平台系统以及从业人员四个方面分别对操作风险进行预防,最好是在结合碳金融交易操作特点的同时借鉴商业银行等成熟金融机构已有的操作风险管理模型。

4. 市场波动风险

市场波动风险主要是指由于政策变动、市场大额交易行为或其他黑天鹅事件导致的碳资产价格的异常大幅波动。在金融市场中,金融资产的价格由其价值决定,并且价格往往会围绕资产价值进行一定幅度的波动,但是有时资产的价格波动会超出合理的区间,表现为一种异常的波动现象,这往往被视为市场风险的主要标志。碳资产价格的异常大幅波动会对碳市场的整体稳定和企业碳资产价值造成负面影响,同时会降低碳资产的流动性。碳价过高会导致企业的履约成本上升,从而提高企业的生产成本,干扰企业的正常生产经营,而碳价过低则会降低社会对节能减排类项目的投资热情,并且使企业碳资产缩水。

例如,欧盟碳市场在 2007 年第一阶段即将结束时,由于政策不连续和配额超发,碳现货产品的价格几乎归零,给持有碳配额的交易方带来了巨大损失。并且宏观经济的周期性波动也给欧盟碳市场带来了较为严重的市场风险:由于金融危机和欧债危机的双重作用,EUA 价格从 2008 年 7 月的 28.73 欧元/吨降至 2013 年 4 月的 3.81 欧元/吨,下跌幅度近 90%,成为金融危机以来贬值幅度最大的大宗交易品,同时项目减排量 CER 价格和 ERU 价格也跌至 0.5 欧元附近,给控排企业、金融机构、项目业主等碳金融参与方带来了巨大损失,严重打击了他们的信心。

同时国内部分碳市场存在履约前集中交易、配额或 CCER 线上线下价格不一等问题,可能导致拥有较多碳资产的交易者做市并引导碳资产价格偏离其真实价值,这些也是引发碳金融风险的潜在因素。

值得说明的是,碳金融的传统风险不是孤立存在的,而是存在互相影响和叠加的可能性,由于碳配额是政策性减排工具,因此政策风险作为基础性风险可能会通过碳资产价格的大幅变动引发市场风险和信用风险,而市场风险和信用风险也存在互相转换和叠加的可能,其间的关系可用图 10.2 简单描述。碳金融的传统风险特征的归纳见表 10.1。

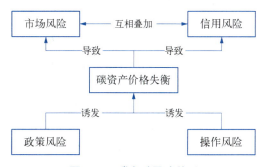

图 10.2 碳金融风险关系

表 10.1 碳金融的传统风险特征

碳金融风险	特征			对主体影响程度			
	把控难度	传染速度	放大程度	个人	中小企业	大型企业	金融/投资机构
政策与制度风险	***	***	***	**	***	***	**
信用风险	**	**	**	*	**	**	***
操作与合规风险	**	*	***	**	**	**	***
市场波动风险	*	***	*	***	**	***	***

注：*代表每种特征和程度的大小，*越多代表特征越强或程度越大。
资料来源：王颖、张昕、刘海燕，等.碳金融风险的识别和管理[J].西南金融，2019(02)：41-48.

(二) 特殊风险

对于碳金融领域的特有风险评价，主要从欺诈与信息不透明风险、权益不明晰风险、碳信用欺诈发行风险、市场成熟度风险四个方面进行。

1. 欺诈与信息不透明风险

欺诈与信息不透明风险主要指一些不法分子利用了投资人的信任，并且由于碳市场中存在信息孤岛或信息获取难度高等现象，导致投资人难以对项目进行真实性核查与检验，从而以碳资产作为媒介来实施诈骗行为。

碳市场是一个新兴且复杂的市场，这代表市场中的买家和卖家对市场的具体规则不尽熟悉，因此一些诈骗公司利用了这些参与方的信任与无知。在国际碳投资市场上经常出现类似的骗局，骗子利用一些投资者对碳货币化的认识来骗取投资资金，并且由于碳金融制度的新颖性和政策的不确定性，骗子的诈骗成功率高于其他成熟市场。

一些投资项目中会涉及虚假性和误导性的陈述和声明。例如，一些碳金融经纪人所提供的网站信息中，这些网站提供的是"自己认证的"标准和解决方案，并且其对项目的描述主要是项目的类型，而没有关于项目地点、项目如何产生碳信用、项目审核方等具体信息。同时，虽然一些项目是虚假的，但是其通过精美的宣传和包装，将投资者们带入一种庞氏骗局中，使得这种虚假诈骗项目得以开展和存续。2000年在加州污染权交易体系中，一个碳贸易商使用假发票和假销售文件构建了庞氏骗局，并且在2004年才被以六项欺诈行为起诉。

澳大利亚官方通报了一起虚假的碳信用额投资骗局，在该骗局中，投资者损失了350万澳元：2010年初，澳大利亚一家能源公司(诈骗公司)称自己是政府全球绿色方案的一部分，能够提供一项旨在鼓励业主使用绿色能源的碳信用投资计划。该公司先是通过环境讨论来引出有购买意向的受害者，然后打电话跟进，并且建立了一个看起来非常专业的网站，网站上可以展示自己的投资证书，然后接受客户付款并承诺代表客户购买碳信用额(可再生能源证书)，并且要求客户将资金转移到台湾和中国大陆的账户，然而受害者很快发现他们并没有获得相应的碳信用并且无法进行交易。后来经过调查，这家诈骗公司并没有像事先承诺的那样替用户购买碳信用。澳大利亚竞争与消费者委员会董事长对此评论道:"在新兴市场中,消费者并不完全理解市场向他们提供了什么,而企业仍在努力解决他们能做什么和不能做什么的问题,监管机构仍在努力解决消费者的期望如何与企业的承诺相匹配的问题。"由此案可以看出,碳市场中存在大量的信息不对称,而诈骗公司正是利用了消费者的这种一知半解和懵懂来骗取他们的信任和金钱。

2. 权益不明晰风险

权益不明晰风险主要是指一项碳资产可能被卖家分别同时出售给两个不同的买家或在被注销后再次违规出售,这类似于一些企业在进行贷款时可能使用同一抵质押物向两家或多家银行分别同时贷款,而由于这些银行之间的系统是相互独立的,因此银行很难发现这类行为。

作为碳金融的底层资产,碳信用和碳配额是一种无形的资产,这使得商品的所有权和具体的项目可以分离开来,这在一定程度上给予了碳资产非法回购、重复计量等行为的可能,一些不存在或被盗的碳信用额甚至在各大交易所公然出售。例如,一个节能减排项目可能由 A 公司拥有或管理,而投资公司 B 则拥有获得项目产生碳信用的合法权利,但除了政府登记册上的记录之外,碳排放权的所有人没有任何物理迹象来证明自己的所有权,这就使得人们可以伪造相关的碳信用所有权文件或冒充碳信用拥有者。

在实际情况中,如果有人声称自己对某一特定清洁发展机制的碳信用拥有所有权,除非他们实时核查政府的碳登记册,否则就连当地执法人员也很难辨别其真伪。另外,一些碳信用额通过几家有不同监管和核查标准的交易所出售时,很难防止碳排放权的"重复计算",也即卖家向多个买家出售同一批碳信用额。根据国际刑警组织的报告,有证据表明一些开发商利用偏远森林地区的所有权记录不清和伪造文件进行了 8 000 万美元的欺诈。

在欧盟碳市场中也出现过碳信用额度被抵销后又通过国际交易再进入交易系统被重复使用的情况。2010 年,由于匈牙利的碳排放量预计低于《京都议定书》的排放目标,因此欧盟规则允许匈牙利政府再次合法出售一部分已被回收注销的碳信用,但是禁止在欧盟体系内部交易。匈牙利政府将此批 200 万吨的碳信用额出售给了匈牙利能源电力公司,而经过辗转,一家香港公司将这批碳信用额放在了巴黎碳交易所 BlueNext 上出售,一些欧洲经纪商和银行在不知情的情况下购买了这批被禁止在欧洲碳市场交易的碳信用,最后当情况被发现时,交易所立即暂停了交易,这导致 CER 现货的急剧下跌,虽然在关闭 3 天后卖方买回了这批碳信用,但这一案件说明碳金融商品贸易制度的有效性以及市场的监管水平有待进一步加强。

3. 碳信用欺诈发行风险

碳信用欺诈发行风险是指项目业主方在进行碳信用申报时,为了获取更多经济利益,可能对项目的减排量进行夸大或虚报,同时第三方核查机构没有对碳信用进行勤勉尽责地核查,从而导致项目业主方获得了过多的碳信用,最终一些不知情的买方购买了这类碳信用并在使用时出现纠纷,导致了投资人的损失。

清洁发展机制下产生的核定项目减排量(如 CER、CCER、ERU 等)是《京都议定书》实施后一种常见的碳信用。在清洁发展机制下,每个项目具体产生碳信用的额度在很大程度上与第三方独立核查机构(DOE)对碳排放数据的认定有关。为了避免项目业主方(碳信用的生产方)通过操纵碳排放的测量或虚报减排量数据来获得更多碳信用额度,在一个项目获得碳信用额度之前,其碳排放量需要经过独立核查机构的核查与验证,然而就像上市公司的财务报表审计一样,规则的设定存在合谋操纵的漏洞:CDM项目是由独立核查机构推进的,只有在减排量项目批准立项后,独立核查机构才能收取报酬。这就导致了一个常见的利益冲突,从获取更多经济利益的角度来看,独立核查机构应该放宽核查标准以使项目能够顺利落地,而不是严格执行自身的审查职能,因为这会使得自身的利润减少,这就会导致第三方独立核查机构的工作质量降低,导致一些本来不应该被批准的项目被批准,或者给一些项目发放了超额的碳信用。换句话说,在巨大商业利益的诱惑下,独立核查机构能否恪守职业道德坚守底线?

例如,2008年和2009年,联合国就以工作方法有缺陷为由,暂停了挪威Det Norske Veritas公司和瑞士SGS公司这两个独立核查机构的业务。根据调查,这两家独立核查机构未经核查就审核通过了减排项目,一家机构的审计程序存在缺陷,其审计人员的准备与培训不足,并且没有指派审计人员进行审计,另一家则是因为工作人员资格和内部质量控制问题被暂停。在抽查过程中还发现,独立核查机构没有在项目所在地开展监管工作,而是在自己的办事处履行监管职能。

第三方独立核查机构被暂停业务说明了其权威性存疑,而如果投资方或者控排企业在市场中购得了这些信用认证不合理、没有经过足够真实性与准确性核查的"次级碳信用",则很可能会给买家造成碳资产贬值风险或无法正常履约的风险。

4. 市场成熟度风险

市场成熟度风险主要指碳市场中诸多产品或业务由于存在时间较短,因此业务可参考经验不足、相关法律法规不足、法律真空地带大,由此可能给投资人造成的风险。

无论是目前走在全球前沿的欧盟碳市场还是我国的碳金融市场,其整体发展历史都相对较短,因此缺乏足够的数据积累和较为成熟的避险工具,这给交易方的风险管理带来了很多的不便。并且对于我国碳金融而言,无论是市场设计者还是市场中的交易者,经验积累都十分有限,控排企业、金融机构、咨询机构也缺乏足够的人才和能力,这些因素都加大了市场出现失误或事故的可能性。

另外,我国碳金融依然在不断发展与创新中,随着市场的逐渐成熟必然带来交易和产品的复杂化,不同来源和类型的碳资产可能会组合成一个复杂的融合碳产品,如何确定这些碳金融产品的风险与质量将会成为一个不可避免的难题。以瑞士银行的碳资产证券化为例,瑞士银行将来自3个国家的25个各个阶段的抵销碳项目捆绑在一起,将这些资产按照不同的风险水平分割为高、中、低三部分出售给投资者,这种碳证券与抵押贷款证券具有非常相似的结构,而关于抵押贷款证券,众所周知的是其于2008年引发的系统性金融危机。如果这些金融机构没有对这些数量繁多的碳抵销计划进行质量分析,那么随着碳交易的复杂化,这些碳证券的风险很可能变得不透明和难以识别,最终再次引发某种风险的爆发。然而由于巨大的工作量,对其进行翔实的质量分析是较为困难的,因此在碳金融的不断发展与创新的过程中,如何把握总体风险的可控是一个必须面对的难题。

第二节　典型碳金融业务风险分析

碳资产抵质押融资是我国碳金融市场融资工具的一种,同时是一种目前应用相对广泛的碳金融产品,因此分析碳资产抵质押融资的风险对于我国其他碳金融产品的风险防范具有重要意义,以下主要阐述在开展碳资产抵质押业务时可能会遇到的若干种风险。

一、传统风险

（一）政策与制度风险——法律风险

碳排放权抵质押融资是一种新型的绿色信贷模式,该模式已在多地成功落地,但也存在潜在的法律风险,具体表现为质权效力风险和质权实现风险。

作为碳金融的重要创新产品,碳资产质押融资发挥作用的关键之一是其法律效力能否得到认可,如果其法律效力无法得到认可,则说明存在质权效力风险。首先,碳资产尤其是碳信用的法律性质并不明确。碳信用是依托项目合同而产生的,其能否交易取决于第三方依据复杂的标准对减排量的核准与认定。一般而言,碳配额的法律地位较为明确,而碳信用往往缺乏相关立法。其次,碳资产质押融资的合法性存在疑问。从立法规定看,权利质权的客体需满足两个条件:一是属于可让与的财产权,二是与权利抵押的客体范围相区别。碳排放权具有财产性和可交易性,符合第一个条件。然而,碳排放权究竟是抵押权还是质权的客体,还存在争议和分歧。最后,碳资产质押融资的公示机构相对分散,具体表现为公式方式不确定和登记平台分散,这也可能导致碳资产质权效力受到影响。

碳资产的减损风险和重复质押也给碳资产的质权实现带来了不确定性。第一,碳资产价值存在减损风险。碳资产作为一种受政策影响大、极易受外部环境影响的资产,可能会因为政策变动而导致碳资产减值甚至作废的情况,在此情况下,质权人应该如何维护自身权利是一个需要探讨的问题。第二,碳资产存在重复质押的风险。目前我国碳资产担保实践虽然采取登记公示,但也存在多头登记、分散登记的情况,容易出现同一碳资产在多家银行重复质押的情况,这会加重质权人的审查责任,并且可能会导致质权人无法得到优先受偿。

（二）信用风险——碳信用项目落地风险

一般而言,通过碳资产抵质押融资获得贷款的借款人往往会把借得资金投向节能减排类项目,并且其中一部分贷款项目正是旨在产生 CER 或 CCER 的自愿减排类项目,对于这类项目而言,业务的核心难点在于授信额度的确定,并且减排项目能否成功签发、交易直接决定了借款人能否按期偿还贷款。

第一,项目存在 CCER 产出风险。自愿减排项目往往需要经过审批、注册、签发以及项目的运营等诸多流程,其中各个阶段都存在影响未来 CCER 产出量的因素,例如注册或签发时间延误、检测过程不完善导致减排量无法签发、相关政策变动等。CCER 的产出量直接决定了自愿减排项目未来可能产生的碳资产价值,因此银行在发放此类贷款时可以成立相关审核团队、主动向减排领域咨询公司和专家请教、实时跟踪项目进度调整授信额度等方式降低业务违约风险。

第二,碳信用的买家与卖家之间可能存在法律风险。在自愿减排项目中,项目业主方也即 CCER 卖方的收益取决于最终对减排采购协议的履行,在协议中一般包括价格、交付和付款时间表、未交付的后果、违约后果、买卖双方的一般义务等。因此,减排采购协议的设定,如对项目实施机构设置的履约条件、履约义务、履约期限等要素是否公平、合理,有无对项目实施机构设置过多的限制性条件,或对买方设置过于宽泛的免责条件等,均需要熟悉相关法律并了解碳交易市场规则的专业法律人员进行审核把关,以确保申请人能够按时、按约收回款项。

第三,买方违约的风险。CCER 买方的履约能力和信用度直接决定了项目实施方的最终收益,因此在办理业务时,银行可以对碳信用的买方进行尽职调查,选择安全性较高的买方,如政府机构、金融机构、大型能源企业和碳基金等机构或企业,以降低违约风险。

二、特殊风险

新型抵质押物会带来市场成熟度风险等特殊风险。李俊(2008)认为新型权利抵质押贷款业务风险成因主要包括新型抵质押标的物估值困难、缺乏可转让性、新型权利质权实现困难等。而杨湘玲(2008)认为,根据抵质押物类型的不同,贷款的主要风险点也会有所不同,如以收益权为标的的抵质押贷款的主要风险点为法律风险与操作风险。

碳资产抵质押融资作为一种新型贷款业务,会由于碳资产本身的一些性质而给业务带来风险。首先,碳资产作为一种新型资产,由于整体交易量偏少、交易期集中等因素而存在更剧烈的价格波动。例如,2013 年 10 月深圳碳配额曾超过 120 元/吨,此后一路走低至约 20 元/吨(2016 年 11 月),重庆碳配额在 2016 年内曾分别出现过 3.94 元/吨和 47.52 元/吨的极端价格情况,而后又在 2017 年内跌至 1.1 元/吨。而在碳资产抵质押贷款业务中,碳资产对于银行的意义是在借款人发生违约时为银行提供相应的损失保障,保障银行自身的权益,而碳资产价格时高时低导致了抵质押物价值计量的不确定性。如果碳资产在抵质押期间发生价格下跌,将导致抵质押物价值缩水,贷款风险大大增加。其次,部分碳资产存在流动性风险,以地方碳市场为例,湖北、深圳、广东等较为活跃的碳市场成交量占全国的 80% 左右,而天津、重庆等碳市场甚至出现过年均成交量不足百万吨的情况。碳市场交易不活跃导致抵质押碳资产流动性低、变现能力弱。一旦相应贷款发生违约,银行就需要出售资产进行变现,而此时银行可能会发现手中抵质押物短时间内无法出售。最后,在质押贷款中可能会出现银行手中碳资产管理困难的情况,由于碳资产对银行等传统金融机构而言是一个新兴而陌生的领域,因此银行在将碳资产作为质押物过户后,可能由于相关的碳资产管理人才和能力的匮乏,造成碳资产在较长时间内放在账户中无法有效利用。同时,如果银行选择以碳资产托管的形式将被质押的碳资产交给第三方资产管理机构打理,也可能因为相关机构专业度不足而付出较多托管成本。

案例 10-1

全国首例碳资产质押授信业务

2011 年 4 月,兴业银行碳资产质押授信业务在福州成功落地。福建某民营水电企业以其 20 MW 小水电项目的未来预计售碳收入作为质押,成功从兴业银行申请到首笔 108

万元人民币融资支持。

该小水电 CDM 项目已于 2010 年 6 月获得联合国成功注册,预计年减排量 4.3 万吨,并已与瑞典某碳资产公司签署了减排量购买协议(以下简称 ERPA),交易价格为 10.3 美元/吨。兴业银行在调查中了解到,每年的 1—5 月是枯水期,水电站发电量减少,公司收入减少。同时,一方面,碳减排量尚未签发,企业尚未获得售碳收入;另一方面,企业面临水电站修缮资金需求,现金流紧张。

碳资产授信业务的适时出现,有效解决了上述难题。针对企业需求,兴业银行以水电项目未来的应收账款(售碳收入)作为质押担保,为项目业主设计了首笔 108 万元人民币的授信方案,并将视项目实际减排量签发和项目运营情况,持续优化授信方案。同时,兴业银行还利用其在专业能力、法律、财务及谈判等方面的优势,帮助业主实现更合理的减排量交易协议,并把控风险。在对上述项目 ERPA 法律审核过程中,兴业银行还对 ERPA 条款中不完善之处提出了专业意见,碳交易双方就该意见对 ERPA 进行了修改,保证了 ERPA 的切实履行,规避了潜在的法律纠纷。兴业银行还专门成立了碳资产评估工具研发团队,通过引进 CDM 领域专业团队,掌握 CDM 项目运作模式和成熟、主流的低碳/减碳技术,并与碳减排领域的咨询公司和专家学者建立合作关系,及时获取技术动态。历时一年的研发,兴业银行成功完成了碳资产评估工具的自主开发,通过结合产量预测和风险折价等综合手段,实现了对碳资产价值的有效评估。同时,在业务操作过程中,通过信用业务经办机构及时跟踪申请人 CDM 项目执行、监测和签发等程序,若项目情况与申请评估时发生变化,则及时申请重新评估并调整授信额度。

案例思考题:
1. 该案例中存在哪些碳金融风险?
2. 银行针对各类风险分别采取了什么样的应对方案?

第三节 碳金融风险管理

在进行碳金融风险管理时,可以将风险管理分为三个步骤:碳金融风险的识别、碳金融风险的评估、碳金融风险的应对。本节将对这三个步骤进行简要的介绍。

一、碳金融风险识别

碳金融风险识别主要是指对碳金融活动风险源的识别,其目的是识别出开展相应碳金融活动时所有可能产生损失的风险来源、风险类型、风险产生的机理等。

碳金融风险识别也是碳金融风险管理的基础和前提,只有识别出了碳金融风险的来源和类型,并选择准确可靠的风险度量方法,才能有效实施风险管理措施。因此,对于碳金融风险管理而言,碳金融风险检测与识别至关重要,本节主要介绍碳金融风险识别的基本原则和方法。

(一) 碳金融风险识别的原则

在识别碳金融风险时应该遵循的主要原则与识别传统金融风险时基本一致,主要应该遵守系统性、准确性、实时性原则。

1. 系统性原则

每一类碳金融活动的每一项环节都可能随着环境或条件的改变而发生变数,因此对于任何一个环节的忽略都可能导致碳金融风险管理的失败。并且除了要对碳金融业务的各个环节进行独立分析之外,还应该注意各环节和各类业务之间的联系与相互影响,各个环节的风险分别可控并不代表总体风险可控。

2. 准确性原则

在识别碳金融风险时,应该把握"两方面的准确"。一方面是准确识别各个风险源和风险类型;另一方面是准确识别各个风险的严重程度。如果高估了风险的严重程度,则可能导致业务开展时畏首畏尾,无法正常推进相关投融资活动或造成风管管理成本过高;如果低估了风险的严重程度,则可能导致风险不可控,给投资人和市场造成不可逆的损失。例如,在某些碳市场中发生的碳诈骗事件可以解释为被害人低估了碳金融市场的风险程度,未加检验地将成熟市场中的诚信与透明规则应用到了较为早期的碳市场交易中,从而给自己造成了损失。

3. 实时性原则

可能导致碳金融风险的各种驱动因素时常处于变化中,随着外界环境的变化,经济主体面临的碳金融风险类型、受险部位、严重程度都可能改变。因此在进行碳金融风险管理时,应该根据市场和环境的变化,及时识别或及时更新碳金融风险并及时调整自己的碳金融风险管理策略与方案。以 CCER 政策为例,我国 CCER 于 2017 年暂停,又于 2023 年宣布重启,重启后第一批公布的方法学仅包括碳汇造林、并网光热发电、并网海上风力发电、红树林植被修复四个领域,从中不难看出在"双碳"领域高速发展的进程,其不确定性和变化性较大,相关经济主体在进行相关投资时应该实时关注国内外环境的变化。

(二) 碳金融风险识别方法

在确定碳金融识别的基本原则后,需要通过一些具体的碳金融识别方法来实现对碳金融风险的识别与检测。由于现实中不同碳金融的业务逻辑差别较大,因此在开展不同碳金融业务时,需要采用不同的风险识别方法。以下简要介绍一些常见的碳金融识别方法。

1. 现场调查法

现场调查法是指开展碳金融业务的主体对可能存在碳金融风险的各个机构、部门以及相关的经营活动进行详尽的现场调查以识别碳金融风险,这也是金融风险识别的常用方法,在实务中被广泛应用。

首先,应该在进行现场调查之前进行充分的准备工作,例如确定调查目标、调查对象并了解相关背景与资料,编制现场调查表,确定调查步骤和方法等;其次,在进行现场调查时,风险管理人员可以通过访谈相关人员、查阅现场资料、实地观察等方式来完成现场调查表中的项目,同时根据现场获得的信息来确定是否有必要开展其他调查;最后,在完成现场调查后,调查人员应该立即对所获得的资料和信息进行整理、归纳、分析,并在此基础上完成调查报告,得出调查结论。

此种方法对于识别项目的欺诈发行风险、欺诈与信息不透明风险等特殊风险尤为有效,对项目的底层资产、交易对手方展开翔实而充分的尽职调查,对项目的真实性、准确性、完整性进行核实,能够将进行碳金融活动时受到欺诈、对手方项目造假的可能性降到最低。例如,CCER 项目核查时,核查机构便需要进行现场核查,以识别相关风险。

2. 问卷调查法

问卷调查法,又称审核表调查法,可以看成现场调查法的一种替代方式,是指调查人员不进行实地调查,而是通过发放问卷或其他形式的调查表让现场人员填写,从而根据问卷结果来识别相关风险的方法。

问卷调查调查法的核心在于:问卷的编制应该科学、合理、有效并与被调查项目有契合度,填写问卷者有足够的相关知识和责任心。问卷调查表的优点是比较节省人力、物力,可以以较低成本获得一个不错的风险管理结果,缺点是需要问卷设计者有较高的风险识别能力并且对被调查对象有较高的了解,能够把握住调查重点,并且需要问卷调查者认真填写问卷,而这在现实中有时难以得到保证,因此问卷调查法需要结合其他风险识别方法共同开展,而不能单独使用这种方法来识别碳金融风险。

在使用问卷调查法时,可以使用第三方调查表来协助风险管理人员核实交易对手方所承诺信息的真实性与准确性,也可以引入第三方机构来确保欺诈和造假等特殊风险降到最低;另外,在编制调查问卷时,可以向相关的行业专家请教。例如,在核实特殊风险时,可以参考早期风险投资机构的访谈表来编制问卷中的问题,而在核实传统风险时,可以向二级市场投资机构请教相关的问卷问题,前者相对来讲更能识别出项目的造假问题,而后者更能筛选出更具有业务竞争力和行业竞争力的项目。例如,企业参与 ESG 评级时便需要填写调查问卷,以定性或定量表征自身风险程度。

3. 专家调查法

专家调查法主要指利用专家的集体智慧来识别碳金融风险,最常用的方法包括头脑风暴法和德尔菲法。

头脑风暴法是一种可以激发创造性、产生新想法的技术,其一般步骤是召集 5~10 位相关专家构成小组,然后以会议的方式对问题展开讨论。该方法的主要思想是群体智慧多于个体智慧,要点是不要对出现的想法进行苛责或批评,最大限度地展现智慧并互相刺激和启发,从而提出创造性的想法和方案。

德尔菲法的一般程序是,先把一组较为明确的、可以用纸和笔回答的问题发给若干位专家,并且对专家进行问询,每一次问询时对专家的反馈意见进行统计汇总,并给出全部回答的概率分布,然后把整理后的汇总意见发给专家,让其对自己偏离大多数的意见进行更正或给出陈述理由,如此反复多轮,直到获取的新信息量越来越少,此时组织者可视情况来决定何时停止反复并得出最终结论。

由于碳金融属于新兴领域,专家的经验尤为重要。在使用专家调查法时,不仅需要碳交易、碳管理等领域的专家,而且需要邀请保险、金融、风险管理、风险投资等较为成熟行业的专家,通过集思广益的方法来确定碳金融风险管理的重点、难点等。目前,碳金融领域部分如指数、结构性产品等的研发便常常使用专家调查法。

二、碳金融风险评估

碳金融风险管理的第二步是评估风险可能造成的损失。评估并量化风险导致的损失至关重要,主要包括损失的频率和严重性两个方面。前者主要指损失频率,也就是在一段时间内损失可能发生的次数,后者一般用损失程度代称,指可能发生损失的大小。

在风险管理人员计算出每一种风险损失的频率和程度之后,就可以根据重要性来给不同风险分类。只有计算出每种风险的频率和程度,才能选择最合适的应对措施来应对不同类型的风险。例如,如果一些风险导致的损失不大,并且是可预期的,风险管理人员就可以从企业收入中抽出预算,将其视为正常的经营费用。如果某些风险每年发生的频率都不一样,那就需要采取完全不同的应对策略。

虽然在度量碳金融风险时需要同时考虑损失发生的频率与程度,但是一般而言损失的程度更为重要,因为一个灾难性的风险可能会直接摧毁一个投资者或市场。因此风险管理师应该考虑一个风险事件可能带来的所有损失,同时计算最大可能损失(maximum possible loss)和最大预期损失(maximum probable loss)。最大可能损失是指在投资过程中可能发生的最严重的损失。最大预期损失则是指可能发生的最大损失。例如,如果国际社会和本国有关实现碳中和目标的态度发生根本转变或发生世界大战,碳金融风险管理人员估计之前所进行的各种前期投入的贬值和价值减损可能为 3 000 万元,那么最大可能损失是 3 000 万元。但是碳金融风险管理人员同时估计政策根本性变动给投资人带来的损失超过 2 000 万元的情况不太会发生,战争或政策转变即使 100 年可能也不会发生一次,那么风险管理人员可能会选择忽视这种小概率事件,则在这种情况下的最大可能损失是 3 000 万元。

总体来说,可以将碳金融风险评估方法分为两类,即定性评估和定量评估。定量评估通常借助数理分析方法,运用数学建模的方法将风险进行量化,并且随着相关技术的发展,这种方法在碳金融风险管理中的运用越来越广泛。但是当风险对数量增长没有影响或定量评估所需的数据无法获取或建模成本过高时,定性评估方法往往会起到关键作用。常见的风险评估方法如下。

1. 主观判断法

通过专家或管理人员的主观判断来评估风险的程度和频率,适用于没有确定性规律或统计规律的风险类型。例如,早期的商业银行在判断借款人违约风险时,就是依靠信贷专家的专业技能、主观判断和对某些关键因素的衡量,这可以为我国开展碳信贷、碳抵质押融资等业务提供借鉴。

在进行碳金融风险评估时,可以用主观判断法来对项目的政策与制度风险、信用风险、市场波动风险、碳信用欺诈风险、市场成熟度风险进行评估。

2. 评分或评级法

先选取若干关键性指标来构建一个风险评价框架,然后根据这个评价框架来对评价对象进行评判并给出分值。这种方法综合性较强,应用面广,例如,衡量操作风险的平衡计分卡、度量市场风险的证券评级等。2022 年,上海环境能源交易所、复旦大学可持续发展研究中心、清华大学全球证券市场研究院等研发了"企业碳资信评价体系",该体系从"业务-资产"两个维度,通过衡量企业的宏观风险、区域风险、行业风险、企业地位和企业的碳资产与非碳资产风险,来反映企业在应对气候变化与"双碳"目标下的适应性和竞争力。该体系能帮助金融机构识别企业考虑了碳风险在内的信贷风险,同时能帮助地方政府有效筛选出能够帮助本地产业实现绿色转型的招商引资对象。

在进行碳金融风险评估时,可以使用评级法来对项目的政策与制度风险、操作与合规风险、权益不明晰风险进行评估。

3. 统计估值法

通过历史资料统计来估计碳金融风险的大小,不仅可以估计风险发生的概率,而且可以估计风险变动的幅度,即方差和标准差。估计的方法有点估计和区间估计,这种风险评估方法的准确性主要依赖历史资料的数量和质量。

在进行碳金融风险评估时,由于碳资产价格的波动可能呈现一定的周期性和规律性,因此可以使用统计估值法来对项目的市场波动风险进行评估。

4. 数理统计法

当历史资料较少或无法取得时,可以通过建立数学模型的方法来评估风险,如蒙特卡罗模型、极值模型等。

在进行碳金融风险评估时,可以使用数理统计法来对目标的欺诈与信息不透明风险、欺诈发行风险等进行评估,例如,可以使用本福特定律来检验项目中是否存在造假的可能。

5. 模拟法

这种方法要求风险评估人员为被评估对象设定多个可能发生的情景,并根据不同风险因子在不同情境下的变化来估算风险损失的大小。近年来,这种方法在风险评估过程中得到了较好的运用,常用的模拟方法有蒙特卡罗模拟法、历史模拟法、情景分析、压力测试等。例如穆迪利用全球宏观经济模型,制作了一套符合绿色金融系统网络(NGFS)第二阶段框架的气候风险情景模型,提供了四种替代路径,预测了包含 18 000 个宏观经济变量的、超 70 个国家面临的物理风险和转型风险。

在进行碳金融风险评估时,可以使用模拟法来对项目的政策与制度风险、市场波动风险、权益不明晰风险进行评估。

在掌握了碳金融风险的评估方法后,可以按照"评价指标构建→重要性评估→风险评级"三个步骤来对项目的碳金融风险进行全面评估。

首先是碳金融项目风险评价指标的构建。对于每种可能存在的风险,可以根据项目的具体情况构建若干二级评价指标,并依次对此类风险进行评估。例如,在评估项目的政策与制度风险时,可以从国际政策风险、国内政策风险、区域政策风险、相关法律法规完善程度等几个方面来分别进行评估。

其次是重要性评估。在确定评价指标后,应该进一步评估每个评价指标的显著程度(风险的影响程度)和可能性(风险发生的概率),确定各因素的重要性并根据其进行量化打分。

最后是风险评级。根据第二步"重要性评估"中每种可能存在风险的分值大小,对碳金融项目给出总体风险评级。例如,可以使用市场上常用的三等九级评级方法,将 AAA、AA、A、BBB、BB、B、CCC、CC、C 作为风险评级的结果。

三、碳金融风险应对

碳金融风险管理的第三步是选择合适的措施来应对前面已经被识别并评估的风险。一般来讲,风险管理方法可以分为风险控制和风险融资(如图 10.3 所示),前者是指减少损失频率并降低损失严重程度的风险应对方法(主要方法包括规避、损失预防和损失减少等),后者则是指直接为损失提供资金的技术(主要方法包括风险自留、非保险转移、商业保险等)。在实际进行风险管理时往往会综合运用多种方法。

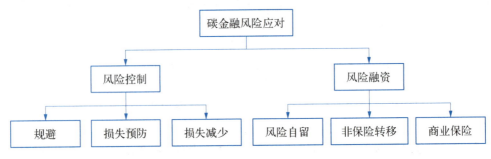

图 10.3　碳金融风险应对方法

风险融资是指在损失发生之后为损失提供资金的技术。

(一) 碳金融与风险控制

风险应对也即选择最适合的措施或组合措施来应对风险,这些方法在广义上可以分为风险控制与风险融资。其中,风险控制是指减少损失频率、降低损失严重性的方法,主要方法包括规避、损失预防和损失减少,具体如下。

1. 规避

规避(avoidance)是指从不接触某些风险,放弃已有的风险。例如,碳资产贬值损失可以通过不持有碳资产来避免。一家火电企业可以终止使用高排放机组,以避免可能的超额排放履约责任。

规避的主要好处是,如果从不接触风险行为,那就可以将损失概率降低为零。另外,如果放弃已有风险行为,则损失的可能性会减少或消除,因为可能产生损失的行为或产品被放弃了,不过,仍需承担以前销售产品的风险。规避有两种主要的问题:第一,可能无法规避所有损失。例如,企业可能不能规避国内国际关键政策提出的风险。第二,规避风险可能是不可行的或不具有可操作性的。例如,一家火电厂可以规避火力发电机组发电带来的排放,但是不排放,企业就无法正常且持续地运营。

2023 年 2 月 8 日—2 月 9 日,欧盟理事会常驻代表团委员会欧洲议会环境委员会分别批准了 ETS 修订的关于包含将海运业纳入 EU ETS 提案的最终妥协文本。从 2024 年开始,船东或承担船舶责任的其他组织(如管理公司或光船承租人)必须为其船舶在往返于欧盟港口和在欧盟港口之间行驶时产生的温室气体排放付费。为了遵守这项立法,船东实际的船舶经营人(commercial operators)必须每年购买并提交一定数量的排放配额。

从 2024 年开始,欧盟将要求规模超过 5 000 总吨的货船和客船购买总排放 40% 的配额,涵盖其燃油消耗中产生的温室气体。到 2026 年,该系统将覆盖 100% 欧盟内部航行的排放,以及 50% 欧盟与世界其他地区之间航行的排放。

2023 年 11 月 27 日,据英国媒体《金融时报》报道,西班牙和意大利等 7 个欧盟国家的部长已致函欧盟委员会,呼吁暂停这一法规计划,因为存在将货运从欧洲港口转移的风险。其他签署这封信的部长来自希腊、葡萄牙、塞浦路斯、克罗地亚和马耳他。"将于 2024 年生效的航运 ETS 法规可能导致向世界其他地区的排放,甚至通过更长的航线增加(温室气体)排放量,以避免停靠欧盟港口,"部长们在信中表示,信中补充说,这还可能"对我们的进出口行业和港口投资产生严重后果"。

若这一呼吁被采纳,则相关国家的航运企业将在一定程度上和一定时间范围内规避未来配额履约相关风险。

2. 损失预防

损失预防(loss prevention)是指用于减少特定损失而采取的措施。

例如,为了减少配额履约导致企业经营困难事件发生的概率,《2021、2022 年度全国碳排放权交易配额总量设定与分配实施方案(发电行业)》规定企业可以进行配额预支,即配额缺口率在 10% 及以上且确因经营困难暂时无法完成履约的重点排放单位,可向省级生态环境主管部门申请预支 2023 年度部分预分配配额完成履约,预支量不超过年度配额缺口量的 50%,预支配额仅可用于当年度本单位的配额履约,不可用于交易、抵押等其他用途,预支配额将在 2023 年度配额核定清缴环节进行等量抵扣。

为了避免拍卖成交价格过低导致对地方碳配额价格和市场信心的冲击,上海环境能源交易所在《关于组织开展 2022 年度上海碳排放配额 有偿竞价发放(第一次)的通知》中规定竞买底价为上海碳排放配额(SHEA)在 2023 年 1—9 月所有挂牌成交的加权平均价 60.82 元/吨,在《关于组织开展 2022 年度上海碳排放配额 有偿竞价发放(第二次)的通知》中规定竞买底价为上海碳排放配额(SHEA)在 2023 年 1—10 月所有挂牌成交的加权平均价(61.91 元/吨)的 1.2 倍,即 74.29 元/吨。以上两次拍卖成功举行,分别实现 100 万吨和 166.88 万吨的竞买成交总量。

3. 损失减少

损失减少(loss reduction)是指损失发生后降低损失严重程度的方法。

例如,《碳排放权交易管理办法(试行)》列示了对可能发生的违法犯罪行为的罚则,以降低这类扰乱市场行为的不利影响。具体来看,重点排放单位虚报、瞒报温室气体排放报告,或者拒绝履行温室气体排放报告义务的,由其生产经营场所所在地设区的市级以上地方生态环境主管部门责令限期改正,处 1 万元以上 3 万元以下的罚款。逾期未改正的,由重点排放单位生产经营场所所在地的省级生态环境主管部门测算其温室气体实际排放量,并将该排放量作为碳排放配额清缴的依据。对虚报、瞒报部分,等量核减其下一年度碳排放配额。重点排放单位未按时足额清缴碳排放配额的,由其生产经营场所所在地区的市级以上地方生态环境主管部门责令限期改正,处 2 万元以上 3 万元以下的罚款;逾期未改正的,对欠缴部分,由重点排放单位生产经营场所所在地的省级生态环境主管部门等量核减其下一年度碳排放配额。

(二) 碳金融与风险融资

风险应对的第二类方法为风险融资,它指在损失发生后,为损失提供资金支持的技术,主要包括风险自留、非保险转移、保险这三类方法。

1. 风险自留

风险自留(retention)意味着保留特定损失导致的部分或全部损失。风险自留可以是主动的,也可以是被动的。主动的风险自留是指市场参与者认识到风险损失并计划保留全部或部分损失。例如,某投资机构主动选择将其客户资金投资于专注低碳、可再生能源或环保技术的投资基金,这样的投资基金将帮助降低整体投资组合对高碳行业的暴露,其可能面临的损失是能预料到的。被动的风险自留则是指无法确认风险损失,没有或忘记采取措施。例如,在国内国际提倡低碳发展、绿色金融的大背景下,投资机构继续持有传统能源公司的股票,未对其投资组合进行调整,即便这些公司可能面临碳排放法规和市场趋势的负面影响。

风险自留在以下情况中可以在风险管理中有效运用:第一,没有其他应对方法。保险公司不愿承保某些类型的风险,或者承保的代价过于高昂。而且,非保险转移也不存在。另外,尽管损失预防措施能够降低损失的频率,但不能消除所有损失。在这些情况下,风险自留是剩下的唯一办法。如果无法投保或转移风险,那就必须自留。第二,可能发生的最大的损失并不大。例如,某投资机构拥有一部分传统能源公司的股票,而这些公司面临着潜在的碳排放法规和市场转型的风险,但投资机构充分分散投资组合,不仅包含传统能源公司,而且纳入了低碳行业和可再生能源领域的股票,也定期监控碳排放法规与政策的变化,并采取长期持有策略,不频繁交易,从而减少其风险自留可能遭遇的损失。第三,损失是高度可预期的。例如,某公司依赖大量的石油或煤炭进行生产,进而采取投资转型项目、寻求可再生能源合作、进行碳中和承诺和探索等方式进行风险自留,虽然可能面临高额投资成本、生产效率降低、市场反应不确定等风险,但基于行业经验,该公司能够估计损失频率和严重程度的可能区间。如果大多数损失位于该范围之内,该公司便能够从企业收入中预拨一部分资金来应对。

2. 非保险转移

非保险转移(noninsurance transfers)是另一种风险融资技术,它是非保险方法,通过该方法,纯粹风险和潜在的经济后果被转移给其他当事人。

举例来看,2023年6月,中国银行上海分行联合上海环境能源交易所与市担保中心构建交互协作模式,为绿色产业小微企业打造"碳普惠"金融服务方案,围绕CCER资产共同建立价值认定机制,并引入上海市中小微企业政策性融资担保基金管理中心为小微企业提供政策性担保增信,落地上海市首笔"碳排放权质押+政策性担保"业务,进一步深化普惠金融与绿色金融业务融合发展。在本例中,市担保中心和上海环境能源交易所同银行一起,为绿色产业小微企业融资和碳资产的价值认定提供支持,有效提升小微企业碳资产价值转化能力。市担保中心作为担保公司,承担了企业融资的部分风险。案例模式示意图如图10.4所示。

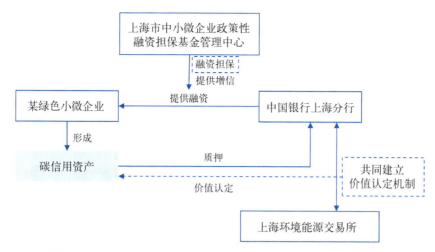

资料来源：毕马威，《2023年中国碳金融创新和发展白皮书》。

图 10.4　中国银行上海分行"碳资产质押＋政策性担保"案例模式示意图

3. 保险

商业保险也可以应用于风险管理计划，其适用于损失概率较低、损失程度较高的风险。2007年联合国以《联合国气候变化框架公约》和《京都议定书》这两个国际条约对碳排放的安排为基础对碳保险进行界定，认为碳保险是对清洁发展机制、联合履约交易、低碳项目评估及开发和碳排放信贷担保等活动提供风险保障的保险产品。随着碳金融的不断发展，国际碳排放权交易市场不但包括在京都规则下由清洁发展机制、联合履约机制产生的交易，而且包括在非京都规则下由第三方独立机制、国家或地区机制等产生的交易。

作为新兴行业，绿色低碳行业目前仍然比较脆弱，抗风险能力较差，而低碳技术前期开发需要投入巨额资金，且具有较大的不确定性，一旦出现相关事故，就会对整个行业的发展产生重大的损害。保险公司可以通过保险机制为低碳技术的研发、碳金融的创新提供保障，推动"两高"企业向低碳经济发展模式转型。该类碳保险可以有效地减少研发失败给低碳行业带来的负面影响，从而保护低碳行业的发展。因此，国内学者在联合国对碳保险定义的基础上进一步丰富其内涵，认为可以将碳保险界定为与碳信用、碳配额交易直接相关的金融产品，是以《联合国气候变化框架公约》和《京都议定书》为前提、以碳排放权为基础，或是保护在非京都规则中模拟京都规则而产生的碳金融活动的保险，主要承保碳清缴风险、碳信用风险、碳融资风险、碳损失风险等。

第四节　碳　保　险

由于全球碳金融发展时间较短，因此目前国内外的碳保险在产品与类别、内容与形式、效益与效果等方面仍处于探索阶段，一些新兴碳保险产品在逐步推出。

参照杨勇等（2022）的研究，本节通过区分标的类型是碳配额还是碳信用，将碳保险产品划分为碳清缴类保险和碳损失类保险，而通过区分保险保障的碳金融行为是交易碳资产、碳资产投资还是碳资产融资将碳保险产品分为碳清缴类保险与碳损失类保险、碳投资类保险和碳融资类保险。具体分类如表 10.2 所示。

表 10.2 碳保险产品分类

	碳配额	碳信用
交　易	碳清缴类保险	碳损失类保险
投　资	碳投资类保险	
融　资	碳融资类保险	

一、碳清缴类保险

碳清缴类保险保障的是控排企业碳清缴风险。假设碳控排企业的碳排放配额为 E_a，在履约年度中，企业实际碳排放量 E_r 可能受行业景气、碳控排设备运行等因素的影响而出现超排。一旦出现超排，在履约阶段企业就必须从市场中购入碳配额或碳信用来抵销超额排放的部分，否则将要面临罚款以及其他行政处罚。碳清缴保险以企业发生超排作为保险触发条件，从市场上购入碳配额或提供等额的经济赔偿来帮助企业完成碳清缴任务。碳清缴类保险运行流程示意图如图 10.5 所示。

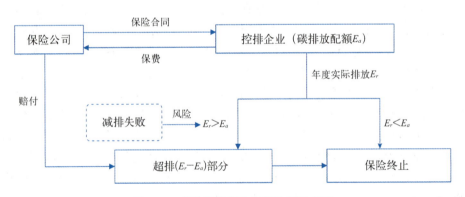

图 10.5 碳清缴类保险运行流程示意图

2007 年，瑞士再保险公司(Swiss Re)推出了碳交付担保保险，以补偿碳减排行业的碳配额缺口。2016 年，平安保险与湖北碳排放权交易中心合作，在全国率先开发了碳保险业务，帮助企业加大环保设备投入，降低碳排放超额风险，减少碳配额缺口。

二、碳损失类保险

碳损失类保险保障的是碳信用持有者的碳损失风险，该风险分为数量风险和价格风险。在数量风险方面，假设碳信用持有者持有的碳信用为 C_k，并假设持有者持有的碳信用类别为森林碳汇，而意外事故会导致森林无法实现已核证减排量的风险。在价格风险方面,传统碳汇指数保险仅考虑了自然灾害对碳汇价值产生的影响,而忽略了碳汇林种植企业所面临的市场风险,有可能导致碳信用资产价格波动。因此,碳损失保险以碳信用持有者的碳信用发生损失作为保险触发条件,一旦碳信用持有者的碳信用因意外事故或风险事件发生损失,保险公司就为投保者赔偿等量的碳信用或相应的赔偿。碳损失类保险中碳信用面临数量风险时对应保险的运行流程示意图如图10.6所示。

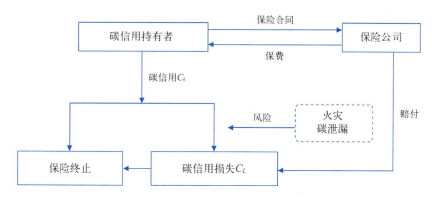

图 10.6　面临碳信用数量风险的碳损失类保险运行流程示意图

在数量方面,澳大利亚承保机构斯蒂伍斯·艾格纽(Steeves Agnew)于2009年首次推出碳损失保险,保障因森林大火、雷击、冰雹、飞机坠毁或暴风雨而导致森林无法实现已核证减排量所产生的风险,一旦森林碳汇持有者受损,保险公司就根据投保者的要求为其提供等量的经核证的减排量。安联保险(Allianz)在2018年也推出了类似的碳损失保险,覆盖澳大利亚人工林面临的由自然现象引发的火灾、冰雹和风暴以及由人类引发的火灾造成的损失,林业管理人员可以通过将碳汇价值计入人工林每公顷价值的方式来保障碳损失风险。2021年,中国人寿财险南宁分公司承保了广西首单林业碳汇指数保险,为125万亩森林提供500万元碳汇损失风险保障。2022年9月,人保财险和华信保险经纪合作,为中国华电集团下属某清洁能源发电企业提供碳资产风险保障,落地全国首单碳抵销保险业务,化解企业利用CCER抵销碳排放配额清缴所面临的不确定性,助力企业控制碳市场履约成本。其案例模式示意图如图10.7所示。

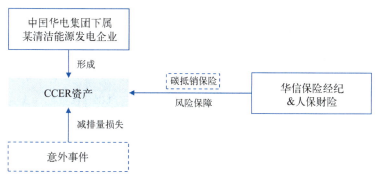

资料来源:毕马威,《2023年中国碳金融创新和发展白皮书》。

图 10.7　人保财险碳资产数量损失保险创新案例模式示意图

在价格方面,2021 年 5 月,中国人民财产保险股份有限公司(简称人保财险)福建顺昌支公司为南平市顺昌县国有林场提供林业碳汇价格损失风险保障,降低市场林业碳汇项目价格波动造成的经济损失,承保林业碳汇项目面积达 6.9 万亩,总减排量可达 25.7 万吨。这是全国首个针对林业碳汇交易项目开发的保险产品。该碳汇价格综合保险,一方面考虑了为碳汇林项目的林业价值和碳汇价值提供自然风险保障,另一方面是为在保险期内,当市场林业碳汇项目价格波动造成保险碳汇的实际价格低于目标价格时提供市场风险保障,稳定碳汇收入。其案例模式示意图如图 10.8 所示。

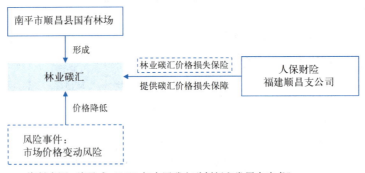

资料来源:毕马威,《2023 年中国碳金融创新和发展白皮书》。

图 10.8　人保财险碳资产价格损失保险案例模式示意图

三、碳投资类保险

碳投资类保险保障的是投资者的碳配额和碳信用的投资风险。以碳信用资产为例,假设投资者对清洁发展机制、可再生能源等项目进行投资,预期获得的碳信用为 C_p。由于碳信用项目需要经过第三方机构注册、核证,因此,该项目存在核证失败或延误等风险,且在项目运行中还面临东道国的碳信用政策变化风险,这些因素导致投资者在项目中获得的实际碳信用 C_r 不及预期。碳投资类保险以投资者获得的碳资产或其衍生碳金融产品不及预期作为保险触发条件,如果碳资产受损,则保险公司将提供投资者预期获得的碳资产或等值的赔偿。以碳信用资产为例的碳投资类保险运行流程示意图如图 10.9 所示。

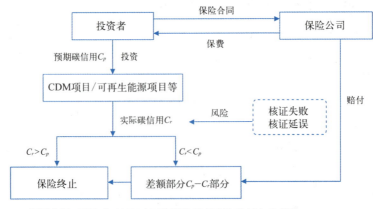

资料来源:毕马威,《2023 年中国碳金融创新和发展白皮书》。

图 10.9　碳投资类保险运行流程示意图

瑞士再保险公司研发了多种碳投资类保险,2006 年在其投资组合中增加了碳全险,以保护碳信用项目所有者;2008 年,该公司为卢森堡政府提供担保和非担保认证的减排,帮助卢森堡利用这些信用额度来实现其《京都议定书》目标。美国国际集团(AIG)于 2008 年推出了碳信用交付保险,帮助企业解决技术性能风险、信用风险、政治风险和定价风险,以解决由符合《京都议定书》条件的项目产生的合规工具的交付风险,进而保障投资者面临的碳信用风险。

四、碳融资类保险

碳融资类保险对碳资产质押贷款进行增信,保障的是碳资产 C_s 的市场价格波动风险。假设企业利用持有的碳资产进行质押贷款,贷款额度为 L,当贷款发生风险时,银行可以在碳市场中出售质押的碳资产。由于碳价波动的风险可能导致碳资产价值不足以覆盖贷款额度,因此,碳资产质押贷款保证保险以碳价波动不足以覆盖贷款额度为保险触发条件,对超出碳资产价格的贷款部分进行赔付。碳融资类保险运行流程示意图如图 10.10 所示。

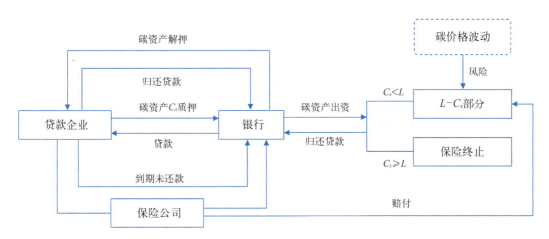

资料来源:毕马威,《2023 年中国碳金融创新和发展白皮书》。

图 10.10　碳融资类保险运行流程示意图

2021 年,人保财险福建南平分公司顺昌支公司与顺昌县国有林场签下全国首单"碳汇贷"银行贷款型森林火灾保险,为碳汇林提供 2 100 万元风险保障,开创了"林业碳汇质押＋远期碳汇融资＋林业保险"的绿色金融新模式。在保险期内,当市场林业碳汇项目价格波动造成保险碳汇的实际价格低于目标价格时,保险公司按照合同约定进行赔偿。太保产险与申能碳科技有限公司、交通银行达成"碳配额＋质押＋保险"合作,开发出全国首笔碳排放配额质押叠加保证保险融资业务。

2022 年 5 月,中国银行上海分行探索创新合作模式,与太平洋财险上海分公司和上海环境能源交易所紧密协作,创新性地通过全线上化业务处理模式,为上海华峰超纤科技股份有限公司提供碳配额质押配套保证保险融资服务。该业务模式是以碳排放配额质押贷款合同为基础合同,由碳配额所有人投保的、保障质权人实现质权差额补偿的保险产品,通过提供"碳配额＋质押＋保险"服务,为碳资产持有人提供增信,提高了碳资产的流动性。在该模式下,银行与保险公司合作,针对碳市场发展的痛点提供协同方案,利用保险产品的特点,在帮助企业盘活碳资产且高效获得融资支持的同时,提升企业抗风险能力,同时为后续银保服务碳配额交易市场提供了全新思路。该案例模式示意图如图 10.11 所示。

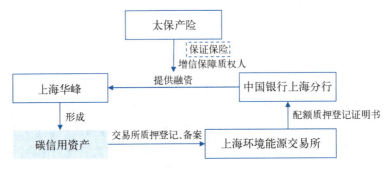

资料来源:毕马威,《2023 年中国碳金融创新和发展白皮书》。

图 10.11 人保财险碳汇价格损失保险案例模式示意图

案例 10-2

碳保险产品实践
——碳交易信用保险、碳排放信用担保与碳汇指数保险

一、碳交易信用保险

碳交易信用保险以合同规定的碳资产作为保险标的,向买卖双方就权利人因某种原因而无法履行交易时所遭受的损失给予经济赔偿,具有担保性质。该保险为买卖双方提供了一个良好的信誉平台,有助于激发碳市场的活跃性。2004 年联合国环境署、全球可持续发展项目(GSDP)和瑞士再保险公司推出了碳交易信用保险。由保险机构或再保险机构担任未来核证排减量(CERs)的交付担保人,当根据商定的条款和条件,当事方不履行核证减排量时,担保人负有担保责任。该保险主要针对合同签订后出现各方无法控制的情况而使合同丧失了订立时的依据,进而各方得以豁免合同义务的"合同落空"情景进行投保,例如突发事件、营业中断等。

二、碳排放信用担保

碳排放信用担保重点保障企业新能源项目运营中的风险,提供项目信用担保,促进私营公司参与减抵项目和碳排放交易。美国国际集团与达信保险经纪公司于 2006 年合作推出碳排放信贷担保与其他新的可再生能源相关的保险产品等,通过降低企业投融资成本,促使企业积极参与碳抵销和减排活动,保障企业新能源项目运营中的风险,提供项目信用担保。

三、碳汇指数保险

森林碳汇指数保险以天然林、用材林、防护林、经济林等可以吸收二氧化碳的林木作为投保对象,针对林木在其生长全过程中因自然灾害、意外事故等可能引起吸碳量下降而

造成的损失给予经济赔偿。中国人寿财险福建省分公司2021年创新开发出林业碳汇指数保险产品,将因火灾、冻灾、泥石流、山体滑坡等合同约定灾因造成的森林固碳量损失指数化,当损失达到保险合同约定的标准时,视为保险事故发生,保险公司按照约定标准进行赔偿。保险赔款可用于灾后林业碳汇资源救助和碳源清除、森林资源培育、加强生态保护修复等。2023年7月25日,平安产险探索建立蓝色碳汇保险补偿机制,开创全国首例红树林碳汇指数保险。

案例思考题:

1. 参照碳保险产品分类表(表10.2),这三种碳保险产品具有哪种或哪些碳保险产品的特性,你会如何给它们分类?

2. 你认为碳保险产品可以在哪些维度上进行创新,从而实现对碳保险产品分类表的优化?

思考与练习题

一、什么是碳金融风险?在我国,导致这些碳金融风险的现实约束条件是什么?为何碳金融风险在我国相对更高?

二、常见的碳金融风险类型有哪些?其各自的含义和现实案例有哪些?

三、在开展碳金融业务时有哪些风险是传统金融市场不常见的,但会在开展碳金融业务时出现的?

四、碳金融风险管理分为哪几个步骤?每个步骤的内涵是什么?

五、应该如何应对碳金融风险?常见的应对方法有哪些?如何利用碳保险来应对碳金融风险?

推荐阅读

毕马威:《中国碳金融创新和发展白皮书》,2023年。

世界银行:《碳金融十年》,广州东润发环境资源公司译,石油工业出版社,2011年。

参考文献

乔治·E. 瑞达、迈克尔·J. 麦克纳马拉,刘春江译:《风险管理与保险原理(第十二版)》,中国人民大学出版社,2023年。

樊威、陈维韬:"碳金融市场风险形成机理与防范机制研究",《福建论坛(人文社会科学版)》,2019 年第 5 期,第 54—64 页。

高令:"碳金融交易风险形成的原因与管控研究——以欧盟为例",《宏观经济研究》,2018 年第 2 期,第 104—111 页。

贾振虎、姚兴财、米君龙:《碳金融风险管理》,华南理工大学出版社,2016 年。

金曼:"碳金融背景下碳排放权质押融资的法律风险及其规制",《金融理论与实践》,2022 年第 10 期,第 36—44 页。

李俊:"我国商业银行新型权利质押贷款的风险与防范",《商场现代化》,2008 年第 6 期,第 372—373 页。

王颖、张昕、刘海燕,等:"碳金融风险的识别和管理",《西南金融》,2019 年第 2 期,第 41—48 页。

巫天晓:"全国首例碳资产质押授信业务探析",《福建金融》,2011 年第 12 期,第 14—17 页。

闫贵壮、何畅:"碳金融风险管理的数字化策略",《中国金融》,2022 年第 11 期,第 29—30 页。

杨湘玲:"新型权利质押贷款法律及操作风险探析",《科技信息(科学教研)》,2008 年第 12 期,第 312—313 页。

杨勇、汪玥、汪丽:"碳保险的发展、实践及启示",《金融纵横》,2022 年第 3 期,第 71—77 页。

张金清:《金融风险管理(第二版)》,复旦大学出版社,2011 年。

周洲、钱妍玲:"碳保险产品发展概况及对策研究",《金融纵横》,2022 年第 7 期,第 87—91 页。

第十一章

典型碳金融市场发展

学习要求

了解国际典型碳金融市场的类型和发展近况;掌握欧盟碳金融市场的发展历程、交易体系和监管机制;熟悉英国、美国、韩国等其他典型碳金融市场的发展历程和运作情况。理解典型碳金融市场上的金融产品实践,包括碳市场融资工具、碳市场交易工具和碳市场支持工具。其中,着重掌握欧盟碳市场交易工具(碳金融衍生品),即碳远期、碳期权、碳期货的实践应用。了解典型碳金融市场的经验总结和存在的问题,理解典型碳金融市场实践经验对我国碳金融市场未来进一步发展完善的借鉴意义。

本章导读

目前,越来越多国家和地区的政府建立了各自的强制碳市场,通过市场机制减少碳排放。全球典型碳金融市场主要集中于欧盟、北美和英国等地。典型代表有欧盟ETS、英国ETS、北美碳金融市场和韩国ETS等。这些碳金融市场在发展历程、交易体系和监管机制等方面既有相似之处,又各具特点。典型碳金融市场的实践创造了丰富的碳金融产品,如欧盟碳金融市场的EUA、CER期权及期货合约,美国碳金融市场CFI期权及期货合约、荷兰银行的碳债券、澳大利亚安联保险的碳损失类林业保险等。通过对各典型碳金融市场的区域实践和产品实践进行总结并借鉴,对我国碳金融市场的发展具有显著的意义。

第一节 典型碳金融市场概述

一、典型碳金融市场类型

目前国际碳金融市场已经形成了由"两套法律框架""两类机制基础""两种交易市场"和"四个交易领域"所构成的国际碳金融市场结构,如图11.1所示。

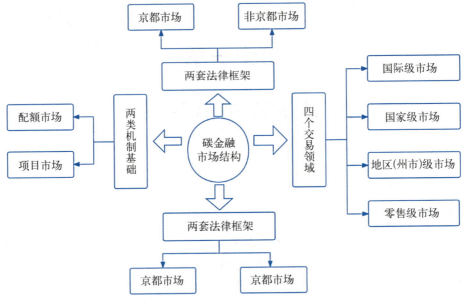

图 11.1　国际碳金融市场结构

两套法律框架中,一套是基于《联合国气候变化框架公约》和《京都议定书》的国际法框架;另一套是美国、澳大利亚的国家区域碳市场法律依据。根据两套法律框架,国际碳交易市场可划分为京都市场和非京都市场。其中,京都市场主要由欧盟 ETS、CDM 和 JI 市场组成;非京都市场主要包括自愿实施的芝加哥气候交易所体系、强制实施的澳大利亚新南威尔士气体减排体系和零售市场等。

依据交易机制不同,国际碳金融市场可划分为基于项目的市场和基于配额的市场。配额是基于总量限制和交易机制创建的,监管机构会在指定合规期内设定温室气体排放的额度或上限,设定限额后,碳排放配额会在一级市场上以免费分配或拍卖方式分配给所覆盖的实体,公司也可按自己的合规需要在二级市场买卖配额;项目市场的碳信用则是基于基线与信用机制创建的,此机制并未对总的排放量施加明确限定,公司可将温室气体排放降低至低于其基线情景下的某个水平(基线情景由第三方核证机构考虑到公司所处的行业与技术水平等限制因素而制定)。这两类市场所产生的减排单位都属于可交易的碳信用范畴,由于其归属分配和实际使用并非发生在一个时间点上,因此碳信用具备了金融衍生产品的某些特性,为国际金融活动充分介入碳交易奠定了基础。

从监管角度来看,国际碳金融市场可分为强制碳市场和自愿碳市场。强制碳市场中 ETS 所覆盖的实体会遵守有法律约束力的减排要求;自愿碳市场一般由若干国际组织、国家或企业建立,与 ETS 不同,自愿碳市场中的碳减排承诺未必具有法律约束力。

二、典型碳金融市场发展近况

全球不少国家已承诺致力于解决气候变化问题并争取早日转型至低碳经济。欧盟、美国及英国宣布于 2050 年之前达到碳中和或净零排放目标,以减少净碳排放。亚洲三大国家(中国、日本及韩国)也承诺达到碳中和目标,其中,中国宣布力求于 2030 年前实现碳达峰、2060年前达到碳中和的目标。

有了这些目标,越来越多地区或国家的政府建立了各自的强制碳市场,通过市场机制减少碳排放,并使用碳排放权交易系统作为节能减排的政策工具。2005年欧盟建立了跨国的欧盟ETS。此后,国际上越来越多的国家及地方层面的ETS建立起来,包括新西兰及韩国的全国ETS、中国的9个地方碳市场以及全国统一碳排放权交易市场,以及美国的地区温室气体计划和加州的总量管制与交易制度等。

(一)参与主体

从参与主体来看,ICAP(2023)的数据显示,截至2023年,全球已有28个ETS生效。其余包括哥伦比亚、印度尼西亚和越南在内的另外8个ETS也正在开发中,预计将在未来几年投入使用。12个司法管辖区也在考虑ETS在其气候变化政策组合中可以发挥的作用。

(二)覆盖部门

从覆盖部门来看,根据ICAP(2023)的数据,目前全球的ETS所覆盖的大多是碳排放量较高的行业,如发电、工业、建造、运输及航空,其中发电和工业部门的国际实践最为丰富,几乎所有主要国家的ETS均有所覆盖;而相较而言,农业、林业和垃圾废弃物处理等行业则鲜有涉及,其中林业和农业部门仅有新西兰和澳大利亚两国的ETS有所覆盖(如图11.2所示)。

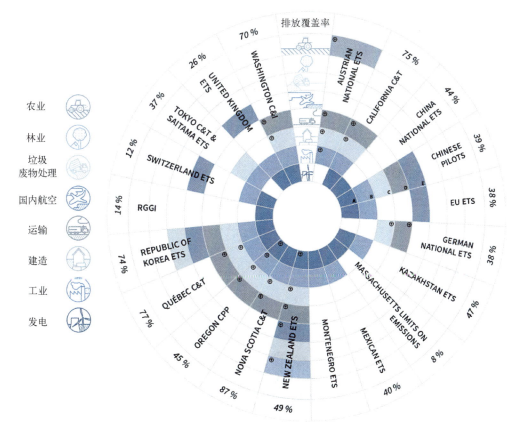

资料来源:ICAP。

图11.2 全球ETS覆盖部门情况

(三) 累计收益

从累计收益来看,政府倾向以 ETS 的拍卖收入作为投资气候变化项目的资金,项目范围可以包括提升能源效益、低碳交通,以及可再生能源发展及使用等范畴。拍卖收入也可用于支持高耗能行业,以及支持弱势与低收入群体。根据 ICAP(2023)的数据,2022 年全球碳市场的碳排放配额拍卖共集得超 630 亿美元的资金,2018 年至 2022 年期间,全球碳市场的碳排放配额拍卖累计收益超过 2 240 亿美元的资金(如表 11.1 所示)。

表 11.1　全球各碳市场拍卖收益情况　　　　　　　　　　　　　单位:百万美元

市场	全年拍卖收入						首次拍卖年份	截至 2022 年累计收入
	2017 年	2018 年	2019 年	2020 年	2021 年	2022 年		
欧洲	6 234	16 747	16 390	218 812	36 734	40 816	2009	158 370
加州	1 819	3 018	3 065	1 699	3 992	4 027	2013	22 257
魁北克	445	642	728	521	902	1 028	2013	5 415
韩国	无数据	无数据	199	210	258	245	2019	913

资料来源:ICAP。

(四) ETS 的有效性

从 ETS 的有效性来看,ICAP(2023)中绘制了如下信息图(见图 11.3),以便从三个不同维度分析 ETS 的有效性:其中 x 轴显示每个系统覆盖的相应辖区总排放的百分比,y

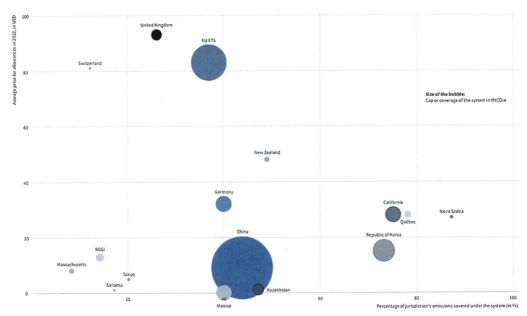

资料来源:ICAP EMISSIONS TRADING WORLDWIDE REPORT(2023)。

图 11.3　ETS 有效性比较

轴表示 2022 年的平均配额的价格,以美元/吨二氧化碳当量计算,气泡的大小对应其对百万吨二氧化碳当量中温室气体种类的覆盖范围。观察结果不难发现,不同 ETS 间分化较为明显,欧盟等成熟 ETS 有效性更强,具有较高的配额价格,而中国、韩国等新兴 ETS 在温室气体减排覆盖比例和覆盖种类上更具优势,但碳价有效性相对不足。

第二节　国际典型碳金融市场

一、欧盟碳金融市场

欧盟 ETS 于 2005 年 1 月 1 日正式推出,是全球首个 ETS,目前包含 27 个欧盟成员国,以及冰岛、列支敦士登和挪威。欧盟 ETS 的碳排放配额以总量管制与交易机制为基础,所覆盖的实体被限制碳排放,可免费或通过拍卖取得 EUA。若该实体的实际碳排放量低于获得的配额,多出来的配额可于欧盟 ETS 出售,若碳排放量多于上限则必须购买 EUA。欧盟 ETS 通过设立 EUA 交易的市场,引入了繁多的碳金融衍生品,从而协助环境资源更有效地分配。这也是本章将重点讨论的内容。

(一) 欧盟碳金融市场发展历程

回顾第八章相关内容,我们可知:从发展历程来看,自 2005 年起,欧盟 ETS 历经四个改革阶段(如表 11.2 所示):第一阶段(2005—2007 年)为三年"试验期",ETS 仅覆盖发电厂及能源密集型行业的二氧化碳排放量,几乎所有 EUA 都是免费分配的;第二阶段(2008—2012 年),ETS 对碳排放的限制范围扩大至更多温室气体(二氧化碳、氧化亚氮等)及行业(航空业);第三阶段(2013—2020 年),ETS 的限制范围和覆盖行业进一步扩大,配额总量按 1.74% 的线性减排因子(linear reduction factor, LRF)每年递减,拍卖 EUA 的占比升至 57%,余下的则免费分配,以防止碳泄漏;第四阶段(2021—2030 年),LRF 上调至每年 2.2%。ETS 仍将其 57% 的新碳排放配额通过拍卖分配给公司,其他则免费分配。然而,碳泄漏风险较低的行业所获的免费配额将于 2026 年后由最高的 30% 逐步减少,至 2030 年全面取消。

表 11.2　欧盟碳市场发展的四个阶段

阶段	第一阶段	第二阶段	第三阶段	第四阶段
时间范围	2005—2007 年	2008—2012 年	2013—2020 年	2021—2030 年
参与国家	EU25	EU27(新加入罗马尼亚、保加利亚)以及冰岛、挪威等	EU28(新加入克罗地亚)	EU27(英国脱欧)并与瑞士碳市场建立连接
覆盖行业	20 兆瓦以上的电厂、炼油、炼焦、钢铁、水泥、玻璃、石灰、制砖、造纸等行业	增加航空业	新增制铝、制氢、有色金属和黑色金属、碳捕获和储存装置、石化和其他化学行业等	向道路运输、建筑、内部海运扩展

续　表

阶段	第一阶段	第二阶段	第三阶段	第四阶段
温室气体	CO_2	CO_2、N_2O	CO_2、N_2O、PFCs	CO_2、N_2O、PFCs
配额总量	成员国自下而上加总确定,20.96亿吨/年的EUA	成员国自下而上加总确定,20.49亿吨/年的EUA	欧盟委员会统一分配,期初20.84亿吨/年的EUA,之后按1.74%速率递减	欧盟委员会统一分配,期初15.72亿吨/年的EUA,之后按2.2%速率递减
分配方法	免费	10%有偿拍卖,其余免费	57%有偿拍卖,其余免费	最终实现100%有偿拍卖
配额计算	祖父法	祖父法+基准线法	基准线法	基准线法
惩罚力度	40欧元/吨,并需要补缴配额	100欧元/吨,并需要补缴配额	100欧元/吨(依据CPI调整),并需要补缴配额	100欧元/吨(依据CPI调整),并需要补缴配额
信用抵销	允许无限制使用CER和EUR	允许,但对项目类型作出限制,抵销比例不超过限额排放量的13.4%	允许,要求来自最不发达国家,且拒绝高GWP温室气体减排信用	不允许
存储	不允许	允许	允许	允许

资料来源:EUCommision,ICAP。

(二) 欧盟碳金融市场交易体系

从产品构成来看,欧盟碳金融市场主要由碳现货产品和碳金融产品,即碳交易工具、碳融资工具和碳支持工具组成。其中,碳现货产品由交易体系(ETS)下的排放配额和项目减排量构成,欧盟ETS的排放配额包括欧盟碳配额(EUA)及欧盟航空碳配额(EU-AA),项目减排量则包括CDM下的CER[①],以及JI下的ERU。碳交易主要有碳远期、碳期货、碳期权和碳互换,包括基于EUA的欧洲碳配额期货(EUA futures)、欧洲碳配额期权(EUA options),基于EUAA的欧洲航空碳配额期货(EUAA futures),以及基于CER的核证减排量期货(CER futures)等,其中碳期货的交易规模最大。碳融资工具(如碳债券等)和碳支持工具(如碳指数、碳保险和碳基金等)在下一节中会有较为详细的介绍,故在此不多赘述。在欧盟碳市场丰富的交易品类中,EUA现货和EUA期货是最主要的交易产品。EUA现货作为基本履约单位是碳市场运行的基础,EUA期货作为金融衍生品具有重要的价格发现与风险规避功能。

---

① 在第一至第三阶段,碳抵销(例如,按《京都议定书》的清洁发展机制所达到的核证减排额度获接纳,为欧盟ETS所覆盖的实体作合规用途),但自第四阶段起已不再获接纳。因此,碳排放的限额只能以EUA来满足。

从市场结构来看,欧盟碳市场分为一级市场和二级市场,一级市场主要是欧盟碳排放配额的拍卖和项目减排量开发,采用单轮拍卖和密封投标的统一价格拍卖,由欧洲能源交易所每天进行;二级市场主要是碳配额和项目减排量的流通,包括在交易所交易和场外交易,交易产品不仅包括配额和项目减排量的现货,还有其期货、期权等金融衍生品。现时,EUA期货(包括现货合约)可于四家交易所买卖,分别为欧洲能源交易所与欧洲气候交易所,以及美国纳斯达克交易所与芝加哥商品交易所。

从参与主体来看,欧盟碳市场参与者众多,主要包括控排企业、非控排企业、金融机构、核查机构、清算机构等(如图11.4所示),其中控排企业是参与碳市场交易的重要主体,包括碳资产管理公司在内的非控排企业除了向控排企业提供信息和技术咨询服务外,还可以直接参与碳市场交易。金融机构的角色则更加多元化,除了可以直接参与碳市场交易外,部分金融机构还能作为做市商向市场提供流动性,以及开发碳金融产品,此外还可以向控排企业提供咨询、金融、经纪等中介服务。

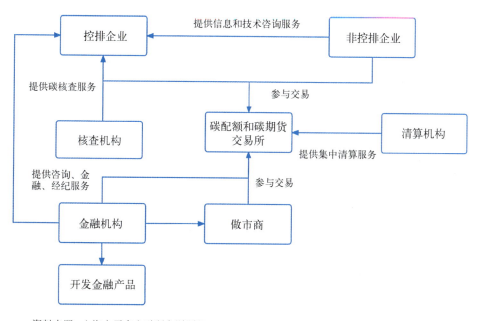

资料来源:上海金司南金融研究课题组。

图 11.4　欧盟碳市场主要参与角色

从交易动机和策略来看,不同类型的市场参与者的交易动机和策略不尽相同(详见表11.3),这提高了市场活跃度。从欧盟碳市场经验来看,控排企业参与交易的目的主要是履约和对冲碳价格风险,策略是购买或卖出碳期货,或在碳配额和碳期货市场进行套期保值操作。非控排企业参与交易的主要目的是对冲碳价风险,主要策略是买入碳配额,卖出碳期货。金融机构中银行参与交易的主要目的是做市、帮助控排企业交易,投资基金的主要目的是套利和投机,通过交易规避通胀风险和获利。需要指出的是,几乎所有类型的机构都会有投机交易需求,只不过投机交易占比不同。

表 11.3 不同类型交易者的交易动机

交易者类型	举例	交易动机	交易策略
控排企业	电力和热能发电、能源密集型工业部门的商业实体	履约	购买碳期货以履约或对冲；如果有盈余的碳配额就卖出碳期货
		对冲碳配额价格和数量风险	
		建仓	多头、空头建仓
		释放短期资本	卖出碳配额，买入碳期货
非控排企业	投资减排技术的公司	对冲碳配额价格和数量风险	买入碳配额，卖出碳期货
金融机构	银行	从买卖价差中获利（做市）	多头、空头交易
		帮助控排企业参与交易	
		套利交易	买入碳配额，卖出碳期货
	投资基金、养老机构	投资碳资产分散投资风险	主要购买碳期货
		规避通胀风险	
	其他类型金融机构（如算法交易公司）	从买卖价差中获利（做市）	多头、空头交易
		寻找套利机会	
		建仓	

资料来源：oxera，Carbon trading in the European Union，February 2022。

从稳定机制来看，欧盟 ETS 的市场稳定储备机制是应对过度投机行为可能造成的市场异常波动的重要举措。该机制建立于 2015 年，作为一项解决欧盟日益增长的津贴过剩的长期措施。它根据预先定义的流通配额总量（TNAC）的阈值来调整拍卖量，促进欧盟碳市场的平衡和对需求冲击的弹性。

根据欧盟《碳交易指令》第 29 条规定，如果碳配额价格连续 6 个月持续高于之前两年平均价格的 3 倍，欧盟委员会可对碳市场进行干预。自 2021 年以来，欧盟碳价大幅上涨，该机制仍未被触发。目前欧盟正在研究更灵活的价格控制机制，将门槛由 3 倍下调至 2.4 倍。如果该项措施被采纳，则欧盟的市场稳定储备机制将由基于供应量的管理转向基于价格的管理，将能够更有效地应对投机活动造成的市场风险。

(三) 欧盟碳金融市场监管机制

从市场法规的角度来看，欧盟碳市场作为高度金融化的碳市场，除了受到碳交易方面政策法规的管辖外，还要接受相关的金融市场法规的监管，包括《金融工具市场指令》(MiFID)、《市场滥用指令》(MAD)、《反洗钱指令》(Anti-MLD)、《透明度指令》(TD)、《资本金要求指令》(CRD) 和《投资者补偿计划指令》(ICSR) 以及有关场外交易的一些规定；此外，碳市场还受到能源商品监管体系《能源市场诚信与透明度规则》(REMIT) 的监管（详见表 11.4）。

第十一章 典型碳金融市场发展

表 11.4 欧盟碳金融市场监管提案

监管维度	监管提案	
金融工具监管体系	《金融工具市场指令》(MiFID)	《欧洲金融工具市场指令》(MiFID Ⅱ)
	《市场滥用指令》(MAD)	《市场滥用行为监管条例》(MAR) 《市场滥用行为刑事制裁指令》(CSMAD)
	《反洗钱指令》(Anti-MLD)	
	《透明度指令》(TD)	
	《资本金要求指令和条例》(CRD/R)	
	《投资者补偿计划指令》(ICSR)	
能源商品监管体系	《能源市场诚信与透明度规则》(REMIT)	

资料来源：根据公开资料整理。

欧盟碳市场拥有一套较完善的监管体系架构（详见图 11.5），从而保障碳配额市场、碳金融衍生品市场的平稳有序发展。在欧盟层面，欧盟委员会和欧洲证券及市场管理局（ESMA）是碳市场的主要监管机构。

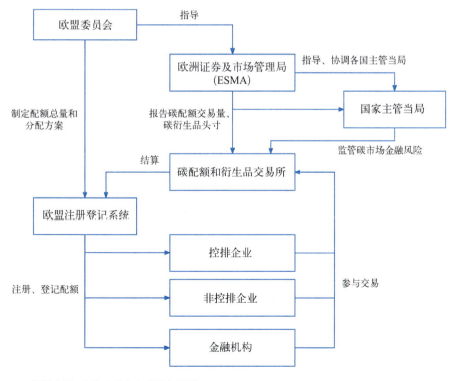

资料来源：上海金司南金融研究课题组。

图 11.5 欧盟碳市场监管框架

欧盟委员会是欧盟碳排放交易体系的最高监督机构,主要职责是制定碳配额总量以及交易体系的规则设计,主要包括制定碳排放交易体系法律法规、制定配额分配方案、统计碳排放配额的使用量与剩余量、监测成员国的减排情况等事务。

ESMA 是欧盟碳市场风险管理的核心机构。根据欧盟金融工具市场法规 MiFID 以及 MiFID Ⅱ,欧盟碳配额、碳金融衍生品市场被纳入金融监管体系。ESMA 主要负责指导、协调成员国国家主管当局监管碳市场金融风险,具体包括:(1)对市场上市的碳金融产品交易品种,以及交易所制定的交易制度、交易规则进行监管;(2)对市场的交易活动进行监督;(3)对市场交易的信息公开情况进行监督,包括交易所需要每周向国家主管当局、ESMA 报告碳配额交易量、碳金融衍生品头寸等信息;(4)对违法违规行为与相关部门配合进行查处,维护市场稳定。

由此可知,欧盟碳市场监管部门间的分工非常清晰。欧盟委员会负责与碳市场强制减排相关的监管事务,而 ESMA 主要负责与金融属性、金融风险相关的监管事务。欧盟委员会有权指导 ESMA 对碳市场的监管,双方合作较为顺畅。

案例 11-1

欧盟碳金融市场监管手段

一、密切监测碳期货市场投机头寸与风险

自 2018 年将碳配额及其金融衍生品纳入金融工具进行监管后,欧盟就建立了完善的投机风险监测体系。由于企业或机构会优先选择在碳期货市场进行交易,以达到对冲、套期保值或投机获利的目的,碳期货市场的交易额、交易活跃度远高于碳配额市场,投机风险在碳期货市场更加突出,因此欧盟对碳市场投机风险的监测与监管重点在碳期货市场。

监管投机风险的基础是要有效区分哪些交易的目的是对冲、套期保值,哪些交易是投机行为,并进行定期统计。欧盟规定碳期货交易所不仅要根据交易者类型报告各交易者的多头、空头头寸,而且要根据交易动机报告头寸。ESMA 根据交易者类型将机构划分为投资公司或银行、投资基金、其他类型金融机构、控排企业、非控排企业,其中前三类属于金融机构,后两类属于非金融机构或企业。ESMA 根据交易动机将碳期货中的交易划分为降低风险的交易和其他类型的交易,前者主要对应对冲、套期保值类交易,后者主要对应套利、投机类交易。

根据 ESMA 的统计,控排企业和非控排企业均有套期保值、投机两类交易,但以套期保值交易为主,净头寸都是多头。控排企业、非控排企业的套期保值交易占比分别为 43.4% 和 75.4%。金融机构的交易基本上属于投机交易,净头寸基本上为空头,其中投资公司或银行的交易规模最大。由统计结果可以看出,欧盟根据机构类型和交易目的区分是否是投机交易的方法是比较科学、准确的,能够有效掌握投机交易规模以及各类型交易者的投机交易占比。如果单纯根据机构类型区分投机交易,则可能遗漏控排企业、非控排企业的投机交易,以及金融机构的套期保值交易。

二、分情况对碳现货、期货头寸进行分类有效管理

在完善的碳期货头寸报告制度下,欧盟分不同情况对参与交易者进行分类管理。由于 MiFID Ⅱ 等金融监管规则对包括碳配额、碳期货交易在内的市场实施较完善的监

管,因此欧盟分类监管的核心是决定哪些交易者能够获得豁免而不受金融监管规则约束:

针对碳配额现货市场,欧盟规定碳配额市场中的交易行为如果有潜在金融风险的就应该纳入金融监管体系,因此欧盟对碳配额市场采取的是行为监管原则。具体来说,企业如果满足使用自身账户、以减排为目的、非金融服务和非高频交易,就可以获得豁免而免于适用大部分金融监管规则。但如果企业的交易行为属于金融服务或高频交易,就不能获得豁免。

针对碳期货市场,有两种方法判断交易是否应该受 MiFID Ⅱ 监管:一是碳期货交易目的是企业为集团内提供的投资服务,并且该企业仅为集团内提供交易服务,那么该企业或交易就能获得豁免。二是进行辅助业务判断,如果交易属于辅助业务则也能获得豁免,辅助业务的判断标准如图 11.6 所示。

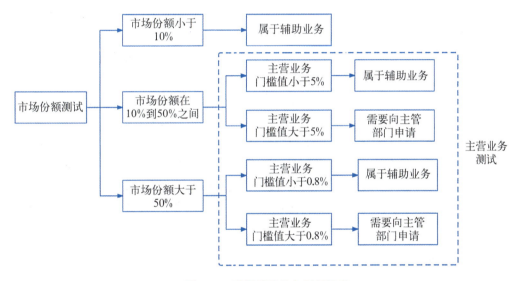

图 11.6 欧盟辅助业务判断标准

三、重点对市场操纵等非法投机行为实施监管

2014 年起欧盟推出《金融工具市场指令》,将碳市场纳入金融监管体系,欧盟资本市场的部分相关法规,如《市场滥用行为监管条例》《市场滥用行为刑事制裁指令》《反洗钱指令》《欧洲市场和基础设施法规》(EMIR)、《资本金要求指令和条例》都适用于欧盟碳市场,进一步强化了监管力度。在投机风险监管方面,欧盟重点关注滥用市场、洗钱等非法交易行为。

此外,MiFID Ⅱ 还强化了交易前后数据透明性要求,规定欧盟所有投资公司、交易所需要根据相关信息披露标准,定期披露包括价格、结算规模、地点等内容。数据报告应接近实时性,2020 年 1 月后交易报告披露时限控制在 5 分钟内,交易记录需要保存 5 年以上。《欧洲市场和基础设施法规》规定,所有签订衍生品合约的实体必须向相应的交易数据库提交报告,概述每一笔场外交易。这些强化信息披露措施同样有利于对上述非法投机行为的有效监管。

案例思考题：

请结合课本材料和你所掌握的知识，谈一谈我国的碳金融市场监管相对于欧盟存在的不足和可改进之处。

二、英国碳金融市场

英国排放交易计划（UK ETS）于2021年1月启动，其设计中体现了欧盟排放交易计划（EU ETS）第四阶段的理念。英国ETS涵盖英国和欧洲经济区（EEA）内的能源密集型行业、电力行业和航空业，这些行业的温室气体排放量约占英国温室气体排放量的1/3。

英国ETS第一阶段将持续到2030年。该阶段将覆盖约1 000个电力和工业部门的实体，以及英国境内的航空业和从英国飞往瑞士和欧洲经济区的航班。目前英国ETS大部分配额通过拍卖分配，少量配额免费分配给排放密集型和贸易暴露型（EITE）部门，以提升其竞争力，并减少碳泄漏的风险。

尽管英国成功脱欧，但位于伦敦的洲际交易所仍是欧洲最大的碳期货交易平台，同时也是英国指定的碳配额拍卖平台，其碳金融中心的地位难以撼动。作为全球首屈一指的碳交易机构，洲际交易所的涉碳交易产品种类非常齐全，不仅包括EUA和CER现货，还涵盖了EUA和CER的期货、期权、远期等产品，以及CER与EUA之间的互换产品。此外，洲际交易所还可以为伦敦能源经纪商协会（LEBA）等的场外交易提供场内清算服务。

英国ETS同时具有成本控制机制（CCM）和过渡拍卖底价（ARP），以支持市场的稳定。具体而言，成本控制机制一旦被触发，监管机构就可以选择通过拍卖额外的配额来避免配额价格飙升。而过渡拍卖底价机制则用于锁定从欧盟ETS过渡到英国ETS过程中最低的目标价格水平，目前设立的过渡拍卖底价为22英镑（30.26美元）。

三、美国碳金融市场

2001年，美国以"承担《京都议定书》对美国经济成本过高"为由拒绝签署《京都议定书》。但美国各州政府并未停止在州政府权限范围内寻求气候变化问题的解决方案。目前美国已形成数个区域性、州际碳排放交易体系。如芝加哥交易体系（CCX）、美国区域温室气体减排行动（RGGI）、西部气候行动倡议（WCI）、中西部温室气体减排协议（MGGA）、《加州应对全球变暖法案》（议会第32号法案，AB32）等。这些区域碳金融市场通常采取"自下而上"的模式，并且呈现出明显的区域性和多样化的特征，这与欧盟和英国的碳金融市场有很大的不同。

芝加哥气候交易所（CCX）于2003年6月成立，是全球第一个自愿参与温室气体减排交易并具有法律约束力的，在国际准则的基础上进行温室气体登记、减排和交易的平台。该交易所搭建了多样化的碳产品和碳工具体系，是首个将6种温室气体（CO_2、N_2O、CH_4、SF_6、PFCS、FCS）均纳入碳减排交易的交易平台。该平台不仅可以交易温室气体排放配额（GEA）、经核证的排放抵销额度（CEO）、经过核证的先期行动减排信用（CEAC）等现货，而且可以交易核证减排量、碳金融工具合约等碳期货、碳期权。

美国区域温室气体减排行动(RGGI)于 2009 年正式实施,是美国首个采用拍卖机制而非免费分发配额的强制碳交易市场(其框架如表 11.5 所示)。该市场覆盖了 11 个参与州的 225 个发电站,每个发电站各产出超过 25 兆瓦的火力发电单位。RGGI 从开始实施至今,其覆盖地区的排放量已减少超过 50%。

表 11.5 RGGI 框架

覆盖地区	康涅狄格州、特拉华州、缅因州、马里兰州、马萨诸塞州、新罕布什尔州、新泽西州、纽约州、罗德岛州、佛蒙特州、弗吉尼亚州
总　量	2021—2030 年间,RGGI 的总量上限将比 2020 年减少 30%。2021 年总量为 91 百万吨二氧化碳当量,并以每年 2.275% 的速率下降至 2030 年
配　额	RGGI 配额(RGGI Allowance,RGA)
覆盖碳排放量	约 10%
减排目标	RGGI 承诺到 2030 年,电力部门的二氧化碳排放量将相较于 2020 年减少 30%
覆盖气体	CO_2
覆盖部门	发电行业
配额分配方式	各州的配额分配采用历史排放法,同时根据各州用电量、人口、新增排放源等因素进行调整以确定配额总量;发电厂配额的分配,一般由各州自行确定。各州必须将 20% 的配额用于公益事业,并预留 5% 的配额进入设立的碳基金中。 ● 多数配额是通过拍卖分配的,每三个月进行一次拍卖;但有一部分配额可能会存入备用账户,并根据各州具体计划发放
存储和预借	允许配额储存,且无限制条件,总存储量根据总量的调整而改变;但不允许配额预借
抵销机制	RGGI 允许 3 种项目类型的补偿:填埋场甲烷捕获和销毁;因重新造林、改善森林管理等固碳,避免农业肥料而产生的甲烷排放,最多可抵销自身履约义务的 3.3%;且纳入的排放主体在每个交易阶段中期必须持有实际排放量 50% 的配额
价格调整机制	● 成本控制准备金(CCR)①:在市场价格超过临界值时,用于向市场投放配额。2017—2020 年,临界值设定为 10 美元开始,每年增长 2.5%;而 2022 年时临界值设定为 13.91 美元,以后每年增加 7% ● 排放控制储备(ECR)作为一种自动调整机制,在面对低于预期的成本时,将向下调整上限。根据 ECR,如果达到触发价格,将减少配额拍卖,且减少的最高限额为总量的 10%;且扣缴的配额将不会再出售,从而有效地减少总量。2022 年,ECR 的触发价格为 6.42 美元,此后每年增长 7%
处　罚	如果排放主体未能履约,则必须上缴超额排放量 3 倍的配额;还可能受到所在州的具体处罚

资料来源:根据公开资料整理。

---

① CCR 于 2014 年和 2015 年触发。2014—2015 年,CCR 出售了所有 1 500 万份配额。2021 年的最后一次季度拍卖也触发了 CCR,出售了 1 190 万份可用配额中的 390 万份。

西部气候行动倡议于 2007 年推出,是首个跨境排放权交易市场,由 7 个美国州份及与 4 个加拿大省份共同设立。根据其最初的设计,该倡议会覆盖相关州份与省份的总碳排放量的 90%,区内温室气体排放量于 2020 年会较 2005 年减少 15%。

《加州应对全球变暖法案》于 2006 年通过,于 2012 年在美国加州正式启动碳交易市场,并于 2014 年 1 月正式将其总量管制与碳排放权交易计划与魁北克省的碳排放权交易计划挂钩。启动初期,加州总量管制与碳排放权交易计划设定于 2020 年或之前将温室气体排放减至 1990 年水平的目标,并建议将 2021—2030 年每年的减排幅度设为约 4%(详见表 11.6)。

表 11.6　加州总量控制与交易体系框架

监管机构	加州空气资源委员会(CARB)
覆盖地区	加利福尼亚州
总　量	2021—2030 年,总量每年下降约 13.40 百万吨二氧化碳当量,平均每年下降约 4%,以实现 2030 年总排放量 200.5 百万吨二氧化碳当量的目标
配　额	加州碳排放配额(California carbon allowance,CCA)
覆盖碳排放量	74%
减排目标	2030 年温室气体排放较 1990 年降低 40%,2045 年实现碳中和
覆盖气体	CO_2、CH_4、N_2O、SF_6、HFCs、PFCs、NF_3 和其他氟化 GHG
覆盖部门	● 大型工业设施(包括水泥、氢气、钢铁、铅、石灰制造、硝酸、石油和天然气系统、炼油、制浆造纸),发电,电力进口商等 ● 自 2015 年以来,又纳入天然气供应商、含氧化合物混合和馏分燃料油等混合料供应商、液化石油气供应商等;但不包括航空或海上使用的燃料。纳入企业每年的排放量需超过 25 000 吨二氧化碳当量
配额分配方式	● 根据产量和效率,工业部门可以免费获得 90% 的配额,主要是为了促进工业行业实现转型,防止工业行业排放转移;免费配额数量将基于设施的产量数据以及碳强度基准线来计算 ● 公用事业部门可获得免费配额,但必须将其拍卖,并将收入回馈纳税人;运输部门不享受免费配额,采取拍卖的方式
存储和预借	允许配额储备,但须遵守持有限额的要求;但不允许配额预借
抵销机制	2021—2025 年,可用于抵销的履约份额将减少到 4%,从 2026 年开始增加到排放量的 6%。可以使用以下六种符合性抵销协议项目产生的减排量:美国森林项目、城市森林项目、牲畜项目(甲烷管理)、臭氧消耗物质项目、矿井甲烷捕获项目以及水稻种植项目
价格调整机制	配额价格控制储备(APCR):当上一季度的拍卖结算价格高于或等于最低价格层的 60% 时,CARB 将提供储备出售
处　罚	未能履约的主体必须上缴缺少的配额,并额外上缴少缴配额 3 倍的配额

资料来源:根据公开资料整理。

四、韩国碳金融市场

韩国ETS(K-ETS)于2015年启动,是东亚第一个全国性的强制性ETS。韩国ETS覆盖了全国684个温室气体排放量最大的企业单位,约占全国温室气体排放量的73.5%,涵盖了六种温室气体的直接排放以及电力消费的间接排放,旨在为实现韩国最新的2030年碳中和目标发挥重要作用(其框架如表11.7所示)。

表11.7 韩国碳交易体系框架

总　量	2021—2025年总量为3 048.3百万吨二氧化碳当量,此外为市场稳定目的预留了1 400万吨配额,为做市商预留了2 000万吨配额,使第三阶段的准备金总额达到308 230万吨配额
配　额	Korea Allowance Unit(KAU)
覆盖碳排放量	75%
减排目标	根据《碳中和的框架法案》,到2030年排放量比2018年至少减少35%,到2050年实现碳中和;根据建议修订的N碳中和,到2030年的排放量相较于2018年要减少40%
覆盖气体	CO_2、CH_4、N_2O、PFCs、HFCs、SF_6
覆盖部门	涵盖六个部门:热电、工业、建筑、交通、垃圾和公共部门;跨港口部门扩大,包括货运、铁路、客运、铁路和铁路,航运和建筑业也被纳入该系统的范围。纳入碳市场的公司/设施要符合以下排放量要求:排放量超过125 000吨二氧化碳/年,设施排放量超过25 000吨二氧化碳/年度
配额分配方式	大约90%的配额免费分配,能源密集型和贸易暴露型部门将获得100%的免费分配。根据2022年拍卖分配计划,今年的总拍卖量计划为2 580万配额,约占2022年58 930万吨总量(不包括储量)的4%
存储和预借	允许在阶段之间和阶段内进行存储,但有限制;2021—2023年排放主体可预存其在二级市场上出售的KAU和KCU(韩国信用单位)净金额的2倍。允许在单一交易阶段内借款,但不能跨期,且有额度限制
价格调整机制	新加入者储备(NER),第三阶段为14 600万吨配额,约占总量的5%
处　罚	小超过给定合规年度配额平均市场价格的3倍或按照每吨100 000韩元(约85美元)缴纳罚款

资料来源:根据公开资料整理。

韩国碳市场的发展历经三个阶段:第一个阶段为2015—2017年,第二个阶段为2018—2020年,第三个阶段为2021—2025年。从第三阶段开始,韩国金融中介机构可以参与二级市场和交易补贴,以及在韩国交易所(KRX)上转换碳抵销。2021年12月,20家金融中介机构被批准参与碳市场,每个机构最多只能持有20万份配额,以避免市场份额过大;同时,2021年4月,韩国碳市场批准了三家新的金融机构作为做市商,加上2019年批准的两家,当前韩国碳市场共有5家做市商。这些机构可以动用政府持有的2 000万准备金,而"做市商制度"增加了碳市场流动性。韩国也计划推出碳期货市场。

同样,韩国碳市场采取了多种稳定市场的措施,在特殊情况下,碳市场甚至可以设立分配委员会来实施市场稳定措施。其中的稳定措施主要包括:从储备金中额外拍卖配额(最多25%),确定排放实体可持有的配额的数量上限;合规年度配额的最低(70%)或最高(150%),预借限额的增加或减少,抵销限额的增加或减少,以及临时设置价格上限或价格下限等。

案例 11-2

欧盟与韩国引入金融机构模式的比较

在碳市场中引入金融机构一般有两种模式:一是欧盟的市场化竞争模式,欧盟碳市场对金融机构设置的市场准入门槛较低。自2018年以来欧盟参与碳期货市场交易的金融机构由250家增加至494家,控排企业在2021年之前在60家左右,2021年6月后减少至30家左右,但金融机构家数占比稳定在70%左右。二是韩国的政府主导模式。韩国碳市场在发展初期也面临流动性不足的问题,韩国在2019年6月引入两家银行作为做市商,随后于2021年5月引入3家证券公司作为做市商,2021年12月引入20家金融机构参与碳市场交易。

为比较欧盟市场化竞争的金融机构参与方式与韩国政府主导的金融机构参与方式在提高市场流动性方面的作用,金司南金融研究课题组(2023)研究了韩国碳市场引进金融机构前后市场交易量的变化。结果表明,欧盟碳市场在发展初期就允许金融机构以竞争的方式参与碳市场,金融机构很好地提高了碳市场的流动性。而韩国碳市场采取分批核准的方式允许金融机构参与碳市场,尽管在2021年5月引入3家做市商后,6月市场交易量较此前明显提升,但此后又回落。2021年12月引入金融机构后,市场交易量并无明显变化。将样本期内数据分为三段,进行独立样本T检验,结果均显示引入金融机构对日均交易量的影响并不显著。具体如图11.7和表11.8所示。

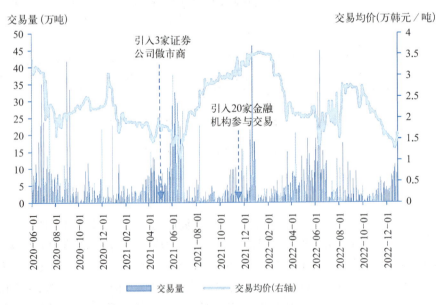

资料来源:韩国证券期货交易所 KRX。

图 11.7 韩国碳市场交易情况

表 11.8　T 检验结果

	日均交易量(万吨)	独立样本 T 检验	
引入 3 家证券公司做市商前 (2020 年 6 月—2021 年 4 月)	5.26	T 值：−1.394 P 值：0.165	T 值：1.248 P 值：0.213
引入 3 家证券公司做市商后,且引入 20 家金融机构前 (2021 年 5 月—2021 年 11 月)	6.30		
引入 20 家金融机构后 (2021 年 12 月—2022 年 12 月)	5.38		

韩国碳市场引入金融机构对市场流动性的提升效果并不显著,原因主要在韩国碳市场的制度体系不够完善。首先,韩国碳配额总量整体偏宽松。2015—2022 年随着碳市场覆盖行业的增加,韩国碳配额总量由 5.4 亿吨增加至 6.1 亿吨,控排企业对配额的需求不足。其次,韩国碳配额基本上采取免费分配,2020 年拍卖分配的比例约为 3%,配额免费分配方式不利于建立资源有偿使用的理念。最后,韩国碳市场暂未引入碳金融产品,企业和金融机构缺乏管理风险的工具和手段。由于控排企业参与交易的积极性不高,即使引入金融机构,对流动性也未有显著影响。此外,相比欧盟的金融机构市场化竞争机制,政府主导引入金融机构对流动性的提升效果也不足。因此,在碳市场中引入金融机构需要配套紧约束的碳配额总量控制、多元化的交易产品、市场化的竞争机制等制度措施,才能较好地发挥金融机构在市场流动性提高方面的作用。

案例思考题：

请结合课本材料和你所掌握的知识,谈一谈你认为欧盟和韩国碳市场引入金融机构的模式哪种更适合中国?

第三节　典型碳金融产品市场

一、碳融资工具市场

碳融资工具市场主要包括碳债券市场、碳资产抵押融资市场、碳资产回购市场和碳资产托管市场。其中国际典型碳债券市场的发展最为成熟,为本节讨论的重点。同时还将介绍国内碳债券市场的一些基本情况。

(一) 典型碳债券市场概述

碳债券通常也被称为绿色债券,是政府、企业为筹措低碳项目资金向投资者发行并承诺在约定时期内支付利息和本金的债务凭证。根据项目类别不同,可以分为气候债券、环境债券、可再生能源债券、CDM 机制下债券等。自 2007 年欧洲投资银行成功发行世界上第一只碳债券以来,全球碳债券市场经历了 2007—2012 年的"萌芽期"、2013—2016 年的"成长期"、以及 2017 年至今的"成熟期"(如图 11.8 所示)。东吴证券(2022)的数据显示,2021 年全年欧洲发行碳债券占全球总发行量 52%,欧盟碳金融市场是推动碳债券实践的中坚力量。

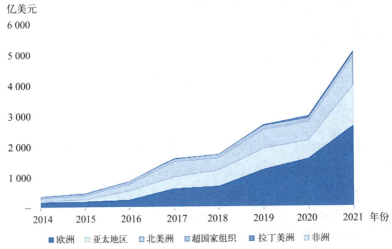

资料来源:东吴证券,《绿色债券专题报告之五:当前全球存量绿色债券格局如何?》,2022 年。

图 11.8　碳债券发行情况

法国是目前欧洲第一大、全球第三大碳债券市场。法国碳债券发行始于 2012 年,首先始于地方政府部门,此后,金融企业、大型非金融企业开始加入发行者队伍,并成为法国碳债券增长的重要力量。超过 60% 的法国碳债券资金投向能源和绿色建筑项目。公共部门碳债券多为超过 20 年的长期债券,私人部门碳债券多为 10~15 年的中长期债券。法国碳债券具有良好的外部审查记录,94% 的债券经过专业机构的外部审查,84% 的债券提供了年度报告。此外,法国还是第 21 届联合国气候变化大会后第一个承诺发行主权碳债券的国家。

除法国外,荷兰、瑞典、挪威等其他欧盟碳金融市场成员国也均发行了相关碳债券,以展示自身的碳减排决心,具体归纳如表 11.9 所示。

表 11.9　EU ETS 成员国碳债券发行情况

类别	发行单位	时间	规模	期限	利率	目的
碳债券	荷兰银行	2016 年	5 亿欧元	6 年	0.625%	新建高能效民居及太阳能电池板贷款,民居能耗改善措施、可持续商业建筑
	法国兴业银行	2015 年	5 亿欧元	5 年	0.75%	可再生能源和公共交通项目
	挪威太阳能公司	2015 年	5 亿克朗	3 年	7.66%	常规公司用途
	ING 荷兰国际集团	2015 年	5 亿欧元	5 年	0.75%	可再生能源项目和绿色建筑项目

资料来源:根据公开资料整理。

(二) 国内碳债券市场情况

我国绿色债券正式起步于 2016 年。从市场规模来看,截至 2023 年 12 月 31 日,国内碳债券市场累计存量规模为 22 157.53 亿元。2023 年全年,境内新上市碳债券 481 只,上市规模为 8 398.64 亿元,涉及 305 家发行人。从数量上看,绿色债务融资工具占比最高,为 33.47%,绿色资产证券化次之,为 29.73%。从规模上看,绿色金融债占比最高,为 47.48%,绿色资产证券化次之,占比为 28.85%。详见表 11.10。

表 11.10　2023 年度各碳债券上市情况

券　种	数量(只)	数量占比(%)	规模(亿元)	规模占比(%)
绿色金融债	60	12.47	3 988.00	47.48
绿色债务融资工具	161	33.47	1 198.01	14.26
绿色公司债	102	21.21	674.32	8.03
绿色企业债	15	3.12	115.45	1.37
绿色资产证券化	143	29.73	2 422.86	28.85
总　计	481	100.00	8 398.64	100.00

从行业来看,国内碳债券市场主要涉及金融、电力、建筑、交通、农渔牧林等行业。2023 年上市的 481 只碳债券中,金融业在规模和数量上占比均最高,分别为 58.97% 和 32.22%。

从募集资金流向来看,国内碳债券市场募集的资金主要流向清洁能源、绿色交通、污染防治等领域。2023 年碳债券总上市规模为 8 398.64 亿元,约 7 926.43 亿元可在公开资料中追踪到具体募集资金用途,占比约 93.0%。其中,用于绿色项目的资金高达 7 882.08 亿元,主要投向清洁能源领域,占比超四成。

从发行主体来看,国内碳债券市场的发行主体包括国有企业和民营企业,其中,中央国有企业和地方国有企业是碳债券发行的主力。2023 年上市的 481 只碳债券中,规模上央企占比最高,为 51.83%,地方国企次之,占比 28.24%,公众企业占比 12.26%,民营企业占比 5.62%。数量上,地方国有企业占比最高,为 44.07%,央企次之,占比为 39.29%,民营企业占比 7.69%,公众企业占比 6.03%。详见表 11.11。

表 11.11　2023 年度各碳债券发行主体情况

发行人主体性质	数　量	规　模
中央国有企业	189	4 353.21
地方国有企业	212	2 372.08

续　表

发行人主体性质	数　量	规　模
公众企业	29	1 029.54
民营企业	37	471.59
其他企业	14	172.22
总　计	481	8 398.64

从债券属性来看，国内碳债券发行期限以中短期为主，集中在3年期、5年期、7年期，具有一定的利率优势，信用评级集中为高评级。2023年上市的481只绿债中，3～5年期限（包括3年，不包括5年）的绿债在数量及规模上占比均为最高，分别为51.78%及79.65%，平均利率优势为20.71 bp，AAA级主体评级的数量及规模占比分别为61.54%及87.09%。

二、碳交易工具市场

碳交易工具（碳金融衍生品）市场主要包括碳远期市场、碳期货市场、碳期权市场和碳互换市场。这里将重点讨论欧盟碳期货市场的发展情况。

（一）典型碳期货市场概述

欧洲金融体系起步较早，故欧盟碳市场在建立之初就直接引入了各类碳交易工具。期货交易具有套期保值、促进碳市场价格发现、交易成本较低等优势，目前碳期货交易已占欧盟碳市场交易总量的90%以上，这极大地提高了欧盟碳金融市场的流动性，也使得碳期货市场一跃成为其中最活跃、最成熟的交易市场。

目前欧盟的碳期货交易集中在欧洲气候交易所与欧洲能源交易所进行，主要的交易模式如表11.12所示。

表11.12　欧盟碳期货市场交易模式

合约名称	欧洲气候交易所碳金融和期货合约（ECX CFI）	洲际交易所EUA配额期货（ICE EUA futures）	洲际交易所欧盟碳期货期权合约（ICE EUA futures options）	核证减排量期货合约（CER futures）	ICE欧盟核证减排量期货期权合约（CER futures options）
交易标的	EUA	EUA	EUA期货合约（ICE EUA futures）	CER	CER期货合约（CER futures）
交易单位	1 000 EUA	1 000 EUA	1 EUA期货合约	1 000 CER	1 CER期货合约
最小价格波动	0.05欧元/吨	0.01欧元/吨	0.005欧元	0.01欧元/吨	0.005欧元

续 表

最大价格波动	无限制	无限制	无限制	无限制	无限制
交易价格	—	每日结算期间的贸易加权平均值,如果流动性较低,则采用报价结算价格	每日结算期间的贸易加权平均值,如果流动性较低,则采用报价结算价格	—	根据ICE交易程序,在每日指定结算期内执行交易加权平均值
交易保证金	3 500欧元/手×折扣利率	3 500欧元/手×折扣利率	—	90欧元/手	—
合约类型	月度合约与年度合约	季度合约与月度合约	季度合约与年度合约	季度合约与年度合约	季度合约与年度合约
最后交易日	—	交割月最后一个星期一(若该日为非交易日,则为上一个星期一)	在欧盟期货合约相应的3月、6月、9月或12月合约月到期前的3个交易日。	交割月最后一个星期一(若该日为非交易日,则为上一个星期一)	对应合约月到期前的3个交易日
交易模式	T+0,交易时间内可连续交易	T+0,交易时间内可连续交易	T+0,交易时间内可连续交易	T+0,交易时间内可连续交易	T+0,交易时间内可连续交易
交割方式	碳配额转账	碳配额转账	欧式期权,在期权到期日可以行权	核证减排量转账	欧式期权,在期权到期日可以行权

资料来源:根据公开资料整理。

除欧盟外,美国的碳期货交易市场发展同样悠久。美国碳排放权期货交易的出现早于现货。现货交易在2009年1月1日推出,而芝加哥气候贸易所旗下的芝加哥气候期货交易所于2008年8月时便已正式开启了RGG期货贸易计划。

目前,美国碳期货的交易主要集中在芝加哥商品交易所以及洲际交易所。其主要交易产品为RGGI期货与加州碳期货(CCA)。其中,RGGI期货合约的具体内容如表11.13所示。

表11.13 RGGI期货合约

交易品种	RGGI配额
交易单位	1 000个RGGI配额/手
报价单位	美元/吨
交易时间	周日至周五6:00PM—4:00PM(太平洋标准时间)

续 表

最小价格变动	0.01 美元/吨
交割方法	实物交割
最后交易日	交割月的最后一个交易日
涨跌停板幅度	无

(二) 国内碳期货市场情况

目前,国内尚未推出碳排放权期货产品,也未形成对应的产品交易市场。但已发行包括湖北、上海和广州碳排放权远期在内的数种碳远期交易商品。按照《期货交易管理条例》的规定,现货商品必须在经国家认可的专业期货交易所进行买卖,故目前碳排放权交易所无法开展碳期货贸易,只有进一步发展各自特点的碳远期交易商品。

以广东省为例,自 2012 年获批全国试点碳市场以来,广东依托广州、深圳两个碳交易市场,逐步探索碳金融产品的创新。广州碳排放权交易所(以下简称广碳所)自 2015 年推出广东省碳排放配额抵押融资业务后,与省内金融机构不断探索创新碳金融产品,推出碳排放权抵押融资、法人账户透支、配额回购、配额托管等创新型碳金融业务。尽管广东在碳金融产品的覆盖面、规模方面领先于全国,但由于碳期货市场未启动,碳期权期货、资产证券化产品等碳金融工具还没全面铺开,因此当前广东主要的碳金融产品创新仍集中在碳融资工具层面。

2023 年 2 月 21 日,广州市委、市政府联合印发了广州市《关于完整准确全面贯彻新发展理念推进碳达峰碳中和工作的实施意见》中明确提出加快推进碳排放权现货、期货市场建设。就供给侧而言,目前中国碳期货的交易场所仅有广州期货交易所在前期准备阶段,其他期货交易所暂未允许开发碳期货品种。广州期货交易所的启动为广东率先探索碳期货试点奠定了基础。就需求侧而言,广东是用电大省,随着我国电力中长期合同签订履约工作的推进,控排企业能够较为清晰地判断其在未来一年甚至更长时间内能源消耗等所产生的碳排放,并提前利用碳金融衍生产品,对其碳排放控制的成本进行锁定,从而控制风险管理。在此背景下,市场对碳期货的需求或逐渐显现。

三、碳支持工具市场

碳支持工具市场主要包括碳基金市场、碳保险市场和碳指数市场,以下将对国内外典型碳基金市场进行对比探讨。

(一) 典型碳基金市场概述

碳基金是由政府、金融机构、企业或个人投资设立的,致力于在全球范围购买碳信用或投资于温室气体减排项目的专门资金类型。国际碳基金按组建与管理模式可以分为政府建立、企业建立、政府和企业共建等模式,管理模式主要包括政府管理、开发银行管理和企业化管理(如图 11.9 所示)。不同基金投资人(政府、多方管理和私人机构)在选择投资模式上存在较大差异。政府型碳基金和多头管理碳基金在投资策略上较稳健,它们往往采取更安全的碳减排购买协议(ERPAs)方式,而非在项目初期进行直接投资与开发。形成鲜明对比的是,私人机构占直接投资方式的绝大部分,它们无须考虑公众对投资的监督与制约,而是尽可能最大化投资回报,因此能够承受较大的投资风险。

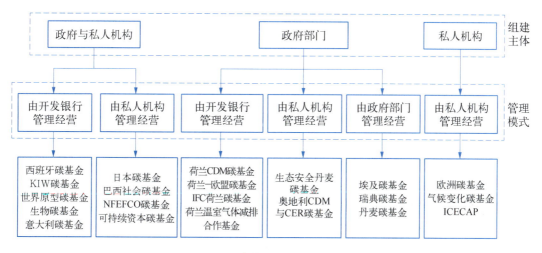

图 11.9　碳基金组建与管理模式

国际碳基金主要由发达国家承担减排业务,出资购买发展中国家的减排额度。从分布来看,自从《京都议定书》生效以来,欧盟碳金融市场管理的碳基金数量占总数比例超过半成,增长趋势也领先于其他区域,涌现了包括德国碳基金、意大利碳基金、丹麦碳基金、荷兰欧洲碳基金、西班牙碳基金等在内的一系列碳基金实践(详见表 11.14)。

表 11.14　典型碳金融市场碳基金实践

类别	类型	成立时间	规模	发起与管理	目的
碳基金	世界银行欧洲碳基金(CFE)	2007 年	5 000 万欧元	由爱尔兰、卢森堡、葡萄牙三国与比利时佛兰芒区及挪威一家公司出资设立,由世界银行和欧洲投资银行管理	帮助欧洲国家履行《京都议定书》和欧盟《排放额交易计划》的承诺
	荷兰欧洲碳基金(NECF)	2004 年	18 000 万美元	由世界银行和国际货币基金组织发起,由世界银行管理	主要在乌克兰、俄罗斯和波兰共同实施的减排项目
	意大利碳基金(ICF)	2004 年	8 000 万美元	由世界银行和意大利政府发起,由世界银行管理	支持有成本效益的减排项目和清洁技术转让,如水电和垃圾管理

续 表

类别	类型	成立时间	规模	发起与管理	目的
碳基金	丹麦碳基金（DCF）	2005年	7 000万美元	由丹麦政府和私人部门发起，由世界银行管理	支持风能、热电联产、水电、生物质能源、垃圾掩埋等项目
	西班牙碳基金（SCF）	2005年	17 000万欧元	由西班牙政府发起，由世界银行管理	支持东亚-太平洋及拉美-加勒比地区的HFC-23、垃圾管理、风电、水电、运输等项目
	德国碳基金（GCF）	2005年	6 000万欧元	由德国复兴信贷银行与德国政府共同出资	为德国和欧洲有意购买交易证书的企业提供的服务工具

资料来源：根据公开资料整理。

（二）国内碳基金市场情况

相比国际市场，我国碳基金的发展处于初步阶段，发展规模较小，且投资领域有限。市面上主要以国家和地方设立的碳基金为主，如2006年设立的中国清洁发展机制基金，主要投入与开发运营基础环境相关的金融项目；2007年设立的中国绿色碳基金，用于支持专业造林减排、增加林业碳汇；2009年设立的广东绿色产业投资基金，主要用于在合同能源管理模式下进行节能减排。

从资金来源来看，国内碳基金资金来源单一，主要来源于政府部门。我国最主要的两个碳基金是中国清洁发展机制基金和中国绿色碳汇基金。中国清洁发展机制基金的资金大部分来源于CDM在我国运行的温室气体减排项目和组织或个人的捐赠；中国绿色碳汇基金资金只有组织和个人的捐赠以及其他合作资金。规模相对较小且政府扶持少的碳基金如富国低碳环保基金，募集目标基本为个人和组织，募集资金量有限。

从市场投资和管理模式来看，国内碳基金市场采用直接投资及提供贷款的方式居多，存在碳基金本身规模不大、能投资的项目少、风险较大等问题。且国内的碳基金多为政府主导的政策性碳基金，如由林业局主管的中国绿色碳汇基金、由财政部主管的中国清洁发展机制基金等，在投资项目上偏向公益性，市场化程度不高。

从收益情况来看，国内碳基金的收益基本可概括为源于碳汇项目的投资和能源回收的交易。中国绿色碳汇基金在2020年开展碳汇项目，包括造林、减排、生态修复等共38项，收益约4 690万元。

第四节　国际典型碳金融市场发展启示

一、典型碳金融市场发展经验

（一）市场机制层面

一是应不断扩大碳金融市场覆盖的行业范围。目前以欧盟为代表的成熟碳金融市场基本实现了电力、热力、炼油、钢铁、建材、航天、化工等诸多高碳排行业的全覆盖。碳金融市场覆盖的行业范围决定了参与碳交易的主体范围和数量,能够从根本上影响市场的规模、流动性大小及其所产生的经济效益和环境效益。

二是根据不同行业、不同特点的参与主体指定配套相应的准入门槛和配额分配方法。欧盟碳市场的工业行业的不同子行业和产品的门槛各异。例如,电力行业中火电设施的准入门槛为 25 兆瓦、发电企业的准入门槛为总输入容量高于 35 兆瓦,而不满足该标准的设施或企业则可能进入其他小型排放体系。此外,欧盟在 2013—2020 年实施分行业指标分配,60% 以上的配额用于拍卖,其中,电力、碳捕获、运输与储存行业的配额全部以拍卖形式分出,对工业和供热企业中存在严重碳泄漏风险的行业 100% 免费分配配额,其他行业"过渡性免费"获得 80% 的指标且逐年下调。这些举措既增强了碳市场的有效性,又体现了公平减碳的政策考量。

三是制定和实行严格的惩罚措施。欧盟的相关惩罚力度为 100 欧元/吨(依据 CPI 调整),公布违约企业名单并要求违约企业在下年度补足本年度超排额等量的碳排放配额。此举能显著增加控排企业的违约成本,促使相关企业降低碳排量和赋值碳资产。

(二)配套措施层面

一是稳定的政策法规,包括温室气体减排目标、碳市场监管框架和碳金融发展框架等总体政策目标,以及碳市场发展条例、碳配额初始分配法规、碳金融交易与监管制度等具体交易制度。顶层设计与法律层面对碳资产的商品属性与金融属性的设定有重要影响。例如,2022 年初,俄罗斯与乌克兰的紧张关系及欧洲能源问题导致欧盟碳市场价格大幅下跌。为此欧盟推出"REPowerEU"计划,以增强能源自给自足能力,恢复市场信心,碳价因此回暖。此外在监管方面,需对一级市场和二级市场分别设置详细的监管规定,并引入第三方机构负责减排信用的有效性审核,在增加市场参与者的同时提高市场效率。

二是统一的核算方法,可用于核算、报告和核查温室气体排放和减排量的标准化方法和配额确定方法学,可确保碳资产的一致性和透明度。比如在配额发放的方法学方面,欧盟碳市场的发展历程表明,配额分配方法的不确定性可能引发减排工作中的不公平。欧盟碳市场初期主要采用祖父法,随着时间的推移,基准线方法和拍卖配额的比例逐渐增加。这种做法可能造成高能效行业和企业以及在绿色减排方面领先的企业难以得到应有的激励。因此,我国在建设碳市场时应特别注意规避这一问题。

三是有效的基础设施,包括以碳排放监测、核算、报告和核查系统为代表的碳市场基础设施,以及以交易平台、市场交易机构和第三方经纪机构为代表的碳金融基础设施,将协同支持碳金融市场的高效运行。此外还有 Carbon Tracker 和 Point Carbon 等多个研究机构、咨询公司和数据提供商针对碳市场提供详尽的数据分析和市场预测,包括碳价格走势、供需平衡、政策影响及其他可能影响市场的各种因素,不仅能帮助市场参与者更好地理解市场动态,而且为他们提供制定交易策略和风险管理计划的依据。

(三)交易生态层面

从参与者端来看,多元化的参与提升了市场的流动性,同时加强了定价的有效性。Oxera 的报告显示,以 2021 年商业企业(如电力公司)和金融中介(投资银行和商业银行)在欧盟碳期货市场的主导地位为例,金融中介机构持有 85% 的空头头寸,商业企业占据 65% 的多头头寸,而基金等纯投资者在碳期货市场的交易量不足总量的 5%。这种投资者结构凸显了市场主要满足商业企业的风险管理需求,有效反映了实体经济对碳期货的需求。此外,金融机构在碳交易咨询、代理和融资担保等服务方面发挥着重要作用,推出多样化的金融产品,为减排企业和交易机构提供了有效的风险对冲工具,有助于价格发现并推动碳资源的有效配置。例如,碳期货通过电子化交割完成,较其他大宗商品不存在储存成本,其价格更真实地反映了碳减排的成本。在全球能源价格上涨、碳现货价格水涨船高的背景下,碳期货稳定价格波动的风险管理效果进一步得到显现。

从产品端来看,丰富的碳金融产品创新能提升市场的流动性和抗风险能力。例如,2021 年 11 月,欧盟碳市场的碳期权开仓量增长了 86.7%,达到 3.51 亿张。期权市场的大规模发展提升了信息传递和价格发现的效率,降低了碳风险管理的单位成本,增强了碳金融市场的完备性。再如,巴克莱资本推出的 CER-EUA 掉期合同,允许交易者在两种碳配额之间进行部分转换,根据交易者需求灵活管理碳资产并规避市场波动风险。

二、典型碳金融市场发展存在的问题

全球碳金融市场高速发展为经济的复苏带来了机遇,但其自身发展仍然存在一些根本性问题,这些因素对未来全球碳金融市场的发展带来了诸多不确定因素。

(一) 市场分立明显

目前,国际碳交易主要集中于欧盟、北美等发达国家。交易平台、交易体系并不完全相同,不同市场之间不能接轨,相互之间难以形成跨市场交易。已经存在的碳金融市场中,既有场外交易市场,也有场内交易市场;既有政府管制产生的市场,也有参加者自愿形成的市场。比如,欧盟以配额交易机制为主,向其成员国分配碳排放许可,实行强制进入、强制减排;而美国的芝加哥气候交易所由企业发起,实行自愿加入、强制减排。市场分立将导致碳交易规模被限定在一定范围内,严重影响市场的活跃度。

(二) 减排激励不足

在《巴黎协定》的框架下,各国以自主贡献的方式落实各国的减排承诺。但由于各国的经济发展水平相差甚远,经济欠发达国家的减排激励相对不足,因此,如何协调经济发展与生态环境保护之间的平衡仍是重要议题。

(三) 交易成本偏高

在国际碳金融市场中,较高的交易成本主要体现在基于项目的市场。首先,基于项目的市场要求必须由指定的经营实体(designated operation etity,DOE)对项目进行审定和减排量核证,且往往项目交易都是申请的跨国审核,因此要支付高昂的交易费用。其次,不健全的碳市场体系,导致交易双方的信息不对称从而产生道德风险。最后,市场中由于对指定的经营实体的监管缺失,使得有些经营实体在材料准备和核查过程中存在提供虚假信息等不诚信问题,无形中加大了市场的交易成本。这些因素都会给市场带来不利影响,阻碍市场的发展。

三、对我国碳金融市场发展的借鉴作用

(一) 推动碳金融产品与服务创新

一是加大碳金融产品创新力度。当前,我国金融市场上碳金融产品的数量还不多,种

类也较为单一。随着我国碳交易市场的日渐兴盛,碳交易市场主体的金融意识也越来越强,为创新碳金融产品和服务提供了广阔空间。金融机构可在开展碳排放权配额、CCER质押贷款等业务的基础上,尝试在碳交易过程中提供碳账户建设、碳资产保管、碳信用管理等金融服务,进一步尝试开发场内外碳金融衍生产品,为碳金融市场主体提供丰富多样的工具选择。此外,除推出标准化的碳金融产品和服务外,金融机构还要积极满足碳排放交易主体多元化、个性化的金融需求,提供专业化、精准化的金融产品和服务。

二是积极培育第三方服务机构。当前,我国碳金融市场体制机制不完善,市场效率不高,其中原因之一就在于第三方服务机构的不足或缺失,无法促进碳金融供需双方的精准对接。因此要切实采取有效措施激励第三方咨询服务公司、资产评估公司、会计师事务所、法律事务所等服务机构试点开展碳金融相关业务,为碳金融市场主体提供信息咨询、资产评估、会计核算、法律顾问等覆盖碳金融交易全流程的专业服务,助力碳金融市场健康发展。

(二)完善碳金融政策体系与配套措施

一是健全碳金融法律法规体系。2024年2月4日,国务院公布了《碳排放权交易管理暂行条例》,自2024年5月1日起施行。该条例为全国碳排放权交易市场运行管理提供了明确法律依据,可保障碳排放权交易政策功能的发挥。该条例公布前,我国尚无有关碳排放权交易管理的法律、行政法规,全国碳市场运行管理仅依据国务院有关部门的规章、文件执行,立法位阶较低,权威性不足,难以满足规范交易活动、保障数据质量、惩处违法行为等实际需要。今后的碳金融立法需在该条例的基础上建立健全位阶更高的行政法规体系,结合我国碳达峰碳中和目标愿景和工作部署,围绕有效控制和减少温室气体排放这一工作重点,对全国碳市场的交易及相关活动提出更加明确的管理要求。

二是建立碳价稳定调控机制。我国碳价长期偏低且波动频繁,加剧了碳交易的市场风险,不利于碳金融市场的稳定。建立碳价稳定调控机制是国际社会应对碳价波动、维护碳市场稳定的有效措施。应探索建立符合我国国情的、以碳配额储备和碳市场平准基金为核心的碳价稳定调控机制,平滑碳价波动幅度,优化碳价形成机制,确保碳价运行在合理区间,为碳金融市场稳定夯基固本。

三是制定碳金融配套支持政策。目前,我国中小法人金融机构在碳金融市场上的参与度较低,不利于碳金融市场的进一步拓展,各级地方政府相关部门要通过政策引导、财政贴息、税收优惠等方式,多措并举地调动其参与碳金融交易的积极性,为碳金融市场注入发展动力。

(三)提升碳金融市场监管能力和水平

一是加强对碳金融市场的监督管理。作为新兴的资本市场,碳金融市场是金融市场的重要创新领域,金融管理部门和监管部门要切实履行监管职责,为我国碳金融市场的稳健运行保驾护航。金融管理和监管部门要对碳金融市场参与主体的市场准入、产品交易、资金结算、标的交割、信息披露、检查核查等环节进行全流程的监管,及时纠正各种违法违规行为。

二是构建跨部门的碳金融市场监管框架和协调机制。由于碳金融市场参与主体涉及不同行业,因此仅仅依靠金融管理和监管部门来监管碳金融市场远远不够,财政、金融、发改、工业、环保等行业主管部门要共同做好碳金融市场的未来发展规划,建立跨部门联合监管框架和部际监管协调机制,形成工作合力,提升监管效能,共同推动碳金融市场稳步向前发展。

三是加大碳金融监管人才的培养力度。由于碳金融业务具有基础资产多样化、产品类型多元化、产品结构复杂化的特点,因此监管人员必须具备综合性的监管能力和水平。所以监管部门要强化人才队伍建设,完善人才培育机制,提升人员综合素质,在产品交易、价格调控、市场运行、风险防范等方面积累经验,促进我国碳金融市场规范有序发展。

思考与练习题

一、试说明我国碳金融市场属于哪种类型的碳金融市场。
二、请比较分析不同碳金融市场间有效性的差异。
三、请归纳概括欧盟碳金融市场的监管手段。
四、欧盟期权及期货交易产品具体包括哪些种类?与现货产品市场有何联系?
五、结合已学的内容,谈谈你认为该如何解决目前典型碳金融市场存在的问题。

推 荐 阅 读

香港交易所:《全球碳市场的发展与香港碳市场的机遇》,2023年。
ICAP:《Emissions Trading Worldwide Status Report》,2023年。

参 考 文 献

吕明星:"欧盟碳金融市场的监管经验与启示",《海南金融》,2022年第12期,第37—41页。

冯甜:"欧盟碳排放期货市场的价格发现功能研究",《商展经济》,2024年第1期,第19—22页。

王东翔:"欧洲碳市场机制对我国碳市场发展的启示",《能源》,2023年第8期,第57—59页。

中国工商银行香港外汇资金交易中心研究团队、许瑢:"关于国际碳金融市场的比较研究与相关思考",《现代金融导刊》,2022年第12期,第39—45页。

东吴证券:"绿色债券专题报告之五:当前全球存量绿色债券格局如何?",2022年6月。

中国太平洋财产保险股份有限公司"碳保险＋期货"课题组、陈张立:"'碳保险＋期货'在碳排放权交易市场的应用路径研究",《保险理论与实践》,2022年第6期,第1—15页。

杨勇、汪玥、汪丽:"碳保险的发展、实践及启示",《金融纵横》,2022年第3期,第71—77页。

蔡博峰、杨姝影、刘春兰,等:"国际碳基金对中国的政策启示",《环境经济》,2013年第9期,第53—58页。

第四篇
创 新 篇

第十二章

碳金融创新与发展展望

学习要求

学习金融创新相关理论,了解新兴金融创新发展;掌握碳金融创新理论与机制;掌握主要的碳金融创新模式;结合区块链、数字化平台和人工智能等前沿技术,了解新兴碳金融技术创新实践;从碳金融发展的市场机制、交易生态、国际视野等角度,理解碳金融发展前景。

本章导读

2024年1月,全国温室气体自愿减排交易市场在北京启动,中金公司、国泰君安、中信证券、华泰证券等券商参与了首日交易。其中,中信证券挂牌买入5 000吨中国核证自愿减排量(CCER)。2023年末,中央金融工作会议提出做好"绿色金融"等五篇大文章,碳排放权交易体系是践行绿色发展理念的重要实践举措之一。随着我国碳排放权交易管理框架的日趋完善,碳金融也将迎来更多的发展机遇。本章从金融创新理论出发,将碳金融创新模式总结为产品创新、技术创新、市场创新和组织创新四类,并结合新兴金融创新安全、高效、智慧的三个特点重点介绍碳金融技术创新实践。最后,从市场机制、交易生态、国际视野等方面,对碳金融发展进行展望。

第一节 碳金融创新

一、金融创新理论

(一) 金融创新定义

金融创新在当今金融领域层出不穷。广义上,金融创新是创造金融工具、金融技术、金融机构和金融市场的活动,并使这些创新成果得以推广。Rogers(1983)认为,金融创新包括创造活动和新产品、服务、观念的扩散两方面。而狭义上的金融创新则是金融产品和金融业务的创新,但是这两者并没有明显的界限,很多时候它们是相互交织在一起的。自

20世纪60年代以来,金融创新不断出现,成为推动金融体系变革的重要力量。

为了解释经济周期和经济增长与发展问题,1912年约瑟夫·熊彼特(Joseph Schumpeter)建立了创新理论,他认为创新是建立一种新的生产函数,是把一种从来没有过的关于生产要素的新组合引入生产体系。该理论得到了普遍的认同和应用,后人根据熊彼特的观点归纳出五种创新模式——产品创新、技术创新、市场创新、资源配置创新和组织创新。陈岱孙、厉以宁所著的《国际金融学说史》中提到,金融创新就是在金融领域内建立"新的生产函数","是各种金融要素的新的结合、是为了追求利润机会而形成的市场改革。它泛指金融体系和金融市场上出现的一系列新事物,包括新的金融工具、新的融资方式、新的金融市场、新的支付清算手段以及新的金融织组形式与管理方法等内容……整个金融业的发展史就是一部不断创新的历史,金融业的每一次重大发展,都离不开金融创新。信用货币的出现、商业银行的诞生、支票制度的推广等是历史上最重要的金融创新"。

(二) 金融创新动因

根据国际清算银行(BIS)在1986年对金融创新所承担功能的概括,金融创新执行三项基本功能:转移风险(既包括价格风险,也包括信用风险)、增强流动性、为企业提供资金(通过信贷和权证)。Finnerty(2001)曾把超60种金融创新分类为重新配置风险、增加流动性、减少代理成本、降低交易成本、规避税收和管制约束等,这种分类实际上也归纳了金融创新的功能,但是,到目前为止,并不存在一个权威的对金融创新功能的概括,因为一种金融创新总是承载着多种功能。以资产证券化为例,金融创新实现了未来现金流的归集,完成了风险调整或者转移,也促成了资金跨期流动。可以肯定的是,金融创新的功能与金融创新的动因有着逻辑上的对应关系。

早期对金融创新的研究也主要集中在金融创新产生原因的分析上。Silber(1983)提出约束诱导(constrain-induced)假说,认为金融创新是微观金融组织为了寻求最大的利润,减轻外部对其产生的金融压制采取的"自卫"行为,是金融机构对强加于它的约束所做出的反应。Kane(1984)提出规避型金融创新理论,把金融创新看作规避与创新的辩证和动态过程。Hicks and Niehans(1983)把降低交易成本看作创新的首要动机,认为创新的实质是对技术进步导致交易成本降低的反应。制度也被戴维斯(L.E. Davies)、塞拉(R. Syla)和诺斯(D. North)等用来解释创新,他们把金融创新看成一种与经济制度互为影响、因果关系的制度改革。Van Home(1985)认为金融创新是出于分散风险的需要,Merton(1992)对这一说法做了进一步的拓展。Miler(1986)则指出,金融创新是由于税收和管制上的障碍所引发的。Ross(1989)提供了另外一个视角,认为金融创新是解决道德风险的良方。"信号理论"则认为,金融创新本身是一种高成本的活动,金融创新的实施者遂能够向外界宣示一种关于其实力和声誉的信号,从而吸引更多的客户,于是金融创新为众多金融机构所青睐。

根据前人的研究,可以把金融创新的动因归纳为六个方面:(1)金融创新是弥补市场的不完美而存在的;(2)金融创新解决代理问题和信息不对称;(3)金融创新达到交易成本、搜寻和营销成本的最小化;(4)金融创新是对税收和管制的反应;(5)通过金融创新应对日益扩大的全球化趋势及其风险;(6)金融创新是技术进步冲击的结果。Tufano(2002)认为,许多金融创新是上述因素共同推动的结果,而不是单一因素所能解释的,因此也就没有必要区分这些因素对金融创新所起作用的轻重。应当明确,研究金融创新产生的原因并不是研究这一问题的归宿,而是要以此为基础厘清金融创新与现实金融活动的相互作用和未来的演进趋势。

(三) 新兴金融创新

金融科技是一种技术驱动的金融创新,其核心是使用技术去提供新的产品和改善金融服务,是金融创新进化过程的一部分,理论上风险与收益并存。自20世纪70年代起,金融科技开始兴起,有学者从宏观的世界史视角将其发展划分为三个阶段。其中,第三阶段是2008年至今,主要标志是企业通过新兴金融科技直接向客户提供非中介的金融服务,使金融业出现一种新的竞争环境。基于新兴金融科技产生的金融创新即为"新兴金融创新"。

关于新兴金融科技,有学者强调,相关技术通常是指那些致力于解决传统金融服务机构中以客户为中心的产品供给方式不足的颠覆性数字技术,是用于向市场提供金融产品和服务的、区别于现有技术的复杂技术。这种观点强调了技术的颠覆性作用,并指出新兴金融科技设计的技术主要为区块链、大数据、人工智能等现代信息技术。

近年来,随着新兴金融科技水平的不断演进,新兴金融创新多从上述区块链、大数据、人工智能等技术及其推动的创新产品角度实现突破。乔海曙和谢姗珊(2017)分析了区块链驱动金融创新的理论背景:在后互联网时代,区块链技术通过程序化记录、储存、分析和传递交易行为,形成安全、准确、透明的全民信用,通过智能化的金融服务来重塑信用机制、降低交易成本、防范道德风险。宋华(2020)表示数字平台是支持在线社区的综合服务和信息体系结构,结合核心模块服务和实现互补的接口,以支持信息共享、协作和集体行动。基于数字化平台的金融创新得以从广度上覆盖不同交易主体和交易环节,又从深度上将围绕供应链各个维度实现交叉融合的高效管理。何涛(2024)提到,随着人工智能(AI)技术的快速发展,金融行业正在经历一场数字化转型和智能化革命,人工智能技术为金融机构提供了更好的数据分析、风险管理和智能化服务等方面的解决方案,从智能风险管理、高效风控和合规、创新支付技术、风险预测和投资决策等多方面促进了金融创新。

二、碳金融创新理论

(一) 碳金融创新概述

现阶段,碳金融创新是金融机构突破传统金融发展、实现低碳绿色可持续发展方式的基础。碳金融创新不仅使环境资源切实关系到每个市场主体的切身利益,促进碳排放权交易的迅速发展,而且将催生大量的低碳投资和技术创新,逐步形成注重生态效率的低碳经济发展模式,消除传统经济增长模式引发的金融危机、经济衰退和气候变化等不利影响。

有学者研究表示,政府通过相机抉择的财政政策,采取税收减免、财政补贴、利率优惠以及风险补偿的方式激励商业银行等金融机构进行碳金融创新。随着全球碳交易市场发展趋于成熟,金融机构作为碳交易市场的重要参与者,碳金融创新全球化趋势越来越明显。随着中国参与国际碳交易市场的进程加快,原来的政策也会相应调整、优化,碳金融创新模式在国际国内双重影响下的趋同化会逐渐明显。

(二) 碳金融创新效益

通过金融创新催生的大量低碳投资、技术创新和注重生态效率的低碳经济发展模式可以消除传统经济增长模式引发的金融危机、经济衰退和气候变化的影响。

这是因为,一方面,以碳捕捉和储存技术等节能技术为基础的低碳经济和低碳经济产业链在很大程度上同样存在规模经济。虽然目前由于相关市场机制和制度创新尚未大规模引入,因此碳捕捉和储存技术等高端技术的运用主要依靠政府这只"看得见的手",但是一旦通过金融创新实现价值发现和市场交易,高端技术就能在企业层面大量铺开,规模效应以及技术创新的激励就可能显现,并迅速改变中国在国际碳排放权交易市场上的被动局面。另一方面,创新型的低碳经济和低碳经济产业链将会催生大量的就业机会和绿色创新,并在提高能源效率和推进城镇化建设之间找到新的发展结合点,既可刺激经济增长,也可有效地保护生态环境,从而在真正意义上实现世界经济的长远可持续发展。

(三) 碳金融创新机制

完善碳金融的创新机制对于推进低碳经济的高质量发展起到至关重要的作用。通过对我国碳金融发展经验的总结,碳金融创新机制可以分为如下几个方面。

第一,碳排放权交易创新机制。在实践中,我国各地碳排放权交易通常通过市场价格机制运行。由于市场价格机制的优势在于效率快、匹配程度高,因此一些碳排放成本较低的企业可以通过科技创新、出售碳配额或碳信用的方式获取收益,进而有利于降低全社会的碳减排成本。除了市场价格机制之外,地方政府也可以运用约束和激励等创新机制,使碳排放权交易形成"刚性约束"。例如,对碳排放超标的企业进行巨额罚款,同时为碳排放权交易落实较好的企业实行信贷支持、项目资金奖励等激励措施,其目的是对企业碳排放权交易形成风向引导作用,进一步提升企业碳排放权交易的积极性。

第二,低碳技术投融资创新机制。在"双碳"目标下,为将更多的资金投入低碳技术研发、绿色科技投资等活动,还需要对其投融资行为进行创新。具体而言,一方面,构建低碳技术研发孵化器、加速器等创新平台,使其能在低碳技术与金融机构之间沟通、对接,降低投融资过程中的信息不对称;另一方面,鼓励企业使用碳配额、自愿减排量作为担保物,向银行等金融机构进行融资。同时支持银行、券商等金融机构向高耗能企业提供信贷资金支持,并协助其发行碳中和债券,从而帮助企业有效盘活资产、降低投融资成本。

第三,碳风险保障创新机制。由于碳金融市场是建立在碳排放的基础上,而且是基于人为制度设计完成的,因此碳金融市场面临较为严重的风险,亟须构建完善的碳风险保障创新机制进行风险防范和转移。具体而言,一方面,鼓励银行等金融机构积极开发巨灾保险、气候保险等保险品种,为碳中和的实现提供融资和风险保障;另一方面,不断完善碳汇市场的交易制度,构建期货市场和森林碳汇服务市场,从而降低期货、碳汇等金融交易风险。

第四,"零碳金融"市场运行创新机制。在"双碳"目标下,一些资产的价格、居民和企业的资产负债表将会被重新定义,而金融科技则成为推动"零碳金融"市场建设的重要力量。同时,由于我国"零碳金融"市场与美国、欧洲等市场相比起步晚,因此我们还需要对市场运行机制进行创新和激励。具体而言,一方面,积极打造地方性的"零碳金融"平台,探索成功运营的经验,并且通过法律法规构建"零碳金融"市场发展的引导机制。另一方面,鼓励各地方政府制定"零碳金融"的技术标准体系,使用数字金融等科技来推动"零碳金融"市场的发展,并且积极开展跨省、跨区的"零碳金融"试验区建设。

三、碳金融创新模式

《中国碳金融创新和发展白皮书》(以下简称《白皮书》)从监管、市场、生态三个维度着手,将碳金融创新模式分为制度规划创新、交易机制创新、主体角色创新、交互场景创新、金融产品创新、服务网络创新六类。制度规划创新指监管提出创新的顶层设计规划方案,以促进市场整体高质量发展;交易机制创新指监管推出创新的交易管理机制,以促进市场交易活动规范运作;主体角色创新是指市场参与主体在碳金融中承担新的角色;交互场景创新是指市场参与主体开发出创新的合作模式或服务场景;金融产品创新要求市场参与主体开发出创新的碳金融产品以解决客户痛点问题;服务网络创新指外部第三方服务机构提供创新的专业或技术服务以解决市场参与者遇到的发展专业需求,提升市场参与者的碳资产管理能力。

按照熊彼特的创新理论,可以发现碳金融创新模式主要涉及产品创新、技术创新、市场创新和组织创新(详见图12.1)。其中,产品创新对应《白皮书》中的金融产品创新;技术创新对应《白皮书》中的服务网络创新;市场创新包含《白皮书》中的主体角色创新和交互场景创新;组织创新涵盖《白皮书》中的制度规划创新和交易机制创新[①]。

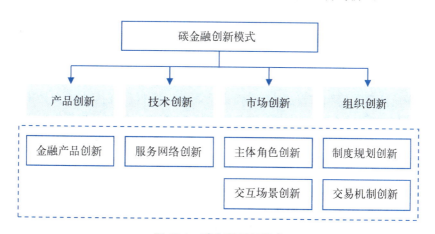

图 12.1　碳金融创新模式

产品创新、市场创新与组织创新在本书其他章节均有提及,下文将结合新兴金融创新安全、高效、智慧的三个特点,从区块链、数字化平台和人工智能三个角度重点介绍碳金融技术创新实践。

第二节　新兴碳金融技术创新

随着碳市场的逐步发展,我国正积极开展碳金融技术创新。碳金融技术创新可以简

---

① 碳金融创新模式涉及的范围不局限于《白皮书》列示范围,此处仅对现有碳金融创新实践进行归纳。

单归纳为专业服务和技术服务两个方面。在专业服务方面,部分第三方核证机构已经参与中国碳市场 MRV 体系的建设;能为企业提供温室气体碳排放报告服务的第三方机构众多,涵盖专业碳咨询公司、国际知名会计师事务所等。同时,部分研究和咨询机构积极为碳金融政策与市场建设建言献策,牵头开展了相关研究课题,并在碳减排效益核算等专业领域提出了方法论构建的专业意见,积极与市场机构协作开发碳金融产品,并提供了一系列专业人才培训。在技术服务方面,部分数据供应商已经构建覆盖上市企业碳数据的数据库,为金融机构开展碳交易与碳金融提供数据支撑;在系统方面,围绕各类碳资产持有者的资产管理需求,已有系统供应商推出了 IT 系统建设服务等。

一、区块链与碳金融创新

近年来,区块链在能源计量、绿电绿证溯源与认证、电力数据共享与运行保障、能源行业采购、特殊燃料供应、特殊行业用电管理、电动汽车电池管理等环节的应用已有进一步深入。采用区块链技术对碳金融市场有如下影响。

第一,增强信息透明度,保证价格信息真实可靠。在区块链碳金融模式下,所有与碳金融活动相关的信息都基于区块链分布式账本技术,被分散保存到多个节点,并构成一条数据链,以避免中心化节点对信息真实性的过度干预。同时,数据链上分布的信息由所有参与主体共同维护,各授权用户都有权查询相关碳排放、碳交易、碳金融产品交易等历史信息,实现了数据的集体监督,极大地增强了信息公开性和透明度。此外,区块链上的信息在加盖时间戳后即具有了历史追溯功能,实现了碳信息的跟踪、溯源,加大了信息造假的成本和难度。

第二,降低信息管理和监督成本,增强碳市场的活跃性。在区块链交易模式下,分布式记账的数据存储方式会减少对中心节点的依赖,在集体监督和可追溯性的条件下,弱化了监管机构的作用,有效降低了监督结构的建设成本。在交易过程中,省去中间机构的撮合环节,"智能合约"的应用将大大提高交易效率,增强碳交易市场活力。

第三,促进统一碳价的市场化机制。传统碳交易环境下的中心化会有很大的区域限制,从而使地区碳价差异、碳金融发展差异逐渐增大。将区块链技术引入碳市场,不仅会扩大交易范围,随着全民监督的共享式碳交易平台的建立,为传统碳市场提供数据溯源、防篡改、分布式参与、去中心化数据存储和数据查看的新特性,为开放与合理的碳市场提供技术支撑。

案例 12-1

区块链赋能行业生产、运营与管理

一、区块链促进能源行业供应链管理实践

在绿电溯源环节:国网北京电力搭建了基于区块链的北京冬奥会绿电溯源应用系统;西班牙可再生能源公司 Acciona 宣布开发出世界上首个可保证绿色氢气可再生来源的区块链平台 GreenH2chain。

在航空燃油、船舶燃油等特殊燃油供应与结算环节:俄罗斯天然气工业石油公司(Gazprom Neft)的航空子公司 Gazprom Neft-Aero 完成了基于区块链的加油项目"智能燃料(Smart Fuel)"试点;丰田集团旗下丰田通商(Toyota Tsusho)宣布推出基于区块链的船舶加油订单及船用润滑油管理应用 BunkerNote。

在能源行业采购管理环节:我国首个自主可控区块链软硬件技术体系"长安链"在中国华电集团启动供应链与采购管理应用"阳光采购链",这是"长安链"在发电行业的首次应用。

二、区块链推动能源生产与运营流程变革

在石油开采数据管理环节:挪威国家石油公司 Equinor 在其海上石油平台将传感器与区块链技术进行结合,用于采集和跟踪管道中的石油量、新井的钻探速度、设施消耗的柴油量等核心信息。

在石油平台效率提升方面:Beyond Oil 启动基于区块链的"太阳能石油项目"(Solar Oil Project),利用太阳能发电对废弃和生产力低下的油井进行现代化改造。

在能源行业灾害管理环节:BlockApps 与 Blockchain For Energy 合作,共同开发了基于区块链的地震灾害信息授权平台"Seismic Entitlement Platform",为更高效和可追溯的能源交易提供去中心化的解决方案。

在能源行业网络安全管理环节:区块链身份管理服务商 Xage Security 获得了美国能源部(DoE)的一份开发合同,以在关键能源输送系统中实施零信任机制,并帮助防止紧急情况下的网络攻击。

在能源合资企业管理方面:GuildOne 与 Blockchain for Energy 合作,推出基于区块链的能源合资企业管理平台,旨在解决合资企业管理中面临的潜在纠纷与高管理成本,以及因其复杂性而导致的项目延迟等行业痛点。

三、区块链赋能能源金融投资与交易

在太阳能行业:代币化模式在太阳能融资与交易中得到更广泛的应用,并将由此重塑电力用户、生产者与零售商生态;如何将区块链与太阳能电池板再生技术相结合,以促进二手太阳能电池板回收与交易,相关公司已经开始前瞻性的探索。

在绿电交易领域:随着全国首份"绿色用电凭证"的开出,中国的绿色电力交易完成新的突破;以 P2P 太阳能为核心的可再生能源上网、交易开始扩展到电动汽车及其充电设施,并将推动能源与汽车行业新的交互。

在能源等大宗商品交易领域:传统巨头、新兴数字资产交易所等各方机构合作推出基于区块链的石油、天然气、石化产品、矿产品、贵金属、可回收钢材等大宗商品贸易与交易平台,以对传统贸易与交易平台进行数字化升级。

案例 12-2

区块链赋能碳信用资产开发

碳核证是碳信用资产开发的关键环节。目前碳信用资产的开发有多种主流自愿减排类标准,核证环节的真实性与准确性尤为重要,通过科技手段提升碳核查能力是国际国内碳金融服务机构的重点创新方向。

国内机构参与国际绿证(I-REC)缺乏经验,电站注册阶段和国际绿证签发阶段的申

请文件有被造假的可能。为助力国内机构参与国际碳市场，祺鲲科技基于区块链技术开发国际绿证绿色碳资产以技术手段自动化、批量化核证可再生能源发电项目的绿电数据，可以提高效率，同时确保底层数据的真实性及可追溯性。通过区块链技术，捕捉碳资产动态形成过程，实时监测、自动核证，从而更有效地解决碳交易市场目前普遍存在的底层资产准确性、真实性、计量性、效率性等问题，这在国际市场上已获得广泛认可。2022年4月，基于区块链技术的国际绿证跨国交易在总部位于中国香港的极净星球公司（Very Clean Planet）数字化碳资产场外交易市场平台上完成10万张交割，是国内单笔最大且可查的国际绿色电力证书交易。目前已有光伏风电、水电、生物质等超过800个可再生能源发电项目通过祺鲲科技的技术核证模式完成国际绿证提报，实现绿色碳资产打包。2022年年底，合作电站数量突破1000家。

无独有偶，国际第三方碳信用核查机构Verra也积极开发区块链赋能碳信用资产开发。该机构推出了"项目跟踪器"，为用户提供实时项目更新的数字平台，旨在提高碳捕集与封存产品的透明度，利用数字解决方案解决市场不信任和混乱问题。"项目跟踪器"可追踪每个碳信用项目从上市到注册、验证和核查的状态和进展，为用户提供几乎实时跟踪反馈和获取更新的能力，大大减少来回通信，从而提高效率。经该机构及其同行认证的项目所产生的碳信用额可通过自愿碳市场（VCM）进行买卖。通过此项目枢纽，其项目跟踪器有效增强了碳信用项目的透明度和响应速度，解决了市场的不信任和混乱问题，提高了整个系统的完整性和可信度，未来Verra项目中心还将创新开发各类数字化产品。而Verra并不是碳信用领域唯一一家致力于通过技术解决方案提高透明度和可信度的组织，几家处于早期阶段的"碳技术"公司已经进入市场，筹集种子资本和A轮资本，并强调了卫星图像、雷达、激光雷达、地理定位、无人机和人工智能等技术的应用。

案例 12-3

区块链赋能制度规范化建构

2023年3月3日，由国网科技部、数字化部指导立项的IEEE P3218《基于区块链的碳交易应用标准》(Standard for Using Blockchain for Carbon Trading Applications)正式发布。该标准是IEEE-SA首个碳交易领域的区块链国际标准，得到多个国家区块链及能源领域专家、学者的广泛认同，填补了碳交易领域IEEE区块链国际标准的空白。该标准规定了基于区块链的碳交易应用的技术框架、应用流程和技术要求，包括功能、接入、接口、安全、碳交易凭证编码等；描述了碳交易系统规划、设计、建设和运营的技术框架；目的是提高系统交互效率，对碳交易应用进行生命周期追溯管理。

此外，吴鹏（2023）探究了区块链赋能碳普惠的路径选择与法律规制。文中提到，由于碳普惠制对碳排放数据的高度依赖性，区块链应用碳普惠制的基本表现是对与个人相关的海量碳排放数据进行收集、分析和利用。在这个过程中，如何在确保收集的碳排放数据准确性和真实性前提下加强对个人数据安全和隐私信息保护，以建立公开、透明和非歧视性数据汇集机制，成为当前亟待解决的问题。区块链通过赋能，可以建立去中心化的数据监测与共管结构、制定碳减排数据核证标准、改进碳普惠市场交易机制、建立碳普惠运营与管理体系等,从而促进碳普惠制度的规范化建构,进一步推动碳普惠金融发展。

案例思考题:
1. 区块链从哪几个领域赋能行业生产、运营与管理?
2. 除了上述三个小案例中提到的实践,你还能想到哪些区块链赋能金融创新的场景?

二、数字化平台与碳金融创新

实现碳中和目标需要多方力量的密切合作,在这一过程中,碳金融数字化平台可以扮演三重关键角色:第一,碳金融数字化平台是绿色低碳生活方式的引导者,它可依托金融科技充分发挥自身优势,将绿色发展理念贯穿到业务模式每一环,从而推动全社会实现绿色低碳发展。通过数字生活平台,倡导社会共同行动,引导绿色发展和低碳经济理念,推广绿色生活方式。第二,碳金融数字化平台是碳金融服务的提供者,它可发挥金融机构的优势,通过创新碳金融产品和数字化服务,为各行业的绿色低碳转型提供支持。第三,碳金融数字化平台是绿色技术的探索者,它可基于大数据、云计算、人工智能等科技优势,开发能够服务应用于企业碳中和信息管理的先进技术,帮助更多企业科学实践碳减排。

数字化平台应深度挖掘其内在优势,将绿色发展的核心理念深度融合于业务运作的每一个环节,以引领全社会迈向绿色低碳的发展轨道。

首先,通过互联网平台的广泛传播力,打造一个全方位的绿色数字经济环境。大型碳金融数字化平台广泛渗透于社会经济各领域,其在推动各行业深入践行低碳环保、引领公众绿色生活风尚以及加速绿色数字经济发展中,扮演着至关重要的角色。在绿色支付领域,平台提供了一系列便捷高效的电子服务,如即时电子支付、无纸化点餐体验及电子发票管理,有效削减了纸张消耗,提升了服务效率;在绿色信贷领域,平台通过构建针对小微企业的绿色评估框架与供应链绿色认证体系,为绿色企业拓宽融资渠道,助力其可持续发展;在绿色消费领域,碳金融机制的创新应用激发了消费者对绿色产品的偏好,鼓励节约资源、能源的消费行为,促进了消费观念的绿色转型;在绿色保险领域,平台正积极探索与节能减排紧密关联的车险模式,旨在引导公众减少私家车依赖,转向更加环保的公共交通与绿色物流方式;在绿色基金领域,平台依托其资源优势,设立了绿色基金专区,积极倡导并推动绿色责任投资理念,引导资金流向环保与可持续发展项目。碳金融数字化平台凭借其技术与模式的不断创新,正引领全社会共同参与绿色行动,为构建全面、可持续的绿色商业生态贡献力量。

其次,建立一个数字普惠的小型和微型企业碳金融体系,以更高效的方式促进这些企业与个体经营者向绿色发展转型。当前,传统金融体系在绿色融资领域面临着参与范围有限、激励机制不足及可信机制缺失等挑战。碳金融数字化平台凭借其数据资源与技术实力的双重优势,正积极探索针对小微企业与经营者的定制化绿色评价体系,旨在作为现有碳金融标准体系的有益补充,引导资本精准流向绿色产业领域。该平台运用大数据与人工智能技术,对小微企业的绿色运营实践进行深度剖析与精准评估,构建起一套基于数字化与智能化驱动的绿色评价体系。这一体系不仅能够为企业指明绿色发展的优化路径,还能在严格风险管理的框架下,为小微企业与经营者提供定制化的碳金融支持,有效弥补传统金融在绿色融资方面的短板。此外,通过不断创新金融工具与服务模式,碳金融数字化平台正积极应对绿色投融资领域中的期限不匹配、信息不对称及专业分析工具匮乏等难题,为绿色项目的顺利实施与可持续发展提供强有力的金融支持。

再次,创新企业碳账户管理平台,利用区块链技术构建政府与企业间的碳中和网络。碳金融数字化平台积极拥抱人工智能、区块链、云计算及大数据等前沿科技,这些技术革新显著增强了绿色贷款、绿色债券、绿色 ABS 等底层碳金融资产的透明度与可信度,为资金的绿色流向提供了坚实保障。区块链技术以其去中心化、高透明度的特性,成为解决多方合作中信任问题的理想选择。企业碳账户依托区块链技术,不仅操作便捷、数据安全,还能与政府低碳智能监管平台无缝对接,实现数据采集自动化与数据流转的全闭环管理。"区块链+隐私计算"的融合应用,更是在保障数据隐私安全的同时,确保了数据的可信性与可追溯性。碳金融数字化平台充分利用这一技术优势,将区块链引入碳中和实施流程,构建起企业温室气体排放的全方位跟踪与监控体系。通过区块链的防伪与防篡改功能,所有碳排放与减排数据均被安全上链,形成不可篡改的历史记录,并支持随时追溯与验证。此外,平台还致力于完善企业碳信息披露机制,推动企业定期公开碳中和成果,进一步增强了碳中和信息的透明度与公信力,为构建绿色、透明的碳金融市场环境奠定了坚实基础。

最后,积极探索并稳步推进绿色投资,引导资金投向低碳发展领域。金融机构应聚焦于引导绿色投资流向,紧密关注清洁能源、环境治理、节能减排等绿色关键领域及前沿市场动态。通过携手各方,共同设立碳中和技术创新基金,旨在强化数字化技术在企业绿色生产转型与个人绿色生活实践中的应用与推广。同时,鉴于小微企业与经营者在碳中和路径中的关键角色,金融机构需积极引导社会资本向其绿色经营模式倾斜,助力其稳健转型。此外,大型金融机构应在其投资决策中深植绿色理念,充分利用数字金融手段,不仅支持碳金融体系的健全与发展,还致力于推广绿色消费与生活方式,确保资金精准流向符合国家绿色发展战略的产业领域。通过这一系列实际行动,金融机构将为国家绿色低碳转型进程注入强劲动力,共同推动经济社会的可持续发展。

在碳中和作为国家重要发展战略目标的背景下,碳金融数字化平台需深度融入并服务于国家新发展格局,勇于开拓"金融+数字+减碳"的绿色创新发展路径。平台将依托其强大的产品能力和广泛的社会影响力,通过构建低碳生活场景、开展品牌公益活动等多元化方式,运用"共享、数字、技术、互动"的创新模式,有效激发公众与企业的低碳减排热情与动力,共同促进绿色低碳生活的普及与深化。

案例 12-4

碳金融数字化平台实践

一、全球首个碳金融开放平台 CaaS 发布

2023 年 2 月 15 日,中财数碳团队(DIGICARBON)发布碳金融开放平台 CaaS(碳即服务)。依托高校科研力量,该团队开发了全球碳定价、碳金融数据库以及企业级边际碳减排成本数据库。基于可解释机器学习框架,CaaS 平台包括碳数据、碳价分析、碳资产交

易、碳汇资产、碳排放分析与预测、碳绩效分析等核心模块,涵盖全球碳金融市场实时数据源,兼容近百种碳汇生长模型,集成碳现货、远期、期权定价、边际减排成本等动态定价模型,支持常用的碳金融智能交易策略和碳绩效分析指标,形成了近百个标准化 API 接口,能够快速帮助企业部署碳金融业务能力,支持其"双碳"转型。

二、数智"双碳"大数据平台解决方案问世

北京中创碳投科技有限公司(以下简称中创碳投)提出数智"双碳"大数据平台解决方案。平台聚焦大数据、云计算、区块链、5G 网络等前沿数字技术,围绕"双碳"目标愿景,科学权威掌控主要领域碳数据和经济运行数据,用于支撑形成碳达峰及碳中和顶层设计、落实目标分解与考核、实现目标过程管控。数智"双碳"大数据平台由"1+5+N"的体系构成,即"1 个数据中心,5 个应用平台,N 个创新应用场景",通过平台实现"三大服务"目标,即服务政府社会治理、服务企业转型、服务全社会参与。平台基于中创碳投业务分析及研发积累,发挥集成优势,实现能源碳排放数据的综合管理、"双碳"业务的创新应用,以及成果的全面展示。

三、华泰证券研发 FICC 大交易平台

围绕碳交易的线上化管理需求,华泰证券借助自主研发的 FICC 大交易平台,基于 SaaS 服务模式,打造 FICC+Carbon 板块,构建包括交易对手白名单管理、交易下单、簿记估值、清结算以及风险管理等功能(如图 12.2 所示)。华泰证券创新在系统中上线支持碳金融业务开展模块。例如,针对碳配额回购交易业务,可实现交易对手准入、评级授信、交易、盯市、追保、风险控制等全流程线上化管理,为后续服务全国碳市场大规模的控排企业,满足差异化、多样化的业务需求奠定坚实基础。

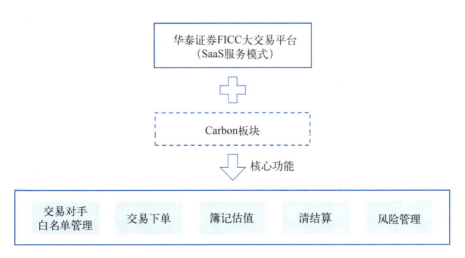

图 12.2　华泰证券打造 FICC+Carbon 板块

具体亮点包括:(1)通过系统化可有效追踪市场价格波动风险,自动进行盯市预警和追保通知,高效实现交易对手信用风险管控;(2)可依据差异化的客户需求配置履约保障机制和风险管控参数并实现全流程线上化管理;(3)缩短企业从申请到落地该业务的全流程时间。

科技赋能将更加有助于控排企业盘活碳资产,有利于金融机构助力提高碳市场流动性,提升碳排放权自营投资交易能力及资金融通等碳金融服务能力,切实发挥服务实体经济的作用。

四、毕马威开发虞数一体化ESG数字化平台

在碳排放权交易的MRV体系下,需要企业准确地管理温室气体排放情况并准确报告,为促进企业碳表现的管理效率,毕马威创新性地开发了虞数一体化ESG数字化平台。该平台的功能包括Web端、应用服务端、数据采集与监控。系统的指标管理分类明确,分析内容清晰直观,可准确获取企业范围一、范围二、范围三的各项排放指标。在平台看板设计上,虞数平台维度清晰、数据直观,通过可视化的手段,推动清晰填报、有序配置、高效整合、助力高效数据分析。应用ESG系统及数字化平台,将全方位提升"管理＋收集＋测算"的五大核心能力,服务于内部管理与信息披露。咨询机构创新开发碳管理数字化平台,将全面帮助企业更好地适应MRV体系的各项要求,准确报告并管理温室气体排放。

案例思考题:

根据上述案例,请回答碳金融数字化平台能实现哪些功能? 你还知道其他碳金融数字化平台吗?

三、人工智能与碳金融创新

目前,国内的环境信息披露系统和披露制度还未建立,企业环境信息披露量不足、数据披露质量低、绿色信息共享平台缺乏等现实,决定了我国碳金融领域存在较为严重的信息不对称问题。由于信息不对称问题的存在,金融机构在对企业、项目进行碳相关要素识别的过程中需要投入大量的人力、物力、财力来进行信息的搜寻和认证,这样一来,大大增加了金融机构的绿色识别成本。

人工智能(AI)技术的加入,可以有效解决碳金融领域企业融资信息不对称等问题,可以明显提升绿色信贷服务的效率、降低企业融资成本、改善企业融资环境、防范风险并促进企业的绿色可持续发展。

机器学习、大数据等技术可以有效破除"数据孤岛",使得对各类标准化数据及非标准化数据的实时抓取并将其汇集为信用或绿色行为信息成为现实,这为金融机构的碳金融决策提供了科学的数据支持,降低了绿色识别成本。

与此同时,基于大数据平台建立的科技生态系统,包含了大量的"数字足迹",如企业经营流水、营收趋势、交易网络等,这些信息可有效反映用户的行为特征、财务状况、社会网络等信息,可有效帮助金融机构进行绿色识别及风险管理。另外,通过科技赋能对碳金融业务全生命周期进行监控,通过线上化管理所具有的"不可伪造"和"可追溯"的特性来实现对绿色资金流向的实时监管、风险信号的及时预警,提高了金融机构风险管理水平、降低了其风险管理成本。

此外,将科技元素融入碳金融业务的全流程,实现对碳金融操作进行自动指引,对绿色项目分类进行自动识别,对环境社会效益进行自动测算和对环境风险进行自动预警,极

大地提升了金融机构内部碳金融业务管理水平和环境风险管理能力,并为碳金融发展决策等提供了充分的信息和数据基础。

业界也在不断探索人工智能在碳金融中的应用,新加坡设立的亚洲碳研究所(Asia Carbon Institute,ACI)在碳交易市场的登记、认证等场景中,通过 AI 技术提高验证和审计流程的效率以及碳信用额的透明度。埃森哲 Data & AI Network 总经理凯瑟琳·施万(Kathrin Schwan)表示:"人工智能是开启透明碳市场、促进参与者之间信任和明智决策的关键。"通过持续监控和实时洞察,人工智能有助于确保市场的诚信运行,最终促进投资的高效配置。

案例 12-5

晋商银行运用人工智能技术进行碳金融实践

通过运用机器学习、人工智能等技术,晋商银行构建了绿色金融业务管理系统,这套管理系统囊括了节能环保产业、清洁生产产业、清洁能源产业、生态环境产业、基础设施绿色升级、绿色服务六大类绿色产业,其中包含了 30 小类共 205 个细分类别。通过这套系统,实现了对绿色信贷业务的智能识别、审批、环境效益测算等功能。

目前,这套管理系统数据主要来源于银行内的客户基础数据、业务人员搜集和维护的数据、企业的年度报告、环境责任报告等。在数据应用方面,相比原有依靠人工比对纸质目录的方式,如今的创新应用将发改委批复、环境影响评估批复、贷款资金用途等信息与行内绿色信贷识别评价体系进行比对,丰富了绿色项目识别的判定依据和参考维度;在绿色项目识别方面,相比传统模式下依靠人工翻阅绿色产业目录和标准识别,将机器学习技术引入银行信贷绿色项目识别环节,提高识别准确度和识别效率,从而极大地提高了绿色信贷投放效率;在贷款审批方面,在原有征信数据基础上,对贷款申请企业环境效益进行有效测算,辅助银行衡量企业贷款的合理性和潜在风险,并根据测算结果及时调整信贷政策,提升银行审批效率和精度;在数据管理方面,系统提供了绿色融资、绿色客户、环境效益、资产质量等多个维度的绿色金融报表,可自动生成监管口径报表,在提升数据及时性与准确性、为基层减负等方面发挥了积极作用。

如今,这项运用于绿色信贷中的前沿技术已经于 2021 年 12 月 15 日在晋商银行内部正式投入使用。目前,在晋商银行这个绿色金融项目管理系统中,总共管理着 259 笔绿色信贷,其中,经由系统提交的绿色信贷共 35 笔,通过系统认定的共 15 笔。

在运用了这些技术之后,大量人力、物力被节省。此前,一个企业数据在获取之后,需要人工经过 2~3 天的时间才能界定几个重要指标,耗时长且并不精准。如今,通过这项新技术,基本可以实现秒审秒批,审核结果更加准确。

案例 12-6

中财数碳团队推出 AI 小碳

中财数碳团队研发了智能碳助理和碳管家——小碳,致力于为"双碳"决策提供数据驱动和信息支持。其主要分为国内外碳价查询、"龙马智碳"大模型知识库、定时播报三个板块。

2024年1月19日,在中央财经大学"数据资产化与龙马智碳大模型知识库研讨会"上,中财数碳团队现场运用尖端的多Agent技术,成功发布了首份基于碳排放权交易市场数据的分析报告。这一创新成果不仅展现了人工智能在处理环境金融数据方面的高效率,而且预示着未来专家级分析可能会被这些智能系统所逐步取代。"龙马智碳"的大模型知识库涵盖了实时碳定价数据、标准合规与认证指南、碳达峰碳中和标准体系等领域,基础语料库总字数达700万字。该知识库不仅涵盖信息丰富,在检索增强方面也采用了多项领先技术,显著提升了检索的效率和准确性,为用户提供定制化数据解读方面也在显示出巨大的潜力。

中财数碳团队代表表示,人工智能生成内容(AIGC)在"双碳"分析报告生成上的应用,不仅提高了数据分析的效率,而且为"双碳"行业参与者提供了更加精准和全面的信息服务,对于推动实现"双碳"目标具有重要意义。未来,AIGC技术在"双碳"各类场景的应用方面有望得到进一步强化。

案例思考题:
1. 晋商银行构建的绿色金融业务管理系统有哪些应用场景?
2. AIGC是什么?你认为人工智能技术如何辅助金融机构实现智慧化的碳金融创新?

第三节　碳金融发展展望

展望未来,碳金融将继续发展并在全球金融体系中扮演更加重要的角色。本节将从碳金融市场机制、碳金融生态系统和全球碳金融发展三个方面进行展望,分别按照从顶层设计到碳价格发现,从基础碳资产到碳金融衍生品,再到多市场联动协同发展,从全球碳金融挑战到碳金融国际合作等思路进行阐述。

一、碳金融市场机制发展展望

当前,我国碳交易市场发展起步晚、流动性不足,导致碳金融市场活跃度欠缺。本节通过分析碳交易市场机制展望我国碳金融未来发展,包含了碳顶层设计指导与碳市场持续扩容两部分。

(一) 碳顶层设计指导

在政策法规方面,碳交易市场的建立需要有完备的法律基础,用法律的手段来规范碳市场健康有序发展,也需要从政策端口逐步允许碳资产金融属性的发现,以广义碳金融赋能绿色发展。2024年2月,《碳排放权交易管理暂行条例》(以下简称《条例》)公布,首次以行政法规的形式明确了碳排放权市场交易制度,是指导我国碳市场运行管理的法律依据,在碳市场发展方面具有里程碑意义,为充分发挥碳排放权交易市场化机制的作用,进一步构建科学、规范、有序的碳排放权交易体系,不断拓展碳市场的广度和深度,加快打造更加有效、更有活力、更具国际影响力的碳市场提供了法治保障。

从交易核心要素来看,《条例》界定了碳市场交易产品的现货属性,明确了交易主体包括重点排放单位及其他主体,确立了以协议转让和单向竞价为主的交易方式。

从交易机制来看,《条例》在免费分配的基础上引入了有偿分配,明确了全国碳市场配额分配思路和方向,配额实行免费分配,并根据国家有关要求逐步推行免费分配和有偿分配相结合的方式。《条例》为建立市场调节机制提供了政策基础。

从交易监管来看,《条例》明确了监督管理体制,全面加强了对碳交易主体、碳交易活动及碳市场风险的监管力度,并贯彻落实统一大市场要求,明确不再新建地方碳市场。

作为我国碳市场的基础性行政法规,《条例》的公布标志着碳排放权交易这一市场化机制在我国应对气候变化、推进碳达峰及碳中和进程中的重要地位得到了法律确认,为下一步健全碳排放权市场交易制度提供了基础保障,为拓展碳市场的广度和深度、防控市场风险、保护市场主体权益等方面提供了法律依据,是我国碳排放权交易体系建设重要的里程碑。

可以预见,随着《条例》的正式实施,我国碳市场将迎来创新发展的巨大机遇,交易规则将更为完整清晰,交易主体将更为广泛多元,交易产品将更为丰富多样,交易方式将更为灵活便捷,风险控制将更为全面有效,信息披露将更为公开透明,市场运行将更有活力。以碳市场交易为基础的碳金融发展也将更加活跃,并进一步助力碳市场有序发展。

对碳金融来说,首先,我国需要加强碳金融创新的顶层设计,完善碳金融相关的法律法规。在具体措施上,一方面,可以提升多部门在政策设计和执行方面的协调性,进一步加强电力、可再生能源等方面的跨行业合作,以及在不同部门之间提升政策施行的联动性。另一方面,可以完善碳金融的市场制度建设,进一步培养和构建多层次的碳金融市场主体,这不仅要求商业银行和企业积极参与,而且要将碳信用评级、碳审计、碳交易、碳监测等相关的中介服务机构纳入同一个体系,为碳金融提供融资担保、技术扶持等服务。此外,有效提升碳金融市场的风险识别与监管能力尤为重要。在实践中,金融机构可以根据碳金融的产品特征完善产品体系,从源头上防范碳金融可能出现的风险。同时,还可借鉴发达国家关于碳金融的风险识别与监管机制,构建多层次的碳金融监管体系,从而形成包含政府、市场和社会的多元共同治理体系。

其次,健全碳金融市场的交易平台,以创造较为稳定的碳金融发展制度环境。在"双碳"目标下,碳排放份额是有限的环境和制度资源,也是整个经济和社会实现稳健发展的战略资源。在具体措施上,管理部门可以借鉴西方发达国家的碳交易机制,探索碳排放配额的设计及分配机制,进而鼓励或引导产业结构的转型升级,落实节能减排的效果;管理部门要对碳信用项目积极监管和整合,并且建立有效评价碳金融风险的标准,这样既可以提升碳金融项目的规范性和实施标准,又可以在一定程度上提升我国在国际碳金融交易中的定价权;管理部门可以建立国内统一的碳金融交易市场,通过研究国际碳金融交易中的定价及市场规律,积极构建适合我国国情的碳金融交易市场。

最后,积极培育中介机构,将进一步拓展碳金融市场的创新机制。一是由于中介机构是开展碳信用项目的关键所在,管理部门应当鼓励金融机构和民间机构积极进入该领域,重点促进商业银行等金融中介购买或联合开发自愿减排项目。二是鼓励金融机构利用其在公募基金的资金托管等方面的优势,积极参与碳基金等业务的资金托管。同时,鼓励证券公司、期货公司等金融机构积极开发碳证券、碳期货、碳掉期交易等各种碳金融衍生品。三是通过建立完善的碳信用机制和巨灾债券,构建完善的碳风险保障机制,在城市绿色交通方面通过碳金融创新等途径进行机制创新。

(二) 碳市场持续扩容

从中国碳市场的覆盖面来看,提高覆盖率是提升经济效益和绿色效益、活跃市场交易、推动碳金融市场成熟度提升的重点。未来,碳市场将逐渐丰富市场覆盖主体、覆盖行业、产品种类等核心要素,将金融机构、投资者等更多主体纳入碳市场的交易活动。碳市场覆盖的行业范围将有序从目前的发电行业扩展到更多行业。碳金融衍生品交易将以合适的方式进入市场。

具体来看,随着经济的发展和绿色进程的不断深化,从增强碳资产供给能力角度来看,我国持续扩容碳市场,增加全国碳市场行业范围。碳排放核算数据准确、工艺流程简单、行业碳排放基准线容易确定的行业尽快启动纳入全国碳市场,如有色、水泥等行业;外向型的、面临国际绿色贸易壁垒压力的行业,如钢铁、化工,存在纳入碳市场的自身动力,通过进入碳市场尽快适应和对接国际绿色贸易新规则;已经或者未来确定纳入国际碳排放交易体系的行业,如航空、航运行业,尽快纳入碳市场范围;其他重点排放行业做好纳入碳市场的准备工作。在扩大行业覆盖的同时,交易气体种类也将逐步扩大至《京都议定书》规定的甲烷、氧化亚氮等 6 种气体。

未来,我国碳市场参与主体将更加多元。生态环境主管部门指导交易机构制定非履约主体适当性管理及相关风险控制制度,明确非履约主体的准入条件和具体程序;人民银行、国家金融监督管理总局等金融监管机构出台金融机构进入碳市场行为规范,鼓励券商、基金等主体积极参与碳市场;各央企、集团设立的碳资产管理公司进入碳市场;在符合条件下鼓励其他投资主体积极参与交易。可以预见,未来碳金融市场的进入渠道将更加畅通,并将通过市场化机制增强碳金融市场的覆盖面和活跃度。

二、碳金融生态系统发展展望

随着全球对气候变化问题的重视和碳减排目标的提高,碳市场的规模将继续扩大,也将会涌现更多种类的碳金融产品。这里将从碳定价机制完善、碳市场与其他市场的多市场联动、碳金融市场协同发展等角度对碳金融交易生态进行展望。

(一) 碳定价机制完善

全国碳市场价格将更加充分地反映社会平均减排成本,价格发现机制也因此而不断完善。未来碳市场的价格博弈将更为活跃,碳市场将通过碳价推动企业减排并促进减排技术革新。具体展望如下。

第一,碳定价机制加速与国际市场对接。目前,全球主流的碳定价机制有碳税和碳排放权交易体系两种,碳税具有见效快、实施成本低及税率稳定等优点,各国的碳税在税基、税率、税收用途、实施效果等方面存在共同之处;而碳排放权交易体系具有减排量确定、价格发现及促进跨境减排协调等优势。展望未来,我国将着力推进国内碳市场与国际碳市场接轨步伐,设计与国外碳市场相对应的标准,做好碳税等定价机制的技术储备,积极探索碳定价机制的试点工作,为与国际碳定价机制融合发展打好基础。

第二,碳价格激励机制构建。一方面,搭建全国碳交易体系,构建完善有效的市场服务网络,将助力保证全国碳市场的稳健运行。另一方面,引进配额有偿分配机制有效发挥市场在资源配置中的作用,将不断完善碳价调节水平,提升企业积极性,有效推动新技术、新产业及新业态发展。此外,通过运用区块链、云计算等现代化技术手段,支持全国多层次碳市场体系建设,做好碳市场与金融市场基础设施之间的连接工作。

第三,碳定价形成机制和方法将不断优化。通过开发并完善基于我国国情且科学的碳排放因子和计量体系,我国的碳排放监测、报告和核查体系将不断建立健全。未来,我国将更加积极地参与全球碳定价机制、发展趋势及管理机制的研究,努力发挥引领作用,探索并实践不同的碳定价机制,为国内碳定价机制的发展积累经验。

以碳期货为主的多种碳金融衍生产品作为现货市场的有益补充,集中了大量的市场供求信息,通过市场各类交易者的撮合交易、中央对手方清算等方式,将进一步提高碳市场体系的市场化程度,可提供连续、公开、透明、高效、权威的碳金融产品价格,缓解各方参与者的信息不对称,推动有效碳定价。

(二)多市场联动加快

随着中国的碳市场开始由试点走向全国,其开始逐渐与其他能源和环境政策产生交互影响。碳市场与用能权交易市场、电力交易市场、绿证交易市场并非统一规划下的政策体系,它们相互独立,导致政策之间或有重叠,影响了"双碳"政策体系的运行效率。未来将进一步推动碳市场与其他政策协同,最大程度发挥市场机制在能源资源配置和减少温室气体排放方面的作用。

第一,碳市场与用能权交易市场的协同。2021年9月,国家发展改革委印发《完善能源消费强度和总量双控制度方案》,提出推行用能指标市场化交易,进一步完善用能权有偿使用和交易制度,加快建设全国用能权交易市场。在目前由能耗双控转为碳排放双控的背景下,考虑用能权指标和碳排放配额的互换互认,将给予企业更大的自主权选择对自己有利的市场进行交易,以最小成本实现节能减排的目标。

第二,碳市场与电力交易市场的协同。"双碳"目标预示着一场广泛而深刻的经济社会变革,实现的关键在于由化石能源向可再生能源的能源转型,能源转型的关键则在电力市场,要构建以新能源为主体的新型电力系统。中国市场建设和电力市场改革均处于不断发展完善阶段,除了自身设计的问题外,彼此间的关系对两者协调发展也会产生重要影响。深化电力市场化尤其是电价改革,将让电价真正反映市场供需以及减排成本,促进碳市场和电力市场协同发展,降低电力系统转型成本。

第三,碳市场与绿证交易市场的协同。2023年国家发展改革委、财政部和国家能源局联合发布了《关于做好可再生能源绿色电力证书全覆盖工作促进可再生能源电力消费的通知》,其中提出研究推进绿证与全国碳市场的衔接协调,更好发挥制度合力。碳市场与绿证交易市场的协同,需要完善全国碳市场相关规则,加强绿证抵扣的相关标准制度体系建设,做好绿证溯源、流通、确权等环节的技术支撑,只有这样才可以让购买绿色电力为污染外部性付费的企业将减排成本从碳市场传递到其他没有购买绿色电力的高碳排放控排企业,真正体现"污染者付费"的原则。

(三) 碳金融市场协同

由于碳配额发放和交割履约之间存在时间差，因此碳市场的控排企业存在套期保值、风险对冲等衍生品需求，碳金融衍生品创设至关重要。目前欧洲碳市场衍生品除期货、期权外，还包括碳远期、掉期、互换、价差、碳指数等，其中碳期货的交易规模最大，交易规模占90%以上。与现货相比，碳期货、碳远期等金融衍生品具有明显优势，对提高市场活跃度、增加市场流动性、实现碳配额价格发现、降低价格波动风险等均存在益处。

碳市场交易生态良好的关键在于增强碳资产的流动性、收益性和控制风险性，三者相互影响、不可分割。从中长期来看，赋予碳市场金融属性是构建良好交易生态的关键，也是长期发展的必然趋势。国际碳市场的经验表明，引入丰富的金融活动将促进碳价格信号清晰与碳市场流动性提升。尤其在当前碳关税等绿色贸易壁垒兴起、棕色行业转型竞争压力加大等趋势下，无论是企业降碳的需要，还是扩大减碳融资来源的需要，深化碳金融市场的建设都是必然趋势。

从交易主体来看，未来我国将进一步发挥金融机构市场中介的身份，以更专业的碳交易咨询、碳交易代理和碳金融工具开发等服务鼓励并吸引更多履约企业、机构、个人投资者参与碳金融产品的交易和运用，从而进一步强化碳市场流动性建设，并且使碳资产的金融属性得以进一步拓展。

从交易产品来看，碳金融产品是投资者参与碳市场、碳减排和绿色产业的途径，多元的碳金融产品有助于丰富碳市场的交易内容和方式，给予市场参与者更多的投资选择，增强市场流动性和抗风险性。进一步发挥碳金融产品对交易生态优化的影响力，盘活市场交易量和交易流动性，具体如下。

第一，继续深化碳质押贷款，形成全国统一的基于碳配额确权、质押登记、风险处置等一体化的金融实施细则，推动碳配额质押在更广范围推广。为完善细则的配套机制，既要加快设计集碳核算与碳管理为一体的价值评估体系，提升碳资产权属与价格精度，也要推动在线数字化平台建设，简化与可视化登记流程，还要建立履约清缴、碳减排效益的跟踪预警机制，防范系统性风险产生。

第二，大力发展以碳债券为代表的长期碳金融产品，提高其与转型长周期的适配性，包括健全的碳市场参与者及科学的碳资产评估体系，以及积极推广通过结构化的方式设置碳债券等长周期产品的收益回报机制。

第三，适时引入碳金融衍生品，如碳期权、碳期货等，以确保碳金融衍生产品与现货市场相衔接，增强衍生品支持转型的可信度与真实性。一方面要设定合理的碳配额限制并依此确立衍生品合约的强制交割机制，避免过度交易或市场投机；另一方面要进一步构建碳指数产品，反映能源、金融市场在需求侧对碳金融衍生产品的真实需求，盘活碳交易，从供给侧丰富资源供给。

三、全球碳金融发展展望

(一) 全球碳金融挑战

随着碳金融的不断发展和全球化，国际合作面临着一系列挑战，主要来自碳金融产品创新机制较少、国际合作中的标准差异及碳金融监管机制不健全三点。具体如下。

第一，缺乏碳金融产品创新机制，资金流动不平衡。目前，碳金融产品缺乏足够的灵活性，难以满足投资者的需求。虽然在碳金融国际合作的实践中已经形成碳信贷、碳债券、碳基金多种产品以供有关各方选择，但这些产品基本上是简单地将传统金融产品进行更新、加入碳相关因素形成的，缺乏基于科技和创新的投资策略与新型金融工具的开发，从而使碳金融与环保型技术的发展之间出现了较大的不协调性，投资者在投入资金时会面临追求经营可持续性还是环境可持续性的选择，并因此形成发展悖论。

此外，由于国际金融发达国家在绿色金融领域具有先发优势和市场成熟度较高，因此这些国家在碳金融产品领域已形成完整的供给和需求关系，并且相关国际机构的资金流动灵活、规模庞大、成本低，这些都增加了发展中国家和地区在碳金融领域的困难和压力。同时，国际间绿色资本和投资资金的规模与流向存在较大的不平衡，使得国际碳金融合作存在一定困难。

第二，碳金融标准欠缺，国际合作具有差异。由于不同国家和金融机构对碳金融标准的认可和实施并不统一，因此国际合作存在分歧。目前全球范围内的碳金融标准在支持项目、约束范围、审核管理等方面存在较大差异，在制定全球性绿色金融标准和规范时存在协调难度。此外，环境、社会及公司治理（ESG）评价方法在全球不同市场存在不兼容的问题，不同的国家、金融机构、科研院所在碳金融的分类目录和 ESG 评价方法等方面都提出了各自的标准，使得碳金融产品在不同市场需要经过多次认证，加大了碳金融市场的沟通和交易成本，并可能增加企业以夸大的信息宣传其环境和社会责任表现，从而获得与其实际表现不相称的绿色投资风险。

第三，监管机制不够健全，信息披露存在缺陷。当前，碳金融国际合作的监管机制缺乏全面性和协同性，不同国家之间的监管难以整合。碳金融行业尚处于发展初期，市场规模和竞争格局不够稳定，风险管理和监管难度较大，由于缺乏统一的监管标准，不同的国家及金融机构往往使用不同的方法和指标，难以比较不同金融机构的业绩和环境影响。此外，在碳金融相关投资领域，缺乏透明的信息披露机制，使得国际市场上碳金融产品的控制难以统一，投资者的共同利益无法保障，同时阻碍了在碳金融领域的可持续发展。

（二）碳金融国际合作

2017 年，中国与美国、法国、俄罗斯等国家及国际货币基金组织等机构共同建立了央行与监管机构绿色金融体系网络（NGFS），积极推动绿色经济转型；2018 年，中国金融学会绿色金融专业委员会和伦敦金融城共同发起了"一带一路"绿色投资原则（GIP），共同促进金融实践绿色化的发展。

2021 年国务院发布的《关于加快建立健全绿色低碳循环发展经济体系的指导意见》多次提到国际合作，包括"深化绿色'一带一路'合作""支持金融机构和相关企业在国际市场开展绿色融资""推动国际绿色金融标准趋同，有序推进绿色金融市场双向开放"等。基于我国参与绿色金融国际合作的现状，结合政府部门的指导意见，展望未来我国将在以下方面进一步深化碳金融国际合作：

第一，我国在碳金融议题上保持引领地位，未来将继续积极主动地构建、推动和参与国际合作组织，加强双边合作，强化负责任的大国角色。首先，中国正在不断深化与主要发达国家在碳金融议题上的合作，联手欧盟、英国、美国等一起制定规则，通过加强和国际发达碳市场的合作，形成碳金融合作关系。其次，我国近年来开始通过国际会议积极对外发声,加强绿色承诺并提出"双碳"目标,积极传播中国碳金融的经验。最后,我国已经加入了很多国际合作组织,在其中一些组织中起引领作用,目前奠定的基础将有助于我国未来进一步扩大在碳金融议题上的国际影响力。

第二,我国正在不断促进信息披露和规则统一,未来或将进一步开放国内碳金融市场。不断提升碳金融市场开放水平有助于倒逼中国的金融实践与国际接轨,较为开放和透明的碳金融市场也是中国引领碳金融国际合作的基础。在具体实践上,我国在信息披露和规则统一上取得了一定的进展:一方面,不断规范国内金融市场,加强信息披露,帮助国外投资者更好地了解中国碳金融产品和相关标的;另一方面,在碳金融产品的标准认定方面推动规则统一,为中国的绿色项目引入更多的资金支持。例如,2021年11月4日,由中欧等经济体共同发起的可持续金融国际平台(IPSF)在联合国气候变化大会(COP26)期间召开IPSF年会,发布了《可持续金融共同分类目录报告——气候变化减缓》,该目录便是由中国人民银行与欧盟委员会相关部门共同牵头完成的一项国际绿色金融分类目录融通工作。随着我国碳金融市场的进一步发展,未来也可能出现更多国际碳金融合作。

第三,中国将加快推进全国碳市场与国际碳市场的连接,促进技术、方法、标准、数据的互认互通,提高全国碳市场的国际影响力。应对气候变化是全球性的挑战,预计中国将进一步加快与国际碳交易体系间的政策协调,不断提升碳定价能力,提高在全球碳交易体系中的参与度与竞争力。在标准体系方面,预计将加快推进企业碳排放在线监测试点,推进MR体系、配额分配方法等相关技术、方法、标准与国际碳市场的接轨,促进数据互认互通。在碳信用方面,预计全国碳市场将加强与国际碳信用市场发展趋势跟踪研究,积极借鉴国际规则和经验,不断完善中国温室气体自愿减排管理机制。开展CCER跨境交易风险分析及管理规则研究,提高CCER国际认可度,推进CCER参与国际交易,与海外碳市场形成连接。

思考与练习题

一、根据熊彼特的创新理论,可以归纳出哪五种创新模式?

二、碳金融有哪几种创新模式?这些模式分别对应《中国碳金融创新和发展白皮书》中的哪些碳金融创新模式?请简述。

三、采用区块链技术对碳金融市场有哪些影响?请简述。

四、碳金融数字化平台在碳中和目标中扮演什么角色?平台可以如何推动全社会实现绿色低碳发展?

五、碳金融未来有哪些发展趋势?请从多角度阐述你的观点。

推 荐 阅 读

国务院:《碳排放权交易管理暂行条例》,2024年。

陈岱孙、厉以宁:《国际金融学说史》,中国金融出版社,1991年。

参 考 文 献

龚明华、雷电发："金融创新、金融中介与金融市场：前沿理论综述"，《金融研究》，2005年第10期，第185—191页。

乔海曙、谢姗珊："区块链驱动金融创新的理论与实践分析"，《新金融》，2017年第1期，第45—50页。

宋华："数字平台赋能的供应链金融模式创新"，《中国流通经济》，2020年第7期，第17—24页。

吴鹏："区块链赋能碳普惠的路径选择与法律规制"，《金融与经济》，2023年第12期，第44—52页。

杨庆："商业银行碳金融创新模式：是否进程中趋同"，《北方经贸》，2023年第12期，第114—118页。

周龙环、黄晓勇："'双碳'目标下碳金融创新机制及实现路径研究"，《价格理论与实践》，2023年第4期，第43—46＋121页。

刘粮、傅奕蕾、宋阳，等："国际经验推动我国碳金融市场成熟度建设的发展建议"，《西南金融》，2024年第1期，第1—11页。

齐绍洲、程师瀚："中国碳市场建设的经验、成效、挑战与政策思考"，《国际经济评论》，2024年，第1—21页。

唐跃军、黎德福："环境资本、负外部性与碳金融创新"，《中国工业经济》，2010年第6期，第5—14页。

刘少波、张友泽、梁晋恒："金融科技与金融创新研究进展"，《经济学动态》，2021年第3期，第126—144页。

Finnerty J. Debt Management. *Harvard Business School Press*, 2001.

Merton R. Financial Innovation and Economic Performance. *Journal of Applied Corporate Finance*, 1992, 4(4): 12-22.

Miller M. Financial innovation: The Last Twenty Years and the Next. *Journal of Financial and Quantitative Analysis*, 1986, 21(4): 459-471.

Rogers E. The Diffusion of Innovations(3rd). *Free Press*, 1983.

Ross S. Institutional Markets, Financial Marketing, and Financial Innovation. *Journal of Finance*, 1989, 44(3): 541-556.

Tufano P. Financial Innovation. *Handbook of the Economics of Finance*, 2002.

Van Home J C. Of Financial Innovation and Excesses. *Journal of Finance*, 1985, 40(3): 621-631.

Silber W L. The Process of Financial Innovation. *The American Economic Review*, 1983, 73: 89-95.

Niehans J. Financial Innovation, Multinational Banking and Monetary Policy.

Journal of Banking and Finance,1983,7(4):537-551.

何涛:"AI驱动下金融科技创新的方向及路径",《中国集体经济》,2024年第03期,第103—106页。

李苍舒:"创新金融科技数字化服务 助力碳中和",《经济参考报》,2022年5月10日。

刘欢、焦莹:"金融创新、金融中介与金融市场理论综述",《北方经贸》,2014年第9期,第178—180页。

图书在版编目(CIP)数据

碳金融理论与实务/黄明主编. --上海:复旦大学出版社,2024.8. --(金融专业学位研究生核心课程系列教材). -- ISBN 978-7-309-17580-6
Ⅰ. F832.2; X511
中国国家版本馆 CIP 数据核字第 2024Y96V94 号

碳金融理论与实务
黄　明　主编
责任编辑/姜作达

复旦大学出版社有限公司出版发行
上海市国权路 579 号　邮编:200433
网址:fupnet@fudanpress.com　　http://www.fudanpress.com
门市零售:86-21-65102580　　团体订购:86-21-65104505
出版部电话:86-21-65642845
上海盛通时代印刷有限公司

开本 787 毫米×1092 毫米　1/16　印张 21.5　字数 497 千字
2024 年 8 月第 1 版第 1 次印刷

ISBN 978-7-309-17580-6/F・3056
定价:78.00 元

如有印装质量问题,请向复旦大学出版社有限公司出版部调换。
版权所有　　侵权必究